Abwägungsmöglichkeiten in Artikel 2 VO (EG) 4064/89 –
Fusionskontrollverordnung

Europäische Hochschulschriften
Publications Universitaires Européennes
European University Studies

Reihe II
Rechtswissenschaft

Série II Series II
Droit
Law

Bd./Vol. 3140

PETER LANG
Frankfurt am Main · Berlin · Bern · Bruxelles · New York · Oxford · Wien

Jan Joachim Dreyer

Abwägungsmöglichkeiten in Artikel 2 VO (EG) 4064/89 – Fusionskontrollverordnung

Eine Analyse der Möglichkeiten, im Rahmen der materiellen Beurteilung eines Zusammenschlusses allgemeinpolitische und wettbewerbliche Vorteile zu berücksichtigen

PETER LANG
Europäischer Verlag der Wissenschaften

Die Deutsche Bibliothek - CIP-Einheitsaufnahme

Dreyer, Jan Joachim:

Abwägungsmöglichkeiten in Artikel 2 VO (EG) 4064/89 – Fusionskontrollverordnung : eine Analyse der Möglichkeiten, im Rahmen der materiellen Beurteilung eines Zusammenschlusses allgemeinpolitische und wettbewerbliche Vorteile zu berücksichtigen / Jan Joachim Dreyer. - Frankfurt am Main ; Berlin ; Bern ; Bruxelles ; New York ; Oxford ; Wien : Lang, 2001
(Europäische Hochschulschriften : Reihe 2, Rechtswissenschaft ; Bd. 3140)
Zugl.: Hamburg, Univ., Diss., 2000
ISBN 3-631-37801-7

D 18
ISSN 0531-7312
ISBN 3-631-37801-7

www.peterlang.de

Vorwort

Die vorliegende Arbeit wurde im Wintersemester 1999/2000 von der juristischen Fakultät der Universität Hamburg als Dissertation angenommen. Sie befindet sich auf dem Stand vom Herbst 1999. Gesetzesänderungen im Rahmen der Fusionskontrollrechte der Mitgliedsstaaten wurden jedoch ebenso aufgenommen wie die Bekanntmachung der Kommission über das vereinfachte Verfahren.

Mein Dank gilt meinem Doktorvater Herrn Prof. Dr. Marian Paschke, der mir bei der Erstellung der Promotion größtmöglichste Freiräume gewährt hat. Weiterhin möchte ich Herrn Prof. Dr. Hermann-Josef Bunte meinen Dank aussprechen, der mir den Anstoß gab, die Frage einer wettbewerblichen Abwägungsklausel in Artikel 2 Fusionskontrollverordnung einer näheren Untersuchung zu unterziehen. Darüber hinaus war die Möglichkeit, während der Arbeit an seinem Lehrstuhl Kontakte zu knüpfen, Informationen zu sammeln und Literatur zu beziehen, eine wesentliche Erleichterung bei der Erstellung der Arbeit.

Danken möchte ich auch Herrn Prof. Dr. Ernst-Joachim Mestmäcker für die rasche Erstellung des Zweitvotums.

Weiterhin möchte ich Herrn Dr. Henning Curti für die Einführung in die Geheimnisse der Wettbewerbstheorie und Herrn Dr. Jost Deerberg für den Umstand, daß das Erstellen zweier Dissertationen in einer Wohngemeinschaft ohne größere Folgeschäden vonstatten gegangen ist, herzlich danken.

Ferner möchte ich Frau Swea Grudziak für ihre freundliche Hilfe bei der Erstellung einer druckreifen Vorlage danken.

Zu besonderem Dank bin ich meinen Eltern, Dr. Bärbel und Dr. Joachim Dreyer, verpflichtet, die mich stets motiviert haben und mir bis heute jeden erdenklichen Rückhalt geben. Ihnen widme ich die vorliegende Arbeit. Die Widmung gilt zugleich auch meiner Schwester Wiebke. Ganz besonderer Dank gebührt meiner Freundin Claudia Schaefer, deren Bereitschaft, mich während der Erstellung der Arbeit zu tragen und zu ertragen gar nicht hoch genug gewürdigt werden kann.

Gliederung

Problemstellung

I. Einführung

Auch nach der Einführung der Fusionskontrollverordnung (Verordnung 4064/89 vom 21.12.1989, geändert durch die Verordnung 1310/97 vom 30. Juni 1997 - FKVO) wurde in der Literatur der lebhafte Streit[1] um die Frage, ob im Rahmen der europäischen Fusionskontrolle eine Abwägung wettbewerblicher Beeinträchtigungen durch einen Zusammenschluß mit außerwettbewerblichen Zielen möglich sei, fortgeführt[2]. Konkret war die Frage[3], ob im Sinne eines „bilan économique", wie er im französischen Wettbewerbsrecht vorgesehen ist, aus politischen oder volkswirtschaftlichen Gründen eine Fusion freigegeben werden kann, obwohl sie auf der Basis rein wettbewerblicher Erwägungen eine marktbeherrschende Stellung hervorruft.

Dieser Grundlagenstreit weckte und weckt vor allem in Deutschland Befürchtungen vor einer Vernachlässigung der wettbewerblichen Belange und damit vor Effizienzverlusten der europäischen Industrie durch zuviel staatliche Einflußnahme.

Dies ist insbesondere deshalb möglich, weil die FKVO nur ein einstufiges Verfahren vorsieht. Ausschlaggebend ist allein die Frage, ob eine marktbeherrschende Stellung begründet oder verstärkt wird, die wirksamen Wettbewerb im Gemeinsamen Markt erheblich behindert, oder nicht. Deutlich wird diese Einstufigkeit insbesondere dadurch, daß die Kommission in ihrer bisherigen Praxis die Frage, ob durch eine marktbeherrschende Stellung der Wettbewerb erheblich behindert wird, nicht weiter erörtert hat. Wenn eine marktbeherrschende Stellung vorlag, hat sie auch regelmäßig eine erhebliche Behinderung angenommen[4].

Sollten also in diese einstufige Prüfung dennoch außerwettbewerbliche Gesichtspunkte bei der Frage des Vorliegens einer beherrschenden Stellung mit

---

1 Zustimmend etwa Bechthold, RIW 1990, 253 ff.; Schmidt, WuW 1995, 971 ff., Miersch, Kommentar zur EG-VO Nr. 4064, 1991; Van Bael/Bellis, S. 639; ablehnend beispielsweise Janicki, WuW 1990, 195 (198 f.); Dechery, RTD eur. 1990, 307 (320 f.); Immenga in IM S. 830 RdNr. 29; Vonnemann, DB 1990, 569 (574); Koch in Grabitz/Hilf nach Art. 86 RdNr. 30; Jones/Gonzáles-Díaz, S. 155 f.; vermittelnd für eine im Ausnahmefall mögliche Zulässigkeit etwa Kögel, S. 127 ff.; Bos/Stuyck/Wytinck, S. 228 f.; Weitbrecht, EuZW 1990, 18 (20); Ehlermann WuW 1991, 535 (543); vgl. auch Nachweise zu 3. Teil A I..

2 Vgl. zur Entstehungsgeschichte und dem Streitstand vor der Verabschiedung Axster, S. 569 ff.; Löffler in Langen/Bunte zu Art. 2 FKVO RdNr. 1 ff.; Ritter/Braun/Rawlinson, S. 332 ff.

3 Vgl. Fußnote 1 und 2.

4 Vgl. dazu nur Löffler in Langen/Bunte zu Art. 2 FKVO RdNr. 174 und Kögel S. 118 ff., im einzelnen siehe 2. Teil A III.

einbezogen werden, besteht die Gefahr, daß eine Berücksichtigung solcher Gesichtspunkte „im Dunkeln" vorgenommen wird[5]. Die Regelung des GWB sieht dagegen ein zweistufiges Verfahren vor, wobei die wettbewerbliche Beurteilung eines Zusammenschlusses durch ein unabhängiges Organ erfolgt, dem Bundeskartellamt (BKartA). Auf dieses baut die Möglichkeit einer Berücksichtigung gesamtwirtschaftlicher Gesichtspunkte durch den Wirtschaftsminister in einem gesonderten Verfahren auf. Damit werden im GWB die konkreten Motive für die Entscheidung nach außen sichtbar. Insofern herrscht aufgrund des einstufigen Verfahrens eine gewisse Unklarheit bezüglich der Kriterien des Art. 2 FKVO[6].

Art. 2 FKVO lautet:

„(1) Zusammenschlüsse im Sinne dieser Verordnung sind nach Maßgabe der folgenden Bestimmungen auf ihre Vereinbarkeit mit dem Gemeinsamen Markt zu prüfen.

Bei dieser Prüfung berücksichtigt die Kommission:

a) die Notwendigkeit, im Gemeinsamen Markt wirksamen Wettbewerb aufrechtzuerhalten und zu entwickeln, insbesondere im Hinblick auf die *Struktur aller betroffenen Märkte* und den tatsächlichen oder potentiellen Wettbewerb durch innerhalb oder außerhalb der Gemeinschaft ansässige Unternehmen;

b) die Marktstellung sowie die wirtschaftliche Macht und die Finanzkraft der beteiligten Unternehmen, die Wahlmöglichkeiten der Lieferanten und Abnehmer, ihren Zugang zu den Beschaffungs- und Absatzmärkten, rechtliche oder tatsächliche Marktzutrittsschranken, die Entwicklung des Angebots und der Nachfrage bei den jeweiligen Erzeugnissen und Dienstleistungen, die *Interessen der Zwischen- und Endverbraucher sowie die Entwicklung des technischen und wirtschaftlichen Fortschritts, sofern diese dem Verbraucher dient und den Wettbewerb nicht behindert.*

(2) Zusammenschlüsse, die keine beherrschende Stellung begründen oder verstärken, durch die wirksamer Wettbewerb im Gemeinsamen Markt oder in einem wesentlichen Teil desselben *erheblich* behindert wird, sind für vereinbar mit dem Gemeinsamen Markt zu erklären.

(3) Zusammenschlüsse, die eine beherrschende Stellung begründen oder verstärken, durch die wirksamer Wettbewerb im Gemeinsamen Markt oder

---

5 Siehe dazu Immenga, WuW 1990, 371, 374.

6 Vgl. dazu auch Kerber, S. 145.

in einem wesentlichen Teil desselben *erheblich* behindert wird, sind für unvereinbar mit dem Gemeinsamen Markt zu erklären."[7]

Die Praxis der Kommission hat auf der Grundlage dieses Wortlauts die zuvor genannten Befürchtungen nach Meinung vieler Stimmen in der Literatur widerlegt[8].

Es sind aber auch nie die Stimmen verstummt, die industriepolitische Erwägungen in Art. 2 FKVO einfließen lassen wollen[9]. Neue Nahrung hat diese Ansicht durch eine Entscheidung des Gerichts erster Instanz (EuG) bekommen. In der Sache Comité Central Entreprise Vittel / Kommission[10] hat das EuG von der Kommission ausdrücklich eine Gesamtabwägung unter Einbeziehung auch sozialer Fragen bei der Beurteilung, ob eine beherrschende Stellung vorliegt, verlangt.

Damit ist Anlaß gegeben, die herrschende Meinung und Praxis der Kommission einer Prüfung dahingehend zu unterziehen, ob die Entscheidungen wirklich allein an wettbewerblichen Kriterien ausgerichtet gewesen sind. Sollte sich dabei eine Berücksichtigung dieser Aspekte in der Praxis ergeben, sollten Wege gefunden werden, wie die tatsächliche Handhabung einer Berücksichtigung allgemeinpolitischer Interessen auf der Basis der Kriterien des Art. 2 FKVO gerechtfertigt werden kann. Eine solche Handhabung sollte außerwettbewerbliche Beweggründe offen darlegen, um die aufgezeigten Möglichkeiten einer versteckten Abwägung auszuschließen. Zudem soll untersucht werden, in welchem Umfang eine solche Berücksichtigungsmöglichkeit gegebenenfalls vorliegt und wie eine etwaige Ausnahmestellung abgesichert werden kann. Die angesprochene Unklarheit der entscheidungserheblichen Kriterien diesbezüglich soll beseitigt werden.

Zudem ist in jüngerer Zeit erneut die Frage aufgeworfen worden, ob Art. 2 FKVO auch eine rein wettbewerbliche Abwägungsklausel im Sinne der deutschen „Wirz-Schaukel[11]" enthalte. Die Frage wurde auch bejaht[12].

Die Möglichkeit der Übertragung der Wirz-Schaukel hat insbesondere angesichts der Überlegungen im Rahmen des Gesetzgebungsverfahrens zur

---

[7] Hervorhebungen durch den Verfasser.

[8] Vgl. etwa Grill in Lenz zu Art. 2 FKVO, RdNr. 61; Kindler EWS 1995, 321, 326; Stockmann/Schulz, 12. Aufl. RdNr. 729 ff.

[9] Vgl. nur HEW-Schmidt/Binder S. 1293.

[10] EuG, EuZW 1995, 677 (680).

[11] Benannt nach Hanns Bernhard Wirz, der maßgeblich die Entwicklung der Abwägungsmöglichkeit in § 36 Abs. 1 aE GWB (§ 24 Abs. 1 alt) beeinflußt hat, vgl. Wirz, Einige Bemerkungen zur Fusionkontrolle WuW 1973, 250 ff.; umfassend zum deutschen Recht Schintowski, Die Abwägungsklausel in der Fusionskontrolle, 1982.

[12] Vgl. vor allem Bechthold, EuZW 1996, 389 ff. und Kleemann, Lieberknecht-FS, S. 379 ff.

6. Novelle des Gesetzes gegen Wettbewerbsbeschränkungen (GWB), die wettbewerbliche Abwägungsmöglichkeit in § 36 Abs. 1 aE GWB[13] (§ 24 Abs. 1 aE GWB alt) abzuschaffen[14], besondere Bedeutung. Letztlich blieb die wettbewerbliche Abwägungsmöglichkeit dem GWB erhalten. Für eine Übertragung des Rechtsgedankens auf die europäische Ebene kann also ein Bedarf bestehen.

Voraussetzung sowohl für eine allgemeinpolitische als auch für eine wettbewerbliche Abwägungsmöglichkeit ist, daß Art. 2 FKVO überhaupt irgendeine Form der Abwägung zuläßt. Dem Wortlaut nach existieren ausschließlich zwei Rechtsfolgen: Untersagung oder Freigabe. Nach dem Wortlaut des Art. 2 FKVO bestehen lediglich zwei Entscheidungsoptionen für die Kommission. Sie kann einen Zusammenschluß entweder freigeben oder untersagen. Ansatzpunkt ist dabei jeweils die Frage, ob der fragliche Zusammenschluß eine „beherrschende Stellung begründet oder verstärkt, durch die wirksamer Wettbewerb im Gemeinsamen Markt oder in einem erheblichen Teil desselben erheblich behindert würde". Ist das nicht der Fall, ist der Zusammenschluß für vereinbar mit dem Gemeinsamen Markt zu erklären.

Diese Ausgangslage ist eindeutig. Nach dem Wortlaut findet eine Abwägung zunächst scheinbar nicht statt. Im deutschen Recht etwa wird explizit auf die Möglichkeit hingewiesen, durch den Nachweis von Verbesserungen durch den Zusammenschluß einen wettbewerblich bedenklichen Zusammenschluß zu genehmigen („es sei denn, die Parteien weisen nach..."[15]).

Ansatzpunkt sowohl für eine wettbewerbliche als auch eine allgemeinpolitische Abwägungsmöglichkeit kann also nur die Frage der Bestimmung, wann eine beherrschende Stellung vorliegt, die den Wettbewerb erheblich behindert, sein.

Wann eine beherrschende Stellung anzunehmen ist, wird in der FKVO mit Ausnahme des Kriterienkataloges des Art. 2 Abs. 1 nicht weiter erläutert. Die Ausfüllung dieses Merkmals ist damit der Praxis der Kommission überlassen[16].

---

[13] Die Klausel lautet: „... es sei denn, die beteiligten Unternehmen weisen nach, daß durch den Zusammenschluß auch Verbesserungen der Wettbewerbsbedingungen eintreten und daß diese Verbesserungen die Nachteile der Marktbeherrschung überwiegen."

[14] Vgl. dazu Entwurf der Bundesregierung, BT-Drucksache 13/7920 und die Beschlußempfehlung des Ausschusses für Wirtschaft, BT-Drucks. 13/10633.

[15] S. § 36 Abs. 1 aE GWB, dazu oben, Teil 1 B III.

[16] Löffler, in Langen/Bunte zu Art. 2 FKVO, RdNr. 116; Immenga in IM zu Art. 2 FKVO RdNr. 14, Stockmann/Schulz 1998, RdNr. 772.

Ausgangspunkt der Analyse muß damit sein, ob dem Automatismus, der diesem Wortlaut nach mit der Feststellung der Begründung oder Verstärkung einer beherrschenden Stellung einhergeht und wie ihn der EuGH bestätigt hat[17], entgangen werden kann. Diese Frage ist daher das zentrale Anliegen der Bearbeitung und soll innerhalb einer vertieften Auseinandersetzung mit den beiden aufgezeigten möglichen Ansatzpunkten geklärt werden. Hinsichtlich der Abwägung mit industriepolitischen Erwägungen soll vor allem auf die Klausel „technischer und wirtschaftlicher Fortschritt" in Art. 2 FKVO Bezug genommen werden. Die Frage, ob Art. 2 FKVO die Möglichkeit einer Berücksichtigung wettbewerblicher Vorteile vorsieht, also eine Wirz-Schaukel auch auf europäischer Ebene Anwendung finden kann, soll insbesondere anhand des Merkmals der „Struktur der betroffenen Märkte" untersucht werden.

Für die folgenden Betrachtungen soll dabei die Frage, wann eine beherrschende Stellung nach wettbewerblichen Gesichtspunkten entsteht oder verstärkt wird[18], keine Rolle spielen. Selbst wenn also ein Zusammenschluß nach wettbewerblichen Kriterien eine beherrschende Stellung hervorruft, ist das alleinige Anliegen der Bearbeitung, zu ermitteln, ob dennoch eine Freigabe erfolgen kann.

Allerdings ist die Wettbewerbskonzeption des Europäischen Gerichtshofes (EuGH) dafür von Bedeutung und soll näher untersucht werden. Aus den Aussagen des EuGH zum Umfange des Schutzes des Wettbewerbs können Rückschlüsse auf das Verfahren nach der FKVO gezogen werden, denn die Wettbewerbskonzeption des EU-Vertrages ist für die FKVO als Sekundärrecht maßgebend[19]. Die grundlegenden Möglichkeiten, die dem Verordnungsgeber zur Verfügung standen, sollen im folgenden dargestellt werden.

---

[17] Vgl. EuGH Kali + Salz/Treuhand/MdK, WuW 1998, 299 (305): „Vorab ist darauf hinzuweisen, daß gemäß Art. 2 II Verordnung „Zusammenschlüsse, die keine beherrschende Stellung begründen oder verstärken, durch die wirksamer Wettbewerb im gemeinsamen Markt oder in einem wesentlichen Teil desselben erheblich behindert würde, ... für vereinbar mit dem Gemeinsamen Markt zu erklären sind. Daher ist ein Zusammenschluß für mit dem gemeinsamen Markt vereinbar zu erklären, wenn er nicht zur Begründung oder Verstärkung einer beherrschenden Stellung führt, durch die die Wettbewerbssituation auf dem betreffenden Markt erheblich beeinträchtigt würde."

[18] Vgl. dazu Löffler in: Langen/Bunte, FKVO, Art. 2 RdNr. 116 ff.; Stockenhuber, S. 216 ff.; Immenga in: Immenga/Mestmäcker, FKVO Art. 2; Die Definition des EuGH zu Art. 82 EWGV, „Mit der beherrschenden Stellung ... ist die wirtschaftliche Machtstellung eines Unternehmens gemeint, die dieses in die Lage versetzt, die Aufrechterhaltung wirksamen Wettbewerbs auf dem relevanten Markt zu verhindern, indem sie ihm die Möglichkeit verschafft, sich seinen Wettbewerbern, seinen Abnehmern und schließlich den Verbrauchern gegenüber in einem nennenswerten Umfang unabhängig zu verhalten" (EuGH Rs. 27/76, United Brands, Urteil vom 14.2.1978, I 1978, S. 207 ff., RdNr. 63 – 66, gilt grundsätzlich auch für die FKVO.

[19] Vgl. dazu näher 2. Teil C II.

II. Konzeptionsmöglichkeiten einer Fusionskontrolle

Der dargelegte Konflikt bezieht sich auf die grundlegende Konzeption der europäischen Fusionskontrolle.

Der Gesetzgeber hat grundsätzlich zwei Ansatzpunkte, die er der Beurteilung von Zusammenschlüssen zu Grunde legen kann. Er kann streng auf den Wettbewerbsschutz bezogene Kriterien wie die Begründung oder Verstärkung einer marktbeherrschenden Stellung oder die Beeinträchtigung des Wettbewerbs vorgeben. Er kann damit dem Leitbild folgen, daß lediglich ein konsequenter Schutz des freien Wettbewerbs den Allgemeinbedürfnissen am besten dient und zu wirtschaftlichem Fortschritt im Sinne ökonomischer Effizienz und Leistungssteigerung, technischem Fortschritt und Wirtschaftswachstum führt.

Auf der anderen Seite kann er aber auch Öffnungsklauseln einbauen, wenn er sich z. B. von der Annahme leiten läßt, daß staatliche Lenkung dem freien Spiel der Kräfte des Marktes vorzuziehen ist. Staatliche Lenkung wird gemeinhin als Industriepolitik verstanden. Der Staat kann also versuchen, durch Förderung und Steuerung bestimmter wirtschaftlicher Abläufe die Verwirklichung von Gemeinwohlzielen „besser" als der Wettbewerb zu erreichen.

Fusionskontrolle kann also dahingehend eingesetzt werden, möglichst viele Wirtschaftseinheiten auf einem bestimmten Markt zu erhalten, um dadurch intensiveres Streben der kleinen Wirtschaftseinheiten nach Vorsprüngen gegenüber den Konkurrenten zu erreichen. Statt dessen kann sie aber auch möglichst große Einheiten durch das Erleichtern von Konzentrationsprozessen fördern. Dann ginge man davon aus, daß nur entsprechend große Einheiten in der Lage sind, durch Einsatz von entsprechend großen Ressourcen technische und wirtschaftliche Innovationen hervorzubringen, an denen kleine Einheiten zwangsläufig aufgrund des zu großen Risikos scheitern müssen.

Die Förderung wirtschaftlicher Konzentration kann vorteilhaft sein, wenn man der Ansicht folgte, daß nur Großunternehmen mit monopolartiger Marktmacht die entscheidenden Antreiber des wirtschaftlichen Fortschritts sein können. Märkte, die einen hohen Grad an Konzentration aufweisen, wären dann positiv zu beurteilen[20].

---

[20] Vgl. zu den Ursachen von Konzentration auf Märkten Rodenstock, Konzentration und Wettbewerb, Günther-FS, S. 120; in einer ähnlichen Richtung stellt etwa die Chicago Schule darauf ab, daß ökonomische Effizienz sich zwangsläufig durchsetzt, eine marktstarke Stellung ist also nicht das Ergebnis wettbewerbswidriger Praktiken, sondern Folge überlegener Effizienz und dürfte damit nicht Gegenstand staatlicher Gängelung sein, vgl. zu diesem Ansatz Demsetz, Economics as a guide to Antitrust legislation, Journal of Law and Economics 1976, 371 – 384.

Darüber hinaus kann die Förderung eines einzelnen Unternehmens, also Industriepolitik, zumindest scheinbar geboten sein, um Arbeitsplätze zu erhalten, eine strukturschwache Region zu unterstützen und dergleichen mehr.

Die FKVO verlangt für die Kontrolle von Zusammenschlüssen grundsätzlich die Untersuchung nach wettbewerblichen Kriterien. Diese These soll noch näher untersucht werden[21]. Sie geht davon aus, daß zu große Marktmacht zu verhindern ist, da sie eben gerade nicht die Effizienz fördert. Dennoch ist die FKVO auch durch die Möglichkeiten, die Kontrolle von Zusammenschlüssen enger oder großzügiger zu gestalten, ein Mittel zur Lenkung geblieben. Wo große Unternehmenseinheiten wünschenswert sind, kann also ein weniger strenger Maßstab angesetzt werden. Ein gewisses Maß an Größe von Unternehmen ist für einen Gemeinsamen Markt mit wahrhaft europäischen Dimensionen fast Voraussetzung, damit diese auch europaweit auftreten können. In gewissen Grenzen kann damit temporär eine starke Konzentration auf einzelnen Märkten hinzunehmen sein.

III. Gang der Untersuchung

Es soll zunächst in einem ersten Teil die bisherige Rechtsprechung und die Entscheidungspraxis der Kommission dargestellt werden. Auch wird rechtsvergleichend die rechtliche Grundlage der Fusionskontrolle in den Mitgliedsstaaten der Europäischen Gemeinschaft (EG) unter besonderer Berücksichtigung des deutschen Rechts, das mit der Wirz-Schaukel die Möglichkeit einer Abwägung mit wettbewerblichen Vorteilen kennt, untersucht.

In einem zweiten Teil ist zu überprüfen, ob Art. 2 FKVO Möglichkeiten bietet, innerhalb des Wortlautes eine Abwägung mit allgemeinpolitischen und wettbewerblichen Vorteilen zu ermöglichen. Dann wird die historische Entwicklung und die Einbettung der FKVO in den Vertrag über die Europäischen Gemeinschaften (EGV[22]) betrachtet, um daraus Vorbilder für solche Abwägungsmöglichkeiten zu gewinnen.

In einem dritten Teil wird der Stand der Diskussion in der Literatur dargestellt. Aufbauend auf die Ergebnisse der ersten beide Teile, wird im Anschluß eine eigene Stellungnahme entwickelt. Zusätzlich werden Lösungsvorschläge

---

[21] Siehe Teil 2.

[22] Die Artikel des EG-Vertrages werden in der Numerierung der ab dem 1.5.1999 geltenden Fassung wiedergegeben, dabei wird der Vertrag gemäß den Hinweisen des EuGH zur Zitierweise aus den Gemeinschaftsverträgen mit „EG" zitiert, vgl. Arbeitshilfen in NJW 2000, 52.

für die Berücksichtigung allgemeinpolitischer und wettbewerblicher Vorteile innerhalb des Art. 2 FKVO erarbeitet.

1. Teil:
Grundlagen

A Entwicklung der Fusionskontrolle in Europa

Der am 1.1.1958 in Kraft getretene Vertrag über die Europäische Wirtschaftsgemeinschaft (EWG)[23] enthielt, ähnlich wie das GWB in seiner Urfassung[24], keine ausdrücklichen Regelungen über die Fusionskontrolle. Der Vertrag sah mit Art. 81 und 82 EG Regelungen über das Kartellverbot, Ausnahmen davon sowie das Verbot des Mißbrauchs einer marktbeherrschenden Stellung vor. Beide Artikel ermöglichen also nur die nachträgliche Kontrolle wettbewerbsbeschränkenden Verhaltens. Im Gegensatz dazu ist die Fusionskontrolle ein Instrument präventiver Kontrolle, das heißt, sie zielt auf die Abwehr potentieller Gefahren durch Konzentrationen für den unverfälschten Wettbewerb.

Eine europäische Fusionskontrolle wurde zunächst nicht installiert, obwohl in Art. 66 EGKS-Vertrag eine Fusionskontrolle vorgesehen war[25], man also nicht von einem Versehen oder einer unbewußten Unterlassung der Gründungsmitglieder sprechen konnte, denn auf das vorhandene Instrumentarium hätte leicht zurückgegriffen werden können. Es ist sogar fraglich, ob die in dem EGKS-Vertrag vorgesehene Fusionskontrolle ordnungspolitisch motiviert war, oder ob sie als Instrument zur Verhinderung eines Wiedererstarkens der Konzentration in der deutschen Ruhrindustrie dienen sollte[26]. Darüber hinaus herrschte grundsätzlich eine sehr positive Grundeinstellung gegenüber externem Unternehmenswachstum, das auch gerade vor dem Hintergrund des Wiederaufbaus in Europa für vorteilhaft gehalten wurde[27].

---

[23] Bekanntmachung vom 27.12.1957, BGBl. 1958 II, S. 1.

[24] Gesetz gegen Wettbewerbsbeschränkungen vom 27.7.1957, BGBl. 1957 I, S. 1081.

[25] Vgl. dazu Bos/Stuyck/Wytinck, RdNr. 2001 ff.

[26] Vgl. dazu Löffler in Langen/Bunte, Vorbemerkungen zur FKVO, RdNr. 2; Koch in: Grabitz/Hilf nach Art. 86 RdNr. 5 zitiert französische Quellen, nachdem Zugang zur Ruhrkohle und Wiederaufbau der großen Ruhrkonzerne mit ihren kriegswichtigen Produktionspaletten verhindert werden sollten.

[27] Vgl. Koch in: Grabitz/Hilf, nach Art. 86 RdNr. 5 zu Einzelheiten.

Die Debatte um die Einführung einer Fusionskontrolle auf europäischer Ebene blieb im Folgenden stets mehr oder weniger stark ein Bestandteil der Diskussion um die Fortentwicklung des Gemeinschaftsrechts[28]. Die Kommission vertrat dabei generell die Ansicht, daß Art. 82 EG bei bestimmten Zusammenschlüssen anwendbar sei und wollte darauf aufbauend auch eine präventive Kontrolle bei größeren Zusammenschlüssen ermöglichen.

Seit den sechziger Jahren traten immer größere Konzentrationsprozesse in der europäischen Wirtschaft als Konsequenz der immer weiter voranschreitenden Integration der einzelnen Volkswirtschaften auf. Sie wurden als Gefahr für die Realisierung der von dem Gemeinsamen Markt zu erwartenden Vorteile erkannt[29].

Diese Entwicklung führte dazu, daß das Europäische Parlament die „Entschließung über die Wettbewerbsregeln und die Stellung der europäischen Unternehmen auf dem Gemeinsamen Markt und in der Weltwirtschaft"[30] verabschiedete, in der es zum ersten Mal die Einführung einer Fusionskontrolle auf europäischer Ebene von den Staats- und Regierungschefs forderte. Aber auch das berühmte Urteil „Continental Can"[31], in dem der EuGH die Ansicht der Kommission[32] bestätigte, daß Zusammenschlüsse, die zu einer so beherrschenden Stellung führen, daß jede ernstzunehmende Wettbewerbsmöglichkeit ausgeschlossen ist[33], in den Anwendungsbereich des Art. 82 EWGV einzubeziehen sind, brachte neue Bewegung in die Debatte. Es veranlaßte die Kommission zu einem ersten Vorschlag für eine Verordnung des Rates über eine Zusammenschlußkontrolle[34]. Trotz zustimmender Stellungnahmen des Parlamentes[35] und des Wirtschafts- und Sozialausschusses[36] scheiterte die Verordnung im Ministerrat. Umstritten waren vor allem die Rechtsgrundlage, der Anwendungsbereich , die Ausnahmen von der Unvereinbarkeit sowie die Aufteilung der Entscheidungsbefugnisse zwischen Kommission und Mitgliedsstaaten[37].

---

28 Siehe nur Spaak-Bericht, Regierungsausschuß, eingesetzt von der Konferenz in Messina, Bericht der Delegationsleiter an die Außenminister, Brüssel, vom 21.4. 1956, S. 60, in: Monopolkommission, Sondergutachten 17, S. 31; Untersuchung „Das Problem der Unternehmenskonzentration im Gemeinsamen Markt", bestellt von der Kommission, Brüssel 1966, abgedruckt in WuW 1966, 322.

29 Vgl. Immenga in: Immenga/Mestmäcker S. 777 RdNr. 7 und 8; Krimphove, S. 1-4.

30 ABl. 1971 C 66/11 f.

31 EuGH Urteil vom 21. Februar 1973, Slg. 1973, S. 215, 244 ff.

32 Entscheidung der Kommission vom 9.12.1971, ABl. 1972 L 7/25.

33 EuGH, aaO, Rz 25.

34 Abgedruckt mit Änderungsvorschlägen des Parlaments in ABl. C 23 vom 8.3.1974, S. 20 ff.

35 aaO, ABl. 1973, C 23/19 ff.

36 ABl. C 88 vom 26.7.1974, S. 19 ff.

37 Vgl. Immenga in: Immenga/Mestmäcker, S. 779, RdNr. 15.

Im Folgenden legte die Kommission eine Reihe weiterer Entwürfe[38] vor, auf die im Rahmen einer historischen Analyse des Art. 2 noch näher einzugehen sein wird[39], die jedoch zunächst allesamt scheiterten.

Im Laufe der siebziger Jahre führten dann eine Reihe von Mitgliedsstaaten nationale Fusionskontrollvorschriften ein, Großbritannien bereits 1965, novelliert 1973, Deutschland mit der 2. GWB-Novelle vom 3.8.1973[40], sowie Frankreich 1977. Daraufhin folgte eine längere Periode des „Dornröschenschlafes".

Der nächste Initiativschritt ging wieder vom EuGH aus: Mit dem „Zigarettenurteil" aus dem Jahre 1987[41] „drohte" der EuGH erstmals, eine Fusionskontrolle auf der Basis des Art. 85 EWGV vorzunehmen und eine gesetzliche Regelung durch die Gemeinschaft nicht abzuwarten. Der EuGH stellte fest, daß ein Zusammenschluß für sich genommen noch kein wettbewerbsbeschränkendes Verhalten darstelle, ein solcher aber durchaus geeignet sei, das geschäftliche Verhalten der betroffenen Konkurrenten zu beeinflussen und darüber den Wettbewerb zu beschränken. Dies sei insbesondere zu befürchten, wenn durch den Erwerb einer Beteiligung das übernehmende Unternehmen rechtlich oder faktisch die Kontrolle über das geschäftliche Verhalten des anderen Unternehmens auszuüben vermag. Gleiches gelte, wenn aufgrund der überlegenen Position eine Zusammenarbeit vereinbart oder durch neugeschaffene Strukturen gefördert wird[42]. Dieses Urteil wurde vielerorts als erster Schritt zur Einführung einer europäischen Fusionskontrolle verstanden[43]. Die Folge der Nichtigkeit von Vereinbarungen über Zusammenschlüsse durch die Anwendung des Art. 81 EG führte allerdings zu dem Problem einer schrankenlosen Unwirksamkeit von Zusammenschlüssen.

Diese Entscheidung nahm die Kommission erneut zum Anlaß, neue Konzepte zu einer Fusionskontrollverordnung vorzulegen. Nach langen Diskussionen, die sich vor allem um die Rechtsgrundlagen, den Anwendungsbereich, die Abgrenzung der Kompetenzen, sowie die Kriterien für die Beurteilung von Zusammenschlüssen und Ausnahmen[44] drehten, wurde schließlich am 21.12.1989 einstimmig die VO (EWG) Nr. 4069/89 im Rat beschlossen. Sie trat am 21.9.1990 in Kraft.

---

[38] Übersicht bei Löffler in: Langen/Bunte Vorbemerkungen zur FKVO, RdNr. 9.
[39] Siehe Teil 2, B.
[40] BGBl. I 1973, 917.
[41] EuGH, Rs. 142 u. 156/84, „Philip Morris", Slg. 1987, 4487, 4566 ff.
[42] EuGH „Philip Morris", aaO, S. 4577, Rz 37, 38.
[43] Sedemund/Montag in Dauses, H.I RdNr. 255.
[44] Übersicht bei Löffler, in: Langen/Bunte Vorbemerkung FKVO, RdNr. 11.

Umstritten blieb dabei bis zuletzt auch gerade der Widerstreit zwischen einer Abwägungsklausel im Sinne eines bilan économique, wie ihn das französische Recht vorsieht, und einer wettbewerblichen Ausrichtung, wie sie Deutschland und Großbritannien vorschwebte[45].

Nach Erlaß der FKVO blieb eine Revision der Verordnung fraglich. Die Revisionsklausel in Art. 1 Abs. 3 FKVO sollte eigentlich nach 4 Jahren zu einer Überarbeitung führen. Auf ihren Bericht vom 28.7.1993 an den Rat über die ersten drei Jahre der Anwendung der Verordnung über Unternehmenszusammenschlüsse hin, ersuchte die Kommission den Rat, die Überprüfung der im Kompromiß von 1989 gefundenen Schwellenwerte, die eine Kompetenz der Kommission zur Anwendung der FKVO begründen, zunächst bis 1996 aufzuschieben. Dies fand die Zustimmung des Rates.

Zum Jahresbeginn 1996 legte die Kommission ihr Grünbuch über die Revision der FKVO vor. Darin unterbreitete sie Vorschläge über eine Absenkung der Schwellenwerte, die zu einer gemeinschaftsweiten Bedeutung eines Zusammenschlusses führen und damit die Zuständigkeit der Kommission begründen. Daneben wurden Vorschläge zu einer Konzentration der Kompetenz von in mehreren Mitgliedsstaaten anzumeldenden Zusammenschlüssen bei der Kommission, über Regeln hinsichtlich Zusagen, Verfahren, de-minimis-Klauseln[46] und insbesondere das Verfahren bei kooperativen Gemeinschaftsunternehmen, gemacht. Dem folgte Ende 1996 das Weißbuch der Kommission über die Revision der FKVO, das zwei Verordnungsvorschläge über die Absenkung der Schwellenwerte (Verordnungsentwurf Nr. 1) und eine Verordnung über sonstige Textänderungen (Verordnungsentwurf Nr. 2), enthielt.

Am 30.6.1997 folgte dann die Annahme der Änderung der FKVO. Der Beschluß des Rates wurde mit der am 1. März 1998 in Kraft getretenen Fusionskontrollnovelle[47] umgesetzt. Bezüglich der Kriterien des Art. 2 FKVO blieb es allerdings auch im Rahmen der Novelle bei der alten Fassung[48].

Die Kriterien des Art. 2 FKVO in der unveränderten Fassung von 1989 sind demnach auch weiterhin Grundlage dieser Betrachtung. Eine nochmalige Überarbeitung der FKVO muß angesichts der Schwierigkeiten, die bereits der gefundene Kompromiß bereitet hat, in überschaubarer Zeit als unwahrscheinlich angesehen werden.

---

[45] Vgl. dazu im einzelnen unten 1. Teil B IV. 1.) und V. zu den nationalen Rechtsordnungen in Frankreich und Deutschland; desweiteren unten 2. Teil, B zur Entwicklungsgeschichte.

[46] Erheblichkeitsschwellen in Form von Marktanteilen o.ä., bis zu deren Erreichung ein Zusammenschluß generell nicht als wettbewerbsbeeinträchtigend angesehen werden kann.

[47] Verordnung (EWG) Nr. 1310/97, ABl. 1997 L 180/1.

[48] Vgl. allgemein zur Novelle Hirsbrunner, EuZW 1998, 69 ff.

Diese Fassung des Art. 2 FKVO ist damit bis heute und für die vorhersehbare Zukunft Grundlage der Entscheidungspraxis der Kommission. Im folgenden wird zunächst untersucht, ob sich in der bisherigen Praxis der Kommission Anhaltspunkte für eine Berücksichtigung außerwettbewerblicher Interessen bzw. hinsichtlich der Berücksichtigung wettbewerblicher Vorteile durch einen Zusammenschluß finden lassen.

B Rechtstatsachen

Im Folgenden wird untersucht, ob sich in der Praxis Ansatzpunkte für die Möglichkeit einer Abwägung von Vor- und Nachteilen eines Zusammenschlusses ergeben. In der bisherigen Diskussion wird eine Abwägung mit industriepolitischen Vorteilen insbesondere an den Merkmalen „Entwicklung des technischen und wirtschaftlichen Fortschrittes[49]“, den Interessen der Zwischen- und Endverbraucher[50], und an der Begründungserwägung 13, wonach die Kommission sich bei Zusammenschlüssen an den „grundlegenden Zielen des Vertrages gemäß dessen Art. 2“ zu orientieren hat, wozu ausdrücklich auch die „Stärkung des wirtschaftlichen und sozialen Zusammenhalts der Gemeinschaft iSd Art. 158 des Vertrages“ gehört[51], festgemacht. Eine wettbewerbliche Abwägungsmöglichkeit wird vor allem in dem Merkmal der „Struktur aller betroffenen Märkte“ gesehen[52]. Ebenso kann eine Zweistufigkeit der Beurteilung auch in dem Merkmal der Erheblichkeit der Behinderung des Wettbewerbs gesehen werden. Daraus ließe sich schließen, daß die Kommission in einer zweiten Phase der Beurteilung des Zusammenschlusses die festgestellte Marktbeeinträchtigung gegen industrie- oder wettbewerbliche Vorteile abzuwägen habe. Dann könnte eine „Erheblichkeit“ der Wettbewerbsbeschränkung im Ergebnis verneint werden[53].

Zu den Möglichkeiten einer Abwägung mit wettbewerblichen Faktoren wird im 2. und 3. Teil im einzelnen Stellung genommen werden. Im folgenden wird zunächst besonderes Augenmerk auf die genannten Kriterien gelegt. Dabei wird untersucht, inwieweit diese in der Entscheidungspraxis der Kommission, des EuG und des EuGH eine Rolle gespielt haben.

---

[49] Vgl. nur CR Schmidt, Die Entwicklung des wirtschaftlichen und technischen Fortschritts.
[50] Vgl. dazu Löffler in Langen/Bunte, S. 2055 RdNr. 165.
[51] Vgl. dazu zusammenfassend Stockenhuber, S. 285 ff.
[52] Bechthold, EuZW 1996, 389 (390); auch Kleemann, 379 ff.
[53] Immenga in Immenga/Mestmäcker bezeichnet dieses Merkmal ausdrücklich als „Abwägungsklausel, S. 829; siehe auch Block, WSI-Mitteilungen 1/1992, 30; Löffler in: Langen/Bunte FKVO Art. 2 RdNr. 9.

I. Stellungnahmen zur Berücksichtigung allgemeinpolitischer Vorteile innerhalb des Art. 2 FKVO

1.) Kommission

Die „Entwicklung des technischen und wirtschaftlichen Fortschrittes" ebenso wie die Auswirkungen auf Zwischen- und Endverbraucher finden Erwähnung in Ziffer 7.1 des Formblattes „CO" über die Anmeldung von Unternehmenszusammenschlüssen. Alle Unternehmen müssen die Auswirkungen ihres Vorhabens auf die genannten Bereiche im Rahmen der Anmeldung ihres Zusammenschlusses angeben. Die Kommission erkennt also an, daß der „technische und wirtschaftliche Fortschritt" in ihre Prüfung mit einzufließen hat, indem sie die Daten darüber abfragt. Der Entscheidungspraxis ist allerdings nach Einschätzung einiger Stimmen wenig Klares über die Bedeutung dieser Merkmale zu entnehmen[54]. Daher wird im Folgenden die Entscheidungspraxis der Kommission auf Stellungnahmen zu diesem Bereich untersucht.

Soweit ersichtlich ist die erste Entscheidung, in der die Entwicklung des wirtschaftlichen und technischen Fortschrittes erwähnt wird, der Beschluß

a) Aérospatiale-Alenia/de Havilland[55].

Im Jahre 1992 hatte die Kommission über ein Vorhaben zu entscheiden, nachdem die Staatsunternehmen Aérospatiale (Frankreich) und Alenia (Italien), beide vorrangig in der Luft- und Raumfahrttechnik tätig, vom amerikanischen Flugzeugkonzern Boeing den kanadischen Turboprobflugzeughersteller de Havilland erwerben wollten. Die Entscheidung war die erste Verbotsentscheidung der Kommission überhaupt und hat dementsprechend viel Aufsehen erregt[56].

Die Kommission hat hier unter dem Stichwort „allgemeine Erwägungen" auch geprüft, ob der angemeldete Zusammenschluß dem technischen und wirtschaftlichen Fortschritt dient. Letztlich wird dies verneint[57]. Die Parteien hatten in ihrer Anmeldung insbesondere Rationalisierungsvorteile und Kosteneinsparungen als Vorteile für den wirtschaftlichen Fortschritt geltend

---

[54] Für die Zeit bis 1995 ausdrücklich Drauz/Schröder, S. 167.
[55] Aérospatiale-Alenia/de Haviland, Fall IV/M.053, ABl. L 334 vom 5.12.1991, S. 42 ff.
[56] Vgl. zu einer kritischen Analyse der Entscheidung: Kleinmann, RIW 1992, 345 ff.; Hawkes, ECLR 1992, 34 ff.
[57] aaO Ziff. 69.

gemacht. Die Kommission läßt ausdrücklich offen, ob diese bei der Prüfung gemäß Art. 2 FKVO zu berücksichtigen seien, da die zu erwartenden Einsparungen in Höhe von höchstens 0,5% in keinem Falle ausreichten, um Berücksichtigung zu finden[58].

Absichernd wird darüber hinaus festgestellt, daß die Parteien auch keine Kostenersparnis im Bereich der Forschung und Entwicklung vorgebracht hätten.

Eine etwaige Förderung des wirtschaftlichen und technischen Fortschritts würde zudem auch nicht den Verbrauchern zugute kommen. Diese sähen sich nämlich einer Marktmacht gegenüber, die im Falle der Genehmigung des Zusammenschlusses ihre Wahlmöglichkeiten zu sehr einschränken würde.

Zwar würde zunächst eine Preissenkung zu erwarten sein, da die Marktposition des entstehenden Konglomerats das Verdrängen der Wettbewerber über Preiskrieg betriebswirtschaftlich sinnvoll machen würde. Dies führe längerfristig aber zu einer Monopolstellung und damit zu einem Nachteil für den Verbraucher, der dann wieder hohe, nicht durch Wettbewerb beeinflußte Preise zu erwarten hätte.

Eine Erkenntnis für die vorliegende Untersuchung läßt sich daraus zunächst nicht ziehen. Ob eine Abwägung einer beherrschenden Stellung mit nichtwettbewerblichen Erwägungen möglich ist, bleibt offen. Für den Gesichtspunkt der Kostenersparnis geschah dies sogar ausdrücklich. Die möglichen Vorteile für den technischen und wirtschaftlichen Fortschritt werden andererseits auch nicht als Abwägungskriterium grundsätzlich abgelehnt.

Es bleibt offen, wie zu entscheiden gewesen wäre, hätten die Parteien andere Vorteile geltend gemacht.

Allerdings fällt auf, daß diesem Gesichtspunkt nur eine Seite von insgesamt sechzig gewidmet wird. Viele Aspekte des Falles, die hier hätten betrachtet werden können, wie die Stärkung und Erhaltung eines europäischen Unternehmens im Flugzeugbau[59], in dem tatsächlich lange Zeit ein Vorsprung amerikanischer Unternehmen bestand. Daß die Kommission diese Möglichkeit gar nicht erst untersucht hat und sie feststellt, daß unter Bedingungen der Marktbeherrschung zusammenschlußbedingte Effizienzvorteile den Verbrauchern nicht zugute kommen würden, spricht zunächst gegen eine Abwägung aufgrund außerwettbewerblicher Vorteile in der Praxis der Kommission[60].

---

58 aaO, Ziff. 65.
59 So Kleinmann, RIW 1992, 345 (349).
60 So auch Immenga in Immenga/Mestmäcker S. 893 RdNr. 179.

Die Entscheidung enthält aber noch eine andere interessante Aussage, nämlich über den Zeitraum, in dem eine dynamische Marktbetrachtung vertretbar erscheint. Der Marktzutritt eines indonesisches Wettbewerbers, der in etwa vier Jahren nach der Entscheidung ein eigenes Flugzeug auf den Heimatmarkt bringen würde, aber noch zusätzlich einige Jahre für eine Vermarktbarkeit außerhalb Indonesiens brauchen würde, kann nicht als Wettbewerb in absehbarer Zukunft betrachtet werden[61].

Diese Aussagen hat die Kommission später konkretisiert. Zwar schwanke der Vorhersagezeitraum für das Wirksamwerden potentiellen Wettbewerbs je nach den Besonderheiten des Falles, doch sei i.d.R. ein Wirksamwerden innerhalb von 2-4 Jahren zu fordern[62].

Daraus kann abgelesen werden, daß die Kommission eine Behinderung des Wettbewerbs über das Vorliegen einer marktbeherrschenden Stellung hinaus fordert und eine solche Behinderung ablehnt, wenn die marktbeherrschende Stellung nur temporär erscheint. Insoweit scheint dieser Gesichtspunkt eine Genehmigung trotz aktueller Marktbeherrschung, die aufgrund zu erwartenden Wettbewerbs noch keine beherrschende Stellung im Sinne des Art. 2 FKVO bildet, zu ermöglichen[63].

Weitere Erwähnung findet das Merkmal in der Entscheidung.

b) NSD[64].

Die Kommission untersucht hier gründlicher die Gegebenheiten, die für eine Verbesserung des wirtschaftlichen und technischen Fortschrittes sprechen könnten. Die Parteien machten geltend, durch den Zusammenschluß werde die Ausstrahlung von Satellitenprogrammen im nordischen Raum erheblich verbessert und langfristig Einsparungen ermöglicht, die den Verbrauchern über geringere Gebühren zugute kommen würden.

Die Kommission führt hierzu aus[65], daß mangels neuer Transponderkapazitäten keine neuen Satellitenprogramme ausgestrahlt werden könnten. Eine Vermarktung seiner Angebote erfordere für den Satellitenbetreiber keine vertikale Integration. Wahrscheinlicher sei es, daß durch den Zusammenschluß die Aufteilung der vorhandenen Kapazitäten bewirkt werde. Zudem würde

---

[61] AaO Ziff. 59; vgl. dazu die Stellungnahme von Van Bael/Bellis, S. 435.
[62] Vgl. Kommission, 4.12.1996, Saint-Gobain/Wacker-Chemie/NOM, ABl. L/247/1 ff, Tz 216.
[63] Vgl. auch Van Bael/Bellis S. 435.
[64] Nordic Satellite Distribution (NSD), Entscheidung der Kommission vom 19.7.1995, ABl. 1996 L 53/20.
[65] aaO Ziff. 146 ff.

mit der von den Parteien des Zusammenschlusses geplanten integrierten Infrastruktur für den Betrieb von Satellitenfernsehen und anderen Dienstleistungen zwar Kostenvorteile für Kabelnetzbetreiber und Haushalte entstehen, wenn weniger Verschlüsselungssysteme und Decoder erforderlich wären. Allerdings führe die marktbeherrschende Stellung von NSD dazu, daß die Mehrheit der Verbraucher auf das Entschlüsselungssystem von NSD angewiesen sein würden. Dieses System würde damit zum beherrschenden System im skandinavischen Raum.

Die Kommission führt des weiteren aus, daß, obwohl ein integriertes System langfristig wirtschaftlichen Nutzen bringe, ein solches Monopol in zu hohem Maße wettbewerbsbeschränkenden Infrastrukturen führen kann.

Der Schlüsselsatz findet sich in Rz. 151 und ist auch ähnlich wie in der Entscheidung de Havilland: Die von den Unternehmen vorgetragenen Eigenschaften des Systems lassen das System als äußerst leistungsfähig und vorteilhaft für die Verbraucher erscheinen. Diese Vorteile sind allerdings nur zu beachten, wenn der Marktzugang für andere Wettbewerber offen bleibt. Dies war nicht der Fall, deshalb wurde der Zusammenschluß untersagt.

Damit wird die Linie der de Havilland Entscheidung bestätigt: Ein technischer oder wirtschaftlicher Fortschritt ist nur berücksichtigungsfähig, wenn er dem Verbraucher auch langfristig Vorteile verspricht. Es bleibt allerdings weiterhin offen, in welcher Form eine Berücksichtigung technischer Fortschritte durchgeführt werden könnte, wenn denn einmal eine langfristige Weitergabe an die Verbraucher feststünde.

Als Resultat bleibt damit festzustellen, daß die Kommission das Erfordernis in Art. 2 Abs. 1 b) „sofern diese dem Verbraucher dient und dem Wettbewerb nicht behindert" zum einen ernst nimmt und zum anderen als „Ausflucht" dankend gebraucht, um eine nähere Auseinandersetzung mit dem Merkmal „technischer und wissenschaftlicher Fortschritte" möglichst zu vermeiden.

Ein weiterer interessanter Aspekt der Entscheidung ist der wiederholte Hinweis darauf, daß „nach Auffassung der Kommission ein vertikaler Zusammenschluß in der geplanten Form nicht erforderlich (ist), um die beschriebene Infrastruktur zu entwickeln"[66].

Es bleibt daher fraglich, ob hiermit ein Verhältnismäßigkeitsargument eingeführt werden soll.

---

[66] aaO Ziff. 151.

Über eine Vereinbarkeit der beiden Aussagen des Art. 2 Abs. 1 b) aE wird weiter unten noch eine Klärung vorzunehmen sein[67].

Weiterhin wird in der Entscheidung außerdem auf die verschiedenen regionalen Märkte explizit jeweils getrennt eingegangen, so daß hier auch die Frage einer möglichen Abwägung von Vor- und Nachteilen auf verschiedenen geographischen Märkten möglich scheint.

Diese Linie verfolgt die Kommission auch in zwei anderen Fällen, in denen der technische und wirtschaftliche Fortschritt jeweils kurz gestreift wird:

c) Accor/Wagon-Lits[68]

„Eine technische und wirtschaftliche Fortentwicklung zugunsten der Verbraucher ist nicht mit Sicherheit auszumachen. Selbst wenn diese gegeben wäre, sieht die Kommission andere Möglichkeiten der Fortentwicklung." Derartige Erwägungen ändern jedoch nichts an der Einschätzung, daß eine marktbeherrschende Stellung begründet wird[69]. Auch hier ließe sich wieder ein „ultima ratio Prinzip" ableiten: Da es andere Möglichkeiten der Entwicklung gibt, kann eine beherrschende Stellung nicht hingenommen werden. Offen bleibt hier wieder, ob bei Nachweis eines technischen oder wirtschaftlichen Fortschrittes, der allein durch die Fusion bewirkt werden kann, die Kommission nicht zu einer Freigabe gekommen wäre.

d) Gencor/Lonrho[70]

Die Parteien tragen Synergieeffekte vor, die zu Kosteneinsparungen führen könnten. Die Kommission schätzt diese auf höchstens 10 %. Diese Höhe hält sie nicht für ausreichend. Selbst wenn Einsparungen aber zu beachten wären, würden sie hier nicht dem Verbraucher zugute kommen, da die Parteien mit ihrer marktbeherrschenden Stellung wirksam den Wettbewerb behindern würden[71].

In diesen Entscheidungen unterstreicht die Kommission eindrucksvoll, daß sie außerwettbewerbliche Vorteile zumindest auf kurze Sicht hinter die Verhinderung einer marktbeherrschenden Stellung zurückstehen läßt. Zu beachten sind

---

67 Vgl. dazu unten, Teil 3, A, II.
68 ACCOR/Wagon-Lits vom 21.7.1992, ABl. L 204 S. 1 ff.
69 aaO Ziff. 25.
70 Entscheidung der Kommission vom 204.1996, Sache IV/M.619; ABl. L 97 11/30 ff.
71 aaO Ziff. 212.

nur wesentliche Vorteile durch den Zusammenschluß, die hiernach zumindest deutlich über 10 % Einsparungen durch den Zusammenschluß liegen müßten. Zudem ist immer ein Vorteil für den Verbraucher nötig, was bei Entstehen einer marktbeherrschenden Stellung mit der Argumentation der Kommission ausgeschlossen erscheint.

e) MSG Media Service[72]

Ähnlich wie in der Entscheidung NSD brachten die Parteien auch hier Aspekte der Entwicklung des technischen und wirtschaftlichen Fortschritts vor. Durch den Zusammenschluß sahen sie die rasche Durchsetzung des digitalen Fernsehangebotes vorangetrieben.

Hintergrund war die Verbindung zwischen der Bertelsmann AG, der Deutschen Telekom AG und der Taurus Beteiligungs-GmbH. Die Parteien wollten ein konzentratives Gemeinschaftsunternehmen unter der Firma MSG Media Service Gesellschaft für die Abwicklung von mit Pay-TV verbundenen Diensten mbH (MSG), gründen.

MSG sollte die technische, betriebliche und administrative Abwicklung von überwiegend entgeltfinanzierten Fernseh- und anderen Kommunikationsdiensten einschließlich deren Zugangskontrolle und Kundenmanagement betreiben. Daneben sollte die erforderliche Infrastruktur für die Erbringung dieser Dienste bereitgestellt werden.

Dahinter stand das nach eigenen Angaben größte Verlags- und Buchvertriebsunternehmen der Welt, die Bertelsmann AG. Die Buchclubs von Bertelsmann hatten weltweit mehr als 25 Millionen Mitglieder. Daneben sollte Taurus als Beteiligungsholding der Kirch-Gruppe, der führenden Anbieterin von Kinofilmen und Unterhaltungsprogrammen für das Fernsehen in Deutschland und außerdem auch als Anbieter privater Fernsehprogramme tätig, die Software für den Pay-TV Kanal einbringen. Die Kirch-Gruppe hält außerdem Beteiligungen an Pay-TV Programmen außerhalb Deutschlands.

Die Infrastruktur stellte der zu diesem Zeitpunkt Noch-Monopolist auf dem deutschen Telekommunikationsmarkt, die Deutsche Telekom, als öffentlich rechtliches Unternehmen. Alle drei beteiligten Unternehmen verfügten also auf ihrem jeweiligen Markt über eine herausgehobene Stellung.

---

[72] Entscheidung vom 9.11.1994, Sache IV/M.469, ABl. L 364/1ff, dazu Ebenroth/Lange EWS 1995, 1 ff.

Die Kommission stellte gemeinschaftsweite Bedeutung und eine auf Dauer angelegte Alleinstellung des Gemeinschaftsunternehmens auf dem neu zu bildenden Produktmarkt fest, da der wahrscheinlichste potentielle Wettbewerber, Premiere, mit der Kirch-Gruppe eng verbunden war.

Die Kommission stellte weiterhin zu den geltend gemachten Verbesserungen in technischer Hinsicht fest, daß eine digitale Infrastruktur zwar Voraussetzung für die Verbreitung digitalen Fernsehens sei, und daher das Projekt der Parteien dieser Entwicklung dienen könne. Die zu erwartende beherrschende Stellung des Gemeinschaftsunternehmens behindere aber den Wettbewerb. Nach dem Vorbehalt, unter dem die Berücksichtigung der Entwicklung des wirtschaftlichen und technischen Fortschrittes stehe, nämlich daß es durch ein Vorhaben nicht zu einer Behinderung des Wettbewerbs kommen dürfe, sei ein solcher Beitrag hier unmaßgeblich.

Die Kommission hat es dabei nicht belassen, sondern darüber hinaus grundsätzlich erörtert, ob angesichts einer beherrschenden Stellung überhaupt je von einem technischen oder wirtschaftlichen Fortschritt gesprochen werden könne.

„Diese Behinderung wirksamen Wettbewerbs stellt sogar die Erreichung eines technischen und wirtschaftlichen Fortschritts in Frage. Es ist nämlich äußerst zweifelhaft, ob unter den gegebenen Bedingungen die Erreichung einer digitalen Infrastruktur für Pay-TV durch die MSG tatsächlich in positiver Weise zur Entwicklung des technischen und wirtschaftlichen Fortschritts beiträgt. Es ist zu befürchten, daß sich ... potentielle Anbieter nicht in gleichem Umfang zum Markteintritt entschließen, wie dies bei einem ...(Anbieter mit neutraler Gesellschafterstruktur) der Fall wäre ... Die erfolgreiche Verbreitung digitalen Fernsehens würde bei einer solchen Entwicklung eher behindert als gefördert“[73]. Die Kommission stellt hier also wesentlich deutlicher als in Aérospatiale/de Havilland das Regel-Ausnahme Verhältnis und die Beschränkungen der Berücksichtigung des technischen und wirtschaftlichen Fortschrittes dar[74].

Diese Stellungnahme paßt zu einer Erklärung des Wettbewerbskommissars Lord Brittans: „I do not see how a dominant position which impedes competition could give rise to technical or economic progress of the sort which competition policy could endorse. There may be some short term technical

---

[73] aaO Ziff 101.

[74] Vgl. dazu auch Ebenroth/Lange, EWS 1995, 1, 8.

progress available to a monopolist, but it would not last for long when one considers the well-known debilitating effect of monopoly"[75].

Damit kann schon hier eine Tendenz festgestellt werden, nachdem technischer und wirtschaftlicher Fortschritt bei Marktbeherrschung, die auf Dauer, also strukturell angelegt ist, als Abwägungsmöglichkeit nicht in Betracht kommt.

f) St. Gobain/Wacker Chemie/NOM[76]

Auch in der bisher vorletzten Verbotsentscheidung hält die Kommission an dieser Position fest. Die erkennbaren Synergieeffekte würden nicht an die Verbraucher weitergegeben und seien daher unwesentlich. Allerdings wird nicht ausdrücklich gegen eine Berücksichtigung Stellung genommen, vielmehr wägt die Kommission teilweise auch explizit ab. So werden für einen der betroffenen Märkte, nämlich die Produktion von SiC, ausdrücklich Vorteile für die Produktion aus der Verschlankung der Produktion angenommen. Diese werden aber in Korrelation gesetzt mit den Folgen für die nachgeordneten Wettbewerber; diese hätten für Beschäftigung und Wertschöpfung eine wesentlich größere Bedeutung[77]. Beide Faktoren sind also prinzipiell geeignet, unter den Begriff des technischen und wirtschaftlichen Fortschritt zu fallen.

In dieser Entscheidung wird auch wieder zu dem zeitlichen Rahmen Stellung genommen, in dem eine beherrschende Stellung noch hinnehmbar sei. Bei optimistischer Betrachtung dauere es vier Jahre, bis sich potentieller außereuropäischer Wettbewerb zu ernsthaftem, aktuellen Wettbewerb weiterentwikkelt haben könne. Diese Zeitspanne sei eindeutig nicht mehr hinnehmbar, ein Verbot damit unumgänglich.

---

75 Zitiert nach Fine, Antitrust Law Journal 1993, 702, Fußnote 11.

76 Fall IV/M.774, Kurzfassung in WuW 1997, 33 f.; ABl. 1997 L 247/1 ff.

77 RdNr.. 246, 1997 L 247/44 f.

g) Kali + Salz/MdK/Treuhand[78]

Ein weiteres Merkmal, das zu einer möglichen industriepolitischen Abwägung genannt wurde, die Begründungserwägung 13[79], findet Erwähnung in dieser Entscheidung. In ihrer Entscheidung Kali + Salz stellt die Kommission anhand der schwerwiegenden Strukturprobleme in den ostdeutschen Bundesländern fest, daß ihre Entscheidung, den Zusammenschluß zu genehmigen, im Einklang mit den in Erwägungsgrund 13 angesprochenen grundlegenden Zielen des EUV steht. Hier wird insbesondere Art. 2 FKVO einschließlich der Stärkung des wirtschaftlichen und sozialen Zusammenhalts in der Gemeinschaft erwähnt.

Daraus läßt sich zwar entnehmen, daß die Kommission die Begründungserwägung 13 als relevant aufnimmt, zum anderen aber nichts für die Problematik einer Abwägung gewinnen.

Die Feststellung erfolgt auf die Gegebenheit des Vorhabens hin, bei dem eine Verstärkung einer marktbeherrschenden Stellung nicht festzustellen war. Die Kommission hat hier die „failing company defence" zum ersten Male anerkannt. Diese fällt nicht unter die Frage einer Abwägung einer marktbeherrschenden Stellung mit anderen Faktoren, die zu einer Genehmigung eines Zusammenschlusses trotz Marktbeherrschung führen können. Die Rechtfertigung für die Übernahme eines sonst vom Markt ausscheidenden Unternehmens ist eine Frage der Kausalität[80]. Ob die Marktanteile eines am Markt gescheiterten und damit gerade durch den zu schützenden Wettbewerb ausselektierten Unternehmens den Wettbewerbern in jedem Fall zufallen würden, mit oder ohne Übernahme, ist eine Verteidigung der Parteien, die nicht im Zusammenhang mit einer Abwägung von Vor- und Nachteilen zu prüfen ist. Die Frage muß daher für die weiteren Betrachtungen außer acht bleiben. Anders könnte dies nur zu beurteilen sein, wenn durch den Zusammenschluß verhindert werden kann, daß die Marktanteile gerade dem marktstärksten Wettbewerber zufallen oder die Wettbewerberanzahl höher gehalten werden kann[81].

Insofern kann die Anführung des sozialen Zusammenhaltes nur als eine proforma Begründung verstanden werden in dem Sinne, als das erzielte Ergebnis

---

78 ABl. 1994 L 186/38 ff.

79 Diese lautet: „Es ist festzustellen, ob die Zusammenschlüsse von gemeinschaftsweiter Bedeutung mit dem Gemeinsamen Markt vereinbar sind; dabei ist von dem Erfordernis auszugehen, im Gemeinsamen Markt Wettbewerb aufrechtzuerhalten und zu entwickeln. Die Kommission muß sich bei ihrer Beurteilung an den allgemeinen Rahmen der Verwirklichung der grundlegenden Ziele des Vertrages gemäß dessen Artikel 2, einschließlich des Ziels Stärkung des Ziels der Stärkung des wirtschaftlichen und sozialen Zusammenhalts der Gemeinschaft im Sinne des Art. 130 a des Vertrages orientieren."

80 Vgl. auch Immenga in Immenga/Mestmäcker, S. 830 f.

81 Siehe dazu unten, Teil 1 B IV. 2.) cc).

zusätzlich gestärkt werden sollte. Ob der Gesichtspunkt des sozialen Zusammenhalts in der Gemeinschaft allein ausreichte, um zu einer Genehmigung eines Zusammenschlusses, der eine marktbeherrschende Stellung hervorruft, zu kommen, bleibt dahingestellt. Für die vorliegende Betrachtung bleibt damit auch hier nur die Feststellung, daß die Kommission in ihrer Praxis eine eindeutige Stellungnahme zu der Abwägungsproblematik scheut.

Die Entscheidung ist vom EuGH aufgehoben worden[82].

h) Bertelsmann/Kirch

Keine Erwähnung finden Vorteile für den wirtschaftlichen und technischen Fortschritt hingegen in dieser Entscheidung, obwohl sie recht nahe gelegen hätten. Die Konstellation, Förderung eines neuen Mediums, entspricht dem Sachverhalt in der Entscheidung NSD.

Erkenntnisse für die vorliegende Untersuchung sind daraus nicht zu gewinnen. Das Verbot des Zusammenschlusses zeigt aber ein weiteres Mal, daß eine zur Entwicklung neuer Techniken nötige Marktdominanz zwar durch potentiellen Wettbewerb als nicht beherrschend angesehen werden, Voraussetzung für eine Genehmigung aber ist, daß eine Abschottung des Marktes nicht über einen zu langen Zeitraum erfolgt.

i) Boeing/McDonnel Douglas[83]

Eine Entscheidung, die unter dem Gesichtspunkt einer Abwägungsmöglichkeit innerhalb des Art. 2 FKVO bisher nicht betrachtet worden ist, aber für die vorliegende Fragestellung einen entscheidenden Durchbruch bedeutet, ist Boeing-McDonnel-Douglas. Grundsätzlich warf dieser Zusammenschluß des weltgrößten Flugzeugherstellers mit dem letzten neben Airbus noch unabhängig agierenden zivilen Großflugzeughersteller auf den ersten Blick die weitaus bedeutsamere Frage auf, ob die Kommission im Rahmen innergemeinschaftlichen Rechts über einen Zusammenschluß urteilen durfte, der nur US-amerikanische Unternehmen betraf. Die Unternehmen erfüllten zwar die Aufgreifkriterien der FKVO[84] innerhalb der Gemeinschaft, dennoch zog die Entscheidung weite Kreise, denn die amerikanischen Kartellbehörden hatten den

---

[82] EuGH Urteil vom 31.3.1998, Verbundene Rs. C-68/94 und C-30/95, Frankreich u.a./Kommission, abgedruckt in WuW 1998, 501, s. dazu unten, 1. Teil B, I., 3.) a).

[83] EG-Kommission 20.7.1997, IV/M.877 – Boeing McDonnel Douglas, WuW/E EU-V7 ff.

[84] Vgl. dazu RdNr. 6 ff. der Entscheidung.

Zusammenschluß bereits freigegeben. Daher stellte sich aktuell die Frage der völkerrechtlichen Grenzen der Kontrolle von Zusammenschlüssen von Unternehmen mit Sitz außerhalb der Gemeinschaft, der Umfang der „jurisdiction" der Kommission.

Der Zusammenschluß war materiell problematisch, da die Parteien des Zusammenschlusses 1996 zusammen über 70 % Anteile[85] des als relevant eingestuften Weltmarktes hielten. Darüber hinaus war es Boeing gelungen, drei der weltgrößten Fluggesellschaften durch Exklusivlieferverträge 20 Jahre lang an sich zu binden. Daraus schloß die Kommission auf eine beherrschende Stellung Boeings auf dem Weltmarkt[86].

Erst nachdem Wettbewerbskommissar van Miert offensichtlich bereit war, der Kommission eine ablehnende Entscheidung zu unterbreiten, erklärte sich Boeing bereit, auf diese Exklusivlieferverträge zu verzichten[87]. Daraufhin wurde der Zusammenschluß auch von der Kommission freigegeben. Die Gründe, die dafür angegeben werden, verdienen eine nähere Betrachtung.

Es ist schon äußerlich auffällig, daß die Kommission von ihrem normalerweise verwendeten Aufbauschema abweicht und noch vor der wettbewerblichen Würdigung (Teil VII.) eine Darstellung „Zusammenarbeit mit den US-Behörden" abgibt. In dieser nimmt sie auch ausführlich auf amerikanische Bedenken bezug, wonach eine Untersagung des Zusammenschlusses Arbeitsplätze in den Vereinigten Staaten bedrohen würde[88].

Auch inhaltlich stellt sich die Entscheidung als erste klare Stellungnahme zu der Möglichkeit dar, den Automatismus des Art. 2 FKVO zugunsten außerwettbewerblicher Faktoren zu durchbrechen.

Die Kommission stellte zunächst fest, daß, obwohl McDonnel-Douglas auf dem Markt für große Verkehrsflugzeuge kaum noch neue Aufträge einfahren konnte, einen großen Wettbewerbseinfluß ausübt. Eine Übernahme durch Boeing führte über gemeinsame Vermarktung und durch Ausnutzung der gegebenen Kapazitäten[89] zu einer Verstärkung der beherrschenden Stellung von Boeing[90].

Boeing verpflichtete sich dann, für 10 Jahre keine Exklusivlieferverträge mehr abzuschließen. Daraus folgert die Kommission, daß die Ausnutzung der

---

[85] Vgl. zu den Einzelheiten RdNr. 13 ff der Entscheidung.
[86] RdNr. 45.
[87] Der Verfasser konnte diese Entwicklung während einer Wahlstage bei der MTF verfolgen.
[88] RdNr. 12.
[89] RdNr. 58 ff.
[90] RdNr. 113.

beherrschenden Stellung für Boeing schwieriger würde und Marktabschottungseffekte entfielen. Die Vorteile der McDonnel-Douglas Übernahme werden zudem durch die Verpflichtung, diese Vorteile nicht zu nutzen, eingeschränkt. Ebenso darf die Nachfragemacht nicht ausgenutzt werden und eine Transparenz hinsichtlich der Verwendung öffentlicher Gelder muß gewährleistet sein.

Nach dieser wettbewerblichen Einschätzung, die eine Minderung der negativen Effekte der für Boeing hinzugekommenen Marktmacht beinhalten, geht die Kommission allerdings noch auf zwei weitere Aspekte ein:

Da durch die Marktstruktur, ein Duopol aus Boeing und Airbus, eine Veräußerung McDonnel Douglas‘ an eine neutrale Partei nicht zu erwarten war, hielt die Kommission eine andere Lösung nicht für denkbar. Der einzige potentielle andere Käufer, Airbus, zeigte nämlich kein Interesse an McDonnel Douglas.

Hier wird also aufgrund der politischen Zwangslage der Automatismus des Art. 2 FKVO, Verbot oder Freigabe, durchbrochen. Trotz Verstärkung einer beherrschenden Stellung folgte nicht automatisch eine Untersagung des Zusammenschlusses aufgrund besonderer Umstände.

Zudem wird das Übereinkommen zwischen der Gemeinschaft und den USA über die Anwendung ihrer Wettbewerbsregeln angeführt. Die daraus resultierende Pflicht zur Rücksichtnahme auf industriepolitische Interessen der USA wird zur Rechtfertigung angeführt.

Die Kommission erkennt also an, daß gemeinschaftsrechtliche Verpflichtungen bei der Beurteilung eines Zusammenschlusses eine Rolle spielen können. Diese Öffnung des strikten Wortlauts von Art. 2 FKVO lädt also dazu ein, zu untersuchen, inwieweit anderes Gemeinschaftsrecht, insbesondere die Ziele des EG-Vertrages, wie sie auch in den Begründungserwägungen der VO eine Rolle spielen, innerhalb der Kriterien des Art. 2 FKVO eine Rolle spielen kann. Daher kann nach dieser Entscheidung angenommen werden, daß eine Öffnung der Kriterien des Art. 2 FKVO für außerwettbewerbliche Notwendigkeiten möglich ist.

j) Mercedes-Benz/Kässbohrer[91]

Dieses Verfahren hat wie kaum ein zweiter Fall große Aufmerksamkeit in der deutschen Öffentlichkeit gefunden und zeigt exemplarisch, in welchem Spannungsfeld Entscheidungen der Fusionskontrolle getroffen werden.

---

[91] Fall IV/M.477 ABl. 1995 L 211/1 ff.

Die Karl Kässbohrer Fahrzeugwerke GmbH, Ulm, fertigt als traditionsreiches Familienunternehmen Omnibusse sowie Spezialfahrzeuge für den kommerziellen Gebrauch (Pistenbully, Tank- und Silofahrzeuge, Autotransporter). Im Omnibusbereich war die Firma hauptsächlich durch die Marke „Setra“ bekannt. Das Unternehmen erwirtschaftete Anfang der 90er Jahre große Verluste, was eine Neuordnung des Unternehmens unausweichlich machte und dazu führte, daß sich Kässbohrer auf das Kerngeschäft der Omnibusfertigung beschränkte. Nach mehreren ergebnislosen Gesprächen einigte sich Kässbohrer auf eine Übernahme sämtlicher Anteile durch die Daimler-Benz AG. Nach dem Konzept sollte die Omnibusfertigung zusammengeführt werden und die zuletzt 3200 Arbeitsplätze erhalten werden. Nachdem die Kommission, obwohl sie das Hauptverfahren wegen ernsthafter Bedenken hinsichtlich der Vereinbarkeit mit dem Gemeinsamen Markt eingeleitet hatte, nach Zusagenverpflichtungen[92] seitens Daimler-Benz signalisierte, daß sie den Zusammenschluß in einem dann verkürzten Verfahren ohne öffentliche Anhörung genehmigen wolle, lehnte der beratende Ausschuß diese Lösung ab, angeblich, weil mehrere Mitgliedsstaaten um ihre Busindustrie fürchteten[93]. Als daraufhin die Kommission ihren Entscheidungsentwurf zurückzog und die Durchführung der öffentlichen Anhörung ankündigte, versuchten die politischen Vertreter der Region, in der große Angst um die Arbeitsplätze herrschte, und Unternehmensvertreter, öffentlichen Druck auf die Kommission und die Bundesregierung auszuüben. Aufgrund des öffentlichen Drucks sprach sich schließlich die Bundesregierung offen für die Fusion aus und stellte sich damit auch gegen das BKartA[94]. Letztlich wurde der Zusammenschluß dann ohne Auflagen freigegeben. Begründet wurde dies mit der zunehmenden Auflösung nationaler Märkte, auch gerade durch die Vergaberichtlinien der EU, des Rückganges von Marktzutrittsschranken aufgrund der Auflösung von Kundenbindungen und eben dem potentiellen Wettbewerb ausländischer Hersteller, der sich in einer steigenden Importquote widerspiegele und der damit schon zum Zeitpunkt der Entscheidung zur Kontrolle des Verhaltensspielraumes der Fusionspartner beitrage. Dadurch seien auch die gegebenen Marktanteile von über 70 % bei Überlandbussen kein Indiz für die Schaffung einer beherrschenden Stellung.

Dieses Beispiel zeigt deutlich, daß es letztlich einer normativen Grundlage für politische Einflußnahme auf das Verfahren in der Praxis nicht bedarf. Mit dem gegebenen Instrumentarium läßt sich durch entsprechende, oberflächlich

---

[92] Vgl. Anlage V zur öffentlichen Version der Entscheidung vom 14.12.1995, IV/M.477.
[93] Vgl. FAZ Nr. 10 vom 12.1.1995, S. 12.
[94] Vgl. FAZ Nr. 36 vom 11.2.1995.

rein wettbewerblich orientierte Argumentation, das gewünschte Ergebnis erzielen.

Für solche politischen Entscheidungen auf wettbewerblicher Beurteilungsgrundlage gibt es weitere Beispiele.

k) Mannesmann/Vallourec/Ilva[95]

In dieser Entscheidung hat die Kommission nach Einschätzung einiger Beobachter einen „bilan économique" nach französischem Vorbild durchgeführt[96]. Zunächst lag eine negative Beurteilung des Zusammenschlusses durch die Generaldirektion IV der Kommission vor. Nachdem der Zusammenschluß aber durch den Wettbewerbskommissar der Kommission als politischem Gesamtorgan vorgelegt worden war, wurde der Wettbewerbskommissar mit dieser Einschätzung überstimmt[97]. Der Zusammenschluß wurde genehmigt, so daß der zunächst ablehnende Entscheidungsentwurf umgeschrieben werden mußte[98].

Der Zusammenschluß erfolgte zwischen Dalmine, einem Tochterunternehmen des italienischen Stahlherstellers Ilva, MRW, einer Mannesmann-Tochter und Valtubes, einer Vallourectochter. Alle drei Gesellschaften gründeten zusammen ein Joint Venture zur Herstellung von Spezialerzeugnissen, um Skalenerträge und Kostenvorteile zu nutzen, bei dem den beteiligten Gruppierungen jeweils ein Drittel der Anteile und je ein Geschäftsführer zustanden, genannt DMV.

Der hauptsächlich betrachtete relevante Markt war der für nichtrostende, nahtlose Stahlrohre. Die Kommission stellte zunächst eine geringe gegenseitige Marktdurchdringung des europäischen und des japanischen Marktes fest und benannte daher Westeuropa als geographischen Markt. Für die Situation auf dem europäischen Markt stellte sie fest, daß die Nachfrage auf einem Markt mit konzentriertem Angebot nachlassen würde und der Beschäftigungsstand unter diesen Umständen sehr sicher nicht steigen werde. Beides sei jeweils ein wichtiger Faktor für die Wettbewerbssituation.

DMV und Sandvik, die nach dem Zusammenschluß auf dem westeuropäischen Markt verbleibenden anderen großen Anbieter, hätten zusammengenommen über außerordentlich hohe Marktanteile verfügt (ca. 70 %), so daß

---

95 ABl. L 102/15 ff. vom 21.4.1994.
96 Kontrollpraxis, S. 80 f.
97 Canenbley/Hölzler/Wiedemann, Fall No. 172, Comments; auch Banks, ECLR 1997, 182 (185).
98 Vgl. Korah, Fallsammlung, S. 523.

die Annahme gemeinsamer Marktbeherrschung zu prüfen war. Die Kommission stellte fest, daß strukturell keine Anreize für Sandvik und DMV bestünden, sich gegenseitig Wettbewerb zu machen. Beide verfügten über große Produktionskapazitätsreserven. Insbesondere waren weder die vertikale Integration von Sandvik noch die Arbeitskraftsituation in der Lage, einen entsprechend großen Anreiz zu liefern, um die beiden Unternehmen zu veranlassen, sich zu einer Steigerung des eigenen Marktanteils Kostenwettbewerb zu liefern. Darüber hinaus wären beide Parteien aufgrund ausreichender Markttransparenz sehr schnell in der Lage, die Aufgabe eines etwaig stillschweigend vereinbarten Preisgebaren festzustellen. Die damit mögliche Kontrolle sei ein weiterer Faktor, der zu gleichgerichtetem Verhalten führen könnte[99].

Interessanterweise unternimmt die Kommission dann eine weitere Prüfung des tatsächlichen und potentiellen Wettbewerbs in einer „zweiten Stufe"[100].

In dieser zweiten Stufe stellt die Kommission zunächst fest, daß von den verbleibenden europäischen Wettbewerbern kein ausreichender Wettbewerbsdruck zu erwarten sei. Dann stellt die Kommission aber fest, daß die japanischen Hersteller, die zwar bisher konstant einen Marktanteil von 10 % auf dem europäischen Markt gehalten hätten und sich in Europa wenig engagierten, über erhebliche Überschußkapazitäten verfügten und daher in der Lage wären, Wettbewerbsdruck zu erzeugen, sollten Sandvik und DMV versuchen, ein überhöhtes Preisniveau einzuführen. Zudem bestünde die Möglichkeit, daß die osteuropäischen Hersteller in relativ kurzer Zeit wettbewerbsfähig genug werden könnten, um ihre bessere Kostenstruktur bei den Lohnkosten in einen effektiven Wettbewerb umsetzen zu können. Aus diesen Gründen sah die Kommission in dem Zusammenschluß nicht die Begründung einer gemeinsamen beherrschenden Stellung.

Neben der ausdrücklichen zweistufigen Prüfung, die ein starkes Indiz für eine solche Struktur der Prüfung innerhalb des Art. 2 FKVO liefert, drängt sich hier der Eindruck auf, die Kommission habe eine ungewöhnlich starke Stellung auf dem europäischen Markt hingenommen. Zugunsten von vagen Hoffnungen hinsichtlich außerwesteuropäischen Wettbewerbs hat sie den Zusammenschluß genehmigt. Denn die Feststellung, daß sowohl Sandvik als auch DMV über starke Kapazitätsreserven verfügten, spricht auch für deren umfangreiche Möglichkeit, ein Vordringen außerwesteuropäischer Hersteller abwehren zu können. Dieser Gesichtspunkt wird aber in der Entscheidung nicht angesprochen. Zudem bedingt ein ausreichend verstärktes Engagement gerade der japanischen Hersteller einen ausreichend großen Kostenanreiz für

[99] RdNr. 129.
[100] RdNr. 96.

diese Produzenten. Solange also DMV und Sandvik die Ausübung ihrer Marktmacht nur bedingt ausüben, dennoch aber überhöhte Preise erzielen können, wird eine solche Ausdehnung des Engagements nicht sehr wahrscheinlich sein. Es liegt damit auf der Hand, daß noch andere Erwägungen für die Entscheidung der Kommission eine Rolle gespielt haben[101].

2.) EuG (Gericht erster Instanz)

Das EuG hat sich in seiner Entscheidung „Comité Central d'Entreprise de la Société Anonyme Vittel, Comité d'Etablissement de Pierval u. Fédération Générale Agroalimentaire / Kommission" – Urteil vom 27.4.1995 – Rs. T - 12/93[102] zu einer Klagebefugnis von Arbeitnehmerverbänden der Unternehmen, die von einer Entscheidung der Kommission nach der FKVO betroffen sind, geäußert.

Zum Sachverhalt: Im Rahmen des Zusammenschlußvorhabens Nestlé/Perrier äußerte die Kommission Bedenken gegen die Vereinbarkeit des Vorhabens mit dem Gemeinsamen Markt. Die Parteien gaben daraufhin Erklärungen ab, die neben zusätzlichen Auflagen gemäß Art. 8 II FKVO Grundlage der Freigabe des Vorhabens durch die Kommission wurden[103]. Innerhalb dieser Verpflichtungen und Auflagen sollte auf dem französischen Markt für Mineralwasser durch den Marktzutritt eines neuzuschaffenden, unabhängigen Wettbewerbers, der über ausreichende Ressourcen für wirksamen Wettbewerb verfügt, der Wettbewerb gesichert werden. Zur Bildung dieses neuen Wettbewerbers wurde der Nestlé SA auferlegt, die Marke und den Brunnen Pierval zu veräußern. Die in diesem Brunnen beschäftigten Arbeitnehmer erhoben durch ihre Vertretungen beim EuG Klage gemäß Art. 230 EG auf Nichtigkeitserklärung der Entscheidung der Kommission, da die auferlegten Bedingungen rechtswidrig und überflüssig seien. Dabei wandten sie sich insbesondere gegen die auferlegte Veräußerung ihres Brunnens. Der EuG hatte zunächst über die Frage der Zulässigkeit dieser Klage zu befinden. Dazu ist zunächst die Stellungnahme der Kommission interessant: Voraussetzung einer Klagebefugnis sei ein Rechtsschutzinteresse der Kläger. Die FKVO hätte aber

---

[101] Ebenso kann in der Entscheidung Nestlé/Perrier, IV/M.190, ABl. 1992, L 356/1 ff., daran gezweifelt werden, daß die zwangsweise Abtrennung eines Brunnens zum Aufbau eines leistungsstarken Wettbewerbers führt, der die starke Marktposition der Parteien ausgleichen könnte, vgl. dazu Heidenhain, EuZW 1994, 135 (137 ff.). Auch in dieser Entscheidung kann daher von außerwettbewerblichen Erwägungen ausgegangen werden, zumal französische Unternehmen betroffen waren und in Frankreich, wie unten, 1. Teil, B, IV. 1.) noch dargelegt wird, eine Tradition der Abwägung allgemeiner Interessen mit wettbewerblichen Belangen in der Fusionskontrolle besteht.

[102] abgedruckt in EuZW 1995, 677 ff.

[103] Fall IV/M.190, Nestlé/Perrier, Entscheidung vom 22.7.1992, ABl. Nr. L 356, S. 1 ff.

als wesentliche Zielsetzung, im Gemeinsamen Markt einen wirksamen Wettbewerb aufrechtzuerhalten und zu entwickeln, worauf die Kläger keinen individualisierbaren Anspruch hätten. Insbesondere die 13. Begründungserwägung der Verordnung zwinge nicht dazu, die Beschäftigung in einem einzelnen Unternehmen zu betrachten, sondern nur die Folgen für die Beschäftigungslage in der gesamten Gemeinschaft oder eines ihrer Teile. Die Kläger könnten damit nur dann ein zu berücksichtigendes Interesse geltend machen, wenn sie wenigstens prima facie nachweisen könnten, daß der angegriffene Zusammenschluß die in Art. 2 EG genannten sozialen Ziele eindeutig beeinträchtige. Bezüglich des Merkmals des sozialen Zusammenhaltes der Gemeinschaft bleibt damit festzuhalten, daß eine Entscheidung nach Ansicht der Kommission diesen nicht beeinträchtigen darf. Dies läßt allerdings offen, ob das EuG bei einem Nachweis, daß das Verbot eines Zusammenschlusses für die Beschäftigung in dem untersuchten Wirtschaftsbereich gravierend nachteilig ist, eine marktbeherrschende Stellung hinzunehmen gewillt wäre.

Das EuG geht aber noch weiter: „ ... daß im Rahmen der Verordnung (EWG) Nr. 4064/89 der Vorrang, der der Einführung eines Systems des freien Wettbewerbs eingeräumt wird, bei der Beurteilung der Vereinbarkeit eines Zusammenschlusses mit dem Gemeinsamen Markt in bestimmten Fällen mit der Berücksichtigung der sozialen Auswirkungen dieses Zusammenschlusses vereinbart werden kann, wenn diese in Art. 2 EG genannten sozialen Ziele beeinträchtigen. Für die Kommission kann also Anlaß zu der Prüfung bestehen, ob der Zusammenschluß unmittelbare oder mittelbare Auswirkungen auf die Lage der Arbeitnehmer in den beteiligten Unternehmen haben kann, die den Beschäftigungsstand oder die Beschäftigungsbedingungen in der Gemeinschaft oder in einem wesentlichen Teil der Gemeinschaft beeinflussen[104]. Nach Art. 2 I lit. b Verordnung (EWG) Nr. 4064/89 ist die Kommission nämlich verpflichtet eine wirtschaftliche Gesamtbilanz des betreffenden Zusammenschlusses aufzustellen, in die gegebenenfalls Erwägungen sozialer Art eingehen können; dies wird durch den 13. Bewegungsgrund... verdeutlicht, wonach ...“ (Hier folgt der Text des Erwägungsgrunds 13). Nach diesen Erwägungen hielt das EuG die Klage für zulässig.

Nachdenklich muß hier die ausdrückliche Forderung nach einer „wirtschaftlichen Gesamtbilanz“ machen. Wie noch zu zeigen sein wird, ist die Aufstellung einer wettbewerblichen Gesamtbilanz durchaus mit Art. 2 FKVO zu vereinbaren. Meint das EuG nicht nur eine solche wettbewerbliche Gesamtbetrachtung, könnte hieraus eine Gesamtabwägung wettbewerblicher und nichtwettbewerblicher Umstände abgeleitet werden. Dann wären nach der Praxis

---

[104] aaO S. 680, Rz 38.

der Kommission, wenn keine dauerhafte marktbeherrschende Stellung vorliegt, soziale Belange zu berücksichtigen.

Ob dieser Satz des EuG, der zunächst nur dazu diente die (unbegründete) Klage für zulässig zu erklären und damit im weiteren Sinne nur allgemein Möglichkeiten einer individuellen Rechtsverletzung auf Seiten der Kläger aufzeigte, wirklich im Sinne einer Aufweichung des Wettbewerbs als „primus inter pares" der von der FKVO geschützten Interessen meint, bleibt der weiteren Rechtsprechung vorbehalten.

Zunächst soll festgehalten werden, daß das EuG von dem „Vorrang, der der Einführung eines Systems des freien Wettbewerbs gewährt wird" spricht. Zudem sei bereits hier darauf hingewiesen, daß mit einer beschäftigungspolitischen Komponente in der FKVO, die die wettbewerblichen Aspekte zumindest aufwiegen könnte, auch in anderer Richtung argumentiert werden könnte als nur in der der Förderung von Großfusionen. Angesichts immer häufiger auftretenden Beteuerungen der Beteiligten an Großfusionen, „Arbeitsplätze seien nicht in Gefahr" und der sich deutlicher abzeichnenden Realisierung von Synergievorteilen durch Arbeitsplatzabbau[105], ließe sich ein Arbeitnehmervertreter vorstellen, der auf Untersagung eines Zusammenschlusses klagt, um Arbeitsplätzeabbau bzw. -verlagerung zu verhindern. Das EuG hat hier jedenfalls, wenn auch nur zur Zulässigkeit, eine Berücksichtigung außerwettbewerblicher Aspekte ausdrücklich gebilligt.

3.) EuGH

a) Kali + Salz

Der EuGH hat in seiner Entscheidung Kali + Salz[106] ebenfalls zu den Voraussetzungen des Art. 2 FKVO Stellung genommen. Der Gegenstand der vorliegenden Untersuchung wird zwar nicht konkret angesprochen, doch läßt sich der Entscheidung ein „beredtes" Schweigen entnehmen. Der EuGH prüft die Entscheidung der Kommission, die Fusion Kali + Salz/MdK/Treuhand freizugeben, ausschließlich anhand der Prämisse, daß ein Zusammenschluß, der

---

[105] Vgl. etwa Handelsblatt Nr. 22/4 vom 1.2.1999 zur Fusion der Paribas und der Société Générale, wonach eine „Zielgröße für die Mitarbeiterzahl" (Ende 1998 etwa 78.000 Menschen) „nicht genannt" wurde; auch Führungsetagen sind betroffen, „Fusionen drehen das Personal-Karussel", „Die Welt" vom 31.5.1999; Die Übernahme der Hartmann & Braun Gruppe erfordere für die Deutsche ABB den Wegfall von 1000 Stellen, Hamburger Abendblatt, Nr. 71/1999, 25.3.1999.

[106] EuGH Urteil vom 31.3.1998, Verbundene Rs. C-68/94 und C-30/95, Frankreich u.a./Kommission, abgedruckt in WuW 1998, 501.

zu einer beherrschenden Stellung führt und den Wettbewerb behindert, zu untersagen ist. Anhand dieses Kriteriums stellt der EuGH fest, daß die Kommission nicht ausreichend dargelegt habe, daß durch den Zusammenschluß keine kollektive Marktbeherrschung zu entstehen drohe. Maßstab ist also ausschließlich das wettbewerbliche Kriterium. Erwägungen sozialer Art und Begründungserwägung 13 werden insoweit überhaupt nicht angesprochen. Daraus kann angesichts der Vorgeschichte der Entscheidung und des Urteils des EuG Nestlé/Perrier, die dem EuGH bekannt waren, auf eine Absage an die Berücksichtigung außerwettbewerblicher Gesichtspunkte geschlossen werden.

Aus diesem „beredten Schweigen" läßt sich andererseits auch wieder nicht zu viel herauslesen, denn der EuGH hätte, wäre ihm eine Klarstellung wirklich wichtig gewesen, zumindest in einem orbiter dictum die Frage klarstellen können. Da er dies nicht getan hat, ist anzunehmen, daß er sich zumindest die Möglichkeit einer Berücksichtigung offenhalten wollte.

Die Entscheidung bietet aber einige andere interessante Gesichtspunkte. Zum einen setzt sich der EuGH mit der Frage der Auslegung des Art. 2 FKVO auseinander, wie weiter unten aufzugreifen sein wird[107]. Zum anderen stellt der EuGH verbindlich fest, daß der Kommission insbesondere in Art. 2 FKVO ein Ermessen hinsichtlich der Beurteilung wirtschaftlicher Zusammenhänge eingeräumt ist.

b) Continental Can[108]

Das Continental Can Urteil des EuGH ist eines der grundlegenden Urteile in Bezug auf die Wettbewerbskonzeption des EG-Vertrages. Daher wird es im Verlauf der Untersuchung immer wieder zu zitieren sein. Der EuGH hat darin Art. 82 EG auf Unternehmenszusammenschlüsse für anwendbar erklärt, obwohl eine solche Erklärung anhand des Sachverhaltes nicht nötig gewesen wäre, da der Fall aus anderen Erwägungen schon hätte entschieden werden können. Auf diesem Urteil fußt daher auch der Vorwurf an den EuGH, ein „Europe des Juges" zu installieren[109]. Dieser Vorwurf muß aber relativiert werden, denn der EuGH hat, wie bereits angesprochen, mit dieser „Einmischungsrechtsprechung" auch immer wieder Anstöße gegeben und die Entwicklung hin zu einer europäischen Fusionskontrolle nachhaltig beeinflußt.

---

[107] Vgl. dazu unten, 2. Teil, A.
[108] Rs. 6/72, Urteil vom 21. Februar 1973, Slg. 1973, S. 215 ff.
[109] Vgl. dazu Zäch, S. 358.

Dem Urteil liegt folgender Sachverhalt zugrunde: Die Continental Can Company, New York, hielt maßgebliche Beteiligungen an europäischen Herstellern von Leichtmetallverpackungen und Metalldeckeln für die Konservenindustrie. Nachdem durch Aufkäufe in diesem Bereich die Continental Can ihre Stellung auf dem Markt weiter gestärkt hatte, leitete die Kommission ein Verfahren wegen Verletzung des Artikel 82 EG gegen die Firma ein. Die gegen die folgende Entscheidung gerichtete Klage bildet die Grundlage für das Verfahren.

Der EuGH verwarf in dem Urteil die Auffassung, daß Art. 82 EG allein ein Recht zur Kontrolle von Marktverhalten gewähre, sondern sprach auch ein Recht zur Kontrolle der Marktstruktur zu. Art. 82 EG ist daher anwendbar, „wenn ein Unternehmen in beherrschender Stellung diese dergestalt verstärkt, daß der erreichte Beherrschungsgrad den Wettbewerb wesentlich behindert, daß also nur noch Unternehmen auf dem Markt bleiben, die in ihrem Marktverhalten von dem beherrschenden Unternehmen abhängen“[110].

Wesentlich ist noch Erwägungsgrund 24: „Wenn aber Art. 3 Buchstabe f (nunmehr Art. 3 Buchstabe g, der Verf.) die Errichtung eines Systems vorsieht, das den Wettbewerb innerhalb des Gemeinsamen Marktes vor Verfälschungen schützt, so fordert er erst recht, daß der Wettbewerb nicht ausgeschaltet wird. Dieses Erfordernis ist so wesentlich, daß bei seinem Fehlen zahlreiche Vertragsvorschriften gegenstandslos wären. Es entspricht überdies dem Gebot des Art. 2 des Vertrages, dem zufolge die Gemeinschaft die Aufgabe hat, 'eine harmonische Entwicklung des Wirtschaftslebens innerhalb der Gemeinschaft ... zu fördern'. Somit finden die Wettbewerbsbeschränkungen, die der Vertrag unter bestimmten Voraussetzungen deshalb zuläßt, weil die verschiedenen Vertragsziele miteinander in Einklang gebracht werden müssen, in den Erfordernissen der Art. 2 und 3 EG eine Grenze, bei deren Überschreitung die Gefahr besteht, daß eine Abschwächung des Wettbewerbs den Zielsetzungen des Gemeinsamen Marktes zuwiderläuft“.

Eine Bewertung der Entscheidung muß beinhalten, daß der EuGH eindrucksvoll den Rang des Wettbewerbs bei der Kollision mit anderen Vertragszielen heraushebt und Verfälschungen nur in bestimmten Grenzen für zulässig erklärt. Eine mögliche Abwägung innerhalb des Art. 2 FKVO muß sich diesen Grenzen also stellen. Dabei ist der Gesamtzusammenhang, insbesondere die Stärkung der industriepolitischen Kompetenzen der Gemeinschaft durch den Vertrag von Amsterdam, noch genauer zu untersuchen.

---

[110] aaO Randzeile 26.

4.) Feststellungen zur Praxis der Fusionskontrolle

Besteht, wie in Mannesmann/Vallourec/Ilva oder Mercedes-Benz/Kässbohrer, ein Bedürfnis für die Genehmigung eines Zusammenschlusses, werden teilweise wettbewerbliche Bedenken etwa durch großzügigere Einschätzung des potentiellen Wettbewerbs ausgeräumt. Andererseits ist die Argumentation der Kommission stets, mit Ausnahme der transatlantischen Rücksichtnahme in Boeing/McDonnel-Douglas, die explizit als außerwettbewerbliches Kriterium angeführt wurde, rein wettbewerblich. Diese Begründungen sind in den meisten Fällen auch tragfähig. Außerwettbewerbliche Erwägungen stellen die Ausnahme dar. Die Kommission neigt damit dazu, zuweilen außerwettbewerbliche Erwägungen in ihre Fallpraxis einfließen zu lassen, ohne dies offenzulegen[111].

Die Vorgaben der europäischen Gerichte sind zwiespältig. Zum einen besteht die Aussage des EuG, das innerhalb der Frage der Klagebefugnis, also zur Zulässigkeit einer Klage, eine politische Gesamtbetrachtung der Folgen des Zusammenschlusses verlangt hat. Der EuGH hingegen verbleibt wettbewerblich orientiert. Insgesamt ist das Material dazu noch zu dünn, um endgültige Aussagen treffen zu können. Die Wettbewerbskonzeption des EuGH wird aber noch vertieft zu untersuchen sein[112].

II. Stellungnahmen hinsichtlich einer Berücksichtigung wettbewerblicher Vorteile durch eine Fusion

1.) Gehe AG/OCP SA[113]

In dieser Entscheidung findet sich eine der wenigen Stellungnahmen der Kommission, die auf die Zulässigkeit der Berücksichtigung wettbewerblicher Vorteile auf einem von dem Zusammenschluß betroffenen Markt schließen lassen. Die Kommission stellt hier fest, daß es möglich ist, „daß der Zusammenschluß zwischen den Parteien den Warenverkehr von Arzneimitteln zwischen einzelnen Mitgliedsstaaten, in denen ein unterschiedliches Preisniveau bei Medikamenten besteht, erleichtert. Die Zunahme von Parallel- oder

[111] Vgl. zu der Problematik mit dem gleichen Ergebnis Van den Bergh/Camesasca, WuW 1998, 1147 (1157); Berlin/Calvet RTD eur. 1996, 535 (562 f.); Hawk/Huser, S. 213; George/Jacquemin, S. 242; Moussis, Rev. M. com. 1995, 396 (404) nimmt an, daß die Kommission bei positiven Langzeitfolgen möglichst viele Fusionen genehmigt.

[112] Vgl. unten, 2. Teil, D, II.

[113] Entscheidung vom 5.4.1993, Fall IV/M.328, nicht veröffentlicht.

Reimporten ist geeignet, den Wettbewerb auf den Herstellermärkten zu erhöhen, und daher wettbewerblich positiv zu beurteilen"[114].

Es ist also, wenn hier auch nicht ausdrücklich eine Abwägung stattfinden konnte, da der Zusammenschluß auch ansonsten keinen Anlaß zu wettbewerblichen Bedenken lieferte, möglich, positive Auswirkungen auf den Wettbewerb zu berücksichtigen.

2.) SHV Energy / Thyssen Klöckner Recycling[115]

Auch in dieser Entscheidung hat die Kommission anerkannt, daß ein Zusammenschluß die Wettbewerbsbedingungen auf dem europäischen Markt deutlich verbessern kann[116]. Auch wenn hier ebenso keine explizite Abwägung getroffen wurde, geht die Kommission ausdrücklich auch „vor diesem Hintergrund" davon aus, daß keine marktbeherrschende Stellung eintreten wird.

3.) Skanska/Scancem

In der jüngsten Entscheidung zu diesem Thema[117] hat die Kommission Zusagen der beteiligten Unternehmen, die nach dem Zusammenschluß nach Ansicht der Kommission über eine marktbeherrschende Stellung verfügen würden, als geeignet angesehen, den Wettbewerb zu verbessern. Dabei hat die Kommission auch konkret festgestellt, daß durch die mit dem Zusammenschluß einschließlich der Zusagen verbundenen Umstrukturierungen die Wettbewerbsbedingungen nicht nur auf dem betroffenen Zementmarkt, sondern auch auf den vorgelagerten Märkten verbessert würden (Randnummer 210). Aus diesem Umstand schloß die Kommission letztlich, daß das Vorhaben mit dem Gemeinsamen Markt vereinbar ist.

---

[114] RdNr. 14.
[115] Entscheidung vom 19.5.1998, Fall IV/M.1146, nicht veröffentlicht.
[116] RdNr. 20.
[117] Entscheidung vom 11.11.1998, IV/M.1157, abgedruckt in WuW EU-V 353 ff. (= WuW 1999, 1256 ff.).

III. Sonstige Materialien

1.) Erklärungen der Kommission

a) Grundlegendes

Die Kommission hat frühzeitig eine positive Einstellung gegenüber Unternehmenszusammenschlüssen formuliert[118]. Dies ist auch nicht weiter verwunderlich, betrachtet man die Tatsache, daß ein gemeinsamer europäischer Markt Unternehmen voraussetzt, die grenzüberschreitend auf dem ganzen europäischen Markt aktiv werden können, also über eine gewisse Größe verfügen müssen. Großunternehmen kommt damit aus Sicht der Kommission auch eine integrative Bedeutung zu. Zudem sieht die Kommission hier eine Möglichkeit der besseren Durchsetzung neuer Technologien[119]. Fusionen sind also auch von daher zu fördern.

b) Erklärung zur Auslegung der FKVO

In der Erklärung der Kommission zur Auslegung von Art. 2 Abs. 1 Satz 2 b) erklärt die Kommission, daß „der Begriff „technischer und wirtschaftlicher Fortschritt“ im Lichte der in Art. 81 Abs. 3 des Vertrages verankerten Grundsätze in ihrer Auslegung durch den Gerichtshof zu verstehen ist“[120]. Diese Aussage der Kommission hat teilweise dazu geführt, daß in der Literatur angenommen wurde, hiermit sei ein Abwägungstatbestand geschaffen worden, so daß eine industriepolitische Öffnung möglich wäre[121].

Darüber hinaus erklärt die Kommission zu Art. 2 Buchst. a lapidar zu der „Struktur der betroffenen Märkte“, daß sie hier sowohl Märkte innerhalb der Gemeinschaft als auch solche außerhalb der Gemeinschaft betrachten will. Daraus kann für die vorliegende Untersuchung nichts gewonnen werden. Eine Abwägung von Vorteilen bzw. Nachteilen auf außergemeinschaftlichen Märkten, auf denen die beteiligten Unternehmen tätig sind, mit Nachteilen

[118] Denkschrift der Kommission 1966, Teil I, A, Punkt 4.
[119] Vgl. dazu Immenga, WuW 1990, 371 (378 f.).
[120] WuW 1990, S. 240 (241).
[121] Miersch, S. 47; Albers, CR 1990, 444 (447).

beziehungsweise Vorteilen auf innergemeinschaftlichen Märkten erscheint möglich. Ebenso könnte daraus aber auch nur die Aussage entnommen werden, daß die Kommission außergemeinschaftliche Märkte mit in den Schutzbereich der FKVO einbeziehen möchte. Dann wäre ein Zusammenschluß – ohne Abwägungsmöglichkeit – auch dann zu verbieten, wenn etwa der US-amerikanische Markt negativ betroffen wäre.

Gegen eine Aussagekraft dieser Erklärung spricht darüber hinaus die rechtliche Natur als Protokollerklärung der Kommission. Auch wenn man die Aussage der Kommission in der einen oder anderen Richtung als verbindlich betrachten wollte, ist die Erklärung also nicht geeignet, Rückschlüsse auf die FKVO zuzulassen.

Grundsätzlich obliegt die Auslegung von Rechtsakten der Gemeinschaft allen Gemeinschaftsorganen[122]. Die Letztentscheidungsgewalt aber gebührt dem EuGH[123]. Die Kommission ist mit der Durchführung der FKVO betraut, es liegt also nahe, ihrer Stellungnahme dazu, wie sie sich die Durchführung vorstellt, Gewicht beizumessen. Der EuGH hat sich, soweit ersichtlich, zu der Frage der Aussagekraft von Protokollerklärungen noch nicht geäußert[124].

Protokollerklärungen haben zwar im Völkerrecht nach der Wiener Vertragskonvention (WKV) eine große Bedeutung. Das Gemeinschaftsrecht folgt aber aufgrund seiner besonderen Natur nicht den allgemeinen Regeln des Völkerrechts, denn es ist ein eigenständiges Rechtssystem[125]. Darüber hinaus sprechen generelle, systematische Überlegungen gegen eine Berücksichtigung der Erklärung als Auslegungshilfe. Verbindliche Feststellungen über den erlassenen Rechtsakt kann sowohl im Völkerrecht, dort die vertragsschließenden Parteien, als auch im Gemeinschaftsrecht, dort das zuständige Organ, nur die zur Rechtssetzung befugte Institution treffen. Die FKVO ist eine Ratsverordnung, so daß trotz der Befugnisse, welche die Kommission nach der FKVO ausüben kann, nur der Rat beachtliche Interpretationshilfen abgeben kann. Etwas anderes mag für Verordnungen gelten, welche die Kommission im Rahmen der ihr übertragenen Zuständigkeit erläßt[126]. Nur, wenn die Protokollerklärung mit dem Text des Rechtsaktes in Übereinstimmung steht, kann diese als Auslegungsmittel bei der historischen oder teleologischen Untersuchung herangezogen werden[127]. Es verbleibt damit für diese Erklärung nur der

---

[122] Pernice in Grabitz/Hilf zu Art. 164, RdNr. 21.
[123] Vgl. Artikel 220 und 234 EG.
[124] Allgemein zu dieser Thematik: Pechstein, EuR 1990, 249 ff.; gegen eine rechtliche Bedeutung Janicki, WuW 1990, 195 (199).
[125] Seidl-Hohenveldern, RdNr. 174b, 594.
[126] Pechstein, aaO, 254.
[127] Vgl. dazu auch von Bogdany/Nettesheim in Grabitz/Hilf zu Art. 1 EG-Vertrag RdNr. 19.

Aspekt der Selbstbindung der Kommission an das Erklärte. Nach nunmehr zehnjähriger Praxis der Kommission, in der sie nicht auf diese Erklärung zurückgegriffen hat[128], muß eine solche mögliche Selbstbindung durch entgegenstehende Praxis als überholt gelten.

Damit kann die Protokollerklärung als eigenständige Erkenntnisquelle hier vernachlässigt werden, unabhängig davon, wie die Aussage der Kommission zu dem Merkmal der betroffenen Märkte verstanden werden kann. Es bleibt unten aber das grundsätzliche Verhältnis der FKVO zu Art. 81 EG zu klären. Zudem bleibt die Feststellung einer fusionsfreundlichen Einstellung der Kommission als Anhaltspunkt erhalten[129], den sie in dieser Protokollerklärung zum Ausdruck gebracht hat.

2.) Berichte der Kommission über die Wettbewerbspolitik

Die Kommission veröffentlicht in jedem Jahr einen Bericht über ihre wettbewerbspolitischen Aktivitäten. Innerhalb dieser Berichte wird jeweils auch die Entwicklung der Fusionskontrolle im abgelaufenen Jahr dargestellt und interpretiert sowie erläutert. Diese Aussagen der Kommission sind für deren Auslegung der Beurteilungskriterien des Art. 2 FKVO im allgemeinen und im besonderen relevant.

a) Bericht 1992

Die Kommission erläutert ihren wettbewerbspolitischen Ansatz auf den Seiten 22 f. Danach ist Ziel der Fusionskontrolle die Vereinigung zweier Vorgaben: Die Anpassung der Strukturen der Industrie an die Erfordernisse des Binnenmarktes, damit dieser die erwarteten Effizienzgewinne zu bringen vermag und daneben die Verhinderung von beherrschenden Stellungen, da nur so gewährleistet ist, daß diese Effizienzgewinne den Verbrauchern zugute kommen[130].

Die Kommission gibt hier folglich die in der FKVO niedergelegten Zielsetzungen auf rein wettbewerblicher Basis wieder, andere Zielsetzungen werden nicht erwähnt. Interessant ist an dieser Stelle noch ein Bekenntnis zu einer

---

[128] Vgl. die Übersicht über die Entscheidungen der Kommission mit Bezug auf dieses Kriterium im ersten Teil.

[129] Dazu Hauschka, WuW 1990, 205 (209; 212 ff.), skeptisch auch Riesenkampff, S. 497.

[130] XXII. Bericht über die Wettbewerbspolitik, S. 22.

ergebnisorientierten Verhandlungsmaxime der Kommission mit den Parteien des Zusammenschlusses:

„Anders als im Vorjahr gab es keine Fälle, in denen eine Verbotsentscheidung ergehen mußte, weil das geplante Zusammenschlußvorhaben nicht in der Kommission verlangten Weise geändert werden konnte. Hingegen gab es mehr Fälle, in denen nach Artikel 8 der Fusionskontrollverordnung die angemeldeten Zusammenschlußvorhaben so geändert werden konnten, daß eine positive Entscheidung möglich war. Dies ist insofern eine für die Unternehmen und die Kommission gleichermaßen positive Entwicklung, als damit leichter ein Ergebnis erzielt wird, das den wettbewerblichen Belangen entspricht und zugleich für die Unternehmen annehmbar ist[131]".

Damit wird den Interessen der Industrie möglicherweise ein gleichwertiger Platz neben den „wettbewerblichen Belangen" eingeräumt, was ein weiteres Mal die bereits mehrfach festgestellte Fusionsfreundlichkeit der Kommission unterstreicht.

Für den wirtschaftlichen und sozialen Zusammenhalt, nach den Begründungserwägungen eine der Zielvorstellungen der FKVO, stellt die Kommission fest, daß diese „regionale Komponente" etwa im Bereich der Beihilfen höhere Beihilfesätze für unterentwickelte Regionen zuläßt, also einen Sieg von Allgemeinwohlerwägungen über den reinen Wettbewerbsschutz[132].

Als Prüfungspunkte für die Kontrolle eines Zusammenschlusses gibt die Kommission vier Schritte an:

- die Marktstellung des fusionierten Unternehmens (Marktanteil und sonstige Vorteile gegenüber Wettbewerbern);
- Die Angebotsstruktur (Stärke der verbleibenden Wettbewerber);
- Die Nachfragestruktur (Kaufkraft der Kunden);
- Der potentielle Wettbewerb (neue Marktteilnehmer oder Marktzutritt der Hersteller verwandter Produkte oder Kapazitätsausbau etablierter Wettbewerber)[133].

Obwohl damit eine Abwägung und insbesondere der wirtschaftliche und technische Fortschritt unerwähnt bleibt, fällt auf, daß nach einer Bestimmung der Struktur des betroffenen Marktes mit dem potentiellen Wettbewerb ein

---

131 XXII. Wettbewerbsbericht, aaO.
132 XXII. Wettbewerbsbericht, S. 57 f.
133 XXII. Wettbewerbsbericht, S. 141.

dynamisches, nicht strukturelles und auch schwer definierbares Kriterium den Abschluß bildet. Hier eröffnet sich also ein Raum für Abwägungen, zumindest von Wahrscheinlichkeiten zukünftiger Entwicklungen mit Gefahren für den Wettbewerb.

Zudem können wettbewerbliche Vorteile, die ein Unternehmen aus einem Zusammenschluß erlangt, wie etwa technologische Ressourcen, das Qualitäts- und Technologieniveau oder die vertikale Integration, wettbewerbsförderlich sein, wenn die Marktzutrittsschranken niedrig sind und durch Wettbewerbsdruck ein angemessener Teil des Gewinns an die Verbraucher weitergegeben wird. Ansonsten kann eine hohe technische Entwicklung des Unternehmens zur Begründung einer beherrschenden Stellung beitragen[134].

Diese Formulierung ist der in Art. 2 Abs. 1 b) ähnlich. Bezeichnenderweise wird die Einschätzung, daß technologische Vorteile positiv zu werten sind, an keiner konkreten Aussage in einer Entscheidung aus dem Berichtszeitraum festgemacht.

b) XXIII. Bericht über die Wettbewerbspolitik

Ein Jahr später reagiert die Kommission auf die ins Auge springende Feststellung, daß von 193 Entscheidungen bis 1993 lediglich eine Verbotsentscheidung gemäß Art. 8 Abs. 3 FKVO ergangen ist[135], mit umfangreichen Erläuterungen einer erfolgreichen Tätigkeit. So seien 12 Fälle untersucht worden, in denen das Hauptverfahren eröffnet werden mußte (sog. Phase 2 Fälle), davon sei es in 8 Fällen zu Auflagen gekommen und eine weitere Anmeldung sei nach Eröffnung der Phase 2 zurückgezogen worden[136]. Zudem weist die Kommission darauf hin, daß in informellen Gesprächen vor der jeweiligen Anmeldung bereits Einfluß auf eine wettbewerbskonforme Gestaltung des Zusammenschlusses genommen wurde.

Diese Stellungnahme zeigt, daß die Kommission neben ihrer oben dargelegten konzentrationsfreundlichen Ausrichtung stets bemüht ist, zumindest nach außen möglichst rein wettbewerblich begründete Entscheidungen zu präsentieren.

Diese Aussage steht vor dem Hintergrund einer Befürchtung, die der Wirtschafts- und Sozialausschuß geäußert hat, nämlich daß einige der Fälle, die

---

[134] XXII. Wettbewerbsbericht, S. 142.
[135] XXIII. Wettbewerbsbericht, Tabelle S. 41.
[136] Das Zusammenschlußvorhaben Siemens/Philips.

„mit Auflagen" genehmigt wurden, Ausdruck von Kompromißlösungen zur Vermeidung kostenintensiver Verfahren sein könnten[137].

c) XXIV. Bericht über die Wettbewerbspolitik

In dem 24. Bericht der Kommission selbst findet sich keine interessante Stellungnahme der Kommission selbst. Dafür findet sich in der Stellungnahme des Wirtschafts- und Sozialausschusses (WSA) ein Beleg für dessen industriepolitische Grundeinstellung, die wiederum Rückschlüsse auf die Kommission zuläßt. Der WSA berät unterstützend die Kommission. Wenn seine Beschlüsse auch keine Bindungswirkung haben, muß er dennoch in vom Vertrag vorgeschriebenen Fällen angehört werden. Die Stellungnahmen werden veröffentlicht[138].

Der WSA meint hier[139], daß die „Begünstigung von Unternehmenszusammenschlüssen" als „Aspekt der Wettbewerbspolitik" „eindeutig dem industriepolitischen Ziel einer Steigerung der Wettbewerbsfähigkeit zuträglich" ist. Deshalb darf eine gemeinschaftliche Industriepolitik sich „nicht in wettbewerbspolitischen Faktoren" erschöpfen, sondern „muß die wettbewerbspolitischen Entscheidungen in Bezug auf die Kooperation zwischen Unternehmen beeinflussen können"[140]. Daher würdigt er es auch, daß die Kommission ihre Zuständigkeit eingesetzt hat, um die „Politik ... der Genehmigung von Zusammenschlüssen ... in ein richtungsweisendes Instrument zu verwandeln, daß der ... Steigerung der Wettbewerbsfähigkeit der europäischen Unternehmen eindeutig zuträglich ist"[141].

Dazu hat Wettbewerbskommissar Karel v. Miert wie folgt Stellung genommen: „Grundlegendes Ziel dieser Kontrolle ist die Erhaltung und Förderung wirksamen Wettbewerbs. Außerdem soll damit die globale Wettbewerbsfähigkeit der europäischen Industrie gestärkt und die Vollendung und Vertiefung des Binnenmarktes erleichtert werden"[142].

---

[137] Siehe Stellungnahme des Wirtschafts- und Sozialausschusses zum XXII. Bericht über die Wettbewerbspolitik, Punkt 9, XXIII. Wettbewerbsbericht S. 388.
[138] Vgl. Art. 4 Abs. 2, 193 ff. EG.
[139] XXIV. Wettbewerbsbericht, Anhang I, 312 (314 f.).
[140] WSA, aaO, S. 315 RdNr. 3.2.
[141] WSA, aaO, S. 315 RdNr. 3.5.
[142] v. Miert, Antwort auf die Stellungnahme des WSA, Wettbewerbsbericht 1994, Anhang I, S. 332.

d) Jüngere Berichte

Die darauffolgenden Berichte, der XXV. Bericht 1995 und der XXVI. Bericht 1996 enthalten keine Aussagen, die der aufgezeigten Tendenz entgegenstünden.

3.) Zusammenfassung zur Haltung der Kommission

Die Kommission hat frühzeitig eine konzentrationsfreundliche Haltung eingenommen und diese in den Wettbewerbsberichten immer wieder unterstrichen. Als Rechtstatsache in der tatsächlichen Anwendung ergibt sich daraus eine offensichtlich bestehende Bereitschaft, außerwettbewerbliche Faktoren wie die Schaffung von großen Unternehmenseinheiten zur Steigerung der internationalen Wettbewerbsfähigkeit und der Schaffung von „European Players" auf einem Gemeinsamen Markt bei der Kontrolle von Zusammenschlüssen zu berücksichtigen[143]. Diese Feststellungen unterstreichen die in der Kontrollpraxis festgestellten Anwendungskriterien der Kommission. Die Kommission neigt damit dazu, außerwettbewerbliche Erwägungen in ihrer Fallpraxis einfließen zu lassen, ohne dies offenzulegen[144].

IV.) Analyse der Fusionskontrollordnungen der Mitgliedsstaaten

Eine besondere Rolle bei der Gewinnung von Erkenntnissen für die Auslegung von Gemeinschaftsrecht spielt die rechtsvergleichende Betrachtung der Rechtstraditionen der Mitgliedsstaaten, denn die Rechtsquelle „Allgemeine Rechtsgrundsätze der Staatengemeinschaft" des Völkerrechts gilt – eingeschränkt - auch im Bereich des Gemeinschaftsrechts[145].

Grundlegend soll daher zunächst die Behandlung industriepolitischer Fragen im Fusionskontrollrecht der Mitgliedsstaaten betrachtet werden, ebenso wird nach Ansätzen für eine Abwägung mit wettbewerblichen Aspekten zu suchen sein. Dazu gehört auch eine kurze Darstellung der Ausgestaltung des Verfahrens, um Mechanismen einer etwaigen Abwägung erläutern zu können.

---

[143] Vgl. dazu auch Kerber, S. 183 f.

[144] Vgl. auch Van den Bergh/Camesasca, WuW 1998, 1147 (1157); Berlin/Calvet RTD eur. 1996, 535 (562 f.).

[145] Seidl-Hohenveldern, RdNr. 514; zu der Praxis des EuGH vgl. Bleckmann, NJW 1982, 1177 (1182) und ausführlich in Europarecht, RdNr. 582; auch Anweiler, S. 279 ff., Grabitz/Hilf zu Art. 215 EG-Vertrag S. 335 ff.

Diese Betrachtung vermag Aufschluß über die Rechtstraditionen und -überzeugungen in Mitgliedsstaaten zu geben. Wenn sich also in den Fusionskontrollrechten der Mitgliedsstaaten mehrheitlich Möglichkeiten einer Abwägung von wettbewerblichen Behinderungen durch einen Zusammenschluß mit wettbewerblichen oder außerwettbewerblichen Vorteilen finden lassen, spricht dies für eine Berücksichtigungsmöglichkeit solcher Belange auf europäischer Ebene.

In den Mitgliedsstaaten der Union existieren zwar sämtlich Kartellgesetze[146], eine Fusionskontrolle kennen aber nur Frankreich[147] , Spanien[148], Portugal[149], Schweden[150], Griechenland[151], Irland[152], Belgien[153], Österreich[154], Italien[155] und die Bundesrepublik Deutschland[156], sowie neuerdings auch die Niederlande[157], Finnland[158] und Dänemark[159].

1.) Frankreich

In Frankreich wurde erst 1977, also lange nach den ersten Überlegungen zur Einführung einer europäischen Fusionskontrolle, eine nationale Regelung eingeführt[160]. Die maßgeblichen Regelungen finden sich in der aufgrund des Gesetzes 86-793[161] erlassenen Verordnung Nr. 86 – 1243 vom 1.12.1986[162],

---

146 Nachweise u.a. bei Immenga in Immenga/Mestmäcker, FKVO, Teil B, RdNr. 1 ff.

147 Ordonnance Nr. 86 – 1243 vom 1.12.1986, Journal Officiel vom 9.12.1986, Deutsche Fassung in WuW 1988, 38 ff.).

148 Gesetz Nr. 16 zum Schutz des Wettbewerbs vom 17.7.1989, Disp. 169/89, Boletin Oficial del Estado Nr. 170 vom 18.7.1989, deutsche Fassung WuW 1992, 619.

149 Gesetz Nr. 428/88 über die Einführung einer Fusionskontrolle, Diario da Republica, I Serie No. 268, 19.11.1988, 4654-(3), deutsche Fassung: Klaue Nr. 766.

150 Schwedisches Wettbewerbsgesetz vom 1.7.1993, engl. Fassung: ECLR 1993, Vol. 4, Supplement 1.

151 Gesetz Nr. 2296/1995 vom 24.2.1995 zur Änderung des Gesetzes Mr. 703/1977 vom 19.9.1977 über die Kontrolle der Oligopole und Monopole und den Schutz des freien Wettbewerbs, Regierungsblatt –FEK- Nr. A 43 vom 24.2.1995, vgl. dazu auch Soufleros GRUR Int. 1995, 539 f.

152 Competition Act von 1991, Statue No. 24 of 1991; englische Fassung: ECLR 1991, Vol. 6, Supplement 1, S. 3 ff.; Mergers, Take-overs and Monopolies Act von 1978, Statue No. 17 of 1978; vgl. dazu Burside/Stuart ECLR 1992 (1), 38 ff.

153 Belgisches Wettbewerbsgesetz, Moniteur Belge vom 11.10.1991; ECLR 1992, Vol. 3, Supplement 1.

154 Österreichische Kartellgesetz vom 19.10.1988, BGBl. Nr. 600/1988, in der Fassung vom 13.10.1993, BGBl. Nr. 693/1993; abgedruckt in Klaue Nr. 725.

155 Gesetz Nr. 287 vom 10.10.1990 zum Schutz des freien Wettbewerbs, Gazetta Ufficiale Nr. 240; deutsche Fassung WuW 1991, 302.

156 Gesetz gegen Wettbewerbsbeschränkungen in der Fassung vom 20.2.1990, BGBl. 1990 Teil I, S. 235 ff. Zu den Änderungen der 6. GWB-Novelle siehe unten, 1. Teil B V.2. a) bb).

157 Mededingswet, in Kraft seit dem 1.1.1998.

158 Wettbewerbsgesetz vom 1992, Fusionskontrolle seit 1998.

159 Wettbewerbsgesetz von 1997, in Kraft seit 1.1.1998.

160 Gesetz Nr. 77-806 vom 19.7.1977; Text und Übersetzung: Grauel, WuW 1978, S. 758 ff.; Klaue, Nr. 554.

161 Vom 2. Juli 1986.

Art. 38 bis 44. Diese wurde nach enttäuschenden Erfahrungen mit der vorherigen Fusionskontrolle nach dem Gesetz 1977[163] eingeführt und sollte eine Verschärfung der Kontrolle bewirken[164].

Das Verfahren läuft gemäß dieser Verordnung grundsätzlich in drei Etappen[165] ab:

- Der zuständige Minister, Art. 38 Abs. 1[166], untersucht, ob ein Zusammenschluß dem Wettbewerbsrat, Art. 2 ff, vorgelegt werden kann und ob er dies für angebracht hält;

- der Wettbewerbsrat untersucht im folgenden, ob die Vorteile für den wirtschaftlichen Fortschritt ausreichen, um die wettbewerblichen Nachteile aufzuwiegen, Art. 41; er erstellt dabei den eingangs angesprochenen „bilan économique de la concentration“[167];

- die zuständigen Minister treffen auf der Grundlage des Berichts der Wettbewerbskommission eine Entscheidung, Art. 42 Abs. 1, wobei sie noch weitere Faktoren in die Überlegung mit einbeziehen, oder sie lassen den Zusammenschluß passieren, indem sie keine Entscheidung treffen und damit eine Genehmigungsfiktion auslösen, ähnlich wie in der FKVO, Art. 10 Abs. 6[168].Im einzelnen:

a) Verfahren

Das Verfahren kann nur durch den Wirtschaftsminister in Gang gesetzt werden[169]. Ihn trifft keine Verpflichtung zu einer Kontrolle. Vielmehr steht die Einleitung des Verfahrens ausdrücklich zu seiner Disposition, Art. 38 Abs. 1[170]. Andererseits darf er ein Verfahren nur einleiten, wenn der Zusammenschluß geeignet ist, den Wettbewerb zu beeinträchtigen, Art. 38 Abs. 1.

---

162 Übersetzung abgedruckt in WuW 1988, 38 ff.; Original abgedruckt in Frankfurter Kommentar Bd. 1, Auslandsgesetze, Teil G.

163 Zu diesem Stand vergl. umfassend Lehmann, Systeme der Fusionskontrolle.

164 Jenny in Fordham Institute, S. 123.

165 Vergl. zu diesem Ablauf Moussis, RevMC 1995, S. 397, Schröter in GTE I A 50 RdNr. 196 f.; Volkers, 229 ff.

166 Im Folgenden sind unbenannte Artikel solche der Verordnung 86 – 1243.

167 Vgl. auch CR. Schmidt, S. 51; Kleemann, WuW 1987, 628 (634); Schröter, aaO.

168 Schröter in GTE, I A 50, RdNr. 201.

169 Zum Verfahren auch Volkers, S. 229 ff.

170 „Zusammenschlußvorhaben ... *können* durch den Minister für Wirtschaft dem Wettbewerbsrat ... vorgelegt werden.“ (Hervorhebung durch den Verfasser); in diesem Sinne auch Schröter in GTE, I A 50, RdNr. 193. Nach der geplanten Neufassung des Gesetzes soll in Zukunft aber auch in Frankreich ein

Zusätzlich sieht Art. 38 Satz 2 eine Ausschlußklausel (quasi eine „De-minimis-Regel") vor. Danach ist die Einleitung einer Untersuchung nur zulässig, wenn die beteiligten Unternehmen mind. 25 % Marktanteil auf dem französischen Markt oder eines wesentlichen Teiles davon haben oder einen gemeinsamen Jahresumsatz vor Steuern von über 7 Mrd. FF haben. Die letzte Voraussetzung fordert, daß wenigstens zwei der am Zusammenschluß beteiligten Unternehmen einen Jahresumsatz von mindestens 2 Mrd. FF erreichen. Zusammenschlußvorhaben, die diese Kriterien nicht erreichen, dürfen einer Kontrolle nicht unterstellt werden.

Ein Zusammenschluß setzt die Möglichkeit eines „entscheidenden Einflusses" zwischen den beteiligten Unternehmen voraus, Art. 39.

Der Wirtschaftsminister beauftragt dann den Wettbewerbsrat mit einer Untersuchung, wodurch auch die Fristen zur Verabschiedung einer Entscheidung auf 6 Monate ab Anmeldung verlängert werden[171]. Die Entscheidung hat er nach Ermessen zu treffen, bei dessen Ausübung er der gerichtlichen Kontrolle durch den Conseil d'Etat unterworfen ist. Dessen Befugnisse sind nach Einschätzung französischer Autoren allerdings auf eine minimale Kontrolle in Form der Prüfung offensichtlicher Ermessensfehler beschränkt[172].

Der gemäß Art. 2 tätige Wettbewerbsrat kann in seiner Tätigkeit als unabhängig bezeichnet werden, da seine Mitglieder für die relativ lange Amtszeit von 6 Jahren berufen werden, Art. 2 Satz 1, und nur aus objektiven Kriterien wie Pflichtverletzungen, Art. 3 Abs. 2 bis 4, entlassen werden können. Bei der Beurteilung eines Zusammenschlusses ist die Wettbewerbskommission unabhängig und erstellt nach eigenem Urteil eine Aufstellung der Vor- und Nachteile des zu untersuchenden Zusammenschlusses. Dabei ist im Zuge der Praxis der EU-Kommission, die Einfluß auf den Wettbewerbsrat ausübt, eine immer stärkere Verselbstständigung und größeres Selbstbewußtsein des Rates zu beobachten[173].

Durch die Konzentration der Entscheidungsbefugnisse in der Hand des Wirtschaftsministers, der auch die Kommissionsmitglieder per Dekret, Art. 2 Abs. 1, beruft, ist ein Primat der Politik aber sichergestellt. Der Wettbewerbsrat übt insoweit lediglich beratende Funktionen aus[174]. Er hat mit der Verordnung vom 1.12.1986 auch erst die Befugnis verloren, Untersuchungen durch

Vollzugsverbot eingeführt werden, eine Verpflichtung zur Anmeldung bei Erreichen bestimmter Umsatzschwellen sowie eine Verkürzung des Verfahrens eingeführt werden.

171 Schröter, aaO, RdNr. 200.

172 Vogel, RIW 1996 S. 641 m. weit. Nachw.

173 Vogel, RIW 1996, 643.

174 Schröter aaO, RdNr. 193.

seinen Präsidenten selbsttätig einzuleiten, eine Befugnis, die ihm zuvor noch zugestanden hatte[175]. Die Stellungnahme des Wettbewerbsrates ist dann Grundlage der Entscheidung des Ministers, der noch weitere Aspekte in eine Abwägung einfließen lassen kann als lediglich wirtschaftliche.

Die endgültige Entscheidung wird mit Gründen im „Bulletin Officiel de la concurrence, de la consommation et de la répression des fraudes" veröffentlicht, Art. 44 Abs. 2.

b) Materielle Beurteilungskriterien bei der Fusionskontrolle

Ausdrücklich ist der Verordnung keine notwendige Prüfung der wettbewerbsbeschränkenden Wirkung eines Zusammenschlusses zu entnehmen. Die Schaffung oder Verstärkung einer beherrschenden Stellung ist in Art. 38 Abs. 1 lediglich als Regelbeispiel für die Eignung eines Zusammenschlusses zur Wettbewerbsbeschränkung genannt. Aus Art. 41 ergibt sich aber, daß eine Wettbewerbsbeschränkung vorliegen muß. Damit kann in der beherrschenden Stellung ein gesetzlich anerkanntes Eingreifkriterium gesehen werden[176].

Die beherrschende Stellung ergibt sich regelmäßig aus dem Zusammenspiel verschiedener Faktoren, die zu einer überlegenen Stellung der Parteien des Zusammenschlusses gegenüber den Wettbewerbern führen können. Dazu zählen etwa hohe Marktanteile, leichterer Zugang zu Absatzmärkten und Versorgungsquellen, ein industrieller, technischer oder kommerzieller Vorsprung oder große Finanz- und Wirtschaftskraft[177].

In einer zweiten Phase ist, wenn das Entstehen einer marktbeherrschenden Stellung feststeht, gemäß Art. 41 auszuführen, welche Fortschritte für die Wirtschaft durch den Zusammenschluß zu erwarten sind. Dabei ist insbesondere die Wettbewerbsfähigkeit der sich zusammenschließenden Unternehmen gegenüber der internationalen Konkurrenz zu beachten. Die Schaffung großer Wirtschaftseinheiten, die sich gegenüber dieser Konkurrenz behaupten kann, ist dabei erklärtes Ziel französischer Fusionskontrolle[178].

Dabei wird teilweise vermutet, daß der Wettbewerbsrat die schiere Größe des sich bildenden Unternehmens als wirtschaftlichen Fortschritt ansieht[179].

---

175 Vogel, RIW 1996, 641.
176 Immenga, in IM, S. 789 f., RdNr. 28; Kleemann, WuW 1987, 628 (633).
177 Schröter in GTE, I A 50, RdNr. 196.
178 Schröter, aaO, RdNr. 198, Vogel, RIW 96, S. 640, Moussis, Rev.M.C., S. 397.
179 So Jenny, in Fordham Institute S. 136, unter Verweis auf die Entscheidung Nestlé/Rowntree, dort zitiert.

Überwiegen die wirtschaftlichen Vorteile eines Zusammenschlusses die Wettbewerbsnachteile, hat eine Freigabe zu erfolgen.[180]

Eine weitere Abwägung auch mit außerwettbewerblichen Zielen wie Beschäftigung, nationales Interesse an eigener Energieversorgung o.ä. findet dann nochmals bei dem Wirtschaftsminister statt. Materiell ergibt sich aus dem Zusammenspiel zwischen Art. 38 II und Art. 41 kurz folgendes[181]: Ein Zusammenschluß unter 25 % Marktanteil ist nie wettbewerbsfeindlich, bei einem darüberliegenden Marktanteil ist dies näher zu prüfen. Kommt diese Prüfung zu einem entsprechenden Ergebnis, kann allerdings eine Abwägung mit industriepolitischen Anliegen trotzdem zur Freigabe führen.

c) Bewertende Zusammenfassung

Die französische Fusionskontrolle steht klar unter dem Primat der Politik. Auch wenn das GWB Vorbild der VO 1987 gewesen ist, und „nur dem Wirtschaftsminister eine stärkere Stellung eingeräumt wird"[182], ist ohne eine Änderung der gesetzlichen Grundlagen, insbesondere in Art. 38 und 41, aus deutscher Sicht die Fusionskontrolle lediglich Mittel der Industriepolitik. Eine Abwägung findet statt mit „wirtschaftlichen Vorteilen“, wobei insbesondere die Stärkung französischer Unternehmen gegenüber ausländischer Konkurrenz sowie der Schutz des Heimatmarktes vor eben dieser besonders berücksichtigt wird[183].

Explizit findet Abwägung mit wettbewerblichen Gesichtspunkten hingegen nicht statt, jedoch ist sie auch nicht de lege lata als Faktor in der wirtschaftlichen Gesamtbilanz ausgeschlossen[184].

Insgesamt ist in Frankreich der Glaube an staatliche Einflußnahme als Mittel zur Förderung des gemeinen Wohls und ein Mißtrauen gegenüber der freien Kraft des Wettbewerbs zu verzeichnen. Deshalb ist die Entscheidungsbefugnis auch gänzlich bei einer politischen Instanz angesiedelt, ein Aspekt, der dem Betrachter auch auf europäischer Ebene ins Auge sticht. Die Auswirkungen werden noch zu erörtern sein.

---

[180] Wettbewerbsrat „Duolite/Rohm-Haas“, zitiert nach Jenny, Fordham Institute, S. 122; Fallpraxis und eingehende Darstellung bei Volkers, 233.

[181] Vgl. dazu Jenny, Fordham Institute, S. 129.

[182] so Vogel in: Fordham Institute, S. 144 f., kein wörtliches Zitat.

[183] vgl. Vogel, RIW 1996, 641; Moussis, aaO.

[184] Für das alte Recht sieht das auch Schintowski, Die Abwägungsklausel in der Fusionskontrolle, S. 24 f., so.

2.) Portugal

Portugal führte als Ergänzung zu seinem Wettbewerbsschutzgesetz von 1983 im Jahre 1988, also kurz nach Frankreich, aber auch erst lange nach den ersten Überlegungen zu einer europäischen Fusionskontrolle, ein Gesetz über die Kontrolle von Unternehmenszusammenschlüssen ein[185]. Grundsätzlich erfolgt das Verfahren nach dem bereits zu Frankreich erörterten, 3-stufigen Aufbau: Zunächst liegt die Initiative bei dem Minister für Handel und Tourismus (Art. 4 Abs. 1[186]). Er beschließt, ob der Wettbewerbsrat mit der Sache zu befassen ist oder nicht. Der Wettbewerbsrat wiederum prüft und gibt in einem zweiten Schritt eine Stellungnahme ab, auf deren Grundlage dann der Minister eine Entscheidung trifft.

Im Einzelnen:

a) Verfahren

Die Aufgreifkriterien für die Prüfung eines Zusammenschlusses sind in Art. 1 Abs. 1 definiert: Ein Zusammenschluß unterliegt dann der Kontrolle, wenn er eine der drei folgenden Voraussetzungen erfüllt:

- in Jahresumsatz von mindestens 30 Milliarden Escudos der beteiligten Unternehmen vorliegt, oder
- ein Marktanteil von mindestens 30 % auf dem portugiesischen Markt ermittelt wurde, oder
- der Begriff des Zusammenschlusses über einen „bestimmenden Einfluß", den eine Person oder eine Gesellschaft durch den Vorgang über ein anderes Unternehmen erlangt, Art. 2, ermittelt wird.

Merkmale für einen bestimmenden Einfluß sind dabei insbesondere:

- eine Konzernbildung oder ein einseitiges oder gegenseitiges Abhängigkeitsverhältnis der beteiligten Unternehmen durch den Zusammenschluß,
- der Erwerb von mind. 10 % an a) den stimmberechtigten Anteilen oder b) der Vermögenswerte eines anderen Unternehmens durch eine Einzelperson

  oder

---

185 Gesetzesdekret Nr. 428/88, OR I Nr. 268 vom 18. November 1988; Deutsch bei Klaue, Nr. 766.
186 Im Folgenden sind unbenannte Artikel solche des Gesetzesdekrets Nr. 428/88.

eine Gesellschaft, wobei im Falle a) zusätzlich durch Gesellschaftsvertrag

oder

sonstige Vereinbarungen die Möglichkeit des Erwerbers zu Blockaden in

wesentlichen Entscheidungen gegeben sein muß[187].

Solche Zusammenschlußvorhaben sind bei dem Minister für Handel und Tourismus obligatorisch anzumelden, Art. 3.

Diesem obliegt die Entscheidung über die Einleitung eines Verfahrens, Art. 4. Er kann durch Verstreichenlassen einer Frist von 15 Tagen eine Genehmigungsfiktion hervorrufen, Art. 4 Abs. 2. Er kann auch innerhalb dieser Frist das Vorhaben eigenhändig verbieten, wenn es ihm offensichtlich bedenklich erscheint oder dem Wettbewerbsrat vorlegen.

Bedenklich ist ein Vorhaben insbesondere dann, wenn es den Beteiligten die potentielle Möglichkeit gibt, etwa die Wahlmöglichkeiten der Verbraucher einzuschränken oder ein Monopol oder einen vergleichbaren Zustand einzuführen, den Wettbewerb erheblich zu vermindern oder sonst mißbräuchliche Praktiken wie Preisdiskriminierungen oder sonstige Verletzungen europäischen oder portugiesischen Wettbewerbsrechts durchzuführen, Art. 4 Abs. 4 Nr. a) bis f).

Der Wettbewerbsrat ist in seiner Beurteilung auf die Beantwortung konkreter, durch den Minister zu formulierende, Fragen beschränkt, Art. 5 Abs. 1. Er hat eine Entscheidung innerhalb von 30 Tagen zu treffen, Art. 5 Abs. 2.

Der Minister fällt dann die Letztentscheidung über den Zusammenschluß, Art. 5 Abs. 3.

b) Materielle Kriterien

Der Minister hat gemäß Abs. 5 über die oben genannten, wettbewerblichen Aspekte eines Zusammenschlußvorhabens hinaus, die Vereinbarkeit des Vorhabens mit der Wirtschaftspolitik der Regierung zu berücksichtigen. Er hat zudem in seine Entscheidung die Auswirkungen auf den Arbeitsmarkt, Regionalförderung, die Auswirkungen des Vorhabens auf den technologischen Fortschritt, die Entwicklung, Ausbildung und die Investitionen sowie die Umwelt in Portugal zu berücksichtigen, Art. 4 Abs. 5 a) – f) und 6.

---

[187] Einzelheiten bei Schröter in GTE., I A 50, RdNr. 209.

Der Minister trifft unter Berücksichtigung dieser Aspekte eine Gesamtwürdigung des Zusammenschlusses[188].

c) Bewertende Zusammenfassung

Die Fusionskontrolle in Portugal obliegt einer politischen Instanz, die auf der Grundlage wettbewerblicher Beeinträchtigungen eine Abwägung mit allgemein wirtschaftspolitischen Zielen vornimmt. Damit ist das portugiesische System ebenso offen für außerwettbewerbliche Einflüsse wie für eine Abwägung mit wettbewerblich relevanten Faktoren. Letzteres ist allerdings nicht explizit vorgesehen, wird aber auch nicht ausgeschlossen.

3.) Spanien

Spanien führte im Rahmen einer Kartellrechtsnovelle im Jahre 1989 eine Fusionskontrolle ein, also im Zuge der Überlegungen zur Einführung einer Fusionskontrolle im europäischen Rahmen. Ausschlaggebend für die Neufassung waren dann auch die neue, demokratische Verfassung Spaniens sowie der Beitritt Spaniens zur EG[189].

Die fusionskontrollrechtlichen Vorschriften finden sich in den Art. 14 bis 18 des Gesetzes zum Schutze des Wettbewerbs[190].

Das spanische Fusionskontrollrecht ist eng an das französische System angelehnt[191].

Es läuft damit grob in drei Schritten ab: Anmeldung oder Kenntnis des Ministers für Wirtschaft und Finanzen, der nach Ermessen entscheidet, ob er den Vorgang dem Wettbewerbstribunal vorlegt. Nach dessen Stellungnahme entscheidet der Minister allein.

Im einzelnen:

---

188 Schröter, aaO, RdNr. 213.
189 Kort, WuW 1993, S. 1013.
190 Ley de defensa de la competencia, Gesetz Nr. 16 vom 17.7.1989, Disp. 169/(); Boletin Oficial del Estado Nr. 170 vom 18.7.1989, S. 3922 – 3938, Deutsch in WuW 1992, 619 ff; zuletzt geändert mit Wirkung vom 25. Juni 2000. Im folgenden sind unbenannte Artikel solche dieses Gesetzes.
191 Schröter, aaO RdNr. 216.

a) Verfahren

Gemäß Art. 14 ist unter „Zusammenschluß" die Übernahme der Kontrolle über ein oder mehrere Unternehmen durch eine Person, ein Unternehmen oder eine Gruppe von Unternehmen zu verstehen.

Aufgreifkriterium ist die Marktrelevanz für Spanien, insbesondere durch Entstehung einer marktbeherrschenden Stellung in Spanien, die bemessen wird durch a) einen nationalen Marktanteil von mindestens 25 % der beteiligten Unternehmen in dem betroffenen Produktmarkt, der erreicht oder erhöht wird oder b) einen jährlichen Umsatz der Parteien von mindestens 40.000.000.000 Peseten und mindestens 10.000.000 Peseten jährlicher Umsatz von mindestens 2 der beteiligten Unternehmen in Spanien (Art. 14).

Das Verfahren wurde bis Juni 2000 grundsätzlich durch eine gemäß Art. 15 freiwillige Anmeldung eingeleitet, nach der der Minister eine 3-Monatsfrist hatte, in der er den Vorgang dem Wettbewerbstribunal vorlegen kann. Die Nichtvorlage löste eine Vermutung für fehlende Einwände aus (Art. 15 Abs. 4). Der Minister hatte bei der Einleitung und bei der endgültigen Beschlußfassung einen Ermessensspielraum[192]. Nunmehr ist die Anmeldung obligatorisch, die Nichtbefolgung ist bußgeldbewehrt. Die Verfahrensdauer ist nunmehr 1 Monat für die erste Phase, 4 Monate für das Hauptprüfverfahren.

b) Materielle Kriterien

Das spanische Recht berücksichtigt insgesamt die Auswirkungen des Zusammenschlusses auf die Stellung der spanischen Industrie, so daß dem Fusionskontrollrecht eine industriepolitische Stellung zukommt[193]. Die Fusionskontrolle ist daneben begrifflich und gedanklich an der Fusionskontrollverordnung orientiert, so daß die europäischen Normen als Auslegungshilfen dienen können. Tatsächlich lag bei Verabschiedung des spanischen Gesetzes ein Entwurf der FKVO vor und floß in die Regelungen mit ein.[194]

Das Tribunal hat zu untersuchen, ob durch das Vorhaben die Aufrechterhaltung wirksamen Wettbewerbs behindert wird, Art. 16. Dabei hat es zu berücksichtigen: a) die Abgrenzung des relevanten Marktes; b) seine Struktur; c) die

---

[192] Kort, WuW 1993, 1023.
[193] Kort, WuW 1993, 1023.
[194] Auskunft von Ulloa, spanischer Abogado bei Gonzales Acebo & Pompo.

Wahlmöglichkeiten von Lieferanten, der Vertreiber und Abnehmer; d) die Wirtschafts- und die Finanzkraft der Unternehmen; e) die Entwicklung von Angebot und Nachfrage; f) der internationale Wettbewerb.

Demgegenüber hat es die Vorteile für Verbesserungen der Herstellungs- und Vertriebssysteme, die Förderung des wirtschaftlichen und technischen Fortschritts und die internationale Wettbewerbsfähigkeit der spanischen Industrie oder die Interessen der Verbraucher gegen die wettbewerbsbeschränkenden Auswirkungen ausdrücklich aufzuwiegen[195]. Darin kann eine Gesamtabwägung gesehen werden, in der die Vor- und die Nachteile des Zusammenschlusses, also auch in wettbewerblicher Hinsicht, abgewogen werden. Nur wenn dieses Ergebnis negativ ist, kann untersagt werden.

c) Bewertende Zusammenfassung

Das spanische Recht sieht für die Beurteilung eines Zusammenschlusses die Aufstellung eines „bilan économique" vor. Es lehnt sich damit an die französische Fusionskontrolle an. Die Kriterien zur Beurteilung einer Wettbewerbsbeschränkung sind grundsätzlich dem europäischem Vorbild angelehnt, die Kriterien der Wahlmöglichkeit der Zwischen- und Endverbraucher, Angebot und Nachfrage und Wirtschafts- und Finanzkraft finden sich ebenso in der FKVO. Sie sind zudem auf das Konzept der workable competition des EuGH zurückzuführen. Jeder wettbewerbliche Nachteil läßt sich aber durch industriepolitische Vorteile wieder ausgleichen. Dabei steht vor allem das nationale Interesse im Vordergrund. Für eine Abwägung mit wettbewerblichen Vorteilen finden sich keine ausdrücklichen Regelungen, jedoch ist zu beachten, daß mit dem Kriterium „Struktur des untersuchten Marktes" ein Anknüpfungspunkt für eine wettbewerbliche Abwägung besteht, das als solches auch in der FKVO diskutiert wird. In der Literatur wird dann auch eine Abwägung mit wettbewerblichen Vorteilen für notwendig erachtet[196].

4.) Italien

Italien führte im Jahre 1990 mit dem Gesetz Nr. 287 vom 10.10.1990[197] eine Fusionskontrolle ein, die sich eng an die Vorschriften des Gemeinschaftsrechts anlehnt[198]. Italien hat keine lange eigene Erfahrung mit nationaler Fusionskontrolle vorzuweisen, lediglich für den Bereich der Zeitungen wurde

---

195 Ulloa, aaO.
196 Ulloa, aaO.

1981 eine Fusionskontrolle eingeführt[199]. Der Ablauf ist grob folgendermaßen:

Eingangsinstanz ist eine durch das Gesetz in Rom geschaffene Wettbewerbsbehörde. Sie prüft innerhalb eines Monats, ob der angemeldete Zusammenschluß unter den Verbotstatbestand fällt oder nicht. Sie kann dann eine vertiefte Untersuchung einleiten. Im Gegensatz zu den bisher betrachteten Rechtsordnungen liegt auch die endgültige Entscheidungskompetenz bei dieser Behörde.

Im einzelnen:

a) Verfahren

Die gemäß Art. 10 Abs. 2 vollständig autonome und unabhängige Kartellbehörde prüft zunächst die Aufgreifkriterien gemäß Art. 5 Abs. 1, wenn ihr ein Zusammenschluß gemeldet wird. Ein Zusammenschluß liegt vor, wenn a) zwei oder mehrere Unternehmen fusionieren („fusione“[200]), b) ein oder mehrere Personen, die mindestens ein Unternehmen kontrollieren oder die Unternehmen selber durch Vertrag, Erwerb von Anteilsrechten oder in sonstiger Weise die unmittelbare oder mittelbare Kontrolle über Gesamtheit oder Teile anderer Unternehmen erwerben („aquisto del controllo“) oder c) ein Gemeinschaftsunternehmen gegründet wird („costituzione di un‘ impresa comune“)[201]. Kontrolle meint damit generell die Gewährung eines beherrschenden Einflusses, „influenza determinante“[202].

Zuständig ist die Kartellbehörde nur für gemäß Art. 6 Abs. 1 zu meldende Zusammenschlüsse, dies sind gemäß Art. 16 Abs. 1 solche, die a) im Inland zu einem Gesamtumsatz der von der Konzentration betroffenen Unternehmen von über 714 Milliarden Lire führt oder b) der Inlandsumsatz des bei dem Zusammenschlußvorhaben zu übernehmenden Unternehmens über 71 Milliarden Lire beträgt. Diese Zahlen beziehen sich auf das jeweils abgeschlossene Geschäftsjahr[203].

---

[197] Deutscher Text in WuW 1991, 302 ff.; Klaue Nr. 531; im Folgenden sind Artikel ohne Namensangabe solche dieses Gesetzes, des sogenannten „legge antitrust, Gazetta Ufficiale N. 240 vom 13.10.1990.

[198] Schröter, aaO, RdNr. 238, Kaiser, WuW 1993, 1002; Romani, Fordham Institute, S. 481.

[199] Vgl. dazu Pavesio, ECLR 1989, Is. 4, 568 ff.; aus dieser Regelung kann für die vorliegende Untersuchung allerdings kein Anhaltspunkt gewonnen werden.

[200] Dieser Begriff ist außerdem legaldefiniert, vgl. Kort, WuW 1991, 707, 711.

[201] Vgl. dazu im Einzelnen Kaiser, WuW 1993, 1003 f.

[202] Vgl. Kort, aaO, S. 712.

[203] Kort, aaO, S. 713. Die Umsatzzahlen werden jährlich angepaßt, Angaben für April 2000.

Innerhalb einer dreißigtägigen Frist prüft die Kartellbehörde, ob das gemeldete Vorhaben geeignet ist, eine marktbeherrschende Stellung zu begründen oder zu verstärken, Art. 6. Ist dies der Fall leitet sie das Hauptprüfungsverfahren gemäß Art. 16 ein, das innerhalb von 45 Tagen abgeschlossen sein muß. Je nach Ergebnis ihrer Untersuchung verbietet sie das Vorhaben, Art. 18 Abs. 1 oder stellt das Verfahren ein, Art. 18 Abs. 2.

Eine Sonderregelung gilt neuerdings für den Medienbereich, für Zusammenschlüsse von Unternehmen, die dem Medienbereich angehören, ist zusätzlich eine unverbindliche Stellungnahme einer neugeschaffenen "Kommunikationsbehörde" einzuholen[204].

b) Materielle Kriterien

Die Behörde prüft gemäß Art. 6, ob neben dem Entstehen oder Verstärken einer marktbeherrschenden Stellung auf dem inländischen Markt der Wettbewerb wesentlich und dauerhaft eliminiert oder beschränkt wird. Die Definition der marktbeherrschenden Stellung lehnt sich dabei an die Rechtsprechung des EuGH bezüglich des Erreichens eines Zustandes einer Marktmacht, die nicht mehr vom Wettbewerb kontrolliert wird, an. Die Wettbewerbsbehörde berücksichtigt insbesondere herausragende Marktanteile und die Marktstruktur sowie Oligopole[205].

Kriterien sind gemäß Art. 6 Abs. 1 zudem die Auswahlmöglichkeiten der Lieferanten und der Benutzer, die Zugangsmöglichkeiten zu Beschaffungs- oder Absatzmärkten, Eintrittsschranken sowie die Entwicklung des Angebots und der Nachfrage. Ebenfalls hat die Kartellbehörde die "Wettbewerbssituation der heimischen Industrie" zu berücksichtigen. Unter diesem Aspekt prüft die Behörde, die ausdrücklich darauf hingewiesen hat, daß das italienische Recht keine Berücksichtigung des wirtschaftlichen und technischen Fortschritts kennt, außerwettbewerbliche nationale Interessen. Diese können gemäß Art. 25 unter Auflagen zu einer Genehmigung führen, vorausgesetzt, das Vorhaben führt nicht zu Beseitigung des Wettbewerbs oder zu einer Einschränkung, die nicht durch entsprechende Allgemeinwohlinteressen aufgewogen werden[206]. Die genauen Vorgaben gibt dabei gemäß Art. 25 das Wirtschaftsministerium vor, welches andererseits darüber hinaus keinen direkten Einfluß ausüben kann.

---

[204] Vgl. Siragusa/Scasselati-Sforzolini, WuW 1997, 976.
[205] Kaiser, aaO, S. 1006.
[206] Kaiser, aaO, S. 1007; Schröter, aaO, RdNr. 240.

Die Möglichkeit der Aufwägung mit außerwettbewerblichen Faktoren hat in der Praxis der Wettbewerbsbehörde allerdings bis 1993 keine Rolle gespielt. In dem Zeitraum bis Mitte 1993 wurden ca. 1000 Zusammenschlüsse angemeldet, dabei wurde zwölfmal das Hauptverfahren eingeleitet, wobei nur in zwei Fällen eine Untersagung ausgesprochen wurde[207].

Technischer Vorsprung wurde dabei als verstärkend für eine marktbeherrschende Stellung angesehen[208]. Ausschlaggebend waren ansonsten hohe Marktanteile, die jedoch durch dynamischen Wettbewerb ausgeglichen werden können[209].

c) Bewertende Zusammenfassung

Das italienische Recht ist angesichts der gegebenen Situation in Italien mit grundsätzlich positiver Einstellung gegenüber großen Einheiten und einer großen Anzahl staatlicher Großbetriebe[210] ein großer Schritt hinsichtlich einer wettbewerblichen Orientierung. Die Wettbewerbsbehörde ist unabhängig von direktem politischen Einfluß. Grundlage des Rechts ist die enge inhaltliche Verzahnung mit dem europäischen Recht[211]. Wegen letzterer Eigenart ist die Fallpraxis der italienischen Kontrollbehörde besonders relevant. Diese ist zumindest formal nicht mit außerwettbewerblichen Einflüssen befaßt. Ähnlich wie in der europäischen Praxis wird allerdings potentieller Wettbewerb berücksichtigt[212]. Es ist insofern möglich, daß ähnlich dem oben erzielten Ergebnis solche Einflüsse „versteckt" abgehandelt werden.

Die grundsätzlich vorherrschende Stimmung industriepolitischer Einflußnahme bleibt, scheint aber auf dem Rückzug.

5.) Niederlande

Die Niederlande haben 1998 eine Fusionskontrolle eingeführt[213]. Bis dahin haben die Niederlande die Funktion der Fusionskontrolle gemäß Art. 22 Abs. 3 auf die Kommission übertragen, die sogenannte „holländische Klau-

---

207 Bericht von Kaiser, aaO, 1002 f.
208 Vgl. Entscheidung Panna/Elena, Autorità. Bolletin 1391, 1/92.
209 Übersicht über die wichtigsten Entscheidungen bei Kaiser, aaO, 1008 f.
210 Vgl. dazu Ligustro, EEC Competition Rules Part 1, 313 f.; Kort, aaO, S. 714.
211 Kort, aaO, 714.
212 Vgl. etwa Ecoservizi/Novaspurghi, Autorità Bolletin 10/91, 13/91.
213 Wettbewerbsgesetz, Staatsblad 1997, Nr. 242; englische Fassung abgedruckt in ECLR 1997, 395 ff., im Folgenden sind unbenannte Artikel solche dieses Gesetzes.

sel“[214]. Daraus folgt eine starke Orientierung der niederländischen Regelung am europäischen Vorbild[215]. Wichtigste Entscheidung in diesem Zusammenhang ist „Holland Media Group (HMG)“[216]. Dabei verbot die Kommission einen Zusammenschluß zwischen Veronika, RTL und Endemol, letzte aufsehenerregende Entscheidung war Blokker/ToysR‘Us. Dabei ist, wie auch in anderen Entscheidungen gemäß Art. 22 Abs. 3, stets der nationale Markt zugrunde zu legen, womit eine Besonderheit der europäischen Fusionskontrolle, die oft zu einem Konflikt mit den nationalen Kartellbehörden geführt hat, ans Tageslicht gerückt wird. Die Zugrundelegung eines europäischen Marktes führt oft zu unbedenklich erscheinenden Marktanteilen.

Einzelheiten:

a) Verfahren

Durch das neue Wettbewerbsgesetz ist eine völlig neue Wettbewerbsbehörde eingeführt worden, die sogenannte „Nederlandse Mededings-Autoriteit“, Art. 2. Sie ist zunächst in das Wirtschaftsministerium integriert, soll aber auf längere Sicht eine eigenständige Institution werden[217]. Sachlich ist sie bereits selbstständig, also nicht dem Wirtschaftsministerium unterstellt. Ihr obliegt die Durchführung des Wettbewerbsgesetzes, Art. 3 Abs. 1.

Gemäß Art. 4 kann der Wirtschaftsminister allerdings Leitlinien, insbesondere hinsichtlich der Berücksichtigung von außerwettbewerblichen Interessen, gerichtet an den Generaldirektor, festlegen. Sie sind im Staatsblatt zu veröffentlichen, Abs. 3.

Die neue Fusionskontrolle ist anwendbar auf Zusammenschlüsse, die unterhalb der europäischen Aufgreifkriterien liegen, aber zu einem zusammengerechneten Umsatz der beteiligten Unternehmen von mehr als 250 Millionen Gulden führen, wovon mindestens 30 Millionen in Holland erwirtschaftet werden müssen, Art. 29. Eine Besonderheit ist hierbei, daß die niederländische Fusionskontrolle nicht auf Zusammenschlüsse in den Niederlanden beschränkt ist. Grundsätzlich werden auch extraterritoriale Zusammenschlüsse erfaßt, sofern die Aufgreifkriterien erfüllt sind. Diese Zusammenschlüsse können eine Lizenz erfordern[218]

214 Vgl. Van Themaat, ECLR 1997, 344 (347), allgemein Löffler in Langen/Bunte, S. 1957 RdNr. 26.
215 Vogelaar WuW 1997, 964.
216 ABl. L 134 vom 5.6.1996, S. 32.
217 Vogelaar, WuW 1997, 964 f.
218 Vgl. dazu Van Themaat, aaO, S. 348.

Art. 27 definiert einen Zusammenschluß, die Fassung entspricht der der FKVO.

Die Wettbewerbsbehörde entscheidet durch den Generaldirektor nach einer Anmeldung, die im Staatsblatt veröffentlicht wird, innerhalb von 4 Wochen, ob sie ein Hauptverfahren einleiten möchte. Ansonsten ist zu verkünden, daß keine Lizenz für den Zusammenschluß benötigt wird, Art. 37. Untätigkeit führt zur Freigabe, Art. 37 Abs. 3.

Die Entscheidung der Behörde, den Zusammenschluß nicht freizugeben, kann vom Wirtschaftsminister aufgehoben werden, wenn nach seiner Ansicht das allgemeine Interesse an dem Zusammenschluß die Wettbewerbsbehinderungen übersteigt, Art. 40.

Die Entscheidungen der Wettbewerbsbehörde unterliegen ansonsten generell der Überprüfung durch eine speziell eingerichtete Wirtschaftskammer bei dem Landgericht Rotterdam.

b) Materielle Kriterien

Die Wettbewerbsbehörde hat bei ihrer Entscheidung zu prüfen, ob der Zusammenschluß eine marktbeherrschende Stellung begründet oder verstärkt, die den Wettbewerb in Holland deutlich verringert, Art. 37 Abs. 2. Im niederländischen Schrifttum wird dabei angenommen, daß der Wirtschaftsminister, wenn er eine Verbotsentscheidung aufheben möchte, auch allgemeinpolitische Erwägungen in eine Abwägung der Allgemeininteressen mit der Wettbewerbsbehinderung einführen darf[219]. Diese Ausgestaltung in Art. 47 ist der deutschen Ministererlaubnis angelehnt.[220]

c) Bewertende Zusammenfassung

Die niederländische Fusionskontrolle ist wettbewerblich ausgerichtet. Eine Abwägung mit außerwettbewerblichen Kriterien findet transparent in einem gesonderten Verfahren statt. Über mögliche Berücksichtigung wettbewerblicher Vorteile finden sich keine Anhaltspunkte, sie sind andererseits auch nicht ausgeschlossen. Eine Abwägung, ähnlich dem deutschen Verfahren, ist aber wie vorgestellt vorgesehen.

---

[219] Vogelaar, aaO, S. 967.
[220] Van Themaat, aaO, S. 349.

6.) Finnland

Das finnische Gesetz über Wettbewerbsbeschränkungen[221] enthält seit August 1998 eine Fusionskontrolle[222]. Vorher war Finnland eines der Anwendungsgebiete für Art. 22 Abs. 3 FKVO. Diese Regelung ist mit der Entscheidung „Kesko/Tuko“[223] bereits angewandt worden, das Vorhaben wurde untersagt. Wie in der Geschichte der europäischen Fusionskontrolle[224] konnte aber eine Konzentration als Mißbrauch einer marktbeherrschenden Stellung gewertet werden.[225] Darüber hinaus bestanden gegebenenfalls Meldepflichten gemäß § 11 Wettbewerbsgesetz.

Mit den neuen §§ 11a bis 11i Wettbewerbsgesetz hat nun auch Finnland eine auf der europäischen Regelung basierenden Fusionskontrolle.

a) Verfahren

Es werden Konzentrationen erfaßt, bei denen die beteiligten Parteien einen gemeinsamen Umsatz von über 2 Mrd. Finnmark erzielen und mindestens zwei der beteiligten Unternehmen einen Umsatz von über 150 Mio. Finnmark, jeweils im jüngsten abgeschlossenen finanziellen Jahr, erzielt haben.

Mit der Untersuchung von Konzentrationen sind zwei Körperschaften betraut, die Wettbewerbsbehörde und der Wettbewerbsrat. Der Wettbewerbsrat ist eine justizförmige Körperschaft, deren Entscheidungen zum obersten Verwaltungsgericht hin anfechtbar sind. Es ist die Körperschaft, die alle wesentlichen Entscheidungen auf Antrag der Wettbewerbsbehörde trifft, § 11i Wettbewerbsgesetz.

Die Mitglieder des Wettbewerbsrates werden für eine Amtszeit von 3 Jahren vom Präsidenten der Republik berufen, während dieser Zeit sind sie Richtern gleichgestellt, § 2 Gesetz über den Wettbewerbsrat.

Vorbereitet werden die Entscheidungen durch Untersuchungen der Wettbewerbsbehörde. Diese ist ein unabhängiges, selbständiges Organ, das durch

---

[221] Gesetz vom 27.5.1992, deutsche Übersetzung in EuZW 1993, 91 ff., geändert 1998.
[222] Vgl. allgemein zu dem Gesetz Nuolimaa, EuZW 1993, S. 88 ff.
[223] Kurzfassung der Entscheidung in WuW 1997, S. 32.
[224] Siehe dazu insbesondere die bedeutendsten Entscheidungen dazu, Continental Can, Slg. 1973, 315 ff. und Philip Morris Slg. 1987, 4487 ff.
[225] Wallin in Maitland-Walker S. 140 f.

den Präsidenten ernannt wird und gegenüber dem Wirtschaftsminister relativ unabhängig ist, vgl. §§ 1 ff. der Verordnung über die Wettbewerbsbehörde.

Ein Zusammenschluß muß innerhalb einer Woche nach Erlangung der Kontrolle oder Übernahme des operativen Geschäfts bzw. des öffentlichen Übernahmeangebots oder der Entscheidung, einen Zusammenschluß durchzuführen oder ein Gemeinschaftsunternehmen einzurichten, angemeldet werden. Die Wettbewerbsbehörde kann innerhalb eines Monats nach der Anmeldung vertiefte Untersuchungen beschließen, die innerhalb von 3 Monaten beendet sein müssen, sonst gilt der Zusammenschluß jeweils als genehmigt, § 11e.

b) Materielle Kriterien

Der Wettbewerbsrat hat einen Zusammenschluß zu verbieten, wenn durch ihn eine beherrschende Stellung hervorgerufen oder verstärkt wird, durch die der Wettbewerb spürbar beeinträchtigt wird, § 11d Absatz 1. Können die schädlichen Auswirkungen der Konzentration durch Auflagen oder Bedingungen vermieden werden, so ist der Zusammenschluß mit diesen Auflagen oder Bedingungen versehen zu genehmigen, § 11d III.

Andere Möglichkeiten sieht das Gesetz nicht vor. Hier spiegelt sich also die Einstufigkeit der FKVO wieder, das finnische Recht kennt expressis verbis keine industriepolitische Einfallstore, entscheidend ist allein die Entstehung oder Verstärkung einer beherrschenden Stellung.

c) Bewertende Zusammenfassung

Das finnische Fusionskontrollrecht ist streng an wettbewerblichen Kriterien ausgerichtet. Die beherrschende Stellung wird als alleiniges Kriterium genannt, erläuternde Unterkriterien werden nicht genannt. Damit ist zwar eine Anlehnung an die europäische Regelung hinsichtlich Verfahren und Fristen und dem entscheidenden Kriterium zu erkennen, es fehlt aber ausdrücklich jede Möglichkeit, über den Wortlaut eine Abwägung vorzunehmen. Andererseits obliegt es so der Praxis des Wettbewerbsrates, die Kriterien einer beherrschenden Stellung zu definieren. Dieses Organ, auch wenn es formal unabhängig ist, unterliegt aber dennoch angesichts der kurzen Berufungszeit von nur drei Jahren für die Mitglieder der Möglichkeit der persönlichen Einflußnahme auf die Mitglieder. So bleibt abzuwarten, ob der Wettbewerbsrat nicht über eine Auslegung u.U. doch eine Abwägung zuläßt. Die Entscheidungen müssen allerdings nicht veröffentlicht werden, so daß der Erkenntnisstand hier lange verborgen bleiben kann. Insgesamt deutet diese jüngste nationale Fusionskontrollregelung aber auf eine streng wettbewerbliche Ausrichtung hin.

7.) Belgien

Belgien hat mit dem Gesetz vom 14.7.1991[226] für den wirtschaftlichen Wettbewerb im 2. Abschnitt in den Paragraphen 9 bis 13 geregelt. Die belgischen Regeln lehnen sich eng an die europäischen Vorschriften an[227].

Im einzelnen:

a) Verfahren

Ein Zusammenschluß liegt gemäß § 9 Abs. 1 vor, wenn a) zwei oder mehrere Unternehmen zusammengelegt werden oder b) eine oder mehrere Personen, die Unternehmen kontrollieren, oder ein oder mehrere Unternehmen mittelbar oder unmittelbar die Kontrolle über ein oder mehrere andere Unternehmen erwerben und nicht lediglich eine Koordinierung des Wettbewerbsverhaltens vorliegt (§ 9 Abs. 2). Insoweit liegt wörtliche Übereinstimmung mit Art. 3 FKVO vor.

Der Begriff der Kontrolle wird in Absatz 3 weiter erläutert.

Ein Zusammenschlußvorhaben in diesem Sinne wird von der Fusionskontrolle erfaßt, wenn der belgische Umsatz der beteiligten Parteien 40 Mio. Euro übersteigt und mindestens zwei der beteiligten Unternehmen einen innerbelgischen Umsatz von mehr als 15 Mio. Euro aufweisen, vgl. Art. 11.

Der Ablauf des Verfahrens entspricht im Wesentlichen ebenfalls der FKVO[229]. Ein in diesem Sinne zustimmungsbedürftiger Zusammenschluß, § 10 Abs. 1, muß innerhalb einer Woche nach Abschluß der Vereinbarung, Veröffentlichung des Kauf- oder Tauschangebotes oder des Erwerbs einer Kontrollbeteiligung mitgeteilt werden (§ 12).

---

[226] Loi du 5 août 1991 sur la protection de la concurrence économique, moniteur Belge vom 11.10.1991; neugefasst am 1. Juli 1999. Im Folgenden sind Paragraphen solche dieses Gesetzes.

[227] Wohlgemuth, WuW 1994, 901 (910); Zschoche, WuW 1993, 381 (386).

[228] Vgl. dazu Vandermeersch, WuW 1998, 251. Möglicherweise entfällt das Marktanteilskriterium auch ganz.

[229] Zschoche, aaO, 387.

Der Dienst für Wettbewerb ist als Behörde zuständig für die Untersuchung eines Zusammenschlusses, § 14, Entscheidungsinstanz ist der Wettbewerbsrat, § 16. Dessen Mitglieder werden auf 6 Jahre ernannt, § 17 Abs. 3 und sind nur aus objektiven Gesichtspunkten vom Dienst suspendierbar, § 18. Innerhalb eines Monats nach Eingang der Anmeldung muß eine Entscheidung getroffen werden, ob der Zusammenschluß einer vertieften Untersuchung unterzogen werden soll, ansonsten gilt der Zusammenschluß als genehmigt, § 33 Abs. 4. Wird ein vertieftes Untersuchungsverfahren eingeleitet, muß innerhalb weiterer 75 Tage eine Entscheidung getroffen werden.

b) Materielle Kriterien

Die materiellen Kriterien sind in § 10 niedergelegt. Herzstück der Untersuchung ist die Einnahme oder Verstärkung einer beherrschenden Stellung, welche in bedeutender Weise den tatsächlichen Wettbewerb auf dem belgischen Markt oder eines Teiles davon beeinträchtigt. Damit wird eine positive Grundeinstellung des belgischen Gesetzgebers gegenüber Konzentrationen deutlich[230], indem eine „bedeutende Beeinträchtigung" des Wettbewerbs für eine Untersagung vorausgesetzt wird.

Gemäß § 10 Abs. 3 ist es für Zusammenschlüsse, die nicht zu einer wesentlichen Beschränkung iSd § 10 Abs. 2 führen, in das Ermessen des Wettbewerbsrates gestellt, den Zusammenschluß trotz gegebener Beeinträchtigungen aufgrund eines Beitrages zur Verbesserung der Produktion oder der Verteilung, zur Verstärkung der Wettbewerbsstruktur oder zur Förderung des technischen oder wirtschaftlichen Fortschritts, zu genehmigen, wenn dieser Beitrag die Beeinträchtigung übersteigt. Dazu müssen auch, ähnlich wie in dem Formblatt der Kommission, in dem belgischen Formblatt für die Anmeldung unter Teil 8, „Allgemeine Fragen" Angaben gemacht werden.

Der Rat hat darüber hinaus auch das allgemeine wirtschaftliche Interesse, die Wettbewerbsfähigkeit der betroffenen Sektoren mit Hinblick auf den internationalen Wettbewerb und das Interesse der Verbraucher, zu beachten.

Aus den letzteren Erwägungen heraus kann der Rat in Ausnahmefällen auch Zusammenschlüsse genehmigen, die eine wesentliche Beeinträchtigung hervorrufen. So hat der Wettbewerbsrat einen Zusammenschluß großer Kinoketten trotz überragender Marktanteile genehmigt, da anders belgische Kinos

---

[230] Wohlgemuth, aaO, 910.

angesichts des sehr kleinen belgischen Marktes den großen europäischen Kinoketten nicht widerstehen könnten[231].

Diese letztere Möglichkeit soll gemäß einer Änderung in Zukunft dem Wirtschaftsminister übertragen werden[232]. Bis 1996 hatte der Wettbewerbsrat nur zwei Zusammenschlußvorhaben untersagt[233], eine weitere Untersagung wurden 1997 wegen Überschreitung der 75 Tage Frist für eine Entscheidung aufgehoben[234].

c) Bewertende Zusammenfassung

Das belgische Recht ist grundsätzlich wettbewerblich ausgerichtet, da grundsätzlich eine starke Wettbewerbseinschränkung zu einem Verbot des Zusammenschlusses führen muß. Andererseits ist eine Abwägung aber vorgesehen. Die Ergebnisse der bisherigen Praxis lassen auch eher darauf schließen, daß dieser Grundsatz nicht ehern durchgehalten wird. Die geringe Anzahl der Untersagungen spricht dafür. Nach der angestrebten Änderung wäre das System dem deutschen Äquivalent mehr angeglichen, so daß durch ein zweistufiges Verfahren mehr Transparenz bezüglich einer Abwägung von wettbewerblichen Nachteilen mit außerwettbewerblichen Interessen gegeben wäre. Das belgische Recht ist bisher mit einer Generalklausel ausgestattet, so daß allgemeinwirtschaftliche Interessen und das nationale Interesse an der Stärkung der Wettbewerbsfähigkeit der heimischen Wirtschaft zu berücksichtigen sind. Darüber hinaus kann die Wendung: „Verstärkung der Wettbewerbsstruktur innerhalb des Marktes“ in § 10 Abs. 3 als Abwägungsklausel mit wettbewerblichen Vorteilen ähnlich der Wirz-Schaukel verstanden werden. Das belgische Recht ist damit eines der wenigen, in dem eine solche Regelung normiert ist. Eine Anwendung dieser Klausel in der Praxis ist bisher nicht erfolgt. Auch Literatur zu diesem Thema ist nicht erhältlich, so daß eine endgültige Aussage über die Vergleichbarkeit mit der Wirz-Schaukel nicht getroffen werden kann.

---

231 Entscheidung vom 17.11.1997, 97-C/C-25 „Kinepolis groep“, Moniteur Belge, vom 5.2.1998, S. 3276 (3283).

232 Vgl. Vandermeersch, aaO.

233 Vandermeersch, WuW 1996, 227, eine weitere Untersagung fand 1999 statt, Wettbewerbsrat, Entscheidung vom 14.12.1998, No. 98-C/C-016, IMS Health Incorporated/PMSI, Moniteur Belge 1999, S. 7446 ff. vom 9.3.1999. In dieser Entscheidung sah der Wettbewerbsrat ausdrücklich keine Vorteile für den technischen oder wirtschaftlichen Fortschritt, die eine Ausnahme zugunsten der sich zusammenschließenden Parteien hätte rechtfertigen können.

234 Berufungsgericht Brüssel, Entscheidung vom 25. Juni 1997, M.B. 04.07.1997, S. 17.947.

Jedenfalls hat der belgische Gesetzgeber eine solche Formulierung angesichts einer allgemeinen Anlehnung an die europäische Regelung getroffen[235].

8.) Großbritannien

Unternehmenszusammenschlüsse unterliegen seit 1965 in Großbritannien einer materiellrechtlichen Kontrolle[236], seit 1973 regelt diesen Komplex der Fair Trading Act 1973[237]. Die Monopolies and Mergers Commission untersucht gemäß Sections 63 – 77 5. Teil des FTA angemeldete Zusammenschlußvorhaben[238]. Zur Zeit ist geplant, in einer Neuerung durch den sogenannten Competition Bill, diese Aufgaben einer neu zu schaffenden Competition Commission zu übertragen (Chapter IV, section 46 des drafts). Diese wird daneben Rechtsmittelinstanz für Entscheidungen des Director General of Fair Trading (DGFT) werden[239].

Im einzelnen:

a) Verfahren

Handelnde Personen auf der Grundlage des FTA sind das Office of Fair Trading (OFT), die Monopolies and Mergers Commission (MMC), der Wirtschaftsminister und das Parlament[240].

Ausgangspunkt einer Untersuchung ist der zuständige Minister (Secretary of state for trade and industry), er kann ein Zusammenschlußvorhaben der MMC vorlegen, Section 64. Dabei berät ihn der Director General of Fair Trading (DGFT), der dem OFT vorsteht, gemäß §§ 1 ff. FTA. Der Minister verfügt insoweit über einen weiten Ermessensspielraum[241]. Wird eine Überweisung beschlossen, so muß der Beschluß eine Bestimmung des Zeitraumes enthalten, indem eine Entscheidung zu treffen ist, höchstens 6 Monate, § 70 Abs. 1. Die MMC übermittelt diese Entscheidung an den Minister, dem die Letztentscheidung zusteht. Eine generelle Anmeldepflicht für einen Zusammenschluß

---

[235] Vgl. Expose des Motifs, Documents Parlementaires de la Chambre des Réprésentants, 10.9.1990, Doc. Nr. 1282/1-89/90 zu Artikel 10.

[236] Monopolies and Mergers Act von 1965, Deutsche Übersetzung in WuW 1972, 300 ff.

[237] Deutsch in WuW 1979, S. 450 ff.

[238] Für den Zeitungsbereich gelten Sondervorschriften, ebenso für den Finanzdienstleistungssektor, der zukünftig von der Financial Services Authority überwacht wird, vgl. Janssen, WuW 1998, S. 233 (235).

[239] Janssen, aaO, 242.

[240] Janssen, aaO, 238.

[241] CR Schmidt, S. 42; Janssen, aaO, 239.

besteht nicht. Eine freiwillige Anmeldung setzt andererseits vorteilhaft für die Betroffenen eine 4-wöchige Frist in Lauf, nach der eine Stellungnahme seitens der OFT erfolgen muß. DGFT und OFT haben neben der Beratung des Ministers auch noch die Möglichkeit, Zusagen seitens der betroffenen Unternehmen einzuholen und so gegen eine Verweisung an die MMC zu wirken.

Gegenstand der Fusionskontrolle sind Konzentrationsvorgänge, die den Kriterien der §§ 64 ff. genügen. Die MMC setzt sich dabei hauptsächlich aus nebenberuflich für die Kommission tätigen Personen[242] zusammen.

Wird nach Ablauf der vorgegebenen Untersuchungsdauer kein Bericht an Parlament und Minister abgegeben, ist das Verfahren beendet. Für eine Entscheidung zu einem solchen Bericht ist eine 2/3 Mehrheit der Mitglieder notwendig[243].

Ein Zusammenschluß im Sinne von Section 64 subsection 1 FTA liegt vor, wenn zwei oder mehrere Unternehmen, von denen mindestens eines in Großbritannien tätig war oder von einer dort registrierten Gesellschaft kontrolliert wurde, aufhören, getrennte Unternehmen zu sein. Section 65 geht von dieser Voraussetzung aus, wenn Kontrollrechte oder Eigentum bei einer oder bei mehreren Personen bezüglich sämtlicher betroffener Unternehmen liegen oder für den Fall, daß eines der betroffenen Unternehmen nicht mehr weitergeführt wird.

Kontrolle in diesem Sinne definiert ebenfalls Section 65, danach gibt es verschiedene Stufen der Kontrolle: Die rechtliche Kontrolle, welche die Mehrheit der Stimmrechte in der Generalversammlung der neuen Entität voraussetzt und die faktische Kontrolle, für die eine Beeinflussungsmöglichkeit der Geschäftspolitik ohne Mehrheit ausreicht, Abs. 3. Für eine solche faktische Beherrschung reichen in der Regel 30 % der Anteile sowie die Möglichkeit, die Geschäftspolitik wesentlich zu beeinflussen, aus. Der Übergang zu einer anderen Kontrollstufe stellt einen eigenen Zusammenschlußtatbestand dar[244].

Aufgreifkriterien sind ein Marktanteil der sich zusammenschließenden Parteien von mindestens 25 % im Vereinigten Königreich oder eines wesentlichen Teiles desselbem. Alternativ können auch Zusammenschlüsse, bei denen der Wert des übernommenen, weiltweiten Geschäftsvermögens 71 Mio. Pfund übersteigt, geprüft werden.

---

[242] Janssen, aaO, 239.
[243] Shaw in Behrens I, S. 62 f.
[244] Schröter, Art. 92, RdNr. 223.

b) Materielle Kriterien

Die MMC prüft gemäß § 69 Abs. 1 Buchstabe b), ob die entstandene Fusionssituation gegen das öffentliche Interesse verstößt oder verstoßen könnte. Das öffentliche Interesse wird in § 84 FTA näher bezeichnet mit: a) die Erhaltung und Förderung wirksamen Wettbewerbs; b) die Förderung der Interessen der Verbraucher, Käufer und Nutzer von Gütern und Dienstleistungen in Großbritannien im Hinblick auf Preise, Qualität und Vielfalt; c) die Förderung von Kostensenkungen, neuer Techniken und neuer Produkte sowie des Zutritts neuer Wettbewerber auf bestehende Märkte; d) die Erhaltung und Förderung einer ausgeglichenen Verteilung von Industrie und Beschäftigung im Vereinigten Königreich, e) die internationale Wettbewerbsfähigkeit der britischen Hersteller von Waren und Dienstleistungen. Aufgrund des Berichtes trifft der zuständige Minister nach Bericht an das Parlament die notwendigen Maßnahmen, um die negativen Auswirkungen für das öffentliche Interesse zu vermeiden.

Trotz dieser scheinbar starken Berücksichtigung außerwettbewerblicher Interessen liegt der Schwerpunkt auf der Verletzung des öffentlichen Interesses durch die Verminderung wirksamen Wettbewerbs, während die anderen Kriterien zurückstehen müssen[245].

c) Bewertende Zusammenfassung

Das britische Fusionskontrollrecht zeichnet sich durch eine geringe Formalisierung aus. Initiator und entscheidendes Organ ist der zuständige Minister als politische Instanz. Aber auch das Untersuchungsorgan, die alte MMC, die aus nebenberuflichen Mitgliedern besteht und mit 2/3 Mehrheit entscheiden muß, ist durch diese Konstellation Interessenseinflüssen jeder Art gegenüber weit offen. Diese grundsätzliche Konstellation wird sich auch durch den Competition Bill nicht ändern. Auch wenn Großbritannien in den Verhandlungen zur FKVO eine streng wettbewerbliche Position bezogen hat[246], ist damit eine Öffnung des britischen Systems für Abwägungen von Nachteilen für den Wettbewerb mit außerwettbewerblichen Interessen weit offen. Die Möglichkeit der Beeinflussung der von Einflüssen außerhalb ihres Amtes sehr abhängigen Mitglieder des MMC, die mit 2/3 Mehrheit entscheiden müssen, gibt die Möglichkeit an Hand, Verfahren zu blockieren. Zudem ist der Minister die Zentralgestalt. Die Praxis zeigt auch, daß die jeweilige Ausrichtung des Mini-

[245] Shaw in Behrens I, S. 55; Übersicht zur Fallpraxis und eingehende Darstellung bei Volkers, S. 131 ff.
[246] Nachweise bei CR Schmidt, S. 46 f.

sters das Procedere sehr beeinflußt. Eine grundsätzlich zusammenschlußfreundliche Grundhaltung scheint aber zu kippen. Ohne ausdrückliche Erwähnung ist mit den Kriterium „öffentliches Interesse“ auch die Möglichkeit eröffnet, eine Abwägung im wettbewerblichen Bereich vorzunehmen.

9.) Österreich

Österreich regelt in seinem Kartellgesetz 1988[247] in Teil V, §§ 41 bis 42e, die Kontrolle von Unternehmenszusammenschlüssen. Dieser Abschnitt wurde 1993 wesentlich umgestaltet, unter anderem auch unter dem Einfluß des EWR-Abkommens.

Im Einzelnen:

a) Verfahren

Zuständig für die Prüfung eines Zusammenschlusses ist gemäß § 43 das Kartellgericht, gemäß § 88 das in Wien. Weitere Amtsparteien sind der Bund, die Bundeskammer der gewerblichen Wirtschaft, die für Arbeiter und Angestellte und die Präsidenten der Landwirtschaftskammern, § 44. Das Kartellgericht wird gemäß § 49 durch ein Gutachten des paritätischen Ausschusses unterstützt.

Die Mitglieder des Kartellgerichts werden auf Lebenszeit ernannt, § 99, einzige Möglichkeit der vorzeitigen Entlassung ist ein Beschluß des Kartellgerichts. Die Mitglieder werden vom Bundespräsidenten auf Vorschlag der Bundesregierung ernannt, § 90.

Die Mitglieder des paritätischen Ausschusses sind gemäß § 114 ausdrücklich an keine Weisungen gebunden.

Ein Zusammenschluß wird definiert als a) der Erwerb eines Unternehmens, ganz oder zu einem wesentlichen Teil, durch einen anderen Unternehmer, insbesondere durch Verschmelzung oder Umwandlung, b) der Erwerb eines Rechts eines anderen Unternehmers an der Betriebsstätte eines Unternehmens durch geeignete Betriebsführungsverträge, c) durch den unmittelbaren oder mittelbaren Erwerb von Anteilen an einer Gesellschaft, wobei eine Kontrolle jeweils erfolgt, wenn ein Anteil von 25 % bzw. von 50 % erreicht wird; d) die

---

[247] Abgedruckt in Barfuß/Auer, Kartellgesetz 1988, zuletzt geändert 1999. Im Folgenden sind Paragraphen solche des KartellG.

Personengleichheit von mindestens der Hälfte der Mitglieder des Aufsichtsrates zweier oder mehrerer unternehmerisch tätiger Gesellschaften; e) jeder sonstige Erwerb von einem mittelbaren oder unmittelbaren beherrschenden Einfluß und f) die Gründung eines konzentrativen Gemeinschaftsunternehmens.

Anmeldungsbedürftige Zusammenschlüsse sind solche, bei denen die beteiligten Unternehmen einen weltweiten Umsatz von 4,2 Milliarden Schilling und einen österreichischen Umsatz von über 210 Mio. ATS zu verzeichnen haben. Mindestens zwei der beteiligten Unternehmen müssen zudem jeweils einen weltweiten Umsatz von 28 Millionen Schilling erzielt haben, § 42 a[248].

Die oben benannten Amtsparteien können binnen 4 Wochen nach der Anmeldung eine Prüfung beantragen. Liegt kein Antrag vor, wird eine Genehmigung ausgestellt.

Das Kartellgericht hat bei Antragstellung innerhalb von 5 Monaten eine Entscheidung zu treffen, § 42 b.

Für Medienzusammenschlüsse gelten besondere Regeln, § 42 c.

b) Materielle Kriterien

Das Kartellgericht prüft gemäß § 42 b Abs. 2, ob der Zusammenschluß zu einer marktbeherrschenden Stellung führt oder eine solche verstärkt wird. Marktbeherrschung wird dabei gemäß § 34 bestimmt. Marktbeherrschung liegt vor, wenn der Unternehmer keinem oder nur geringem Wettbewerb ausgesetzt ist oder eine im Verhältnis zu den anderen Wettbewerbern überragende Marktstellung hat. Dabei sind insbesondere die Finanzkraft, die Beziehungen zu anderen Unternehmern, die Zugangsmöglichkeiten zu den Beschaffungs- und Absatzmärkten sowie die Umstände zu berücksichtigen, die den Marktzutritt für andere Unternehmer beschränken.

Zusätzlich enthält § 34 Abs. 1a eine Beweislastumkehr: Hält ein Unternehmer als Anbieter oder Nachfrager einen Marktanteil von über 30 %, so muß er darlegen und beweisen, daß er keine marktbeherrschende Stellung inne hat. Dies gilt auch für Oligopole bei Marktanteilen über 80 %.

Eine Untersagung hat trotz der Feststellung einer marktbeherrschenden Stellung zu unterbleiben, wenn zugleich Vorteile für die Wettbewerbsbedingungen durch den Zusammenschluß eintreten, die die Nachteile überwiegen,

---

[248] Vgl. zu den Umsatzschwellen Mayer, WuW 1997, 227.

oder der Zusammenschluß zur Erhaltung oder Verbesserung der internationalen Wettbewerbsfähigkeit notwendig und volkswirtschaftlich gerechtfertigt ist; § 42b Abs. 3 Ziffer 1 und 2. Auflagen, Bedingungen sind zulässig, § 42b Abs. 4[249].

c) Bewertende Zusammenfassung

Das österreichische Fusionskontrollrecht ist institutionell unabhängig ausgestaltet. Die handelnden Behörden, das Kartellgericht und der beratende Ausschuß, sind vor persönlichen Repressionen durch Beamtenstatus geschützt.

Das österreichische Recht enthält ebenso wie das deutsche GWB Vermutungstatbestände für Marktbeherrschung. Materiell ist die Ermittlung einer beherrschenden Stellung an wettbewerblich relevante Faktoren geknüpft. § 42 b Absatz 3 enthält allerdings eine Abwägungsklausel, sowohl in industriepolitischer Hinsicht (Nr. 2) als auch iSd Wirz-Schaukel (Nr. 1). Nr. 1 entspricht nach der Neufassung 1993 auch inhaltlich voll dem § 36 Abs. 1 2. HS GWB. Für die vorliegende Untersuchung finden wir damit zunächst eine weitere Bestätigung, daß die Kartellgesetze der Mitgliedsstaaten das Interesse nationaler Industriepolitik über den reinen Wettbewerbsgedanken stellen. Darüber hinaus ist aber auch der Rechtsgedanke der Abwägung von wettbewerblichen Nachteilen mit wettbewerblichen Vorteilen nicht nur auf die Bundesrepublik Deutschland beschränkt, sondern auch in anderen Mitgliedsstaaten bekannt.

10.) Irland

In Irland wurde die Fusionskontrolle durch den Mergers, Take-overs and Monopolies (Control) Act 1978 eingeführt. Er gilt in der Fassung von 1978 bis heute[250], geändert nur in Randbereichen durch den Competition (amended) Act 1996. Nach Einführung des Competition Act 1991 kann daneben eine Verpflichtung bestehen, einen Zusammenschluß gemäß Section 5 des Competition Acts, der Art. 81 EG nachgebildet ist, als Mißbrauch einer marktbeherrschenden Stellung anzumelden. Diese Doppelprüfung ist heftig attackiert

[249] Das Schwergewicht liegt in der Praxis nach Aussage des Senatspräsidenten des Kartellgerichts in Wien, Hermann, allerdings auf der Berücksichtigung der Verbesserung der internationalen Wettbewerbsfähigkeit. Mit § 42b KartellG ist seiner Ansicht nach aber ausdrücklich eine wettbewerbliche Abwägungsmöglichkeit geschaffen worden, die in der Praxis bisher allerdings noch keine Rolle gespielt hat.

[250] Burnside/Stuart, ECLR 1992, 38 (44).

worden. Bisher ist allerdings nicht erkennbar, daß sie abgeschafft werden wird[251].

a) Verfahren

Ein Zusammenschluß liegt vor, wenn zwei oder mehr Unternehmen, von denen wenigstens eines in Irland tätig ist, unter die Kontrolle derselben Person oder derselben Gruppe gemeinschaftlich handelnder Personen fällt. Kontrolle hat dabei, wer mehr als die Hälfte der Mitglieder des Verwaltungsrates oder des Vorstands zu ernennen oder abzurufen berechtigt ist, oder wer mehr als 25 % des Gesamtkapitals besitzt. Weitere Aufstockungen der Beteiligung stellen danach keine eigenen Zusammenschlußtatbestände mehr dar[252].

Es werden nur Konzentrationen untersucht, bei denen mindestens zwei der beteiligten Unternehmen jeweils einen Umsatz von mehr als 20 Millionen irischen Pfund oder ein Anlagevermögen von jeweils mehr als 10 Millionen Pfund aufweisen, Section 15, Abs. 3.

Der Minister für Handel und Industrie hat von seiner Befugnis gemäß Section 2 Abs. 5 1978 Act, Verordnungen mit speziellen Tatbeständen für einzelne Bereiche zu erlassen, für den Bereich der Presse Gebrauch gemacht[253].

Zusammenschlüsse oberhalb der genannten Schwellen sind anzumelden, Section 5 1978 Act, Section 16 Competition Act 1991. Zuständig für die Entscheidung ist der zuständige Minister von Amts wegen, der Zusammenschluß kommt mit seiner Erlaubnis oder durch Ablauf einer 3-monatigen Frist, in der keine Entscheidung getroffen wurde zustande, Section 6. Hat er Zweifel, kann er die Untersuchung innerhalb einer Monatsfrist an die Wettbewerbsbehörde überweisen. Die Würdigung dieses Berichts liegt ganz in der Hand des zuständigen Ministers.

Unter dem Competition Act 1991 wurde darüber hinaus ein sogenanntes Category Certificate, gleichsam eine de minimis Regel, von der Wettbewerbsbehörde erlassen. Konzentrationen unterhalb gewisser Marktmachtgrenzen sind nach dem Competition Act nicht anzumelden. Hier findet sich auch eine Marktanteilsvermutung ähnlich der des GWB: Zusammenschlüsse sind von

---

[251] Rede des Chairmans Prof. McNutt vom 24.2.1997.

[252] Schröter, aaO, RdNr. 232.

[253] Mergers, Take-overs and Monopolies (Newspapers) Order 1979.

der Kontrolle unter dem Competition Act 1991/1996 ausgenommen, wenn der gemeinsame Marktanteil 40 % nicht übersteigt[254].

b) Materielle Kriterien

Entscheidend ist, ob durch den Zusammenschluß die Entstehung oder Verstärkung einer Wettbewerbsbeschränkung erwartet werden kann. Eine solche verstößt gegen den public interest. Die Wettbewerbskommission hat bei Ihrer Entscheidung allerdings auch „common goods" zu schützen:

Die Sicherheit der Versorgung mit Waren und Dienstleistungen, das Beschäftigungsniveau, die Regionalentwicklung, Erhöhung der wirtschaftlichen Effizienz, Forschung und Entwicklung, Ausweitung der Produktion, Marktzugang, Interessen von Anteilseignern, Arbeitnehmern und Verbrauchern, Section 8.

Diese Interessen können zu einer Vereinbarkeit des Zusammenschlusses mit dem öffentlichen Interesse trotz Wettbewerbsbehinderungen führen.

c) Bewertende Zusammenfassung

Das irische Recht ist eindeutig industriepolitisch ausgerichtet. Entscheidende Gestalt bei dem Verfahren ist der Minister. Die zwar unabhängige Behörde wird nach seinem Ermessen beauftragt und hat innerhalb der Untersuchung Allgemeinwohlinteressen mit Wettbewerbsbeschränkungen aufzuwiegen. Eine Abwägung mit wettbewerblichen Vorteilen ist allerdings nicht ausdrücklich vorgesehen.

Festzuhalten bleibt eine große Offenheit für Abwägungen innerhalb der Feststellung der schädlichen Auswirkungen eines Zusammenschlusses.

11.) Schweden

Schweden hat in den Abschnitten 34 bis 44 seines Wettbewerbsgesetzes vom 1. Juli 1993[255] die Zusammenschlußkontrolle geregelt.

---

[254] Irish Competition Authority, Certificate for Merger and/or Sale of business agreements, Art. 2 b), Decision No 489 vom 2.12.1997.

[255] Gesetz 1993:20, Konkurrenslag, im Folgenden sind unbenannte Paragraphen solche dieses Gesetzes.

a) Verfahren

Ein Zusammenschluß liegt vor, wenn in Schweden[256] ein Unternehmen übernommen wird, Eingeschlossen darin sind der Erwerb getrennter Geschäftsbereiche und Zusammenschlüsse, § 4 Abs. 1. Die Übertragung von Unternehmensteilen fällt nur unter das Gesetz, wenn ein bestimmender Einfluß dadurch erreicht wird, § 4 Abs. 2. Der bestimmende Einfluß kann bei einem Zusammenschluß auch durch eine gemeinsame Kontrolle erreicht werden, wenn der Minderheitsbeteiligte die Möglichkeit erlangt, Entscheidungen wesentlicher Art zu blockieren. Ist zu der Frage von Vetorechten keine Einigung getroffen und sind von der Größe der Anteile her damit wechselnde Mehrheiten möglich, etwa bei Übernahme durch 3 Unternehmen mit jeweils 33,33 % Anteilen, liegt kein bestimmender Einfluß vor[257].

Ein Zusammenschluß unterliegt der Kontrolle, wenn die betroffenen Unternehmen einen weltweiten Gesamtumsatz von über 4 Milliarden schwedischen Kronen aufweisen, § 37 Abs. 1. Zudem müssen mindestens zwei der beteiligten Unternehmen mehr als 100 Millionen Kronen in Schweden umgesetzt haben.

Die Behörde (Konkurrensverket) hat eine 25tägige erste Untersuchungsfrist, in der sie den Zusammenschluß genehmigen kann oder eine vertiefte Untersuchung anordnen kann. Letztere muß innerhalb von 3 Monaten abgeschlossen sein.

Ein Verbot kann in jedem Falle nur durch das Stockholmer Landgericht auf Antrag der Wettbewerbsbehörde ausgesprochen werden[258]. Die Wettbewerbsbehörde (Konkurrensverket) muß dazu Klage erheben, § 34 Abs. 1.

b) Materielle Kriterien

Ein Zusammenschluß kann durch das Landgericht untersagt werden, wenn durch ihn eine marktbeherrschende Stellung entsteht oder verstärkt wird, die geeignet ist, den Wettbewerb in Schweden oder einem wesentlichen Teil des schwedischen Marktes in beträchtlicher Weise zu behindern.

---

[256] Dazu zählen nur geschäftliche Aktivitäten, die die Versorgung des schwedischen Marktes mit Gütern oder Dienstleistungen beabsichtigen, Entscheidung vom 27. September 1994, Safe Partners, Sache 1234/94.

[257] Westin, ECLR 1997, S. 306.

[258] Vgl. dazu Westin, ECLR 1997, 308.

Weitere Voraussetzung ist, daß der Zusammenschluß dem Interesse der Allgemeinheit schadet, § 34 Abs. 2.

In der Phase 2 einer Untersuchung unternimmt die Wettbewerbsbehörde einen sogenannten „Wettbewerbstest“. Dabei werden die Struktur des betroffenen Marktes, die Auswirkungen des Zusammenschlusses auf den Markt, der zu erwartende Marktanteil, tatsächlicher und potentieller Wettbewerb von außerhalb Schwedens, die finanzielle und wirtschaftliche Stärke der beteiligten Unternehmen, die Wahlmöglichkeiten der Verbraucher, Marktzutrittsschranken, ob ein sich entwickelnder oder gereifter Markt vorliegt und die Auswirkungen auf den technischen Fortschritt untersucht[259]. Damit sind die Kriterien zur Feststellung einer beherrschenden Stellung weitgehend identisch mit denen, die in Art. 2 FKVO vorgesehen sind. Zusätzlich hat Schweden am 1. April 2000 die Bedingung eingeführt, daß das Verbot des Zusammenschlusses die Sicherheitsinteressen und Versorgungsquellen Schwedens nicht beeinträchtigt.

Schon unter der alten Rechtslage ohne zusätzliche Berücksichtigung nationaler Interessen hat es bis 1997 nur 2 kritische Zusammenschlüsse gegeben, von denen nur einer dem Stockholmer Landgericht vorgelegt wurde. Dieses hat trotz Marktanteilen von 100 % den Zusammenschluß freigegeben.

c) Bewertende Zusammenfassung

Das schwedische Recht ist strukturell wettbewerbsorientiert. Die handelnden Behörden sind unabhängig von politischer Beeinflussung. Eine Abwägung mit dem öffentlichen Interesse wird allerdings vorgenommen. Insoweit findet sich auch im schwedischen Recht eine Möglichkeit, wettbewerbliche Nachteile mit außerwettbewerblichen Vorteilen zu kompensieren. Eine wettbewerbliche Abwägungsklausel ist nicht ausdrücklich vorgesehen.

Das schwedische Gesetz ist grundsätzlich konzentrationsfreundlich, so findet sich in den Begründungserwägungen der Satz, daß es in der Natur der Dinge läge, daß die Mehrheit der Zusammenschlußvorhaben nicht zu Aktivitäten der Wettbewerbsbehörde führen wird[260].

---

[259] Westin, aaO, S. 309.

[260] Entwurf 1992/93:56, S. 103, zitiert nach Westin, aaO, S. 310.

12.) Luxemburg

Das luxemburgische Recht[261] regelt gemäß Art. 2 ausdrücklich keine Unternehmenszusammenschlüsse. Trotz Reformbestrebungen kann daher aus Luxemburg zunächst keine Erkenntnis für die vorliegende Untersuchung gewonnen werden.

13.) Griechenland

Griechenland hat in seinem Gesetz Nr. 703/77[262], ergänzt durch das Gesetz Nr. 1931/91[263] und das Gesetz 2296/1995 die rechtlichen Grundlagen für eine systematische, präventive Fusionskontrolle geschaffen[264]. Sie übernimmt in weiten Zügen die Regelungen der FKVO.

a) Verfahren

Die Definition eines Zusammenschlusses gemäß § 4 entspricht der in Art. 3 Abs. 1 FKVO[265]. Eine Fusion liegt damit vor, wenn zwei bisher von einander unabhängige Unternehmen fusionieren oder wenn eine oder mehrere Personen, die bereits mindestens ein Unternehmen kontrollieren oder ein Unternehmen durch den Erwerb von Anteilsrechten, Vermögenswerten, Vertrag oder in sonstiger Weise die unmittelbare oder mittelbare Kontrolle über die Gesamtheit oder Teile eines anderen Unternehmens erwerben.

Auch die Definition von Kontrollerwerb in § 4 Abs. 3 entspricht der Regelung von Art. 3 Abs. 3, insbesondere also die Möglichkeit eines bestimmenden Einflusses, etwa durch Eigentum oder Nutzungsrechte an der Gesamtheit oder Teilen des Unternehmens bzw. durch bestimmenden Einfluß auf die Entscheidungsfindung des Unternehmens.

Die Kontrolle greift ein für Zusammenschlüsse, bei denen die beteiligten Unternehmen auf einen gemeinsamen Umsatz in Höhe von über 150 Millionen ECU in Griechenland kommen und bei denen mindestens 2 Unternehmen einen Umsatz von mindestens 15 Millionen ECU in Griechen-

---

[261] Loi du 17 Juin 1970 – Memorial Grand Duché du Luxembourg – 1970, 892, geändert durch das Gesetz vom 20.4.1989, Mém. 1989, 504, abgedruckt in Klaue Nr. 643.

[262] Gesetz über die Kontrolle der Monopole und Oligopole und den Schutz des freien Wettbewerbs, ETK A Nr. 278 vom 26.8.1977; im Folgenden sind unbenannte Paragraphen solche dieses Gesetzes.

[263] ETK A Nr. 31 vom 8.3.1991.

[264] Vgl. dazu Vaimanidis/Pournara in Maitland-Walker, S. 220 ff.

[265] Vgl. auch Soufelros, GRUR int. 1995, 539 f., auch insgesamt zum Verfahren in Griechenland.

land aufweisen oder die beteiligten Unternehmen einen Marktanteil von über 35 % in Griechenland halten.

Solche Fusionen haben gemäß § 4b innerhalb von 10 Tagen nach Beschluß der entsprechenden Vereinbarung, dem öffentlichen Übernahmeangebot oder dem Erwerb der Kontrolle angemeldet zu werden.

Fusionen, die unter diese Schwelle fallen, aber einen Umsatz von über 10 Millionen ECU in griechischen Drachmen und einen Marktanteil von mindestens 10 % aufweisen, sind seit Sommer 2000 nicht mehr zu statistischen Zwecken[266] innerhalb eines Monats nach Vollzug der Fusion anzumelden.

Zuständig für das Verfahren ist die Wettbewerbsbehörde. Sie fällt innerhalb eines Monats nach Anmeldung eine Entscheidung, ob dem Zusammenschluß Bedenken entgegenstehen oder gibt ihn frei.

Liegen Bedenken vor, so ist innerhalb von 2 Monaten nach Eröffnung des vertieften Verfahrens eine abschließende Entscheidung zu fällen. Diese endgültige Entscheidung kann, wenn sie ein Verbot des Zusammenschlusses beinhaltet, allerdings noch durch den Wirtschaftsminister revidiert werden, § 4c Absatz 3.

b) Materielle Kriterien

Auch in materieller Hinsicht lehnt sich das griechische Recht sehr an die Vorgaben der FKVO an. Gemäß § 4c ist ein Zusammenschluß zu untersagen, wenn er den Wettbewerb erheblich behindert, dies tut er insbesondere dann, wenn eine beherrschende Stellung hervorgerufen oder verstärkt wird.

Die materiellen Kriterien, die dabei zu beachten sind, entsprechen Art. 2 FKVO, also die Struktur der betroffenen Märkte, tatsächlicher und potentieller Wettbewerb von außerhalb Griechenlands, Marktzutrittsschranken, die Marktposition und die finanzielle und wirtschaftliche Leistungskraft der betroffenen Unternehmen, Alternativen für Abnehmer und Lieferanten, Interessen der Zwischen- und Endverbraucher, der wirtschaftliche und technische Fortschritt, sofern dadurch der Wettbewerb nicht behindert wird und er den Verbrauchern zugute kommt.

Auf einer zweiten Stufe kann der Wirtschaftsminister, wenn der finanzielle Vorteil die wettbewerblichen Nachteile überwiegt, genehmigen. Dies gilt

---

[266] Einschätzung von Vainanidis/Pouranara in Maitland-Walker, S. 221, abgeschafft im Sommer 2000.

auch, wenn er zu dem Ergebnis kommt, daß der Zusammenschluß für das öffentliche Interesse essentiell ist.

c) Bewertende Zusammenfassung

Das griechische Recht lehnt sich eng an die europäische Regelung an. Insoweit läßt sich aus den materiellen Kriterien nicht viel für die Zwecke der vorliegenden Bearbeitung entnehmen. Wenn Art. 2 FKVO eine Abwägung vorsieht, kann man sie auch innerhalb der griechischen Regelung vermuten, andersherum ergebe sich ein weiteres Indiz. Beachtlich ist allerdings, daß das griechische Recht, ähnlich der deutschen Regelung, eine politische Instanz der wettbewerblichen Kontrolle nachschaltet. Demnach könnte man hieraus ersehen, daß der griechische Gesetzgeber eine besondere Abwägung für nötig hielt, da er in Art. 2 FKVO eine solche Abwägung nicht ausreichend gewährleistet sah. Diese Aussage ist allerdings nicht sehr stichhaltig, eine abschließende politische Kontrolle kann als Korrektiv unabhängig von einer Abwägungsmöglichkeit schon für die Wettbewerbskommission gemeint sein. Insbesondere für eine wettbewerbliche Abwägung sagt sie nichts aus.

Festzuhalten bleibt daher, daß generell außerwettbewerbliche Gesichtspunkte zu einer Genehmigung trotz Wettbewerbsbeschränkung führen können und daß durch die Übernahme der europäischen Regelung die Möglichkeit besteht, eine wettbewerbliche Abwägung. etwa über die Struktur der betroffenen Märkte, vorzunehmen, erhalten bleibt. Soweit ersichtlich, hat eine solche Abwägung in der griechischen Praxis bisher allerdings keine Rolle gespielt.

14.) Dänemark

Das dänische Kartellrecht[267] kannte bis zum Jahre 2000 keine Fusionskontrolle[268]. Es bestand einzig eine Meldeverpflichtung, bis spätestens 4 Wochen nach Beendigung des Zusammenschlusses diesen an die Wettbewerbsbehörden zu melden. Diesbezüglich bestanden nur zwei Verordnungen hinsichtlich der Anmeldepflicht für Zusammenschlüsse[269] und eine Richtlinie hinsichtlich des Umfanges der Meldepflicht[270]. Die dänischen Behörden verfügten allerdings nicht über die Befugnis, einen Zusammenschluß zu verhindern. Damit war Dänemark einer der letzten Mitgliedsstaaten, auf die die sogenannte „hol-

[267] Wettbewerbsgesetz (Gesetz Nr. 384) vom 10. Juni 1997, in Kraft seit 1.1.1998.
[268] Allerdings bestehen Pläne, eine Fusionskontrolle einzuführen, vgl. Lundgren, WuW 1999, 1199.
[269] Verordnung Nr. 461 vom 23. Juni 1998.
[270] Richtlinie Nr. 104 vom 26. Juni 1998.

ländische Klausel", Art. 22 Abs. 3 FKVO, Anwendung fand. Durch Gesetz Nr. 687 vom 12. Juli 2000 hat Dänemark nunmehr eine eigene, präventive Fusionskontrolle eingeführt.

Zusammenschlüsse, bei denen die beteiligten Unternehmen über einen gemeinsamen Umsatz von über 3,8 Mrd. Dänische Kronen verfügen und mindestens zwei der beteiligten Unternehmen in Dänemark 300 Mio. Dänische Kronen in Dänemark erzielen, oder ein Unternehmen in Dänemark 3,8 Mrd. Dänische Kronen umsetzt und ein anderes beteiligtes Unternehmen einen weltweiten Umsatz von ebenfalls 3,8 Mrd. Dänische Kronen erzielt[271], sind nunmehr anzumelden,.

Der KonkurrenceRadet berücksichtigt bei seiner Prüfung rein wettbewerblich orientierte Kriterien. Ein Zusammenschluß ist zu untersagen, sofern durch ihn eine marktbeherrschende Stellung entsteht oder verstärkt wird. Außerwettbewerbliche Krieterien spielen keine Rolle, auch eine wettbewerbliche Abwägungsmöglichkeit besteht nicht.

15.) Ergebnisse der Betrachtung der Rechtsordnungen der Mitgliedsstaaten

Fast alle Fusionskontrollvorschriften (mit Ausnahme der Finnlands und Dänemarks) sehen die Möglichkeit des Aufwiegens von Wettbewerbsbeschränkungen durch Zusammenschlüsse mit außerwettbewerblichen Vorteilen vor. Eine gemeinsame Tradition der Mitgliedsstaaten bezüglich der Möglichkeit, wettbewerbliche Beschränkungen aus übergeordneten Allgemeinwohlzielen zuzulassen, ist daher zu bejahen. Nach den eingangs unter IV. dargelegten Grundsätzen ist diese gemeinsame Rechtsüberzeugung auch für die FKVO ein wichtiges Auslegungskriterium[272]. Der EuGH hat etwa bei der Beurteilung von Fragen eines europäischen Verwaltungsrechts auf Gesetzgebung, Rechtsprechung und Lehre in den Mitgliedsstaaten abgestellt. Seine Rechtsprechung zu den aus Rechtsvergleichung zu entwickelnden allgemeinen Rechtsgrundsätzen des Gemeinschaftsrechts ist umfangreich[273].

Die Ausgestaltung des Verfahrens ist darüber hinaus dergestalt, daß der Politik eine Einflußnahme überwiegend gesichert ist. Die persönliche Unabhängigkeit der Entscheidungsträger ist vor allem in den südlichen Ländern nicht

---

[271] Art. 12 Wettbewerbsgesetz, Englische Fassung des Gesetzes erhältlich im Internet unter http://www.ks.dk.

[272] Zu der Praxis des EuGH vgl. Bleckmann, NJW 1982, 1177 (1182); Vgl. insbesondere auch die Darstellung bei Anweiler, S. 279 ff., Grabitz/Hilf zu Art. 215 EG-Vertrag S. 335 ff.

[273] Vgl. Bleckmann, Europarecht, RdNr. 582 ff. mit Nachweisen zur Rechtsprechung des EuGH.

gewährleistet. Die endgültige Entscheidung wird darüber hinaus in der Regel vom zuständigen Minister getroffen. Die Situation einer politischen Endentscheidungsinstanz ohne direkten wettbewerblichen Bezug findet sich auch auf europäischer Ebene mit dem Kollegialorgan der Europäischen Kommission wieder.

Eine Rechtstradition hinsichtlich der Möglichkeit, bei der Überprüfung von Zusammenschlüssen auch eine Wettbewerbsbilanz aufzustellen, ist allerdings nur eingeschränkt zu erkennen. Neben Deutschland besteht in drei Mitgliedsstaaten - Österreich, Irland und Belgien – die Möglichkeit, einen wettbewerblich bedenklichen Zusammenschluß mit Hilfe des Nachweises der zugleich eintretenden Verbesserung der Wettbewerbsbedingungen unter Umständen zu rechtfertigen.

Eine Aussage diesbezüglich läßt sich also nicht eindeutig treffen.

V. Fusionskontrolle in Deutschland

Das am 1.1.1958 in Kraft getretene Gesetz gegen Wettbewerbsbeschränkungen[274] sieht seit der 2. GWB Novelle[275] in den §§ 23 – 24 c) eine Fusionskontrolle vor. Diese Vorschriften wurden bis zu der 5. GWB Novelle[276] in kurzer Zeit dreimal wesentlich ergänzt[277]. Die am 1.1.1999 in Kraft getretene 6. GWB-Novelle hat hingegen nach der Rücknahme der Abschaffung der Wirz-Schaukel[278] keine für das vorliegende Thema relevanten Neuerungen mit sich gebracht. Die dazu aufgestellten Überlegungen sind allerdings näher zu untersuchen.

Die Darstellung des GWB, insbesondere unter Berücksichtigung der Überlegungen zur Streichung der Wirz-Schaukel, soll sich auf die Darstellung der Kriterien unter Berücksichtigung der Rechtsprechung und der Praxis des BKartA, nach denen eine Abwägung stattfinden kann, beschränken.

---

274 BGBl. I 1957, 1081.

275 BGBl. I, 1973, S. 917 ff., im Folgenden sind unbenannte Paragraphen solche des GWB.

276 Vom 22.12.1989, BGBl. I 1989, 2486 ff.

277 Zur Geschichte der deutschen Fusionskontrolle und zu den Änderungen Ruppelt, in Langen/Bunte, § 23 RdNr. 1 mit weiteren Nachweisen.

278 Zur Bedeutung vgl. oben, Einführung; zur Abschaffung auch Van den Bergh/Camesasca, WuW 1998, 1147 (1158).

1.) Verfahrensfragen

Zuständig für das Verfahren ist gemäß § 48 Abs. 1 GWB das Bundeskartellamt (BKartA). Das BKartA ist eine eigenständige Bundesoberbehörde, die in den Geschäftsbereich des Bundeswirtschaftsminister (BMWi) fällt, § 51 Abs. 1 GWB.

Zur Verhinderung politischer Einflußnahme ist es in Beschlußabteilungen gegliedert, 51 Abs. 2 GWB, die als Kollegialorgane beschließen[279]. Die Mitglieder der Beschlußabteilungen sind Beamte auf Lebenszeit, 51 Abs. 4 GWB. Das Verwaltungsverfahren ist in den §§ 54 ff. GWB speziell geregelt.

Gemäß § 42 GWB kann im Falle einer Untersagungsentscheidung der BMWi eine politische Ausnahmegenehmigung erteilen[280]. Das Verfahren ist also zweistufig; auf einer ersten Ebene prüft eine unabhängige Wettbewerbsbehörde, auf einer zweiten Stufe kann eine politische Instanz eine Gemeinwohlkontrolle vornehmen.

Der BMWi hat dabei gemäß § 42 Abs. 5 GWB eine Stellungnahme der Monopolkommission einzuholen. Die Monopolkommission ist unabhängig, § 44 Abs. 2 GWB. Sie bringt ihre besondere Kompetenz in die Beschlußfassung mit ein, § 44 Abs. 1. Letztlich dient sie also als Rat der Weisen.

Das Verfahren wird von Amts wegen oder auf Antrag eingeleitet.

§ 37 GWB definiert den Begriff des Zusammenschlusses für die Anzeigepflicht und die Kontrolle einheitlich[281]. Danach liegt ein Zusammenschluß vor, wenn das Vermögen eines anderen Unternehmens ganz oder zu einem wesentlichen Teil durch Umwandlung oder auf sonstige Weise erworben wird, § 37 Abs. 1 Nr. 1 GWB, oder der Erwerb von oder die Aufstockung auf mindestens 25 % oder 50 % der Stimmrechte eines anderen Unternehmens oder 50 % des Kapitals (§ 37 Abs. 1 Nr. 3 GWB) vorliegt oder eine Mehrheitsbeteiligung im Sinne von § 16 AktG erworben wird. Weiterhin waren im alten Recht Konzernbildungen und Beherrschungsverträge Zusammenschlüsse, § 24 Abs. 2 Nr. 3 GWB alt; die Herbeiführung von Personengleichheit von mindestens der Hälfte der Mitglieder von Aufsichtsrat, Vorstand oder

---

[279] Zur Frage einer Weisungsbefugnis des BMWi gemäß § 49 siehe noch CH Schmidt S. 68 m. weit. Nachw., zu dem Gesamtkomplex auch Geberth, AG 1991, 295 ff.. Der Komplex ist von hauptsächlich theoretischem Interesse angesichts der bewährten Praxis der Selbständigkeit der Beschlußorgane, Schulz in Lange/Bunte, § 48 RdNr. 5. Der BMWi hält sich insbesondere für an die wettbewerbliche Beurteilung eines Zusammenschlusses durch das BKartA gebunden, BMWi, Vfg. v. 22.7.1997, Kali + Salz/PCS, WuW/E BWM 225.

[280] Ruppelt in Langen/Bunte § 24 RdNr. 95.

[281] Ruppelt, aaO § 23 RdNr. 4.

Geschäftsführung mit der des eigenen Unternehmens, Abs. 2 Nr. 4; sowie jeder sonstige Erwerb eines beherrschenden Einflusses, Nr. 5. Weitere Sonderfälle sind § 23 Abs. 2 Nr. 6 und Abs. 3[282].

Diese Kriterien sind nunmehr in § 37 GWB 1999 vereinfacht worden. Es wird, wie in Art. 3 FKVO[283], wesentlich auf den Erwerb der mittelbaren oder unmittelbaren Kontrolle abgestellt, die in § 37 Abs. 4 Nr. 4 konkreter mit „wettbewerblich erheblicher Einfluß" beschrieben wird.

Ein Zusammenschluß unterfällt der präventiven Kontrolle, wenn die beteiligten Unternehmen insgesamt weltweit über 1 Milliarde DM umsetzen und mindestens einer der beteiligten Unternehmen in Deutschland über 20 Millionen DM Umsatz erzielt, § 35 Abs. 1 Nr. 1 und 2.

Den Parteien steht gegen eine Untersagungsentscheidung die Beschwerde gemäß § 63 Abs. 1 zu.

Ein Antrag auf Ministerentscheid ist innerhalb eines Monats nach Zustellung der Untersagungsverfügung zu stellen. Für die Durchführung des Verfahrens gelten Teile der allgemeinen Vorschriften für das Verwaltungsverfahren nach §§ 54 ff. § 56 Abs. 3.

Das Verfahren ist gemäß § 40 GWB 1999 nunmehr im wesentlichen der europäischen Regelung angepaßt worden. Es unterteilt sich in ein Vor- und ein Hauptprüfungsverfahren. Zudem wurde eine Vermutung der Freigabe bei nicht fristgemäßer Untersagung eingeführt (§ 40 Abs. 2 GWB 1998).

Letztentscheidungsinstanz ist gemäß § 63 Abs. 4 GWB ein unabhängiges Gericht.

2.) Materielle Kriterien

Grundlegendes Kriterium der deutschen Fusionskontrolle ist das Entstehen oder die Verstärkung einer marktbeherrschenden Stellung, § 36 Absatz 1 und 3 GWB. Was unter einer marktbeherrschenden Stellung iSd § 36 zu verstehen ist, regelt § 19 GWB[284]. Dabei gelten insbesondere auch die Vermutungskriterien des § 19 Abs. 3: ein Marktanteil von mindestens einem Drittel bei minde-

---

[282] Vgl. zu den sich ergebenden Fragestellungen Ruppelt, aaO, § 24 RdNr. 5 ff., Ebel, 32. Lieferung, § 23 RdNr. 24 ff.

[283] An den die Neufassung des § 37 anlehnt, nachdem der Begriff durch die Praxis der Kommission hinreichend konkretisiert worden ist, vgl. BT-Drucks. 13/9720 S. 57; Dreher, WuW 1995, 881 (905) war allerdings schon vorher der Meinung, daß deutsche und europäische Regelung deckungsgleich seien.

[284] BGH WM 1978 483 (484), 21.2.1978, „ Sachs-Kupplungsteile".

stens 250 Millionen Mark Umsatz oder Marktanteile von drei oder weniger Unternehmen von zusammen mindestens 50 % bzw. fünf oder weniger Unternehmen mit einem Marktanteil von mindestens 2 Dritteln und mindestens 100 Millionen DM Umsatz pro Unternehmen, § 36 Abs. 2 GWB, führt zur Vermutung der Marktbeherrschung.

Wie die Untersuchung der Rechtsordnungen der Mitgliedsstaaten gezeigt hat, ist diese Vermutungswirkung eine einmalige Einrichtung des deutschen Rechts[285]. Das Vorliegen der Vermutungstatbestände entbindet allerdings weder das BKartA noch das urteilende Gericht von der Verpflichtung zur Amtsermittlung; die Darlegungslast liegt bei dem BKartA bzw. dem Gericht[286]. Voraussetzung für ihr Eingreifen ist also, daß aus den ermittelten Tatsachen kein eindeutiges Bild erkennbar ist. Andererseits kann auch, wenn die Vermutungskriterien noch nicht erreicht sind, bereits eine marktbeherrschende Stellung gegeben sein. Die Kriterien stellen keine Untergrenze für die Marktbeherrschung dar[287].

Diese Kriterien, die generell zu einer beherrschenden Stellung führen können, sind in den Absätzen 1 und 2 niedergelegt. Ein Unternehmen ist marktbeherrschend, wenn es keinem wesentlichen Wettbewerb ausgesetzt ist oder keine Wettbewerber hat, § 19 Abs. 2 Nr. 1 GWB, oder, wenn es im Verhältnis zu seinen Mitbewerbern eine überragende Marktstellung innehat, § 19 Abs. 2 Nr. 2 GWB.

Diese wird über Marktanteil, Finanzkraft, Zugang zu den Beschaffungs- und Absatzmärkten, Verflechtungen mit anderen Unternehmen, Marktzutrittsschranken für andere Unternehmen sowie Wahlmöglichkeiten der Marktgegenseite bestimmt (§ 19 Abs. 2 Nr. 2). § 19 Absatz 3 erstreckt diese Feststellungen auf Oligopole.

Das deutsche Recht sieht zwei Möglichkeiten vor, nach denen trotz des Vorliegens einer marktbeherrschenden Stellung und deren generellen Verbots eine Genehmigung erfolgen kann. Zum einen ist dies § 36 Absatz 1 2. Halbsatz GWB, die sogenannte Wirz-Schaukel, zum anderen die angedeutete Ministererlaubnis. Beide sollen im Folgenden eingehender dargestellt werden.

---

[285] Vgl. zu den Vermutungstatbeständen in der Fusionskontrolle Ruppelt in Langen/Bunte § 24 RdNr. 16.

[286] BGH 2.12.1980, WuW/E BGH 1749 (1754) „Klöckner-Becorit", Ebel (32. Lieferung), § 22 RdNr. 24; Ruppelt aaO § 22 RdNr. 61; siehe auch Präsident Wolf in seiner Erklärung in der Sachverständigenanhörung zur 6. GWB-Novelle vor dem Wirtschaftsausschuß.

[287] BKartA, 7.1.1974, WuW/E BKartA 1457 (1458 f.) „Veba-Gelsenberg"; BKartA, 21.3.1974, WuW/E BKartA 1482, 1488 „Vitamin B12", Ebel (32. Lieferung), § 24 RdNr. 7.

a) Verbesserungsklausel (Wirz-Schaukel)

Gemäß § 36 Abs. 1 2. Halbsatz GWB muß ein Zusammenschluß dann nicht untersagt werden, wenn er auch Verbesserungen des Wettbewerbs mit sich bringt und diese Verbesserungen den Nachteil der Marktbeherrschung überwiegen.

aa) Geschichte

Diese Möglichkeit einer Abwägung von wettbewerblich relevanten Umständen fand zunächst Eingang in den Regierungsentwurf zu einer GWB-Novelle vom 18.8.1971[288].

Zur Begründung wurde angeführt: „Es kann jedoch vorkommen, daß ein Zusammenschluß, der zu einer marktbeherrschenden Stellung auf einem bestimmten Markt führt, in anderer Beziehung die Wettbewerbsvoraussetzungen verbessert. ... Gedacht ist z. B. an den Fall, daß ein Anteilserwerb zu einer Konzentration von Marktmacht bei dem erwerbenden Unternehmen, zugleich aber zu einer Dekonzentration beim Veräußerer führt"[289]. Denkbar wäre auch, daß ein Zusammenschluß auf einem relativ unbedeutenden Markt zu Verbesserungen führt, während er auf gesamtwirtschaftlich wichtigeren Märkten die Wettbewerbsvoraussetzungen positiv verändert[290].

Die bis zur Neufassung 1999 geltende Fassung wurde entscheidend durch eine Überarbeitung des Wirtschaftsausschusses geprägt[291]. Sie wurde vom Parlament weitgehend übernommen unter Einbeziehung der Beweislast, daß durch den Zusammenschluß Verbesserungen für die betroffenen Unternehmen eintreten. Weiterhin wurde dabei das Erfordernis, daß die Verbesserungen die Nachteile nicht nur aufwiegen, sondern überwiegen müssen, aufgenommen. Lediglich die Worte „auf diesen oder anderen Märkten", die im ursprünglichen Entwurf enthalten waren, wurden als überflüssig nicht übernommen, da auch ohne sie klar sei, daß es keinen Unterschied mache, ob die Verbesserung auf den beherrschten oder auf anderen Märkten einträte. Damit sollte die gesamtwirtschaftliche Prüfung hinsichtlich wettbewerblicher Gesichtspunkte dem BKartA übertragen werden[292].

---

[288] Vgl. BT-Drucks. VI/2520.
[289] BT-Drucks. VI/2520, S. 29 links.
[290] BT-Drucks. VI/2520, aaO.
[291] BT-Drucks. VII/765.
[292] Mestmäcker in IM § 24 RdNr. 170.

Die Novellen 1976 und 1980 verschärften lediglich die Eingriffsschwellen für die Fusionskontrolle und schafften damit größere Relevanz der Abwägungsklausel[293].

bb) 6. GWB-Novelle

Der Entwurf der Bundesregierung zur 6. GWB-Novelle[294] sah zunächst die Abschaffung einer Abwägungsklausel im Anschluß an den zentralen Bewertungstatbestand § 36 Absatz 1 GWB vor. Nachdem sich zunächst der Bundesrat gegen eine Streichung wandte, da die Möglichkeit, Auflagen zu erteilen, angesichts der Verpflichtung zur Untersagung gemäß § 36 Abs. 1 bei Vorliegen einer marktbeherrschenden Stellung als nicht ausreichend betrachtet wurde und der Schutz kleiner Produktionsgemeinschaften landwirtschaftlicher Betriebe gegen große Handelsunternehmen anders nicht zu gewährleisten sei[295], wurde nach Beratung durch den Wirtschaftsausschuß[296] die Abwägungsklausel in § 36 Abs. 1 2. Halbsatz wieder eingefügt.

Interessant für die vorliegende Untersuchung ist allerdings die Begründung für den Regierungsentwurf: Die Abwägungsklausel sollte gestrichen werden, da geeignete Kriterien für die Beurteilung positiver und negativer Auswirkungen auf unterschiedlichen Märkten im Einzelfall schwer zu ermitteln sein könnten und dem BKartA dadurch ein weiterer Ermessensspielraum zukomme. Die Notwendigkeit würde zudem entfallen, da nunmehr mit der Neuschaffung des § 40 Abs. 3 GWB die Möglichkeit für das BKartA bestünde, variabler auf Zusammenschlußvorhaben zu reagieren als ausschließlich mit Verbot oder Genehmigung. Durch die Möglichkeit, Auflagen und Genehmigungen zu erteilen, könne nunmehr ein Zusammenschluß so durch das BKartA gestaltet werden, daß die verbleibende Form keine Wettbewerbsbehinderung mehr darstellt[297].

Diese Aussagen sind insbesondere vor dem Hintergrund der Kommissionspraxis, in einem bereits vor Anmeldung startenden Verhandlungsmarathon eben eine solche „Zurechtschneidung" von Zusammenschlußvorhaben (je nach Verhandlungsmacht der Parteien bzw. der intervenierenden Wettbe-

---

[293] Vgl. dazu die Schilderung bei Schintowski, S. 12 ff.
[294] BT-Drucks. 13/9720; dazu Van den Bergh/Camesasca, WuW 1998, 1147 ff.; auch Meinungen von Baron, WuW 1998, 650 ff., Kretschmer, WuW 1998, 654 f.
[295] Vgl. Stellungnahme des Bundesrates, BT-Drucks. 13/9720 S. 76.
[296] BT-Drucksache 13/10633.
[297] BT-Drucks. 13/9720 S. 56.

werber)[298] mit weniger oder mehr einschneidenden Auflagen[299], durchzuführen, sehr interessant. Eine so verstandene Möglichkeit des BKartA vor dem Hintergrund der europäischen Erfahrungen ließe den Schluß zu, eine Abwägung fände in Art. 2 FKVO bereits über die Auflagen- und Zusagenpraxis statt. Dies um so mehr, als die 6. GWB-Novelle unter dem Leitsatz „Europäisierung des deutschen Kartellrechts“ steht. Dieser Gedanke soll später ausführlicher aufgegriffen werden, er wird auch nicht relativiert durch die Begründung des Wirtschaftsausschusses zur Beibehaltung einer Abwägungsklausel: Nach dieser Begründung wird allein auf die Besonderheiten landwirtschaftlicher Märkte Bezug genommen[300].

Daraus läßt sich allerdings auch nicht schließen, daß nunmehr aufgrund dieser Entstehungsgeschichte die Anwendung des § 36 Absatz 1 2. HS auf landwirtschaftliche Produktionsgemeinschaften beschränkt sei. Der Text des § 36 neu übernimmt wörtlich die Fassung des § 24 GWB alt. Allein aus der Begründungserwägung läßt sich damit keine Einschränkung der Anwendbarkeit entnehmen. Noch in der Anhörung des Wirtschaftsausschusses, dessen Änderungsvorschläge schließlich übernommen wurden, haben sich Bundeskartellamtspräsident Wolf und Prof. Dr. von Weizsäcker für die Monopolkommission gemäß dem Wortprotokoll[301] deutlich gegen eine Beibehaltung ausgesprochen. Der Wettbewerber, der sich einem marktbeherrschenden Unternehmen gegenübersieht, welches aufgrund von Vorteilen auf einem Markt, auf dem dieser Wettbewerber nicht tätig ist, zugelassen wurde, würde diese Entwicklung nicht nachvollziehen können[302]. Zudem sei eine industriepolitische Einflußnahme[303], insbesondere bei der Abwägung, welcher Markt der bedeutendere sei, wenn Auswirkungen auf verschiedenen Märkten gegeneinander abgewogen werden sollen, möglich[304]. Daraus ist zu folgern, daß die ablehnenden Stimmen, wenn schon eine gänzliche Abschaffung nicht durchsetzbar schien, zumindest für eine möglichst umfassende Reduzierung der Anwendung stimmen würden.

Diese Beschränkung hat sich allerdings nicht durchgesetzt. Im Gegensatz zu den Vorschlägen des Deutschen Raiffeisenverband e.V. oder des Deutschen

---

298 Zum Fall Guiness/Grand Metropolitan vgl. Power, Seminarbeitrag, Abschnitt 5. Er führt hier an, daß eine irische Brennerei hier erfolgreich zwar nicht den Zusammenschluß verhindern konnte, doch aber für eine Diversifizierung der Beteiligten gesorgt hat.

299 Vergleiche dazu Neven/Nuttal/Seabright, S. 151 ff. „The bargaining game“.

300 BT-Drucks. 13/10633, S. 73.

301 Protokoll Nr. 79 vom 30. März 1998, Az: 742-2401 im folgenden „Wortprotokoll“.

302 Vgl. Beiträge Wolf und v. Weizsäcker, Wortprotokoll S. 92 f.

303 Begründung der Streichung in dem Regierungsentwurf, BT-Drucks. 13/9720, S. 82.

304 Siehe dazu GK-Harms § 24 RdNr. 646 f.

Bauernverbandes[305], die eine explizit auf landwirtschaftliche Kooperationen beschränkte Ausnahme vorgesehen haben, findet sich auch eine unbeschränkte Abwägungsklausel für jede angemeldete Fusion im Gesetzestext. Der Gesetzgeber, der dem Votum des Wirtschaftsausschusses gefolgt ist, hat demnach keine Beschränkung der Abwägungsklausel vorgenommen. Die Begründungserwägung unterstreicht vielmehr lediglich für das BKartA einen Anwendungsbefehl auf diesem Gebiet. Im Verlaufe der Anhörung war von seiten der Agrarverbände vielfach geäußert worden, das BKartA nutze die mit der Wirz-Schaukel eingeräumte Möglichkeit zu selten[306].

Diese Beibehaltung ist auch entgegen der geäußerten Bedenken sachlich gerechtfertigt[307]. Die Möglichkeit so enger Verzahnung der Teile eines fusionierten Unternehmens, in denen jeweils die wettbewerblichen Vor- bzw. Nachteile liegen, daß eine Abspaltung der schädlichen Teile nicht möglich erscheint[308], besteht fort. Ist eine Fusion überwiegend vorteilhaft für die Wettbewerbsbedingungen, müßte in solchen Fällen bei starrer Regelung ohne einen Spielraum für das BKartA untersagt werden, obwohl eine Untersagung unverhältnismäßig wäre und die Fusion für den Wettbewerb förderlich erscheint. Zudem bietet die Klausel allein die Möglichkeit eines Korrektivs zu einer zu engen Marktabgrenzung[309]. Angesichts der Schwierigkeiten, die diese Abgrenzung mit sich bringt, ist diese Möglichkeit praktisch sehr hilfreich. Letztlich sind auch die Bedenken, an dieser Stelle könnte ein Einbruch industriepolitischer Erwägungen erfolgen, nicht gerechtfertigt. Schon der Wortlaut verbietet eine Berücksichtigung nichtwettbewerblicher Einflüsse. Diese Betrachtung wird auch durch die gefestigte Praxis in Deutschland bekräftigt, nach der außerwettbewerbliche Einflüsse nur Berücksichtigung finden können, wenn sie die Wettbewerbsstrukturen positiv beeinflussen[310]. Hier kann auch nach quantitativen wettbewerbspolitischen Erwägungen geurteilt werden, etwa, wenn auf dem Markt, auf dem sich Verbesserungen ergeben,

---

305 Siehe Anlagen zu den Wortprotokollen: § 29 Abs. 3: „§ 36 Abs. 1 gilt für Zusammenschlüsse von Unternehmen, die landwirtschaftliche Erzeugnisse verarbeiten oder vermarkten, mit der Maßgabe, daß das Bundeskartellamt im Falle des Entstehung oder der Verstärkung einer marktbeherrschenden Stellung auf dem relevanten Erfassungsmarkt von einer Untersagung absieht, wenn..."

306 Siehe die Äußerungen des Repräsentanten des Bauernverbandes, Wortprotokoll, aaO, S. 92.

307 Vgl. auch Schultz/Wagemann, 14. Aufl. RdNr. 210, die von einer unveränderten Fortgeltung der Kriterien des § 24 Abs. 1 ausgehen.

308 Vgl. dazu GK-Harms § 24 RdNr. 601.

309 Siehe auch Mailänder, Stellungnahme, Anlage der Wortprotokolle.

310 BGH WuW/E BGH 1533 (1541) Erdgas Schwaben, der BGH hob das Urteil der Vorinstanz auf, da der Einfluß der vorgebrachten Rationalisierungsvorteile auf die Wettbewerbsstruktur nicht geprüft worden war. Stärkungen der beteiligten Unternehmen durch Rationalisierungsvorteile werden vielmehr idR als Verstärkung der marktbeherrschenden Stellung gewertet, KG WuW/OLG 3759 (3762) Pilsbury/Sonnen-Bassermann; BKartA WuW/E BKartA 1921 (1928 f.) Burda-Springer, WuW/E BKartA 2405 (2410 f.), wo es das BKartA ausdrücklich abgelehnt hat, Vorteile für den wissenschaftlichen und technischen Fortschritt zu berücksichtigen.

besonders ungünstige Verhältnisse herrschen, auf dem betroffenen Markt die Umstände aber noch hinnehmbar erscheinen[311]. Insgesamt läßt sich demnach auch unter unbeschränkter Beibehaltung der Wirz-Schaukel eine Trennung zwischen wettbewerblicher Betrachtung in § 36 (§ 24 alt) und volkswirtschaftlichen Überlegungen in der Ministererlaubnis beibehalten[312].

Danach bleibt für die Wirz-Schaukel ihr bisher durch die Praxis erarbeiteter Anwendungsraum erhalten[313].

cc) Kriterien

§ 36 Abs. 1 2. HS (24 Abs. 1 2. HS alt) bietet also weiterhin die Möglichkeit, in Deutschland eine Gesamtsaldierung bereits auf der Ebene der „Wettbewerbsbedingungen" durchzuführen, und zwar vor einer „gesamtwirtschaftlichen Prüfung"[314] durch den Wirtschaftsminister. Daraus resultiert ein Ermessensspielraum der Kartellbehörde.

Die dazu entwickelten Prinzipien sind für eine Herleitung von Kriterien, wie eine mögliche wettbewerbliche Abwägung im Rahmen des Art. 2 FKVO vorzunehmen ist, von großer Bedeutung. Sie werden daher an dieser Stelle intensiver betrachtet.

Die Abwägung nach § 36 Absatz 1 (24 Absatz 1) GWB setzt tatbestandsmäßig drei Merkmale voraus: Verbesserung der Wettbewerbsbedingungen, Kausalität des Zusammenschlusses für diese Verbesserungen und ein Überwiegen der Verbesserungen über die mit dem Zusammenschluß verbundenen Nachteile. Diese drei Bedingungen müssen kumulativ erfüllt sein[315]. Für das Vorliegen tragen die beteiligten Unternehmen die Darlegungs- und Beweislast[316].

---

[311] BkartA, Karstadt/Neckermann, TB 1976 (=BT-Drucks. VIII/704), 79 f. Für eine qualitative und quantitative Abwägung auch Mestmäcker in IM, § 24 RdNr. 190.

[312] Ebenso FK-Rieger § 24 RdNr. 81.

[313] ebenso Bechthold NJW 1998, 2769 (2772); dies setzt auch Richter in Wiedemann, § 20 RdNr. 151 ff. voraus.

[314] Vgl. dazu Ruppelt in Langen/Bunte § 24 RdNr. 47.

[315] Emmerich § 24 Nr. 8a; Burkhardt, RdNr. 581.

[316] BGHZ 73, 65, 81; GK-Harms § 24 RdNr. 655; FK-Rieger § 24 RdNr. 84; Ruppelt in Langen/Bunte § 24 RdNr. 55; Kleinmann/Bechthold § 24 RdNr. 106; BKartA 7.1.1974, WuW/E BKartA 1457 (1465) „Veba-Gelsenberg".

aaa) Wettbewerbsbedingungen

Unter „Wettbewerbsbedingungen" sind dieselben strukturellen, im Inland für den Wettbewerb erheblichen Faktoren zu verstehen, die bei der Prüfung, ob eine marktbeherrschende Stellung oder deren Verstärkung vorliegt, im Wege einer Gesamtbetrachtung zu berücksichtigen sind[317].

Ist diese Definition wörtlich zutreffend, wäre eine Abwägung von Vorteilen mit den damit verbundenen Nachteilen auf ein und demselben Markt separat nicht möglich. Dann wäre mangels Entstehung oder Verstärkung einer marktbeherrschenden Stellung eine Abwägung nicht möglich, eine „doppelte Verwertung" unzulässig[318].

In der Praxis wird dies häufig vermengt, eine Freigabe also aufgrund einer Abwägung erteilt, ohne die , u.U. schwierige, Prüfung der Marktbeherrschung vorgenommen zu haben[319].

Dieser Ansatz, sowohl bei Feststellung der Marktbeherrschung als auch bei der Abwägung mit Vorteilen seien die selben Kriterien zu verwenden, überzeugt nicht.

Die Untersagung eines Zusammenschlusses erfordert eine Marktbeherrschung, die zwar über Marktstrukturmerkmale bestimmt wird, aber nicht notwendig die positiven Merkmale mit einschließt. Oben wurde schon mehrfach darauf hingewiesen, daß die Transparenz der Entscheidungsfindungsstufen bei der Fusionskontrolle die Rechtssicherheit fördert und „Mauscheleien" durch Einbeziehung wettbewerbsfremder Inhalte am besten verhindert. Den Unternehmen kann letztlich auch rechtlich schützenswert etwas daran liegen, nicht als marktbeherrschend bezeichnet zu werden[320].

Damit ist also auf einer ersten Stufe eine Betrachtung der negativen Merkmale vorzunehmen und diese dann mit den positiven, allerdings strukturellen, Vorteilen abzuwägen. Es ist also eine Abwägung auf ein und demselben

---

317 BGH, 26.5.1987 „Niederrheinische Anzeigenblätter" WuW/E BGH 2425 (2431), bestätigt in „Anzeigenblätter II", BGH 8.2.1994 WuW/E BGH 2899 (2902), Immenga in IM, § 24 RdNr. 177, Rieger in FK zu § 24 RdNr. 72.

318 Grundsätzlich für Auswirkungen auf demselben Markt Ruppelt in Langen/Bunte § 24 RdNr. 48; ähnlich Mestmäcker in IM, § 24 RdNr. 183.

319 Vgl. Darstellung bei GK-Harms § 24 RdNr. 632.

320 Wie hier GK-Harms § 24 RdNr. 631 ff.

Markt durchaus möglich. Nur eine solche Auslegung entspricht auch dem Wortlaut „auf diesem oder anderen Märkten“[321].

bbb) Kausalität, Prognose

Bei der Prüfung von Verbesserungen der Wettbewerbsbedingungen ist sowohl die Entwicklung zu betrachten, die ohne den Zusammenschluß zu erwarten ist, als auch die, die durch den Zusammenschluß bewirkt wird. Nur wenn ohne den Zusammenschluß die Vorteile entfielen, ist eine Kausalität des Zusammenschlusses für die Verbesserungen gegeben und die Beweislast, die auf den Parteien lastet, erbracht[322]. Dabei muß eine Prognose der Entwicklung mit und ohne den Zusammenschluß vorgenommen werden. Zwar spricht das Gesetz nicht davon, daß eine Verbesserung der Wettbewerbsbedingungen nur zu erwarten sein muß, es fordert aber auch kein Eintreten der Vorteile mit dem Zusammenschluß, ein gewisser Zeitraum bleibt nachgelassen[323].

ccc) Überwiegen der Vorteile

Rechtsprechung, Praxis und herrschende Meinung verlangen zur Abwendung einer Untersagung gemäß dem Wortlaut ein Überwiegen der Verbesserungen über die sich aus dem Zusammenschluß ergebenden Nachteile[324].

Eine Mindermeinung setzt hier auf eine verfassungskonforme Auslegung des Wortlauts. Für eine Genehmigung müsse das Aufwiegen der Nachteile durch die Vorteile ausreichen[325]. Erklärte Absicht des Gesetzgebers sei es gewesen, den Eingriff in die Dispositionsfreiheit der Unternehmen auf das zum Schutze des Wettbewerbs unbedingt notwendige Maß zu reduzieren (Begründung RegE 1971, 18). Aufgrund diesen Willens sei die verfassungswidrige Belastung der fusionierenden Unternehmen mit der Forderung nach einem „Überwiegen“ trotz des Wortlautes nicht hinnehmbar, sondern müsse auf das gebotene Maß zurückgeführt werden. Dabei differenziert Harms[326] erstaunlicherweise nicht zwischen dem Willen des Gesetzgebers (den er mit dem Regie-

---

[321] Ebenso FK-Rieger § 24 RdNr. 78.
[322] Vgl. dazu Ebel (32. Lieferung), zu § 25 RdNr. 16.
[323] Vgl. dazu Ruppelt in Langen/Bunte zu § 24 GWB, RdNr. 50; FK-Rieger § 24 RdNr. 82; Mestmäcker in IM, § 24 RdNr. 174.
[324] BGH 29.9.1981 WuW/E BGH 1854, 1860 f. „Zeitungsmarkt München“; Ruppelt in: Langen/Bunte § 24 RdNr. 51; FK-Rieger § 24 RdNr. 83; Mestmäcker in IM, § 24 RdNr. 189; kritisch Richter in Wiedemann § 20 RdNr. 162 ff.
[325] GK-Harms § 24 RdNr. 650 ff.
[326] in GK, § 24 RdNr. 652.

rungsentwurf gleichsetzt) und der Änderung durch den Wirtschaftsausschuß (der vom Gesetzgeber übernommen wurde), der diesem wahren Willen nicht entspräche. Diese eigenwillige Interpretation des Gesetzgebungsverfahrens läßt allerdings gerade keine Überwindung der Wortlautgrenze zu. Die Untersagung von in der Gesamtwertung wettbewerblich neutralen Zusammenschlüssen entspricht auch dem Verhältnismäßigkeitsgrundsatz. In der dabei jeweils vorliegenden Begründung oder Verstärkung einer marktbeherrschenden Stellung liegt jeweils auch eine Verletzung von Rechten der sich dieser gegenübersehenden Dritten. Ihre Rechte sind durch Forderung des Überwiegens berücksichtigt, so daß der Wortlaut von dem Ermessen des Gesetzgebers gedeckt ist[327].

ddd) Fallkonstellationen

Dabei kann eine Verbesserung der Marktstrukturen auf dem selben Markt gegeben sein:

- Wenn mit Hilfe des Zusammenschlusses eine größere Anbieteranzahl erhalten werden kann, wenn etwa zwei sanierungsbedürftige Unternehmen durch den Zusammenschluß gemeinsam am Markt verbleiben können, die Zahl der Wettbewerber größer ist, als wenn beide Unternehmen aus dem Markt gehen müssen, vorausgesetzt, die Marktanteile der Unternehmen hätten sich gleichmäßig auf die verbleibenden Anbieter verteilt[328]. Dabei ist der hypothetische Kausalverlauf des Ausscheidens der Fusionspartner vom Markt ohne den Zusammenschluß besonders kritisch zu prüfen[329]. Generell ist daraus zu schließen, daß, wenn zumindest eines der beteiligten Unternehmen sanierungsbedürftig ist, eine Fusion nur dann strukturelle Vorteile mit sich bringt, wenn die Anbieterzahl durch die Fusion höher bleibt als ohne[330];

- wenn mit Hilfe des Zusammenschlusses verhindert werden kann, daß die Marktanteile eines sanierungsbedürftigen Unternehmens im Falle seines Ausscheidens dem Marktführer zufallen[331];

---

327 im Ergebnis auch FK-Rieger § 24 RdNr. 83.

328 BKartA 17.12.1976 WuW/E BKartA 1657 (1665 f.) „Rheinstahl-Hüller“; BGH 23.10.1979 WuW/E BGH 1655 (1660), „Zementmahlanlage II“; FK-Rieger § 24 RdNr. 73; Burkhardt, RdNr. 585.

329 Ebel (32. Lieferung), § 24 RdNr. 18, 22.

330 In dieser Richtung BKartA 23.12.1974 WuW/E BKartA 1571, 1581 „Kaiser-VAW“; BKartA 17.12.1976 WuW/E BKartA 1657 (1666); FK-Rieger § 24 RdNr. 73.

331 BKartA NRS-Niederrheinstahl GmbH/Benteler KG, TB 1976, S. 44 (= BT-Drucks. VIII/704).

- wenn mit Hilfe des Zusammenschlusses der Markt überhaupt erst entsteht, wenn sich also mehrere Unternehmen zusammenschließen, um gemeinsam ein neues Produkt zu entwickeln. Die dabei entstehende marktbeherrschende Stellung ist positiver zu sehen, als wenn der Produktmarkt nicht bestehen würde[332]. Voraussetzung ist allerdings, daß der Markt für Wettbewerber offen bleibt[333];

- wenn durch den Zusammenschluß ein neuer, starker Wettbewerber zu einem marktbeherrschenden Oligopol hinzutritt und dadurch der Wettbewerb belebt werden kann[334];

- wenn auf demselben sachlichen Markt eine Verbesserung eintritt, weil auf geographisch unterschiedlichen Gebieten jeweils Monopole bestehen, auf einigen „freien" Gebieten aber noch ein Restwettbewerb besteht. Wenn dann die Parteien des Zusammenschlusses den anderen Monopolisten auf diesen Restwettbewerbsregionen effektiven Wettbewerb machen können, ist dies als Vorteil anzusehen. Hier liegen dann allerdings unterschiedliche geographische Märkte vor[335].

Auf unterschiedlichen Märkten kann eine Verbesserung gegeben sein:

- Wenn ein marktfremdes Unternehmen mit Hilfe seiner Ressourcen ein sanierungsbedürftiges Unternehmen wieder wettbewerbsfähig macht und damit den Fall der Verstärkung der finanziellen Ressourcen des übernommenen Unternehmens als negatives Marktstrukturmerkmal wieder ausgleicht[336];

- wenn durch den Zusammenschluß ein Unternehmen entsteht, daß durch Rationalisierungsvorteile und dadurch gesteigerter Wettbewerbsfähigkeit in der Lage ist, einem marktbeherrschenden Unternehmen nunmehr effektiven Wettbewerb zu machen. Dadurch kann eine marktbeherrschende Stellung auf einem weniger bedeutenden Markt ausgeglichen werden[337]. Dabei ist eine strukturelle Verbesserung notwendig in dem Sinne, daß die

---

332 Vgl. dazu FK-Rieger § 24 RdNr. 77.

333 BKartA 8.6.1984 WuW/E BKartA 2143 ff. „Glasfaserkabel", ebenso für die Kommission das entscheidende Kriterium in „Media Service", Entscheidung vom 9.11.1994, Sache IV/M.469, ABl. L 364/1 ff.

334 BKartA 29.5.1974 WuW/E BKartA 1517 (1521), als Möglichkeit angedacht, letztlich aber nicht angenommen.

335 BKartA 5.9.1977 WuW/E BKartA 1695 (1698).

336 Teilaspekt in BKartA TB 1976, 79 f., „Karstadt/Neckermann" (= BT-Drucks. VIII/704), Neckermann konnte durch die Übernahme von Karstadt als Wettbewerber im Touristik-Bereich dem überragenden Marktführer weiter Konkurrenz machen.

337 Rieger in FK § 24 RdNr. 74.

Unternehmen von ihrer gesteigerten Wettbewerbsfähigkeit auch Gebrauch machen[338].

- Wenn der Konzentration auf der Seite der sich zusammenschließenden Unternehmen eine Dekonzentration auf der Veräußererseite gegenübersteht[339]. Dies kann dann gegeben sein, wenn die eine Muttergesellschaft ihre Anteile an einem Gemeinschaftsunternehmen auf die andere überträgt, vorausgesetzt, die beiden Mütter haben das Gemeinschaftsunternehmen auch tatsächlich beherrscht[340].

Dabei werden explizit nicht mit einbezogen:

- Vorteile für die beteiligten Unternehmen, wie Rationalisierungsmöglichkeiten, es sei denn, darin lägen auch strukturelle Vorteile[341]. Solche könnten allerdings dann gegeben sein, wenn diese Vorteile ein Unternehmen derart stärken, daß es dadurch in der Lage ist, einem übermächtigen Wettbewerber nunmehr wirkungsvollen Wettbewerb zu leisten[342]. Der Einsatz der dazugewonnenen Möglichkeiten auf dem entsprechenden Markt muß allerdings mit hinreichender Wahrscheinlichkeit zu erwarten sein[343];

- Verhaltensmerkmale und andere nichtwettbewerbliche Gesichtspunkte[344];

- insbesondere nicht die Förderung des technischen Fortschrittes, da dieser nach deutscher Konzeption nur über einen funktionierenden Wettbewerb erreicht werden kann[345];

- Arbeitsplatzsicherung[346].

b) Ministererlaubnis

Hat das BKartA einen Zusammenschluß untersagt, kann ihn der Bundeswirtschaftsminister (BMWi) auf Antrag der Beteiligten dennoch freigeben, wenn

---

338 WuW/E OLG 3469, 3473 „Thüringer Gas/Westerland".

339 RegE BT-Drucks. 6/2520 S. 29.

340 BKartA TB 1981/82, 64 (= BT-Drucks. X/243), „Continental/Clouth", dazu GK-Harms § 24 RdNr. 633, FK-Rieger § 24 RdNr. 76.

341 BKartA, 4.2.1974 „Haindl/Holtzmann" WuW/E BKartA 1475 (1481 f.), BKartA 29.5.1974 „Bitumen Verkaufsgesellschaft" WuW/E BKartA 1517 (1520 ff.).

342 In diesem Sinne Ruppelt, in: Langen/Bunte § 24 RdNr. 47.

343 BGH, 8.2.1994 „Anzeigenblätter II" WuW/E BGH 2899 (2902).

344 Ruppelt in: Langen/Bunte § 24 RdNr. 47; Kleinmann/Bechthold § 24 RdNr. 100.

345 So für den Erwerb von Technologie statt eigener Entwicklung KG, 15.12.1993 „Marktabgrenzung Großbacköfen" WuW/E OLG 5271, (5285).

346 BKartA 25.3.1976 WuW/E BKartA 1653 (1655) „Babcock-Artos".

im Einzelfall die Wettbewerbsbeschränkung von den gesamtwirtschaftlichen Vorteilen des Zusammenschlusses aufgewogen wird oder der Zusammenschluß durch ein überragendes Interesse der Allgemeinheit gerechtfertigt ist, § 42 Absatz 1 GWB (§ 24 alt). Der BMWi ist dabei an die tatsächlichen und rechtlichen Feststellungen des BKartA gebunden[347]. Kriterium für eine solche Freigabe ist insbesondere die Wettbewerbsfähigkeit der beteiligten Unternehmen auf Auslandsmärkten. Allerdings darf die marktwirtschaftliche Ordnung durch das Ausmaß der Wettbewerbsbeschränkung nicht gefährdet sein. Diese letzte Bedingung des § 42 Absatz 1 GWB bietet eine interessante Parallele zu dem Erfordernis gemäß Art. 2 FKVO, daß die Berücksichtigung des technischen und wirtschaftlichen Fortschrittes dem Verbraucher dienen muß und den Wettbewerb nicht behindern darf. Die deutsche Praxis kann damit vorsehen, technischen Fortschritt trotz Marktbeherrschung zu berücksichtigen. Sie ermöglicht aber im Gegensatz zur europäischen Regelung eine nach außen offene Berücksichtigung dieser Vorteile durch ein zweigeteiltes Verfahren[348].

Das Erfordernis der Aufrechterhaltung der marktwirtschaftlichen Ordnung bleibt allerdings weit hinter der Nichtbehinderung des Wettbewerbs zurück. Die Monopolkommission versteht hierunter, daß die marktwirtschaftliche Ordnung auch in Teilbereichen nicht gefährdet sein darf, diese Teilbereiche aber nicht so eng abgegrenzt werden dürfen wie bei der Feststellung des betroffenen Marktes[349]. Die europäische Regelung erweist sich insofern dem Wortlaut nach als wesentlich strenger. Der Gefahr, daß die Fusionskontrolle als Instrument der Industriepolitik gebraucht wird, wird auch durch die Hervorhebung der Ministererlaubnis als Ausnahmetatbestand[350] begegnet, das Gesetz spricht hier von „im Einzelfall". Unter der gegebenen Einschränkung erscheint es nicht ausgeschlossen, daß auch hier Rückschlüsse auf die europäische Regelung gezogen werden können. Daher soll hier kurz dargestellt werden, welche Vorteile in der Praxis eine Rolle gespielt haben, um Vergleiche zu den Ausführungen der Kommission in den oben dargestellten

---

347 Mestmäcker in IM, § 24 RdNr. 319, mit weiteren Nachweisen.
348 Vgl. dazu auch Van den Bergh/Camesasca, WuW 1998, 1147 (1158).
349 Vgl. Monopolkommission, Sondergutachten 2, RdNr. 31 und 94.
350 Ruppelt in Langen/Bunte § 24 RdNr. 95; FK-Quack § 24 RdNr. 140; C.R. Schmidt, S. 72.

Entscheidungen zu ermöglichen. Die Ministererlaubnis ist bisher sehr zurückhaltendgehandhabt worden, es sind lediglich 16 Verfahren erfolgt[351].

aa) Gesamtwirtschaftliche Vorteile

Berücksichtigt wurden im Bereich der gesamtwirtschaftlichen Vorteile:

- Die Wettbewerbsfähigkeit der beteiligten Unternehmen auf ausländischen Märkten als ein Vorteil, der in die Betrachtung einbezogen werden kann[352].
- Ebenso sind Verbesserung der Wirtschaftlichkeit der Steinkohleproduktion als „wichtiger Beitrag" zur gesamtwirtschaftlichen Lage zu beachten[353].
- Berücksichtigbar sind auch durchgreifende Rationalisierungen, die etwa im Zusammenhang mit der Einführung neuer Technologien oder Produktionsverfahren, die ohne den Zusammenschluß nicht realisierbar wären, umgesetzt werden[354].
- Letztlich kann auch die Privatisierung von Staatsunternehmen, die zu der Beendigung von Subventionen und besseren Wettbewerbsbedingungen führt, ein zu berücksichtigender Vorteil sein[355].

Diese Vorteile müssen jeweils dauerhaft sein, kurzfristige Änderungen finden keine Berücksichtigung[356].

---

[351] 1.2.1974 WuW/E BWM 147 ff. „VEBA/Gelsenberg"; 26.6.1975 WuW/E BWM 149 „VAW/Kaiser"; 17.10.1976 WuW/E BWM 155 „Babcock/Artos"; 1.8.1977 WuW/E BWM 159 „Thyssen/Hüller"; 5.3.1979 WuW/E BWM 165 „VEBA/BP"; 9.12.1981 WuW/E BWM 177 „IBH/Wibau"; 20.2.1986 WuW/E BWM 185 „VEW/Ruhrkohle"; 6.9.1989 WuW/E BWM 191 ff. „Daimler-Benz"; 24.1.1990 WuW/E BWM 207 ff. „MAN/Sulzer"; 16.6.1992 WuW/E BWM 213 „BayWa/WLZ", 22.7.1997 WuW/E BWM 205 ff. „Kali + Salz – PCS"; dazu 5 Verfahren, in denen der Antrag zurückgenommen wurde, Nachweise bei FK-Quack § 24 RdNr. 128; ferner dazu Mestmäcker in IM, § 24 RdNr. 295; BMWi Erfahrungsberichte, abgedruckt in WuW 1986, 788 ff. und WuW 1992, 925 ff.

[352] WuW/E BWM 177, 179 „IBH/Wibau"; WuW/E 225 (227) „Kali + Salz-PCS), BWM WuW/E 191 (197) „Daimler-MBB".

[353] WuW/E BWM 185, 186 „VEW-Ruhrkohle".

[354] WuW/E BWM 207, 211 „MAN-Sulzer".

[355] WuW/E BWM 225 (231) „Kali + Salz-PCM".

[356] Die Stärkung muß das Agieren auf dem Auslandsmarkt überhaupt erst ermöglichen, WuW/E BWM 177, 180 „IBH-Wibau" und WuW/E BWM 207, 211 „MAN-Sulzer".

bb) Überragende Interessen der Allgemeinheit

Dieser sehr dehnbare Begriff entspricht dem „Gemeinwohl“ in § 8 Abs. 1 GWB. Sein Inhalt wird durch die Bundesregierung bestimmt[357]. Auch hier gilt, daß Einzelinteressen nicht in die Abwägung mit eingestellt werden dürfen[358]. Durch die Gegenüberstellung zu den gesamtwirtschaftlichen Interessen ist klargestellt, daß hier auch nicht wirtschaftliche Erwägungen Beachtung finden können[359], auch wenn beide Begriffe miteinander verknüpft sind[360].

Anerkannt wurde hier die Sicherung der deutschen Ölversorgung[361]; die Erhaltung technologischen Know-hows[362] und die Entlastung des Bundeshaushalts von Subventionen und unternehmerischen Risikos durch die Überführung von MBB in privatwirtschaftliche Verantwortung[363]. Auch regional- und strukturpolitische Aspekte können eine Rolle spielen[364]. Der Erhalt von Arbeitsplätzen wird nicht immer einheitlich beurteilt. Zum einen wurde ausgesagt, daß Arbeitsplätze dann eine Rolle spielen können, wenn ohne den Zusammenschluß dauerhaft Arbeitsplätze verlorengingen, es sind allerdings hohe Anforderungen an die Beweislast zu stellen[365]. Andererseits zieht sich eine deutliche Linie durch die Entscheidungen des BMWi, daß Arbeitsplätze bei einem einzelnen Unternehmen nicht berücksichtigt werden können, da Ziel der Wirtschaftspolitik die Erhaltung eines insgesamt hohen Beschäftigungsniveaus ist und der Erhalt des einen Arbeitsplatzes häufig Gefahr für andere Arbeitsplätze mit sich bringt[366], daher ist grundsätzlich dem Arbeitsplatzargument nicht zu folgen[367].

cc) Zusammenfassung zum deutschen Recht

Damit läßt sich festhalten, daß die Ministererlaubnis eine Berücksichtigung all jener Aspekte ermöglicht, die in anderen europäischen Rechtsordnungen

---

357 MoKo, SG II, RdNr. 25, Mestmäcker in Immenga/Mestmäcker § 24, RdNr. 227.
358 vgl. dazu Ruppelt in Langen/Bunte § 24 RdNr. 99; Kleinmann/Bechthold § 24 RdNr. 299.
359 Quack in FK, § 24 RdNr. 131.
360 KG WuW/E OLG 1937, 1940 „Thyssen/Hüller“.
361 BMWi WuW/E BMW 147 (148) „Veba-Gelsenberg“.
362 BMWi WuW/E BWM 159, 162 f., „Thyssen/Hüller“.
363 BMWi WuW/E BWM 191, 195 „Daimler-Benz/MBB“.
364 BMWi WuW/E BWM 177, 182 „IBH/Wibau“, spielt im Ergebnis aber keine Rolle.
365 WuW/E BWM 207 (212) „MAN-Sulzer“.
366 WuW/E BWM 207 (212) „MAN-Sulzer“; BMWi Erfahrungsbericht WuW 1992, 925 (927).
367 WuW/E BWM 177 (180) „IBH-Wibau“.

bereits innerhalb der wettbewerblichen Begutachtung Berücksichtigung finden. Dies sind insbesondere die Steigerung der internationalen Wettbewerbsfähigkeit der nationalen Wirtschaft („national Champions") und die Erhaltung und Förderung technischen Know-hows. Nicht berücksichtigt werden zu Recht Arbeitsplatzargumente. Die Erhaltung überholter Industriezweige ist langfristig gesehen arbeitsplatzvernichtend, da dadurch Ressourcen gebunden und Marktanpassungen verhindert werden und Arbeitsplätze bei Konkurrenzbetrieben gefährdet sind. Ebenso führt der Rationalisierungseffekt für die beteiligten Unternehmen dazu, daß die erste Befürchtung bei einer Fusion immer zuerst die Sorge vor Arbeitsplatzabbau ist[368]. Beschäftigungsauflagen schaffen dabei keine ausreichende Abhilfe, denn diese führen dazu, daß die betroffenen Unternehmen sich durch Erhaltung unrentabler Arbeitsplätze im Wege des Rationalisierungsverzichts von der Fusionskontrolle „freikaufen" können[369].

Ebenso ist es nach den Erfahrungen in der Praxis schwierig, Vorteile eines Großunternehmens als Vorteile für die Allgemeinheit anzuerkennen[370]. Es muß daher gefordert werden, daß eine Weitergabe der Vorteile an die gesamte Wirtschaft sichergestellt ist.

Grundsätzlich können allgemeinpolitische Vorteile innerhalb der Fusionskontrolle nach den deutschen Erfahrungen zu Recht berücksichtigt werden.

Die Nichtberücksichtigung dieser Aspekte auf europäischer Ebene erscheint vor diesem Hintergrund systemfremd, das Entfallen des nationalstaatlichen Vorteils auf europäischer Ebene läßt sich mit dem Erfordernis des Bestehens europäischer Unternehmen auf dem Weltmarkt begegnen.

C Ergebnisse des 1. Teils

Zusammenfassend läßt sich feststellen:

- Die Kommission läßt bisher keine Tendenz erkennen, markteinschränkende Wirkungen von Zusammenschlüssen durch Vorteile gleich welcher Art offen aufzuwiegen. Insbesondere der „technische und wirtschaftliche Fortschritt" in Art. 2 Absatz 1 b) FKVO wird dafür nicht angewendet. Die Kommission nimmt die Einschränkung in Art. 2 1 b) „sofern diese dem

---

368 Vgl. Monopolkommission, Sondergutachten 3, RdNr. 86 ff.; Mestmäcker in IM § 24 RdNr. 318; Ruppelt in Langen/Bunte § 24 RdNr. 101; Ebel § 24 RdNr. 36.

369 Vgl. zu Recht BMWi Erfahrungsbericht, WuW 1992, 925 (927).

370 Vgl. BMWi Erfahrungsbericht, aaO S. 928.

Verbraucher dient und den Wettbewerb nicht behindert" ernst und benutzt ihn als „Ausflucht", um eine nähere Auseinandersetzung mit dem Merkmal technischer und wissenschaftlicher Fortschritt möglichst zu vermeiden. Eine Anwendung ist nur möglich, wenn die marktbeherrschende Stellung nicht dauerhaft, d. h. über einen Zeitraum von höchstens 3 bis 4 Jahren, zementiert wird. Ein kurzfristiger Vorteil für die Verbraucher kann nicht berücksichtigt werden, da langfristig nur Wettbewerb vorteilhaft für den Verbraucher ist.

- Die Kommission findet mit dieser grundsätzlich wettbewerblich ausgerichteten Argumentation aber trotzdem ein Mittel, es auch den Stimmen recht zu machen, die eine industriepolitische Abwägung favorisieren. Sie erklärt in Fällen, in denen ihr der Zusammenschluß wünschenswert erscheint, den potentiellen Wettbewerb für ausreichend oder die marktbeherrschende Stellung für voraussichtlich nicht dauerhaft. Die Kommission läßt damit in ihrer Beurteilungspraxis außerwettbewerbliche Erwägungen einfließen. Inwieweit dies zulässig ist, wird in einer vertieften Analyse des Art. 2 FKVO zu untersuchen sein. Sie lässt nach den untersuchten Entscheidungen zudem auch wettbewerbliche Vorteile, die ein Zusammenschluß mit sich bringt, positiv in die Gesamtbetrachtung des Zusammenschlusses einfließen. Eine explizite Gegenüberstellung von wettbewerblichen Vor- und Nachteilen eines Zusammenschlusses vermeidet sie aber auch.

- Die Aussage des EuG, nach der innerhalb des Art. 2 FKVO eine Gesamtabwägung vorzunehmen ist, wird nur scheinbar durch die Stellung der Aussagen in der Entscheidung zur Begründung der Klagebefugnis entwertet. Die Aussage des EuG bleibt für die Auslegung der FKVO gewichtig. Auch die Entscheidung des EuGH in der Sache Kali + Salz[371], in der trotz sich aufdrängender sozialer Problematik kein Wort zu Begründungserwägung 13 verloren wird, steht einer Abwägung nicht entgegen. Die Betrachtung der Rechtsprechung zur FKVO schließt damit eine Berücksichtigung allgemeinpolitischer Gesichtspunkte innerhalb des Art. 2 FKVO nicht aus.

- Fast alle Mitgliedsstaaten der Union lassen ein Aufwiegen rein wettbewerblicher Nachteile eines Zusammenschlusses mit außerwettbewerblichen Vorteilen zu. Der Umfang dieser Möglichkeit variiert allerdings erheblich. Teilweise, wie in Finnland, ist der Umfang einer Berücksichtigung noch nicht abzusehen.

---

[371] S. oben Teil 1, II 3.).

- In fast allen Mitgliedsstaaten ist das Bemühen erkennbar, die eigene Rechtsordnung für Zusammenschlüsse, die im Bereich nationaler Kontrolle verbleiben, den europäischen Vorgaben anzupassen. Dies gilt auch für die Strukturen: Alle Rechtsordnungen kennen eine Wettbewerbsbehörde. In den südlichen Mitgliedsstaaten ist diese Wettbewerbsbehörde der politischen Entscheidungsinstanz allerdings nachgeordnet. Die wettbewerblichen Gesichtspunkte sind sogar in einigen Rechtsordnungen nur ein Gesichtspunkt unter vielen. In Frankreich, Portugal und England hat schon die Wettbewerbsbehörde eine Abwägung vorzunehmen. Dennoch sind überall industriepolitische Erwägungen zulässig. Nachdem allgemeine Rechtsüberzeugungen in der Gemeinschaft eine wichtige Auslegungsgrundlage darstellen[372], ist es nicht anzunehmen, daß eine solche Berücksichtigung nicht auch auf europäischer Ebene zulässig ist.

- Eine wettbewerbliche Abwägungsklausel ist in Europa unbekannt, lediglich in Deutschland und Österreich findet sich die gesetzliche Möglichkeit, Verbesserungen der Wettbewerbsbedingungen bei der Feststellung einer marktbeherrschenden Stellung zu berücksichtigen. Die Möglichkeit, bei der Rechtsanwendung wettbewerbliche Vorteile zu berücksichtigen, findet sich allerdings in der Anwendungspraxis einiger Mitgliedsstaaten.

- Die 6. GWB-Novelle hat die Anwendbarkeit der Wirz-Schaukel nicht eingeschränkt. Dies gilt entgegen den Begründungserwägungen, die die Neufassung ausschließlich auf landwirtschaftliche Verkaufsvereinigungen beziehen[373].

- Die Wirz-Schaukel ist sowohl bei Verbesserungen auf dem betroffenen Markt als auch bei Verbesserungen auf anderen Märkten anwendbar.

---

[372] Zu der Praxis des EuGH vgl. Bleckmann, NJW 1982, 1177 (1182); Vgl. insbesondere auch die Darstellung bei Anweiler, S. 279 ff., Grabitz/Hilf zu Art. 215 EG-Vertrag S. 335 ff.

[373] Vgl. dazu 1. Teil V. 2.) a) bb).

2. Teil:
Analyse des Artikel 2 FKVO

Im folgenden sollen daher die angesprochenen Merkmale des Art. 2 FKVO auf ihre Tauglichkeit als Einfallstore für nichtwettbewerbliche Interessen und auch für wettbewerbliche Gesamtbilanzen eines Zusammenschlusses betrachtet werden, nachdem feststeht, daß eine rechtsvergleichende Betrachtung in Hinsicht auf die Möglichkeit, wettbewerbliche Verbesserungen in eine Abwägung einzustellen, keine eindeutigen Ergebnisse erbracht hat.

Der Rat der Gemeinschaft stand bei der Einführung der FKVO vor drei idealtypischen Modellen:

(1) Ein Modell, das ein Primat der Politik über die wettbewerblichen Belange im Sinne einer public policy ermöglicht und sich am französischen Modell orientiert. Diese Möglichkeit beinhaltete einen Ermessensspielraum der Exekutive. Diese wäre hier die Kommission. Dieser Spielraum beinhaltete angesichts der auftretenden wertenden Betrachtung politischer Prioritäten den Nachteil einer eingeschränkten gerichtlichen Überprüfbarkeit der Ausübung des Ermessens;

(2) ein rein wettbewerbliches Modell, gerichtlich voll überprüfbar, vergleichbar der in den Vereinigten Staaten gefundenen Lösung;

(3) ein Mischmodell, vergleichbar der deutschen Lösung, nach der grundsätzlich wettbewerbliche Orientierung vorherrscht, die auch gerichtlich voll überprüfbar ist, versehen mit einer politischen Öffnungsklausel, in Deutschland einbezogen durch die Ministererlaubnis[375].

Ansatz- und Ausgangspunkt jeder Betrachtung, welches dieser Modelle letztlich in der FKVO seinen Niederschlag gefunden hat, muß die Einstufigkeit der in Art. 2 FKVO vorgesehenen Prüfung sein. Ein Zusammenschluß ist entweder mit dem gemeinsamen Markt vereinbar, Art. 2 Abs. 2 FKVO, oder nicht vereinbar, Art. 2 Abs. 3 FKVO.

---

[374] Vgl. zu der konkreten Ausformung und der Tatsache, daß auf europäischer Ebene Verbesserungen auf demselben Markt keine vergleichbare Relevanz haben unten, 3. Teil, B, II.

[375] Vgl. auch Darstellung bei Janicki, WuW 1989, 193 (195).

Danach sieht es zunächst so aus, als scheide das Mischmodell aus, wenn man annähme, daß die dafür notwendige Transparenz eine getrennte Untersuchung von wettbewerblichen Nachteilen und industrie- und allgemeinpolitischen Vorteilen voraussetzt. Dieser Schluß ist allerdings nicht zwingend. Auch in einem einstufigen Verfahren sind außerwettbewerbliche Einflüsse denkbar. Diese Möglichkeit legt das Ergebnis der Untersuchung der Entscheidungspraxis der Kommission nahe[376].

Entscheidend ist nach der Fusionskontrollverordnung allein das Kriterium der Marktbeherrschung[377]. Die Feststellung, ob die Entstehung oder Verstärkung einer beherrschenden Stellung durch einen Zusammenschluß zu erwarten ist, findet jedoch in einem Entscheidungsprozeß statt, in dessen Rahmen die Kriterien des Art. 2 Abs. 1 zu berücksichtigen sind. Jede Abwägung leidet innerhalb dieses Systems daher zwangsläufig an mangelnder Transparenz, sofern nicht ausdrücklich die Faktoren in der Entscheidung offengelegt werden. Dies ist bisher nicht der Fall gewesen[378]. Nach den Ergebnissen der Betrachtung der Entscheidungspraxis der Kommission sind solche außerwettbewerblichen Einflüsse allerdings erkennbar[379]. Nach den Ergebnissen zum deutschen Fusionskontrollrecht wäre insbesondere eine gerichtliche Überprüfungsmöglichkeit außerwettbewerblicher Einflüsse wünschenswert. Es stellt sich daher die Frage, ob mit der FKVO ein institutionell nicht abgesichertes Mischsystem eingeführt wurde, außerwettbewerbliche Belange also zwar eine Rolle spielen, in der Entscheidungsbegründung aber nicht transparent gemacht werden. Denn die Kriterien, die möglicherweise zu einer Unbeachtlichkeitserklärung hinsichtlich der Verstärkung oder Entstehung einer marktbeherrschenden Stellung führen, würden nicht wie in § 36 Abs. 1 GWB mit der Wirz-Schaukel und in § 42 GWB mit der Ministererlaubnis auf einer eigenen Ebene nach Feststellung der marktbeherrschenden Stellung dargestellt, sondern „vermengt" mit den Feststellungen, ob überhaupt eine marktbeherrschende Stellung vorliegt.

Diese Möglichkeit müßte sich aber anhand des Art. 2 FKVO nachvollziehen lassen, damit sie nicht als rechtswidrig zu klassifizieren ist. Ob ein solches Mischmodell innerhalb des Art. 2 FKVO möglich ist, ist daher im folgenden näher zu prüfen. Dabei wird zunächst untersucht, ob sich aus den Kriterien des Art. 2 FKVO eine versteckte Abwägungsklausel im Sinne des dargestellten Mischmodells entnehmen läßt. Eine weitere Frage ist dann, ob das

---

376 Vgl. oben, 1. Teil, B) I.
377 Van Bael/Bellis S. 433.
378 Siehe dazu die Analyse des 1. Teiles.
379 Vgl. oben, 1. Teil, B, I.

Merkmal der erheblichen Behinderung des Wettbewerbs[380] in Art. 2 einen eigenständigen Prüfungspunkt darstellt oder nicht[381]. Wenn dies der Fall wäre, könnte hierin eine Umsetzung des Zweistufenmodells erblickt werden. Die Kommission könnte oder müßte gar eine zweite Prüfung durchführen, nämlich ob die beherrschende Stellung den Wettbewerb erheblich behindert, d. h., ob Vorteile vorhanden sind, die die beherrschende Stellung ausgleichen. Ist eine solche Zweistufigkeit möglich, könnte damit der Unsicherheit über das Ob und Wie einer Abwägung auf europäischer Ebene endgültig begegnet werden.

Eine Untersuchung einer europäischen Verordnung hat dabei Rücksicht auf die Besonderheiten des europäischen Gemeinschaftsrechtes zu nehmen. Trotz des völkerrechtlichen Charakters der Gründungsverträge liegt dabei der Schwerpunkt nicht auf den völkerrechtlichen Auslegungsregeln, wie etwa der Wiener Vertragsrechtskonvention. Vielmehr ist eine ähnliche Analyse vorzunehmen, wie sie auch bei innerstaatlichem Verfassungsrecht vorzunehmen wäre[382]. Insoweit ist, wie etwa auch im deutschen Recht, auf Wortlaut, Entstehungsgeschichte, Systematik und Telos der zu untersuchenden Norm einzugehen[383]. Dies deshalb, da primäres und sekundäres Gemeinschaftsrecht im wesentlichen gleich auszulegen sind[384].

A Grammatikalische Auslegung

Im Gemeinschaftsrecht ist der Wortlaut der fraglichen Bestimmung Ausgangspunkt einer Auslegung[385]. Ihm kommt, ähnlich wie im deutschen Recht, eine Garantiefunktion für den Rechtsbetroffenen zu; er stellt damit eine Grenze für die teleologische Auslegung dar[386]. Mit der grammatikalischen Interpretation ist der Wortsinn zu ermitteln. Dabei ist besonderes Augenmerk auf die Bedeutung eines Wortes oder einer Wortverbindung im allgemeinen Sprachgebrauch oder im besonderen Sprachgebrauch des zu untersuchen den Regelwerkes zu richten[387]. Problematisch ist hier allerdings, daß der

---

380 In Art. 2 Abs. 2 und 3 FKVO.

381 Übersicht über den Meinungsstand bei Stockenhuber, S. 222 ff.

382 Oppermann, RdNr. 577 ff.

383 So EuGH Kali + Salz/MdK/Treuhand, EuZW 1998, 299 (309 f.).

384 Oppermann, RdNr. 578; Beutler/Bieber/Piepkorn/Streil S. 245 ff.; a.A. Grabitz/Hilf-Nettesheim, der nur eine grammatikalische, historische und teleologische Interpretation anerkennen will. Umfassend dazu: Anweiler, Auslegungsmethoden.

385 Beutler/Bieber/Piepkorn/Streil S. 245 ff., Anweiler, Auslegungsmethoden, S. 145.

386 Oppermann, RdNr. 582.

387 Larenz/Canaris, Methodenlehre, S. 143.

EU-Vertrag und das daraus abgeleitete Sekundärrecht in allen Gemeinschaftssprachen verbindliche Geltung hat. Es ist daher schwer, einen besonderen Sprachgebrauch festzustellen, der nicht alle Gemeinschaftssprachen berücksichtigt. Angesichts der fehlenden Verbindlichkeit einer Gemeinschaftssprache, nur der EGKSV kennt das Französische als einzig autoritative Sprache, zieht der Gerichtshof dabei in der Regel seine Sprachkompetenz hinsichtlich des gewöhnlichen Sinns der Begriffe zu Rate[388]. Die verschiedenen Sprachversionen sind also tatsächlich jeweils zu betrachten.

I. Entscheidungsmöglichkeiten nach Art. 2 FKVO

Nach dem Wortlaut des Art. 2 FKVO bestehen lediglich zwei Entscheidungsoptionen für die Kommission. Sie kann einen Zusammenschluß entweder freigeben oder untersagen. Ansatzpunkt ist dabei jeweils die Frage, ob der fragliche Zusammenschluß eine „beherrschende Stellung begründet oder verstärkt, durch die wirksamer Wettbewerb im Gemeinsamen Markt oder in einem erheblichen Teil desselben erheblich behindert würde". Ist das nicht der Fall, ist der Zusammenschluß für vereinbar mit dem Gemeinsamen Markt zu erklären.

Diese Ausgangslage ist scheinbar eindeutig. Nach dem Wortlaut findet eine Abwägung zunächst scheinbar nicht statt. Im Gegensatz zum deutschen Recht wird nicht explizit auf die Möglichkeit hingewiesen, durch den Nachweis von Verbesserungen durch den Zusammenschluß einen wettbewerblich bedenklichen Zusammenschluß zu genehmigen („es sei denn, die Parteien weisen nach..."[389]).

Ansatzpunkt sowohl für eine wettbewerbliche als auch eine allgemeinpolitische Abwägungsmöglichkeit kann also nur die Frage der Bestimmung sein, wann eine beherrschende Stellung vorliegt, die den Wettbewerb erheblich behindert.

Wann eine beherrschende Stellung anzunehmen ist, wird in der FKVO mit Ausnahme des Kriterienkataloges des Art. 2 Abs. 1 nicht weiter erläutert. Die Ausfüllung dieses Merkmals ist damit der Praxis der Kommission über-

---

[388] Potacs, S. 10.
[389] S. § 36 Abs. 1 aE GWB, dazu oben, Teil 1 B III.

lassen[390]. Wie eingangs angeführt, orientiert sich die gefestigte Praxis der Kommission an der Rechtsprechung des EuGH zu Art. 82 EG[391].

In diesem Zusammenhang nimmt der EuGH eine beherrschende Stellung an, „wenn ein Unternehmen eine wirtschaftliche Stellung besitzt, die es in die Lage versetzt, die Aufrechterhaltung eines wirksamen Wettbewerbs auf dem relevanten Markt zu verhindern, indem sie ihm die Möglichkeit verschafft, sich seinen Wettbewerbern, seinen Abnehmern und letztlich den Verbrauchern gegenüber in einem wesentlichen Umfang unabhängig zu verhalten“[392].

Letztlich entscheidend ist nach dem EuGH also die Preisgestaltungsmacht eines Unternehmens[393].

Der Wortlaut kann, soweit nicht auf die Möglichkeit einer Nutzung des Merkmals der erheblichen Behinderung als Abwägungsklausel zurückgegriffen wird, hinsichtlich der Entscheidungsmöglichkeiten der Kommission gemäß Art. 2 FKVO zu den Anforderungen zunächst keine weiteren Aufschlüsse geben. Denn trotz der eingeschränkten Entscheidungsmöglichkeiten bleibt die Frage, wann die Möglichkeit eines Unternehmens, sich unabhängig von der Marktgegenseite im Sinne der Definition des EuGH zu verhalten, besteht, offen. Die Kommission hat insoweit einen Spielraum anhand der in Art. 2 FKVO genannten Kriterien. Da diese „zu beachten sind“, muß eine Untersuchung der Möglichkeit einer Abwägung innerhalb des Artikel 2 sich näher mit den Kriterien auseinandersetzen. Nur so wäre es möglich, dem scheinbaren Automatismus: Beherrschende Stellung = Untersagung zu entgehen.

Diese Kriterien sind zunächst näher zu betrachten, um festzustellen, ob bereits ohne den Rückgriff auf die erhebliche Behinderung in Art. 2 III FKVO eine Abwägung möglich ist.

Lediglich die Tatsache, daß die FKVO sich gegen eine Wettbewerbsbeschränkung durch eine beherrschende Stellung an sich richtet, es also keinen Unterschied machen kann, ob ein oder mehrere Unternehmen über eine solche durch einen Zusammenschluß verfügen, muß nach der Entscheidung des

---

[390] Löffler, in Langen/Bunte zu Art. 2 FKVO, RdNr. 116; Immenga in IM zu Art. 2 FKVO RdNr. 14; Stockmann/Schultz 1998, RdNr. 772.

[391] Immenga in IM zu Art. 2 FKVO RdNr. 14.

[392] EuGH Urteil vom 13.2.1979, Slg. 1979, 461 (520); Löffler in Langen/Bunte Zu Art. 2 FKVO RdNr. 116; Van Bael/Bellis S. 433 f.

[393] Lenz/Grill Art. 86 RdNr. 11.

EuGH Kali + Salz[394] als gesichert gelten. Die Wirkung der Verordnung würde ansonsten entgegen ihrer Zielrichtung unterhöhlt.

II. Kriterien des Art. 2 Abs. 1 FKVO

Art. 2 Absatz 1 FKVO lautet:

„Zusammenschlüsse im Sinne dieser Verordnung sind nach Maßgabe der folgenden Bestimmungen auf ihre Vereinbarkeit mit dem gemeinsamen Markt zu prüfen.

Bei dieser Prüfung berücksichtigt die Kommission:

a) die Notwendigkeit, im Gemeinsamen Markt wirksamen Wettbewerb aufrechtzuerhalten und zu entwickeln, insbesondere im Hinblick auf die Struktur aller betroffenen Märkte und den tatsächlichen oder potentiellen Wettbewerb durch innerhalb oder außerhalb der Gemeinschaft ansässige Unternehmen;

b) die Marktstellung sowie die wirtschaftliche Macht und die Finanzkraft der beteiligten Unternehmen, die Wahlmöglichkeiten der Lieferanten und Abnehmer, ihren Zugang zu den Beschaffung und Absatzmärkten, rechtliche oder tatsächliche Marktzutrittsschranken, die Entwicklung des Angebots und der Nachfrage bei den jeweiligen Erzeugnissen und Dienstleistungen, die Interessen der Zwischen- und Endverbraucher sowie die Entwicklung des technischen und wirtschaftlichen Fortschritts, sofern diese dem Verbraucher dient und den Wettbewerb nicht behindert.“

Die Kommission hat also Zusammenschlüsse zu untersuchen und dabei Kriterien, die in zwei Unterabsätze eingeteilt sind, zu „berücksichtigen“.

Zunächst ist die Frage, wie diese Berücksichtigung bei der Untersuchung verstanden werden kann.

1.) Ausschließlichkeit des Kriterienkataloges in Art. 2 FKVO?

Der Kriterienkatalog des Art. 2 kann grundsätzlich abschließend gemeint sein oder exemplarisch. Es stehen insoweit zwei Möglichkeiten zur Auswahl: Zum einen könnte die Kommission die Kriterien grundsätzlich in jedem Fall und ausnahmslos alle zu beachten haben, zum anderen könnte man an eine

---

[394] EuZW 1998, 299 (308 ff.).

exemplarische, nicht abschließende Darstellung von Gesichtspunkten denken, die die Kommission berücksichtigen kann, dazu aber nicht zwingend gehalten ist.

Ist das letztere Verständnis richtig, stellen die Kriterien nur Richtlinien dar, an denen die Kommission ihre eigenen Maßstäbe entwickeln kann. Der Spielraum für Neu- und Weiterentwicklungen wäre wesentlich erweitert und per Einschätzungsprärogative, kontrolliert durch den EuGH, könnte die Kommission andere Kriterien mit einfließen lassen und damit den Weg zu einem Abwägungskriterium öffnen, wenn sich dieses nicht schon in den gegebenen Kriterien finden läßt.

„Berücksichtigen" stellt nach allgemeinem Sprachgebrauch einen Umstand dar, nach dem die zu berücksichtigenden Punkte in den Entscheidungsprozeß einfließen müssen. Soweit damit die aufgeführten Punkte in dem zu beurteilenden Sachverhalt aufgeklärt werden können, müssen sie demnach von Amts wegen von der Kommission berücksichtigt werden. Dazu gehört also insbesondere auch das Merkmal des „technischen und wirtschaftlichen Fortschritts". Wie diese Punkte in Art. 2 Abs. 1 a) und b) aber in der Entscheidungsfindung zu berücksichtigen sind, wird nur mit der Maßgabe der Vereinbarkeit mit dem Gemeinsamen Markt näher determiniert. Der Kommission steht hier demnach ein Spielraum zu[395], den sie mit weiteren Gesichtspunkten zur Vereinbarkeit mit dem Gemeinsamen Markt ausfüllen kann. Dieses Ergebnis wird durch die Praxis der europäischen Kommission bestätigt. So hat die Kommission in Tetra Pak/Alfa-Laval[396] lediglich eine Reihe von Faktoren, die in der Liste des Art. 2 enthalten sind, untersucht und sich ausdrücklich nicht mit der gesamten Liste beschäftigt.

Die englische Fassung lautet[397]: „In making this appraisal, the Commission shall *take into account*:". „to take into account" kann statt berücksichtigen auch mit „in Betracht ziehen" übersetzt werden[398]. Die Kriterien sollen also auch hier in Betracht gezogen werden. Sie sind aber weder zwingend zu beachten noch sind sie abschließend. Auch nach dieser Fassung steht der Kommission ein Spielraum zu[399].

---

[395] Vgl. ebenso Bos/Stuyck/Wytinck, S. 215.

[396] Entscheidung vom 19.7.1991, ABl. L 290/35.

[397] Die verschiedenen Sprachversionen sind in die Untersuchung mit einzubeziehen, Bleckmann, NJW 1982, 1177 (1180); Anweiler, Auslegungsmethoden, S. 146.

[398] Harrap's German Dictionary, S. 415.

[399] Van Bael/Bellis sehen hier auch die Möglichkeit einer Beachtung des wirtschaftlichen und sozialen Zusammenhalts in der Gemeinschaft und andere, allgemeine Interessen, S. 427.

Die französische Fassung lautet: „Dans cette appréciation, la Commission tient compte:..". Auch hierbei wird deutlich, daß der Kommission lediglich untersagt ist, die Kriterien gar nicht zu beachten. Eine Beschränkung auf diese allein ist der französischen Fassung aber ebenso nicht zu entnehmen.

Demnach ist nach dem Wortlaut die Aufzählung der in Art. 2 FKVO zu berücksichtigenden Kriterien nicht abschließend.

Die Kommission kann nach dem Wortlaut sowohl neue Kriterien heranziehen, die nicht genannt sind. Denn alle untersuchten Fassungen geben die Kriterien als Beispiele an, die in Betracht zu ziehen sind. Dies eröffnet die Möglichkeit, andere Aspekte mit zu untersuchen. Sie ist nämlich auch nicht gehalten, alle Kriterien bei jeder Prüfung zu berücksichtigen[400]. Damit besteht die Möglichkeit, ungenannte Aspekte in die Beurteilung der Frage, ob eine beherrschende Stellung vorliegt, einfließen zu lassen. Dazu kann insbesondere die Frage wettbewerblicher Vorteile zählen, ebenso aber auch der allgemeinpolitische Nutzen des Zusammenschlusses.

Für eine solche Berücksichtigung muß angesichts der Wortlautgrenze aber ein Anhaltspunkt in den genannten Kriterien bestehen. Sollte sich ergeben, daß die in Art. 2 FKVO genannten Kriterien eine solche Berücksichtigung ausschließen, wäre die Kommission daran gebunden[401].

2.) Kriterien im Einzelnen

a) Struktur der betroffenen Märkte

Die Kriterien des Buchstaben a) sind generell gehalten und stellen Zielvorstellungen dar. Die Notwendigkeit, den Wettbewerb auf dem Gemeinsamen Markt zu entwickeln, ist dabei ebenso interessant wie die Berücksichtigung der Struktur der betroffenen Märkte, was die Frage einer wettbewerblichen Abwägungsklausel angeht. Von einer Fusion können verschiedene Produktmärkte betroffen sein, wenn die beteiligten Unternehmen über eine entsprechend breite Produktpalette verfügen. Es können aber auch geographisch trennbare, unterschiedliche Märkte betroffen sein, da die beteiligten Unternehmen auf verschiedenen geographischen Gebieten tätig sind. Das Merkmal fordert daher, alle die Märkte, auf denen sich die Bedingungen durch die Fusion ändern, mit in Betracht zu ziehen.

---

400 So sieht es die Kommission auch selbst, Kommission WuW/E 1644 (1649) Tetra Pak/Alfa-Laval; umfassend Kögel, S. 129.

401 Oppermann, RdNr. 582; Larenz/Canaris S. 143.

Die Struktur der betroffenen Märkte ist in diesem Zusammenhang als Möglichkeit einer wettbewerblichen Abwägung verstanden worden[402]. Schon aus dem Wortlaut allein ist diese Deutung auch richtig. Wenn die Struktur aller betroffenen Märkte zu berücksichtigen ist, heißt dies, daß die verschiedenen, von einem Zusammenschluß erfaßten Märkte, einzeln in ihrer Struktur zu betrachten sind. Damit ist aber die Möglichkeit eröffnet, Vorteile auf den einen betroffenen Märkten ebenso zu berücksichtigen wie Nachteile auf anderen betroffenen Märkten. Daraus kann die wohl herrschende Auffassung entnommen werden, daß bei vertikal integrierten Unternehmen, die sich zusammenschließen, alle Märkte entlang der Marktkette dieser Unternehmen betrachtet werden müssen[403].

Diese Deutung wird der Fassung des Art. 2 FKVO aber nicht gerecht. Insbesondere im Zusammenhang mit der Notwendigkeit, wirksamen Wettbewerb auf dem Gemeinsamen Markt zu entwickeln, muß dieses Kriterium darüber hinaus so verstanden werden, daß auch Vorteile durch den Zusammenschluß auf Märkten, auf denen bisher nur eingeschränkter Wettbewerb herrschte, zu berücksichtigen sind. Denn durch sie wird die Entwicklung hin zu mehr Wettbewerb gefördert. Bei der Frage, ob ein Zusammenschluß zu einer beherrschenden Stellung führt, muß dies in die Beurteilung positiv mit einfließen.

Betrachtet man die Struktur der betroffenen Märkte zusammen mit der Notwendigkeit, wirksamen Wettbewerb zu entwickeln, steht auch die oft vertretene Deutung der Struktur der betroffenen Märkte als die Verpflichtung der Kommission auch zu einer Berücksichtigung von Märkten außerhalb der Gemeinschaft[404] einer Auslegung als wettbewerbliche Abwägungsklausel nicht entgegen. Beschränkte sich der Sinn in der Notwendigkeit, auch außerhalb der Gemeinschaft gelegene Märkte in die Betrachtung mit einzubeziehen, wäre die Aussage im folgenden Satz, daß Wettbewerb von Unternehmen innerhalb und außerhalb der Gemeinschaft zu berücksichtigen ist, sinnentleert. Wäre die Berücksichtigung solcher Märkte die einzige Bedeutung des Kriteriums, wäre die Forderung im darauffolgenden Satz eine bloße Wiederholung, was dem Verordnungsgeber nicht unterstellt werden kann.

---

[402] Immenga, WuW 1990, 371 (376); ders. in IM zu Art. 2 FKVO, RdNr. 27; Bechthold, EuZW 1996, 389 ff.
[403] Vgl. Bos/Stuyck/Wytinck S. 222 f.
[404] So die Kommission in ihrer Erklärung zum Ratsprotokoll vom 19.12.1989, abgedruckt in WuW 1990, S. 240 (241).

Auf der Ebene des Wortlauts kann das systematische Argument, daß das Merkmal dem Eingriffstatbestand nachgeordnet ist und diesen damit nicht unterhöhlen könne[405], noch keine Berücksichtigung finden.

Die Möglichkeit einer wettbewerblichen Abwägungsklausel ergibt sich auch bei einer Betrachtung der englischen Fassung: „the need to ... develop effective competition within the common market in view of, among other things, the structure of the markets concerned ...“. Die Fassung läßt diese Deutung ebenso zwingend zu.

Andere Autoren entnehmen der Betonung der Struktur der Märkte außerhalb der EU eine Möglichkeit, die Wettbewerbsfähigkeit der beteiligten Unternehmen auf den Weltmärkten in eine Abwägung einfließen zu lassen. Dies wird mit der „französischen Handschrift“ begründet[406].

Vom Wortlaut her ist diese Annahme nicht einleuchtend. Die Struktur der Märkte, ob innerhalb oder außerhalb der EU, ist eine Frage der Wettbewerbsbedingungen auf diesen Märkten, nicht der Wettbewerbsfähigkeit einzelner Unternehmen. Aus französischer Sicht mag es hier gewollt gewesen sein, eine solche Möglichkeit zu eröffnen. Grundlage der Prüfung sind aber ausschließlich strukturelle Erwägungen. Solche sind aber nur die grundlegenden Wettbewerbsbedingungen auf dem jeweiligen betroffenen Markt. Erfaßt sind damit nur Strukturen, die auch innerhalb der deutschen Wirz-Schaukel Berücksichtigung finden.

So gibt auch die französische Fassung keinen Anlaß, hier lediglich eine Berücksichtigung internationaler Wettbewerbsfähigkeit zu verlangen. Diese Fassung lautet:

„...une concurrence effective dans le marché commun en vu notamment de la structure de tous les marchés en cause et de la concurrence réelle ou potentielle d'entreprises situées à l'intérieur ou à l'extérieur de la Communauté...“.

Die Betonung liegt deutlicher als in den anderen sprachlichen Fassungen („notamment“) auf der Struktur der betroffenen Märkte. Dem Wortlaut nach wird in der französischen Fassung allerdings nicht auf die Marktstruktur außerhalb der Gemeinschaft verwiesen. Vielmehr bezieht sich die räumliche Angabe nur auf den tatsächlichen oder potentiellen Wettbewerb. Damit ergibt sich aus dem französischen Wortlaut genau das Gegenteil der „französischen Handschrift“. Es besteht nach dem französischen Wortlaut kein Anlaß, das Merkmal für eine industriepolitische Einflußnahme zu gebrauchen. Als

---

405 So Kögel, Fußnote 695 auf Seite 161.

406 Vgl. Riesenkampff, S. 497, der damit einen Bezug zum französischen Vorbild aufzeigt.

Grundlage für das Einfließen allgemeinpolitischer Erwägungen eignet sich das Merkmal daher nicht.

Im Ergebnis läßt sich damit festhalten, daß eine Abwägung von wettbewerblichen Vor- und Nachteilen, die auf verschiedenen betroffenen Märkten eintreten, innerhalb der Feststellung, ob durch einen Zusammenschluß eine marktbeherrschende Stellung eintritt, dem Wortlaut nach berücksichtigt werden kann.

Andererseits ist danach keine Aussage möglich, ob, wie oben für das deutsche Recht festgestellt, damit auch die Möglichkeit der Anerkennung von Vorteilen auf dem von den Nachteilen betroffenen Markt möglich ist. Festzuhalten bleibt diesbezüglich lediglich, daß der Wortlaut einer solchen Möglichkeit zumindest nicht entgegen steht.

b) Entwicklung des technischen und wirtschaftlichen Fortschritts

Die Beurteilungskriterien des Art. 2 FKVO zählen neben der zu berücksichtigenden Entwicklung des wirtschaftlichen und technischen Fortschritts eher zu den klassischen Indikatoren einer beherrschenden Stellung im Sinne des Art. 82 EUV[407]. Einzig dieser wirtschaftliche und technische Fortschritt kann und wird als Einfallstor für industriepolitische Überlegungen verstanden[408].

Dieses Kriterium ist zwar bei der Beurteilung, ob eine marktbeherrschende Stellung vorliegt, zu beachten. Es steht aber unter der einschränkenden Maßgabe, daß die Einbeziehung dieses Gesichtspunktes den Wettbewerb nicht behindert und der Fortschritt dem Verbraucher dient.

Aus diesem Wortlaut ergibt sich, daß die Berücksichtigung des wirtschaftlichen und technischen Fortschrittes kein wettbewerbliches Kriterium darstellen kann. Anders ist die Behinderungsklausel, die seine Berücksichtigung einschränkt, nicht zu verstehen. Denn nur, wenn Maßnahmen, die den technischen und wirtschaftlichen Fortschritt fördern, potentiell wettbewerbsfeindlich sind, ist es nötig, die Genehmigung solcher Maßnahmen in der erfolgten Form unter Kuratel zu stellen. Insofern findet sich im Wortlaut tatsächlich ein Anhaltspunkt, daß wettbewerbswidrige Gesichtspunkte bei der Frage der Feststellung einer marktbeherrschenden Stellung und damit auch bei der Frage, ob ein Zusammenschluß zu genehmigen ist oder nicht, eine Rolle spielen

---

[407] Bos/Stuyck/Wytinck, S. 215; vgl. dazu Koch in: Grabitz/Hilf nach Art. 86 RdNr. 3.

[408] Vgl. dazu ausführlich CR Schmidt; so deutet es auch Löffler in Langen/Bunte, FKVO, Art. 2 RdNr. 165, an; vgl. Besprechungen in Jones/Gonzales-Dias S. 153; Nöel, ECLR 1997, 498 (503); Banks, ECLR 1997, 182 f.; Schmidt/Binder S. 1299.

könnten. Andererseits könnte aber auch darauf abgestellt werden, daß ein technologischer Vorsprung eines Unternehmens zu dessen beherrschender Stellung beitragen kann. Es könnte daher ein Kriterium vorliegen, das zur Begründung einer Untersagung auf wettbewerblicher Grundlage beitragen kann. Es handelte sich dann erst recht nicht um eine Ausnahmemöglichkeit von wettbewerblichen Anforderungen.

Die Kommission hat in einer Reihe von Entscheidungen einen technologischen Vorsprung der Parteien des Zusammenschlusses als Marktmachtindikator gewürdigt, da technologischer Vorsprung eine Marktzutrittsschranke bilden kann und daher, aus Sicht der beteiligten Unternehmen, sich negativ auf die Genehmigungsfähigkeit eines Zusammenschlußvorhabens auswirken kann. So konnte in der Entscheidung DuPont/ICI[409] DuPont durch den Erwerb des Nylonfaserbereichs von ICI seinen technologischen Vorsprung ebenso wie die Kapazitäten zur Forschung und Entwicklung ausbauen und dadurch die Kundenbindung stärken. Indem diese Kundenbindung verstärkt worden wäre, hätte DuPont nach Feststellungen der Kommission unabhängiger von seinen Wettbewerbern handeln können. Insofern kann technischer Fortschritt als Marktmachtindikator bei der Feststellung einer beherrschenden Stellung gesehen werden[410].

Nicht nur aufgrund der Entstehungsgeschichte[411] ist es aber sehr fraglich[412], ob man damit der Bedeutung der Klausel wirklich gerecht wird. Denn dann wäre die Behinderungsklausel schlicht unbeachtlich. Dieses Ergebnis ist aber nach den Ausführungen zur von einigen Autoren vertretenen schlichten Nichtbeachtung des Merkmals der Förderung des technischen und wirtschaftlichen Fortschritts ebenfalls abzulehnen. Der Text der Verordnung muß Vorgabe bei der Rechtsanwendung bleiben und darf nicht einfach negiert werden.

Die wettbewerbliche Schutzklausel geht deutlich von einem wettbewerbsfremden Inhalt des technischen und wirtschaftlichen Fortschritts aus. Die Konsequenz, die sich aus dieser Aufweichung der wettbewerblichen Ausrichtung des Art. 2 FKVO durch wettbewerbsfremde Faktoren, die innerhalb der Prüfung von Zusammenschlüssen zu beachten sind, ergibt, ist näher zu untersuchen.

Fraglich ist, ob von diesem Wortlaut aus, auf solche Gesichtspunkte gestützt, ein Zusammenschluß, der eine marktbeherrschende Stellung hervorruft,

---

[409] ABl. 1993 L 7/13 ff.
[410] Vgl. Fine, ALJ 1994, 699 (713), Kirchhoff, BB 90 Beilage 14, 1 (8).
[411] Vgl. dazu unten, Teil II B.
[412] so auch Veelken in Veelken/Karl/Richter S. 20.

genehmigt werden kann. Dies würde bedeuten, daß also eine Abwägung auf diesen Gesichtspunkt gestützt werden könnte.

Nach dem Wortlaut wäre dies nur möglich, wenn es einen Zusammenschluß geben könnte, der eine marktbeherrschende Stellung hervorruft, aber dennoch den Wettbewerb nicht behindert. Denn nur eine solche Kombination gewährleistet, daß die Vorgaben des Wortlautes berücksichtigt werden. Auch die Praxis der Kommission geht in diese Richtung. So wurde bereits in verschiedenen Entscheidungen darauf hingewiesen, daß die geltend gemachten Vorteile für den wirtschaftlichen und technischen Fortschritt keine Beachtung finden könnten, da mit ihnen eine Behinderung des Wettbewerbs verbunden sei[413].

Andererseits ist ein Zusammenschluß, der keine beherrschende Stellung hervorruft, nach Art. 2 Abs. III ohne weitere Voraussetzungen zu genehmigen, es sei denn, man versteht die Behinderungsklausel des Art. 2 Abs. 1 Buchstabe b) aE dahingehend, daß sie bereits unterhalb der Grenze der Marktbeherrschung eine Berücksichtigung des wirtschaftlichen und technischen Fortschrittes verhindern soll, was aber angesichts der Stellung dieses Merkmals innerhalb der für eine Feststellung der Marktbeherrschung zu beachtenden Faktoren ausgeschlossen ist[414]. Demnach könnte der wirtschaftliche und technische Fortschritt in Form einer Abwägungsklausel nur Berücksichtigung finden, wenn eine beherrschende Stellung nach wettbewerblicher Einschätzung zunächst gegeben wäre.

Nach der gegebenen Definition der beherrschenden Stellung ist es dann aber ausgeschlossen, daß der Wettbewerb nicht behindert wird[415]. Denn wenn ein Unternehmen zu einer Position gelangt, in der es sich unabhängig von Wettbewerbern und Konsumenten verhalten kann, ist der Wettbewerb behindert, es sei denn, das Unternehmen verhält sich freiwillig so, als stünde es unter Wettbewerbsdruck. Vom Wortlaut her ist ein Verständnis, das eine Verhaltenskomponente in die Prüfung mit einfließen lassen will, nicht ausgeschlossen. Es wäre also möglich, ein solches freiwilliges Verhalten der beteiligten Unternehmen zu honorieren. Angesichts der statischen Anknüpfung der Prüfung nach Art. 2 FKVO an die Entstehung einer beherrschenden Stellung ist dies aber nicht sehr überzeugend. Möglich wäre dies nur durch eine ergän-

---

413 Vgl. oben, Falldarstellungen (MSG Media Service, ABl. 1994 L 364/1; NSD, ABl. 1996 L 53/20 ff.; Gencor/Lonrho, ABl 1997 L 11/30 ff. In St. Gobain/Wacker Chemie, WuW 1997, 33 f. scheitert die Geltendmachung "gewisser Synergieeffekte" an der zweifelhaften Weitergabe an die Zwischen- und Endverbraucher) und zusammenfassend Stockmann/Schultz, 13. Aufl., RdNr. 72.

414 So sieht dann auch CR Schmidt diesen Gedanken selber als unzutreffend an, S. 140.

415 Vgl. auch Albers in GTE Bd 2/II (5. Aufl.) Fusionskontrollverordnung Art. 2 RdNr. 529.

zende Auslegung des Artikel 2, für die weitere Anhaltspunkte vorliegen müßten.

Darüber hinaus wird wirtschaftlicher und technischer Fortschritt nach hergebrachter Vorstellung durch den Wettbewerb gefördert[416]. Diese Frage berührt die wettbewerbspolitische Grundkonzeption der FKVO und ist daher weiter unten näher zu betrachten.

Innerhalb der wörtlichen Betrachtung des Art. 2 FKVO aber bleibt festzuhalten, daß das Kriterium des technischen und wirtschaftlichen Fortschritts anscheinend keine Bedeutung hat und die Praxis der Kommission dies uneingestanden zu stützen scheint[417]. Denn nach dem oben Dargelegten kann es keine Situation geben, in der wirtschaftlicher Fortschritt, als Abwägungsklausel verstanden, *bei der Beurteilung der Frage*, ob eine beherrschende Stellung vorliegt, Beachtung finden könnte. Es kann sich damit nur um eine Möglichkeit handeln, eine solche beherrschende Stellung ausnahmsweise hinzunehmen, wenn dafür eine den Wettbewerb nicht behindernde und dem Verbraucher förderliche Möglichkeit gefunden werden kann.

Wenn man nicht der Meinung folgt, es liege ein Marktmachtindikator vor, was, wie dargelegt, einer sehr weiten Dehnung des Wortlauts bedarf, kann man zu der Ansicht gelangen, daß eine Berücksichtigung nicht möglich ist. Axster[418] schließt aus der Annahme, daß der Text einen verunglückten Kompromiß darstelle, aber, wie dargelegt, zu Recht darauf, daß eine Berücksichtigung zu erfolgen hat. Dann bliebe die Möglichkeit einer allgemeinen Abwägung im Sinne eines bilan économique. In diesem Fall würde man darauf abstellen, daß ein wirtschaftlicher Fortschritt in einer Wettbewerbsordnung insgesamt positiv zu betrachten ist. Hierin liegt jedoch eine Betrachtung gesamtwirtschaftlicher Bezüge vor, wobei übersehen wird, daß Art. 2 FKVO gerade auf den Zusammenschluß konkreter Unternehmen abstellt. Daher ist sehr wohl denkbar, daß ein wirtschaftlicher Fortschritt, der nur den beteiligten Unternehmen zugute kommt, eine beherrschende Stellung verstärken oder begründen kann und damit insgesamt eben kein Fortschritt erzielt wird.

Eine Auslegung im Sinne des Art. 81 III EG, wonach eine Abwägungsbilanz aufzustellen wäre in dem Sinne, daß die wettbewerblichen Nachteile des Zusammenschlusses mit den außerwettbewerblichen Vorteilen durch dieses

---

[416] Meesen 417 (420).

[417] Als scheinbares Ergebnis auch bei George/Jacquemin S. 241 f., die allerdings dieses oberflächliche Ergebnis letztlich ablehnen und eine Genehmigung aufgrund von Effizienzvorteilen befürchten.

[418] FS für Quack, 569 (583).

Kriterium unbeschränkt aufzuwiegen wären[419], scheidet damit aus. Innerhalb der Kriterien des Art. 2 FKVO herrscht Gleichrangigkeit der Gesichtspunkte, so daß ein „bilan économique" allein aus diesem Gesichtspunkt heraus nicht haltbar ist. Der „technische und wirtschaftliche Fortschritt" ist eben gerade bei der Feststellung einer beherrschenden Stellung zu beachten, nicht erst nach dieser Feststellung.

Eine solche Betrachtung ist also nur in einem zweistufigen Verfahren zu realisieren und kann daher nur für die Frage nach der Erheblichkeit der festgestellten Wettbewerbsbehinderung eine Rolle spielen. In diesem Zusammenhang könnte eine Ausnahmeregelung getroffen worden sein[420].

Möglich wäre noch eine Deutung als Öffnungsklausel für Verhältnismäßigkeitsüberlegungen.

Zum einen könnte hier an eine Zweifelsfallregelung gedacht werden, nach der ein Zusammenschluß dann aufgrund seiner gesamtwirtschaftlichen Vorteile zu genehmigen wäre, wenn eine beherrschende Stellung nicht zweifelsfrei festgestellt werden kann[421]. Gegen eine solche Betrachtung spricht, daß die Kommission Zusammenschlüsse *zu prüfen* hat. Demgemäß ist davon auszugehen, daß die Feststellung im Rahmen einer Amtsermittlung stattzufinden hat und insofern Zweifelsfälle nicht aufkommen dürfen. Andererseits stellt diese Ansicht eine praktikable Lösung dar, die die außerwettbewerbliche Besonderheit des „technischen und wirtschaftlichen Fortschritts" berücksichtigt. Der Wortlaut als solcher spricht zwar in keiner Weise dafür, eine solche Auffassung erscheint aber zumindest pragmatisch und realitätsnah. Es ist damit weiter zu verfolgen, ob sich dieses Ergebnis durch andere Gesichtspunkte bestätigen läßt.

Möglich wäre andererseits auch eine Auslegung dahingehend, daß technischer und wirtschaftlicher Fortschritt ein Kriterium darstellt, das, eingeschränkt durch eine mehr oder weniger weit verstandene Wettbewerbsklausel, Unternehmen zugute kommt, die durch eine Konzentration Investitionen in die Forschung und Entwicklung tätigen können, die ihnen ohne die Konzentration nicht möglich wären. Dann könnte das Kriterium als temporäre Öffnungsklausel verstanden werden[422], die unter der Schranke der fehlenden Beeinträchtigung des Wettbewerbs steht in dem Sinne, daß eine Behinderung des Wettbewerbs nicht nachhaltig, das heißt verfestigt über einen längeren

419 So aber Gugerbauer, Art. 2 RdNr. 82; Miersch, S. 56; a.A. vgl. nur Albers in GTE Bd 2/II (5. Aufl.) Fusionskontrollverordnung Art. 2 RdNr. 519.

420 Vgl. dazu unten.

421 Vgl. Immenga, WuW 1990, 371 (378), Schröter in Groeben/Thiesing/Ehlermann Art. 87 RdNr. 269 ff.

422 In diesem Sinne Meesen, 417 (422) unter Berufung auf wirtschaftsanalytische Schriften.

Zeitraum, entsteht. Insoweit kann die Wettbewerbsklausel in Art. 2 Abs. 1 b) auch als absolute Grenzziehung für die Berücksichtigung nichtwettbewerblicher Faktoren gesehen werden[423].

Diese These soll im folgenden näher betrachtet werden. Hier sei festgehalten, daß der Wortlaut „sofern diese dem Verbraucher dient und den Wettbewerb nicht behindert" einer solchen Deutung nicht entgegen steht. Denn die Investition in Zukunftstechnologie kommt letztlich als Innovation dem Verbraucher zugute und die Behinderung des Wettbewerbs ist nicht näher in ihrem Ausmaß gekennzeichnet. Ob nur eine schwere oder schon eine leichte Behinderung zu der Unmöglichkeit der Berücksichtigung des wirtschaftlichen und technischen Fortschritts führt, ist aus dem Wortlaut alleine nicht mit letzter Sicherheit zu entnehmen. Gesichert ist nur, daß eine totale Aufhebung des Wettbewerbs nicht mehr vom Wortlaut gedeckt ist. Nachdem ebenso aber auch die gänzliche Nichtberücksichtigung, wie oben dargelegt, nicht in Frage kommt[424], wird weiter zu untersuchen sein, ob sich aus der Systematik, dem Telos oder der Entstehungsgeschichte weitere Anhaltspunkte dafür finden lassen, daß es eine Entwicklung des wirtschaftlichen und technischen Fortschrittes gibt, die den Wettbewerb nicht behindert, weil das Schutzgut anders als bisher zu verstehen ist[425] oder Möglichkeiten bestehen, Nachteile für den Wettbewerb zu vermeiden.

c) Tatsächlicher oder potentieller Wettbewerb durch innerhalb oder oder außerhalb der Gemeinschaft ansässige Unternehmen

Der tatsächliche Wettbewerb, dem die fusionierenden Unternehmen gegenüberstehen, ist ein marktstrukturbezogenes Merkmal, dem keine Öffnungsmöglichkeiten im Sinne der vorliegenden Untersuchung zugestanden werden können.

Dem Wortlaut nach gilt dies ebenso für den potentiellen Wettbewerb. Diese Formulierung eröffnet der Kommission allerdings eine weite Einschätzungsprärogative, von der sie auch bereits umfangreich Gebrauch gemacht hat[426].

---

[423] Vgl. Albers in GTE Bd 2/II (5. Aufl.) Fusionskontrollverordnung Art. 2 RdNr. 529.

[424] Vgl. auch Neven/Nuttal/Seabright, S. 62, die die Berücksichtigung wettbewerbsfremder Elemente weiterhin für debattierbar halten, vgl. auch weiter oben im Text.

[425] So Meesen, 417 (427) aufgrund der Annahme eines „industriepolitischen Wettbewerbs".

[426] Vgl. insbesondere Entscheidung M.315 Mannesmann/Vallourec/Ilva, ABl. C 228/17 aus 1993, in der die Kommission eine marktbeherrschende Stellung mit potentiellem Wettbewerb japanischer Unternehmen rechtfertigt, vgl. ausführlich dazu oben.

Potentieller Wettbewerb ist solcher, der im Moment der Entscheidung nicht herrscht und damit den Verhaltensspielraum der Parteien nur psychologisch einschränken kann. Man kann sogar so weit gehen, zu bemerken, daß er sich dadurch auszeichnet, daß niemand so genau weiß, ob und gegebenenfalls wann es ihn gibt[427]. Es muß jedenfalls eine gewisse Wahrscheinlichkeit dafür bestehen, daß in absehbarer Zukunft solcher Wettbewerb hinzutreten wird. Es bleibt damit der Kommission überlassen, welche Kriterien sie bei der Prüfung, ob Wettbewerb in Zukunft zu erwarten ist, anwendet. Zumindest läßt sich aber aus der Entscheidungspraxis der Kommission eine Wahrscheinlichkeitsskala in Bezug auf das Angriffspotential der Wettbewerber entnehmen, das gegeben sein muß, um potentiellen Wettbewerb zu bejahen.

Wie oben schon herausgearbeitet[428], setzt die Kommission in der Regel einen Zeitraum von drei Jahren an, in dem der Marktzutritt potentieller Wettbewerber erfolgen muß. Es gibt keine festen Grenzen für die Ausweitung der Produktion bereits bestehender marktstarker Wettbewerber. Insbesondere durch die Öffnung der Einschätzungsklausel für Wettbewerb von außerhalb der Gemeinschaft wird die Gefahr heraufbeschworen, daß das Potential US-amerikanischer und japanischer Unternehmen beschworen wird, um die vielzitierten „European champions" heranzuzüchten.

Die zeitliche Einschränkung ergibt sich zudem dadurch, daß „potentiell" das Vorliegen einer Potenz, also eines Vermögens, voraussetzt. Es muß also aufgrund objektiver Tatsachen eine Wahrscheinlichkeit bestehen, daß innerhalb einer überschaubaren Zeit verhaltensspielraumbegrenzender Wettbewerb hinzutritt. „Potentiell" meint „im Bereich des Möglichen"[429].

Die englische Fassung spricht ebenfalls von der „actual or potential competition from undertakings located either within or outwith the Community". Die Bedeutung im Englischen ist dieselbe: „"that may can or come into existence"[430].

Die Forderung nach einem überschaubaren Zeitraum ergibt sich im Bereich des Wortlautes aus dem Erfordernis der Kontrolle zum Zeitpunkt der Entscheidung. Ausnahmen von diesem Hier und Jetzt sind eng zu begrenzen. Die Kommission hat eine solche etwa für die tatsächlichen Voraussetzungen der „failing company defense" nach Aufhebung einer Entscheidung angenommen. Nach Aufhebung der Entscheidung wurde bei der neuerlichen Prüfung für die Beurteilung der tatsächlichen Gegebenheiten auf den Zeitpunkt

---

427 Löffler in Langen/Bunte zu Art. 2 FKVO RdNr. 160.
428 Vgl. 1. Teil, B, I.
429 Bünting, Stichwort „potentiell", S. 889.
430 Hornby, „potential", S. 663.

der – aufgehobenen – ersten Entscheidung abgestellt. Ausschlaggebend war also ausnahmsweise nicht die Lage zum Zeitpunkt der neuen Entscheidung[431].

Vorliegen muß nach der Kommission für eine Berücksichtigung ferner:

- Kapazitätsreserven etablierter Wettbewerber, die diese zu verstärktem Wettbewerb nutzen können[432];
- Möglichkeit der Erhöhung der Eigenfertigung bei Unternehmen auf nachgelagerten Marktstufen, dadurch kann Marktmacht der Partner eingeschränkt werden, da die Abnehmer ausweichen können[433];
- Möglichkeit des Ausweichens auf Importe aus anderen räumlichen Märkten[434];
- Umstellmöglichkeit von Wettbewerbern, die verwandte Systeme anbieten und damit den Partnern verstärkten Wettbewerb liefern können[435].
- die nicht näher konkretisierbare Möglichkeit[436] eines Marktzutritts völlig neuer Wettbewerber, die von einer möglichen Preiserhöhung der Parteien Wettbewerbschancen eröffnet sehen und Konkurrenz eröffnen[437].

Die dargelegten Indizien sind grundsätzlich objektiv und an den Marktgegebenheiten orientiert. Es bleibt aber daran zu erinnern, daß der Kommission mit dem potentiellen Wettbewerb ein Instrument an die Hand gegeben worden ist mit dem ihr die Möglichkeit gegeben wurde, durch eine möglicherweise auch industriepolitisch motivierte Beurteilung von Marktgegebenheiten die Wahrscheinlichkeit potentiellen Wettbewerbs näher festzulegen[438]. Infolge dessen gibt es Autoren, die gerade angesichts der letztgenannten Betrachtung hier die Möglichkeit eines bilan économique ansiedeln[439].

Nach den zu der „Struktur der betroffenen Märkte“ getätigten Aussagen ist dies aber abzulehnen. Der potentielle Wettbewerb ist ein Marktmachtindikator und als solcher kein geeignetes Einfallstor für außerwettbewerbliche

---

[431] S. Entscheidung Kali + Salz/Treuhand/MdK in WuW 1998,

[432] Diese fehlten z. B. bei Kommission, IV/M.012, „Varta/Bosch“, WuW/EV 1701 (WuW 1992, 255 (260)), RdNr. 32.

[433] Kommission, IV/M.164, Mannesmann/VDO WuW/E EV 1799 (1802, Rz. 21 ff.) (WuW 1992, 671 f.); IV/M. 134, Mannesmann/Boge WuW/E EV 1662 (1667, Rz. 27) (WuW 1992, 82 ff.)

[434] Kommission, IV/M042, Alcatel/Teletettra WuW/E EV 1616 (1623, Rz. 41), =WuW 1991, 1010; IV/M.222, Mannesmann/Hoesch, ABl. 1993 L 114/34 ff. (47, Rz. 109 f.).

[435] Kommission, IV/M.133, Lucas/Eaton WuW/E EV 1783 (1790, Rz. 37) = WuW 1992, 547 ff.

[436] Vgl. dazu Löffler in Langen/Bunte zu Art. 2 FKVO RdNr. 160 aE.

[437] Vgl. etwa Mercedes Benz/Kässbohrer ABl. 1995 L 211/1 ff.

[438] Vgl. Darstellung der Entscheidungen bei Stockmann/Schultz, 13. Aufl. RdNr. 808.

[439] Cohen-Tanugi/Encaoua/Winckler/Brunet, S. 80 f.

Gesichtspunkte. Eine Öffnung wäre auch hier nur über eine ergänzende Auslegung möglich, für die aber Anhaltspunkte fehlen.

Zusammenfassend bleibt festzustellen, daß hier zwar eine wettbewerbliche Abwägungsmöglichkeit vorliegt, industriepolitische Einflußnahme aber ausgeschlossen ist.

III. Behinderung wirksamen Wettbewerbs als Abwägungsklausel (Art. 2 Abs. 2 und 3 FKVO)

Nach der Überprüfung der Möglichkeit, innerhalb der Kriterien des Art. 2 FKVO Vor- und Nachteile eines Zusammenschlusses mit einander abzuwägen, bleibt nunmehr die Frage, ob Art. 2 FKVO nicht doch eine zweistufige Prüfung vorsieht.

Sowohl Art. 2 Abs. 2 als auch Abs. 3 fordern, daß durch einen Zusammenschluß eine beherrschende Stellung entsteht, durch die der Wettbewerb „erheblich" behindert wird. Nur dann ist ein Zusammenschluß zu untersagen (Art. 2 Abs. 3) oder, wenn keine erhebliche Behinderung vorliegt, mit dem Gemeinsamen Markt für vereinbar zu erklären (Art. 2 Abs. 2).

Es gibt hier gewisse Tendenzen, diese notwendige Erheblichkeit der Wettbewerbsbehinderung schlicht zu übersehen und für unerheblich zu erklären[440]. Wie oben anhand des technischen und wirtschaftlichen Fortschritts[441] dargelegt, kann dies angesichts des Wortlautarguments nicht richtig sein. So hat insbesondere die Kommission es bisher vermieden, Entscheidungen auf dieses Merkmal zu stützen. Sie stellt vielmehr regelmäßig fest, daß bei Marktbeherrschung der Wettbewerb auch „erheblich" behindert ist[442].

Fraglich ist daher, ob die „erhebliche Behinderung des Wettbewerbs" ein Einfallstor für industriepolitische Abwägungen darstellen kann[443]. Ebenso läßt sich hier aber auch möglicherweise eine wettbewerbliche Abwägungsklausel hineinlesen.

Fest steht zunächst, daß die Feststellung einer beherrschenden Stellung allein für ein Verbot eines Zusammenschlusses nicht ausreichen kann. Es muß sich vielmehr zusätzlich um eine erhebliche Behinderung handeln[444], setzt man

---

[440] Vgl. etwa Veelken, in Veelken/Karl/Richter S. 18 f., auch CH Schmidt, der dem Merkmal lediglich beschreibende Bedeutung zukommen lassen will.
[441] Vgl. 2. Teil, A, I., 2.) b).
[442] Vgl. Übersicht bei Löffler in Langen/Bunte zu Art. 2 FKVO RdNr. 174.
[443] So u.a. Block, WSI Mitteilungen 1992, 24 (30).
[444] Riesenkampff, 491 (496) mit weit. Nachw..

sich über den Wortlaut nicht einfach hinweg. Die beherrschende Stellung allein, die letztlich Art. 82 EG entstammt, ist als neutral zu betrachten[445]. Die Gefahr liegt eigentlich in deren mißbräuchlicher Ausnutzung, vgl. Art. 82 EG. Die FKVO versucht, einer solchen Ausnutzungsmöglichkeit bereits im Vorfeld einen Riegel vorzuschieben. Da somit eine nur abstrakte Gefahr zu bannen ist, ist es gerechtfertigt, zu verlangen, daß eine erhebliche Behinderung vorliegt, um ein Verbot rechtfertigen zu können.

Vom Wortlaut her fordert „erheblich“ eine gewisse, über leichte Einschränkungen deutlich hinausgehende, Intensität der Behinderung.

Zum einen ist damit die Möglichkeit eröffnet, daß hier eine „de minimis“-Klausel eingeführt werden sollte, wonach eine Untersagung bei leichten, „normalen“ Behinderungen nicht gerechtfertigt wäre. Wann eine solche Situation vorliegt, ist nicht weiter erläutert, bei einem solchen Verständnis wäre der Kommission also ein weiteres Mal eine große Einschätzungsprärogative eröffnet.

Es wäre dann also bei der Prüfung, ob eine beherrschende Stellung vorliegt, deren Gewichtigkeit mit zu prüfen und demgemäß leichte Beschränkungen auszuscheiden. Die Gewichtigkeit könnte hier über den Umfang des betrachteten Marktes definiert werden, so daß etwa Märkte, die unter einem Gesamtvolumen x bleiben, für eine Prüfung nicht relevant wären. Ebenso ließe sich annehmen, daß eine lediglich leichte Verschlechterung der Marktstrukturen für eine Untersagung nicht in Frage käme. Es bliebe bei einer einstufigen Prüfung.

Einige Autoren entnehmen dieser Klausel andererseits eine zweistufige Prüfung. Schröder[446] stellt dabei zwei Fragen auf:

1.) Begründet oder verstärkt der Zusammenschluß eine beherrschende Stellung, wobei diese Frage anhand von Art. 2 Abs. 1 lit. b) zu beantworten ist;

2.) wird durch diese beherrschende Stellung wirksamer Wettbewerb (im Gemeinsamen Markt oder einem wesentlichen Teil desselben) erheblich behindert[447]; wobei diese Frage anhand der Kriterien des Art. 2 Abs. 1 lit. a beantwortet werden soll[448].

---

445 Megret RdNr. 912.
446 in Drauz/Schröder, S. 68 ff.
447 Drauz/Schröder S. 68, für eine Eigenständigkeit des Merkmals auch Stockenhuber, S. 225.
448 Drauz/Schröder, S. 69, ähnlich auch Löffler in Langen/Bunte zu Art. 2 RdNr. 9.

Demgemäß besteht grundsätzlich ein Ansatz, in Art. 2 FKVO zwei Prüfungsschritte hineinzulesen[449]. Dann wäre die Behinderungsklausel mit dem deutschen § 37 Abs. 1 (§ 24 Abs. 1 alt) GWB vergleichbar[450]. Vielleicht wäre sogar, wenn die Kommission völlig frei wäre in der Einschätzung, wann eine Behinderung erheblich ist, ein „bilan économique" möglich. Denn dann könnten außerwettbewerbliche Vorteile dazu führen, daß eine Wettbewerbsbehinderung nicht als erheblich anzusehen ist.

Möglich ist aber auch eine zeitliche Öffnungsklausel, daß also ein Zusammenschluß der zwar zu einer beherrschenden Stellung führt, die aber in absehbarer Zeit erodieren wird, für mit dem Gemeinsamen Markt vereinbar zu erklären ist[451].

Diese Frage muß damit weiter verfolgt werden. Dies geschieht im Rahmen der systematischen Untersuchungen[452].

Eine einstufige Prüfung kann vom Wortlaut her negiert werden. Wie dargelegt, ist die Erheblichkeit ein Merkmal, das nicht einfach zu negieren ist. Es liegt daher nahe, hier einen zusätzlichen Prüfungspunkt zu sehen, sei es auch nur eine Verhältnismäßigkeitsbetrachtung. Nicht übertragbar erscheint das Verhaltenselement, daß in Art. 82 EG mit dem Mißbrauch einer beherrschenden Stellung beschrieben wird. Die Erheblichkeit ist deutlich auf den Begriff der beherrschenden Stellung selbst bezogen, nicht auf den Umgang mit ihr.

Bestätigt wird eine solche Betrachtung schließlich noch durch das EuG[453]. Es hat erklärt: „Die Kommission hat einen Zusammenschluß für vereinbar mit dem GM zu erklären, sobald zwei Voraussetzungen erfüllt sind: Erstens darf der betreffende Zusammenschluß keine beherrschende Stellung begründen oder verstärken und zweitens darf der Wettbewerb auf dem GM nicht durch die Begründung oder Verstärkung einer solchen Stellung erheblich behindert werden"[454]. Diese Formulierung ist allerdings nicht eindeutig. Denn wörtlich genommen bedeutete dies, daß die zweite Voraussetzung der fehlenden erheblichen Behinderung wirksamen Wettbewerbs nur zu betrachten ist, wenn bei einem Zusammenschluß eine beherrschende Stellung zwar schon bestanden hat (sonst wäre der Zusammenschluß schon wegen Begründung einer solchen zu verbieten), aber durch den Zusammenschluß nicht verstärkt wird. Nur dann könnte, nimmt man diese Formulierung wörtlich, die erhebliche Behinderung

---

449 So auch Bechthold, EuZW 1996, S. 390f, auch Grill in Lenz RdNr. 59 zu Art. 87.
450 Weitbrecht, EuZW 1990, 18 (20).
451 Grill in Lenz RdNr. 59 zu Art. 87.
452 Vgl. unten, 2. Teil C.
453 RS T-2/93 Air France/Kommission, Slg. II 1994, S. 323 ff.
454 EuG Air France/Kommission Slg. 1994 II 323 (352) RdNr. 79.

eine Rolle spielen. Die bestehende beherrschende Stellung dürfte den Wettbewerb nicht erheblich behindern. Eine solche Betrachtung ist zu eng und mit dem Wortlaut nicht zu vereinbaren, denn dieser fordert unabhängig von der Verstärkung oder Begründung einer beherrschenden Stellung eine erhebliche Behinderung. Ein Stufenverhältnis ist also nicht erkennbar.

Für die vorliegende Untersuchung bleibt festzuhalten, daß das EuG zwei getrennte Prüfungsschritte angenommen hat, auch wenn es sie verfehlt aufeinander aufbauen läßt.

IV. Ergebnis zur Wortlautbetrachtung

Nach dem Dargestellten besteht vom Wortlaut her sowohl ein Ansatz, eine wettbewerbliche Abwägungsklausel in Art. 2 FKVO verankert zu sehen, als auch eine industriepolitische Abwägung für möglich erscheinen zu lassen.

Gleich, ob eine ein- oder zweistufige Prüfung angenommen wird, kann in dem Kriterium des „technischen und wirtschaftlichen Fortschritts“ die Möglichkeit erkannt werden, bei der Beurteilung des Vorliegens einer beherrschenden Stellung industriepolitische Aspekte einfließen zu lassen. Ebenso scheint die Berücksichtigung solcher Aspekte innerhalb der Beurteilung der „Erheblichkeit“ einer Wettbewerbsbehinderung möglich. Diese eignet sich, ebenso wie die Betrachtung der „Struktur der betroffenen Märkte“ auch, eine wettbewerbliche Abwägung zuzulassen. Industriepolitisch eröffnet gerade auch der „potentielle Wettbewerb“ Möglichkeiten. Dieser unbestimmte Begriff ist durch die Entscheidungspraxis der Kommission nur bedingt konkretisiert worden.

Eine weitergehende Auslegung wäre nunmehr nur entbehrlich, wenn ein Anwendungsfall der Doktrin des „acte claire“, zu der sich der Gerichtshof verschiedentlich bekannt hat[455], vorläge. Dies wäre dann der Fall, wenn der Wortlaut bereits zu einem eindeutigen Ergebnis führt. Wenn keine Möglichkeit besteht, aufgrund weiterer Auslegung zwischen verschiedenen Auslegungsmöglichkeiten des Wortlauts zu entscheiden, könnte die Untersuchung hier enden. Nach den Ergebnissen der Wortlautbetrachtung steht aber fest, daß einige der verwendeten Begriffe und Ausdrücke in Art. 2 FKVO mehrere Optionen eröffnen. Eine vertiefte Untersuchung ist damit unumgänglich.

Festzuhalten bleibt hier, daß die Kommission die in Art. 2 FKVO aufgeführten Kriterien bei der Prüfung einer beherrschenden Stellung zu beachten hat,

---

[455] Oppermann, RdNr. 579.

also zwingend auch den „wirtschaftlichen und technischen Fortschritt". Andererseits kann sie darüber hinaus Kriterien für ihre Beurteilung hinzunehmen, die im Katalog des Art. 2 FKVO nicht aufgeführt sind. Beurteilt wird das Hier und Jetzt des Zusammenschlusses, eine Aufweichung des Wettbewerbsbezuges also nur schwer möglich. Der „aktuelle oder potentielle Wettbewerb von innerhalb oder außerhalb der Gemeinschaft" bietet dafür keine Gelegenheit. Über den „wirtschaftlichen und technischen Fortschritt" ist ein globaler „bilan économique" innerhalb der Kriterien, also bei der Feststellung, ob ein Entstehen oder ein Verstärken einer beherrschenden Stellung vorliegt, nicht möglich. Für eine Abwägung bleibt daher möglicherweise eine zweistufige Prüfung aufgrund der „erheblichen Behinderung" des Wettbewerbs. Zudem ist näher zu untersuchen, inwieweit angesichts der aufgezeigten Schwierigkeiten ein Anwendungsbereich für den „technischen und wirtschaftlichen Fortschritt" verbleibt.

Für eine wettbewerbliche Abwägung bietet sich die „Struktur der betroffenen Märkte" ebenso wie die bereits erwähnte „erhebliche Behinderung".

B Historische Analyse

Im folgenden soll betrachtet werden, ob aus der Entstehungsgeschichte[456] Anzeichen für den Willen der Mitgliedsstaaten, in Art. 2 FKVO eine Abwägung zuzulassen, gezogen werden können.

Für Sekundärrechtsakte der Gemeinschaft ist die subjektive Auslegung anhand der Entstehungsgeschichte für den EuGH ein besonders wichtiges Kriterium[457]. Dabei wird, im Gegensatz zu der allgemeinen Einleitung am Beginn der Untersuchung, das Augenmerk weiterhin auf die konkreten Vorschläge zu einer europäischen Fusionskontrollverordnung und die widerstreitenden Meinungen gelegt werden. Aus diesen Vorarbeiten lassen sich möglicherweise Erkenntnisse zu einem Verständnis der endgültigen Fassung der FKVO gewinnen.

---

[456] Vgl. dazu Axster, S. 569 ff.; Löffler in Langen/Bunte zu Art. 2 FKVO RdNr. 1 ff.
[457] Vgl. Bleckmann, NJW 1982 1177 (1178), Potacs S. 22 f.

I. Erster Entwurf 1973

Der erste Entwurf 1973[458] für eine Fusionskontrollverordnung, der im Zusammenhang mit der Continental Can Entscheidung des EuGH[459] erfolgte, beinhaltete zunächst für die Frage einer Abwägung mit außerwettbewerblichen Vorteilen einige interessante Aspekte.

Art. 1 (1) des Entwurfs sah ein Verbot nur für Zusammenschlüsse vor, die den beteiligten Unternehmen die Möglichkeit eröffneten, wirksamen Wettbewerb auf dem Gemeinsamen Markt zu verhindern und den Handel zwischen den Mitgliedsstaaten zu beeinträchtigen. Im Gegensatz zu der heutigen Fassung lag damit die Eingriffsschwelle erheblicher höher.

Zu berücksichtigen waren bei der Einschätzung, ob eine Möglichkeit der Verhinderung wirksamen Wettbewerbs vorliegt, schon in diesem ersten Entwurf die Wahlmöglichkeiten der Lieferanten und Verbraucher, die wirtschaftliche Macht und die Finanzkraft der beteiligten Unternehmen, insbesondere auch die Struktur der betroffenen Märkte und die Entwicklung des Angebots und der Nachfrage.

Gemäß Absatz 3 galt aber auch diese – eingeschränkte - Möglichkeit der Untersagung von wettbewerbsbeeinträchtigenden Zusammenschlüssen nur unter dem Vorbehalt, daß der Zusammenschluß nicht für die Verwirklichung eines im allgemeinen Interesse der Gemeinschaft liegenden vorrangigen Zieles unerläßlich ist. Solche Zusammenschlüsse hätten von dem Verbot ausgenommen werden können. Die Kommission hätte also insoweit ein Ermessen gehabt.

Zu den vorrangigen Zielen zählten nach der Begründung des Entwurfes insbesondere die gemeinsamen Politiken, also insbesondere die Industrie-, Technologie-, Sozial- oder die Regionalpolitik[460]. So hätte also gezielt die Rentabilität von Unternehmen in wirtschaftlich und sozial schwachen Regionen gefördert werden können[461].

Sowohl das Parlament als auch der Wirtschafts- und Sozialausschuß billigten den Entwurf am 12. bzw. 28. Februar 1974. Aufgrund ungeklärter Rechtsgrundlage, Streit um den Anwendungsbereich und die vorgesehene Ausnah-

---

[458] Verordnungsentwurf, ABl. C 92/1 vom 31.10.1973, vgl. dazu Stockenhuber, S. 63.
[459] Entscheidung vom 21.2.1973, Rs 6/72, Slg. 1973, 215 ff.; dazu Van Bael/Bellis S. 365.
[460] Vgl. dazu Wettbewerbsbericht 1972, Tz 29; MoKo SG 17 Tz 38, CR Schmidt S. 98.
[461] MoKo, SG 17, Tz 38; die MoKo sieht hier eine ähnliche Funktion wie in der Ministererlaubnis verankert.

meregelung sowie aufgrund anderer Unstimmigkeiten, wurde der Entwurf im Rat nicht angenommen[462].

II. Änderungsvorschläge Anfang der 80er Jahre

In den folgenden 16 Jahren machte das Projekt einer europäischen Fusionskontrolle keine Fortschritte. Es konnte keine Einigung über die Berücksichtigung industriepolitischer Einflüsse gefunden werden. Ebenso war die Frage der Kompetenzaufteilung zwischen der Kommission und den Wettbewerbsbehörden der Mitgliedsstaaten umstritten[463].

In dem Änderungsvorschlag vom 16.12.1981[464] findet sich unverändert die Möglichkeit, Zusammenschlüsse von dem generellen Verbot marktbeherrschender Stellung aufgrund außerwettbewerblicher Erwägungen, freizustellen. Zusätzlich wurde eine Berücksichtigung der internationalen Märkte und eine stärkere Beschränkung der Kontrolle auf Zusammenschlüsse von Großunternehmen eingefügt[465].

Der nächste Änderungsvorschlag vom 7.2.1984[466] erweiterte die Ausnahmemöglichkeit des Art. 1 Abs. 3 auf die Berücksichtigung von vorrangigen Zielen der Gemeinschaft. Der darauf folgende Änderungsvorschlag vom 2.12.1986[467] ließ die materiellen Kriterien unverändert.

III. Schlußphase vor Verabschiedung der endgültigen Fassung

Nachdem die aufgezeigten Vorschläge im Rat keine Gefolgschaft finden konnten, legte die Kommission im April 1988[468] eine Entwurfsfassung vor, die deutlicher als bisher mit dem Rat abgestimmt worden war und einen ganz neuen Anlauf darstellte. Wesentlich für den Schwung, der mit dieser Fassung aufkam, war natürlich auch die zwischenzeitlich verabschiedete Einheitliche Europäische Akte[469]. Ebenso trug die Entscheidung des EuGH, Philip Morris[470], in der der EuGH neben Art. 82 EG nunmehr auch Art. 81 EG auf

---

[462] MoKo, SG 17 Tz 40; Änderungsvorschlag vom 16.12.1981, ABl. C 36/3 vom 12.2.1982, Entwicklung.
[463] Axster, S. 571.
[464] ABl. C 36/3 vom 12.2.1982.
[465] Siehe dazu MoKo SG 17, Tz 41.
[466] ABl. C 51/8 vom 23.2.1984.
[467] ABl. C 324/6 vom 17.12.1986.
[468] ABl. C 130/4 vom 19.5.1988.
[469] Vgl. dazu Ebenroth/Parche BB 1988, Beilage 18, S. 1; allgemein zu der Phase auch Dechery, RTD eur. 1990, No. 2, S. 307 (310).
[470] EuGH Slg. 1987, S. 4545 ff.; dazu Van Bael/Bellis S. 367.

Zusammenschlüsse für anwendbar erklärte, entscheidend zu einem neuen Vorstoß bei.

Der Entwurf führte die Schaffung oder Verstärkung einer beherrschenden Stellung als entscheidendes Kriterium ein (Art. 2 Abs. 2). Er enthielt weiterhin eine Klausel, nach der die Kommission Zusammenschlüsse genehmigen konnte, „die zur Verwirklichung der allgemeinen Vertragsziele, insbesondere zur Verbesserung der Warenerzeugung oder -verteilung, zur Förderung des technischen oder wirtschaftlichen Fortschritts oder zur Verbesserung der Wettbewerbsstruktur im Gemeinsamen Markt unter angemessener Berücksichtigung der internationalen Wettbewerbsfähigkeit der beteiligten Unternehmen sowie der Interessen der Verbraucher beitragen", ohne daß dadurch Möglichkeiten zur Ausschaltung des Wettbewerbs für einen wesentlichen Teil der betreffenden Waren und Dienstleistungen eröffnet werden (Art. 2 Abs. 4)[471].

Nach der Begründungserwägung sollte damit die Möglichkeit geschaffen werden, bei Überwiegen der außerwettbewerblichen Vorteile über die Veränderung der Wettbewerbsstruktur, also die Wettbewerbsverfälschung, den Zusammenschluß genehmigen zu können[472].

Damit blieb zunächst die Möglichkeit einer Abwägung mit außerwettbewerblichen Zielen erhalten, nunmehr nach dem Vorbild des Art. 81 Abs. 1 EG ausgestaltet. Die allgemeinen Vertragsziele wurden damit durch eine an Art. 81 Abs. 3 EG[473] angelehnte Klausel ersetzt. Diese Abwägungsklausel stieß vor allem auf deutschen Widerstand[474].

Neu taucht hier aber auch eine Formulierung auf, die an eine wettbewerbliche Abwägungsklausel erinnert: Die Verbesserung der Wettbewerbsstruktur durch einen Zusammenschluß ist ein Kriterium, das Nachteile eines Zusammenschlusses aufwiegen kann. Vergleicht man den systematischen Zusammenhang dieser Formulierung in Absatz 3 mit der grundlegenden Aussage des Absatzes 1, nämlich des Verbots einer Schaffung von beherrschenden Stellungen, dann ist nicht nachvollziehbar, wie die Schaffung einer marktbeherrschenden Stellung zur Verbesserung der Wettbewerbsstruktur beitragen sollte. Diese Formulierung kann daher vernünftigerweise nur als wettbewerbliche Abwägungsmöglichkeit zwischen Marktstrukturveränderungen auf verschie-

---

471 Vgl. zu dem damaligen Stand Ruppelt, WuW 1988, 405 ff.; Riesenkampff, WuW 1988. S. 465 ff., 471 ff.; zu den Pflichten der Marktteilnehmer Schroth, WuW 1989, S. 103 ff. ; Meier, WuW 1988, 723, 724 ff.

472 Vgl. dazu Janicki, WuW 1990, 195 (197).

473 Vgl. dazu, insbesondere zu der Übernahme des „technischen und wirtschaftlichen Fortschritts" aus Art. 85: CR Schmidt, S. 99 f.

474 Ruppelt, WuW 1989, 188; Bericht in WuW 1990, 5.

denen Märkten aufgefaßt und damit als eine Wirz-Schaukel auf europäischer Ebene[475] betrachtet werden. Eine solche Möglichkeit ist damit in der Entstehungsgeschichte der FKVO gesehen worden, im folgenden, wie die Endfassung zeigt, aber nicht weiter verfolgt worden. Das weithin als Möglichkeit eines Ansatzpunktes für eine wettbewerbliche Abwägungsklausel verstandene Merkmal der „Struktur der betroffenen Märkte" bestand neben dieser Formulierung. Man kann also davon ausgehen, daß der Rat dieses Merkmal nicht als wettbewerbliche Abwägungsklausel verstehen wollte. Ein Heranziehen dieser Klausel zur Abwägung erscheint vor diesem Hintergrund fraglich[476].

Dieses Argument einer Verwerfung der wettbewerblichen Abwägungsklausel in den Entwürfen zur FKVO überzeugt aber auch nicht völlig. Denn die wettbewerbliche Abwägungsklausel war in diesem Entwurf mit der industriepolitischen Abwägungsmöglichkeit verknüpft. Daraus kann der Schluß gezogen werden, daß durch den erbitterten Gegensatz der Positionen pro und contra industriepolitischer Öffnung der europäischen Fusionskontrolle die wettbewerbliche Abwägungsklausel bei dem Erfolg der Gegner einer allgemeinpolitischen Öffnungsklausel zum Opfer eines übertriebenen Mißtrauens geworden ist. Solange Anknüpfungspunkte in der FKVO, wie oben dargelegt, bestehen, sollte daher die Streichung der Klausel nicht überbewertet werden[477]. Es besteht zumindest auch die Möglichkeit, daß nunmehr die „Struktur der betroffenen Märkte" diesen Teil der alten Abwägungsmöglichkeit übernehmen sollte.

Das folgende, interne Arbeitspapier der Kommission[478] hob dann die Trennung von Verbotstatbestand und Ausnahme aufgrund überwiegender Allgemeininteressen auf. Damit entsprach die Konzeption weitgehend der oben[479] dargestellten französischen Wettbewerbskonzeption, nach der wettbewerbliche und nicht wettbewerbliche Faktoren gleichberechtigt nebeneinander stehen und eine Gesamtbilanz aus ihnen erstellt wird. Nunmehr wurde eine einzige, abwägende Prüfung eingeführt.

Im Novemberentwurf[480], dem letzten offiziellen Verordnungsvorschlag, finden sich noch beide Abwägungsmöglichkeiten unverändert wieder[481]. Nach Art. 2 Abs. 3 ist ein Zusammenschluß, der eine Stellung begründet oder verstärkt, durch welche die Aufrechterhaltung wirksamen Wettbewerbs behindert

---

475 in diesem Sinne auch Ebenroth/Parche, BB 1988, Beilage 18 S. 1 (8); Kleemann, S. 380 f.
476 So aber Immenga in: IM S. 828 RdNr. 27 ff., Bechthold, EuZW 1996, 389 (390)
477 Ebenso Kleemann, S. 380 f.
478 Arbeitspapier der Dienststellen der Kommission vom 25. Juli 1988, vgl. dazu MoKo, SG 17, Tz 50 ff.
479 S. Teil 1, B IV. 1.).
480 vom 30.11.1988, ABl. C 22/ 14 vom 28.1.1989, vgl. dazu Ruppelt, WuW 1989, 187 (191 f.).
481 Bzgl. den industriepolitischen Erwägungen siehe MoKo, SG 17, Tz 56.

wird, zu untersagen, es sei denn, die in Art. 81 Abs. 3 EG genannten Vorteile sind einschlägig oder aber die Wettbewerbsstruktur wird verbessert.

Hierbei fällt auf, daß, denkt man sich die gesamtwirtschaftlichen Vorteile weg, die Regelungstechnik § 36 Abs. 1 a.E. GWB vorliegt[482].

Auffällig ist hier noch, daß zunächst die bei einer Feststellung einer Wettbewerbsbehinderung zu beachtenden Beurteilungskriterien sich wieder den der früheren Entwürfe annähern, insbesondere durch die Aufgabe der beherrschenden Stellung als entscheidendes Kriterium.

Auf besonderen französischen Wunsch tauchte hier auch die Behinderungsklausel, die die Möglichkeit der Diskussion einer zweistufigen Prüfung[483] überhaupt eröffnet, auf. Damit sollte die Einbindung eines Verhaltenselements, also eines Marktmachtmißbrauchs[484], verbunden sein. Diese Sichtweise wurde von acht Mitgliedsstaaten unterstützt[485]. Für die Frage der Relevanz einer „Erheblichkeit" ergibt sich daraus: Aus der „Behinderung" des Wettbewerbs ist nunmehr eine „erhebliche Behinderung" geworden. Aus dieser Entwicklung der Entwürfe läßt sich ohne weiteres entnehmen, daß der Verordnungsgeber zunächst die strenge Fassung, daß jede Behinderung erheblich sein sollte, ins Auge gefaßt hat, um dann mit dem Erfordernis der Erheblichkeit eine Einschränkung vorgenommen hat[486]. Auch aus der historischen Analyse ergibt sich somit eine Sonderstellung dieses Merkmals. Inwieweit damit tatsächlich ein Verhaltenselement verbunden ist, soll später erörtert werden.

Hintergrund der Diskussion war eine aufkommende Skepsis gegenüber einem Gemeinsamen Markt nur für Großunternehmen. Nunmehr sollte auch der Gedanke des Mittelstandsschutzes eine Rolle spielen[487].

Das folgende Vorlagepapier vom 18.10.1989[488] sah die gänzliche Abschaffung einer Abwägungsklausel vor.

Die heutige Fassung, nämlich die „entschärfte" Berücksichtigung des wirtschaftlichen und technischen Fortschritts unter der Kuratel der Forderung, daß der Wettbewerb nicht behindert wird und der Fortschritt den Verbrauchern

---

482 Die MoKo sieht denn auch in diesem Entwurf neben wettbewerblichen Vorteilen auch struktur-, sozial- und industriepolitische Erwägungen berücksichtigt, geht also wie selbstverständlich hier von einer wettbewerblichen Abwägungsklausel aus, MoKo, SG 17, Tz 60.

483 Vgl. dazu Bechthold, EuZW 1996, 389 (390).

484 Vgl. dazu Janicki, WuW 1990, 195 (198).

485 Vgl. Ebenroth/Parche, BB 1988, Beilage 18, S. 7.

486 Ebenso Riesenkampff, S. 496.

487 Janicki, WuW 1989, 193 (194).

488 Vgl. Bericht in WuW 1989, 966.

zugute kommt[489], wurde dann aber quasi als Kompensation auf Druck südlicher Mitgliedsstaaten entgegen deutschem Widerstand[490] in die Verordnung wieder aufgenommen[491].

Diese heutige Fassung wurde in der verabschiedeten FKVO gleichberechtigt neben die wettbewerbsstrukturrelevanten Kriterien wie Marktanteile, Finanzkraft und Marktzugangsmöglichkeiten gestellt. Darin liegt eine Verdeutlichung des politischen Kompromisses, der zu einer Gesichtswahrung der südlichen EG-Staaten beitragen sollte, die von Anfang an für eine industriepolitische Öffnungsklausel gestritten hatten und mit dieser mehrfach abgesicherten („soweit der Wettbewerb nicht behindert wird“) Formulierung die Zustimmung der wettbewerblich ausgerichteten Mitgliedsstaaten, insbesondere Großbritannien und die Bundesrepublik, erreichten[492]. Schmidt/Binder bezeichnen diese Formulierung dann auch als „Kröte“, die die Bundesrepublik aus EG-politischen Rücksichten zu schlucken hatte[493].

Dieser Kompromiß[494], dessen Wortlaut, wie dargelegt, zwar gegen eine Öffnungsklausel spricht, stellt dennoch das Urproblem der Beurteilungskriterien in Art. 2 FKVO dar. Jede Seite kann nach diesem Kompromiß den „Sieg“ für sich beanspruchen, folglich werden beide Ansichten wie selbstverständlich in der Literatur auch vertreten. „Il ressort donc ... que le règlement essaye de concilier les deux conceptions (die deutsche und die französische Konzeption, der Verf.) du contrôle des concentrations, ce qui peut produire des problèmes dans certains cas pratiques“[495]. Durch dieses Dilemma ist dann auch tatsächlich die Entscheidungspraxis der Kommission geprägt, wie oben dargelegt. Hieraus ergibt sich, daß Art. 2 FKVO nach der historischen, subjektiven Interpretation, der vom EuGH die größte Bedeutung eingeräumt wird, nach dem Willen der Verordnungsgeber eine, wenn auch möglichst eingeschränkte, Öffnungsklausel enthält. Wie die Öffnungsklausel genau eingeschränkt ist, wird noch zu untersuchen sein[496].

---

489 Vgl. dazu insgesamt CR Schmidt.

490 Vgl. Mitteilung in WuW 1990, 5.

491 Vgl. dazu Dechery, RTD eur. 1990, No. 2, S. 307 (314).

492 Vgl. zu den Verhandlungspositionen auch Kartte, S. 251 (260).

493 Schmidt/Binder, 1299 f., auch mit Bezügen zum wettbewerbspolitischen Hintergrund.

494 So auch Möschel, S. 405 (409).

495 Moussis, Rev. d. Marché commun, 1995, 396 (402); auf der anderen Seite etwa Janicki, WuW 1990 195 (199): Die Entstehungsgeschichte der Regelung zeigt insgesamt, daß der früher vorgesehene breite Katalog von Rechtfertigungsgründen für marktbeherrschende Stellungen völlig entfallen und durch ein strenges Wettbewerbskonzept ersetzt worden ist.“

496 Ähnlich, aber einschränkend auf eine bloße Eröffnung einer Möglichkeit zur Abwägung: Riesenkampff, S. 496 f.

Auch aus der Tatsache, daß die wettbewerbliche Klausel gestrichen wurde, läßt sich nicht entnehmen, daß damit eine völlige Abschaffung auch dieser Abwägungsmöglichkeit gewollt war. Der Entstehungsgeschichte ist ein solcher Wille nicht zu entnehmen[497]. Die Streichung ist vielmehr als übergroße Vorsicht zu interpretieren, um die heftig umstrittene industriepolitische Abwägungsklausel endgültig zu verbannen.

IV. Ergebnis

Der Entwicklungsgeschichte der FKVO läßt sich kein eindeutiges Ergebnis gegen eine Abwägungsmöglichkeit mit industriepolitischen Erwägungen entnehmen. Die Einschränkungen, die gegenüber den früheren Entwürfen aufgenommen wurden, insbesondere die Bedingung, daß die Berücksichtigung des technischen und wirtschaftlichen Fortschrittes den Wettbewerb nicht behindern dürfe, geben zwar das Bemühen der an einer rein wettbewerblich ausgerichteten Lösung interessierten Staaten wieder, möglichst eine solche Abwägung auszuschließen. Auf der anderen Seite ist durch die, sich durch die ganze Entstehungsgeschichte hindurchziehende Abwägungsklausel, die nur kurz vor der endgültigen Verabschiedung fallengelassen wurde, um in abgemilderter Form doch noch zu erscheinen, eine eng begrenzte Abwägungsmöglichkeit nicht von der Hand zu weisen.

Zumindest stützt dieses Ergebnis deutlich die These, daß weder der „technische und wirtschaftliche Fortschritt" noch die „erhebliche Behinderung des Wettbewerbs" einfach negiert werden können. Die erzielte Kompromißlösung hat industriepolitische Elemente bewahrt. So wünschenswert es daher manchem deutschen Betrachter auch scheinen mag, man kann nicht von einem Kompromiß sprechen und gleichzeitig den vollen Erfolg der eigenen Position meinen.

Die Nichtberücksichtigung der zwischenzeitlich aufgetauchten wettbewerblichen Abwägungsklausel hingegen scheint zunächst eine deutliche Sprache zu sprechen: Das Merkmal der „Struktur der betroffenen Märkte" ist niemals als Wirz-Schaukel auf europäischer Ebene verstanden worden. Zunächst ist damit aus der Entstehungsgeschichte kein positiv ausgedrückter Wille des Rates zu entnehmen, eine Fusion, die eine positive Wettbewerbsbilanz aufweist, trotz beherrschender Stellung auf einem Teilmarkt für unbedenklich erklären zu wollen. Allerdings wurde oben schon dargelegt, daß die historische Analyse es nicht verhindert, diejenigen Merkmale, die eine Abwägung ermöglichen,

---

[497] Vgl. Immenga in IM zu Art. 2 FKVO RdNr. 28.

nicht dennoch in diesem Sinne zu verstehen. Durch die besondere Situation der Streichung einer wettbewerblichen Abwägungsklausel im Zusammenhang mit der Zurückdrängung industriepolitischer Abwägungungsmöglichkeiten erscheint dieses historische Ergebnis nicht zwingend genug, um aus der Streichung ein Verbot wettbewerblicher Abwägungsmöglichkeiten zu entnehmen.

C Systematische Untersuchung

Wortlaut und Genese lassen nach den bisherigen Untersuchungen kein endgültiges Ergebnis zu. Der EuGH sucht in solchen Fällen in ständiger Rechtsprechung, den Sinn der Norm aus der Systematik des Vertrages zu ermitteln[498]. Er betrachtet dabei allgemeine Grundsätze des in den Verträgen niedergelegten Gemeinschaftsrechts unter besonderer Berücksichtigung des Grundsatzes der einheitlichen Auslegung der Verträge[499]. Wie im nationalen Recht ist dabei bei sekundärem Gemeinschaftsrecht zunächst intrasystematisch der Kontext der Norm und dann die Verknüpfungen mit übergeordneten Grundsätzen zu betrachten.

Grundlage ist dabei der Normzweck, der sich eben aus diesen Grundlagen und dem übergeordneten Zusammenhang ergibt.

I. Struktur der FKVO

1.) Art. 2 FKVO

Art. 2 FKVO ist grundlegend in mehrere Teile aufteilbar, nach der Arbeitsanweisung der Prüfung von Unternehmenszusammenschlüssen in Abs. 1 Satz 1 (Teil 1) folgen zwei Kriterienkataloge, Absatz 1 a) und Absatz 1 b) (Teil 2).

Danach folgt die Entscheidungsgrundlage, die, systematisch und gesetzgebungstechnisch überflüssig, zweifach formuliert wurde, einmal bei Nichtvorliegen und einmal bei Vorliegen einer beherrschenden Stellung. Deutlich wird daraus eine besondere Unterstreichung der herausragenden Position der beherrschenden Stellung als Kriterium.

---

498 EuGH RS 101/63, Wagner ./. Fohrmann und Krier, Slg. 1964, 417 ff.; s. dazu auch Oppermann, RdNr. 581; Potacs, S. 13 f.

499 Oppermann RdNr. 581, 585.

Nach der Novelle 1998[500] ist außerdem zu klären, ob die Frage einer Koordination des Wettbewerbsverhaltens in Art. 2 Abs. 4 neue Fassung eine Rolle für die vorliegende Untersuchung spielen kann. Dies wäre dann der Fall, wenn nunmehr die Kriterien des Art. 81 EG innerhalb des Art. 2 FKVO zu berücksichtigen wären.

Dieser neue Absatz 4 bezieht sich allerdings ausdrücklich nicht auf die beherrschende Stellung, dem nach wie vor entscheidendem Anknüpfungspunkt im Bereich der Absätze 1 bis 3. Daher kann Absatz 4 für die hier interessierende Beurteilung eines konzentrativen Zusammenschlusses nur nebensächliche Bedeutung haben. Für die Beurteilung des konzentrativen Ansatzes sollte Art. 2 Absatz 4 FKVO auch keine Änderungen bringen[501]. Ob damit allerdings gar keine Auswirkungen von der Neufassung zu erwarten sind, soll aber noch ausführlicher betrachtet werden.

a) Kriterienkataloge innerhalb des Art. 2 FKVO

Aufgabe der Fusionskontrolle ist nach Art. 2 Absatz 1 a) FKVO die Aufrechterhaltung und Entwicklung wirksamen Wettbewerbs auf dem Gemeinsamen Markt. Diese Aussage ist vor dem Hintergrund der Verpflichtung der Gemeinschaft aus Art. 3 g EG zu sehen. Die Fusionskontrolle schützt den Wettbewerb in der Gemeinschaft vor Verfälschungen[502]. Damit wird hier innerhalb der Kriterien des Art. 2 FKVO eine weitere Unterteilung deutlich: Art. 2 Abs. 1 a) enthält neben konkreten Beurteilungskriterien auch eine Programmaussage, das Erfordernis der Entwicklung wirksamen Wettbewerbs durch Fusionskontrolle. Auch wenn diese Programmaussage sehr den Erwägungsgründen ähnelt[503], ist sie eben gerade nicht als Erwägungsgrund vorangestellt, sondern trifft eine Bindung der Prüfung innerhalb des Art. 2 FKVO. Ihr kommt damit eine besondere Bedeutung zu.

Die Aufgabe der Kommission ist damit dynamisch zu verstehen. Es muß ausdrücklich auch in die Zukunft gesehen werden, um eine Entwicklung des Wettbewerbs prognostizieren zu können. Die Aussage steht bei einer Gruppe von strukturbezogenen Kriterien, der „Struktur der betroffenen Märkte“ und dem „potentiellen und tatsächlichen Wettbewerb“ auf den Märkten. Innerhalb dieses Art. 2 1 a) wird also ein größerer Rahmen vorgegeben. Der Blickwinkel ist durch diese Programmaussage auf den Gemeinsamen Markt gerichtet.

---

[500] Vgl. dazu die Einleitung.
[501] Vgl. dazu Immenga in der ersten Ergänzung zu IM, Art. 2 FKVO RdNr. 5.
[502] Immenga in IM zu Art. 2 FKVO RdNr. 6;
[503] Immenga in IM zu Art. 2 FKVO RdNr. 6.

Es sind dabei alle Märkte innerhalb und außerhalb der Gemeinschaft zu betrachten.

Im Gegensatz zu anderen, allgemeinen Gesichtspunkten, ist damit der Wettbewerbsbezug in die Verordnung selber aufgenommen worden. Ihm ist damit deutlicher Vorrang gegenüber anderen Zielen des Vertrages, wie insbesondere dem „wirtschaftlichen und sozialen Zusammenhalt", der in Erwägungsbegründung 13 aufgegriffen wird, eingeräumt[504].

In diesen globaleren Rahmen fügen sich dann die folgenden, mehr unternehmensbezogenen und auf den konkret betroffenen Markt abzielenden Merkmale des Art. 2 1 b) ein.

Eine Gesamtbetrachtung der dargelegten Merkmale dieses Art. 2 1 b) FKVO ergibt dann auch eine deutlich wettbewerbliche Ausrichtung.

Marktstellung, Wahlmöglichkeiten der Lieferanten und Abnehmer sind ebenso wie der Zugang zu Beschaffungs- und Absatzmärkten, das Bestehen von Marktzutrittsschranken und die Entwicklung des Angebots und der Nachfrage marktbezogene Kriterien, die Auswirkungen auf den Marktanteil eines Unternehmens beziehungsweise auf die Entwicklung desselben haben können[505]. Des weiteren wird die wirtschaftliche Macht ebenso wie die Finanzkraft der beteiligten Unternehmen betrachtet. Beide sind wichtige Indikatoren für die Möglichkeiten eines Unternehmens, Angriffe von Wettbewerbern abzuwehren, da sie Vorteile hinsichtlich der economies of scale, multiplant economies, Lernkurveneffekte und economies of scope beinhalten. Sie stellen so, in einer Gesamtbetrachtung, Marktzutrittsschranken für Newcomer dar[506]. Damit sind auch hier teilweise wettbewerbsbezogene Kriterien gegeben. Sie sind allerdings auf gesamtwirtschaftliche Betrachtung ausgerichtet und damit zur Relativierung der Einschätzung eines konkret betrachteten Zusammenschlusses grundsätzlich geeignet.

Einzig das Kriterium des wirtschaftlichen und technischen Fortschrittes ist insoweit ein marktfremdes Kriterium, das Möglichkeiten für eine interventionistische Industriepolitik eröffnet[507].

Ansonsten wird sogar eine gewisse Anlehnung der Kriterien des Art. 2 FKVO an das GWB gesehen[508], die von der geschilderten Entstehungsgeschichte her

---

504 Vgl. zu diesem Aspekt Ritter, S. 371 f.; Van Bael/Bellis, S. 469 f.

505 Vgl. ebenso und zur Übersicht Immenga in IM zu Art. 2 FKVO, RdNr. 7.

506 Vgl. dazu zusammenfassend Kantzenbach, WuW 1994, 294 (295 f.).

507 Vgl. oben und Immenga in IM zu Art. 2 FKVO RdNr. 9, Stockenhuber S. 286 und umfassend C.R. Schmidt.

508 Immenga in IM zu Art. 2 FKVO RdNr. 7.

auch gewollt erscheint. Somit findet sich eine weitere Stütze für eine wettbewerbliche Grundausrichtung.

Allerdings gilt dies nicht unbedingt für die gesamte Prüfung, sondern nur für die Kriterien der Einzelmarktmachtbetrachtung in Art. 2 I b) FKVO. Denn auch die deutsche Fusionskontrolle kennt mit der Ministererlaubnis die Möglichkeit der Durchbrechung des wettbewerblichen Grundprinzips. Nach der Entscheidung Mercedes Benz/Kässbohrer[509], während deren Verlauf immer wieder von massiver Einflußnahme auf die Entscheidungsfindung der Kommission aufgrund deutscher arbeitsmarktpolitischer Interessen berichtet wurde, kann auch von deutscher Seite nicht von konsequenter Verfolgung einer reinen Wettbewerbslehre gesprochen werden. Im Verlauf dieser Entscheidung wurde massiv politische Einflußnahme mit Arbeitsplatzargumenten getätigt[510].

Die Kommission stellte in dieser Entscheidung zunächst erdrückende Marktanteile der Parteien fest. Von 2000 in Deutschland verkauften Überlandbussen im Jahre 1993 hatten Mercedes-Benz und Kässbohrer 1473 verkauft, von 2188 Reisebussen entfielen auf die Parteien 1236[511]. Die Kommission stellte dann aufgrund des Renommees, das Kässbohrer besitzt und des zu erwartenden Synergieeffekts weitere Vorteile auf diesen Märkten für die Parteien fest.

Genehmigt werden konnte der Zusammenschluß aufgrund eines potentiellen Wettbewerbs, da der lukrative deutsche Markt ausländische Unternehmen anziehen würde. Diesen würden auch keine unüberwindlichen Marktzutrittsschranken gegenüberstehen.

Damit ist eine gewisse Zweiteilung, die in der Systematik der Kriterien, wie oben bereits angedeutet, angelegt erscheint, auch praktisch umgesetzt worden. Die Marktmacht der Unternehmen auf dem betrachteten Markt läßt sich durch die Kriterien des Art. 2 I b) in gewissem Umfang kompensieren.

Dies gilt insbesondere dann, wenn die erwartete marktstarke Stellung potentiellem Wettbewerb ausgesetzt sein wird und damit eine Wahrscheinlichkeit für eine in Zukunft bestehende Kontrolle des Verhaltensspielraums der Parteien besteht.

Dabei wird nicht nur der durch potentiellen Wettbewerb bereits jetzt bestehende Druck auf die Unternehmen betrachtet, einen gewissen Handlungsspielraum nicht zu überschreiten, sondern auch Marktentwicklungen, die erst

---

509 Entscheidung IV/M.477 ABl. 1995 L 211/1 ff.; vgl. auch Darstellung bei Kögel, S. 276 ff.

510 Vgl. dazu insbesondere Möschel, EWS 1995, 249, 253.

511 aaO L 211/12.

in einiger Zeit wirksam werden. So erklären sich die häufigen Aussagen in Entscheidungen der Kommission, daß eine beherrschende Stellung deshalb nicht hingenommen werden kann, da sie sich über einen länger als 3 Jahre währenden Zeitraum hinzuziehen droht[512].

Wie bereits dargestellt, findet sich das Prinzip der Öffnung der Kontrollprüfung für Gemeinwohlerwägungen auch in allen nationalen Rechtsordnungen der Mitgliedsstaaten der Gemeinschaft. Es ist schon von daher nicht völlig überzeugend, daß auf europäischer Ebene davon keine Spur zu finden sein soll. Dies hat, wie dargestellt, auch das EuG bereits gefordert[513].

b) Rückschlüsse

Für den Moment ist festzuhalten, daß das Basiskriterium, die Marktbeherrschung, die sowohl als Genehmigungskriterium (bei Nichtvorliegen) und als Untersagungskriterium (bei Vorliegen) genannt wird, ist. Die Prüfung der Beherrschung des betroffenen Marktes wird ergänzt durch die Aussagen des Art. 2 Absatz 1 a), der eine gewisse Relativierung von Marktmacht zuläßt.

Generell weist der Begriff der Marktbeherrschung auf die Vermachtung des zu untersuchenden Marktes hin. Systematisch ist daher Grundlage der Fusionskontrolle die vorgelagerte Prüfung der Marktmacht von Unternehmen, um Mißbräuche bereits entstandener Macht zu verhindern. Die Betonung des Gedankens der Veränderung der Marktstruktur als Grundlage wird durch die Erwägungsgründe der FKVO-Novelle VO Nr. 1310/92[514] weiter untermauert. In Erwägungsgrund 4 wird dargetan, daß der Begriff des Zusammenschlusses so zu definieren ist, „daß er Handlungen erfaßt, die zu einer dauerhaften Veränderung der Struktur der beteiligten Unternehmen führt. ... Haben derartige Gemeinschaftsunternehmen vor allem strukturelle Wirkungen auf den Markt, so ist Art. 85[515] Absatz 1 in der Regel nicht anwendbar". Im Umkehrschluß heißt das, daß die Fusionskontrolle Änderungen der Marktstruktur verhindern will, die zu einer zu großen Machtballung führen. Dabei ist die Frage, wann eine solche Machtballung vorliegt, die präventiv erfaßt werden muß, da die damit verbundenen Gefahren zu groß erscheinen[516], eine Wertungsfrage[517].

---

512 Vgl. oben Kapitel 1
513 Vgl. oben 1. Teil, B I 2.).
514 ABl. 1997 L 180/1.
515 Nunmehr Art. 81 Abs. 1 EG, der Verf..
516 Vgl. dazu ausführlich Miersch, S. 51, der hauptsächlich auf den Verhaltensspielraum der Unternehmen abstellt und sich der deutschen Ängstlichkeit vor Marktmacht in sehr generöser Weise entgegenstellt.
517 Ebenso Immenga in IM zu Art. 2 FKVO RdNr. 1.

Nach den bisherigen Feststellungen ist keine Abwägung mit industriepolitischen Zielen vorzunehmen, mit Ausnahme der vorher angedeuteten Öffnungsmöglichkeiten, die weiter zu untersuchen bleiben.

Damit wird auch die Feststellung gestützt, daß eine Auslegung des Kriteriums des aktuellen und potentiellen Wettbewerbs von Unternehmen außerhalb der Gemeinschaft als Einfallstor zur Heranzüchtung europäischer Champions nicht möglich ist[518].

Die wettbewerbliche Grundausrichtung des Art. 2 FKVO behindert andererseits in keiner Weise die Möglichkeit, *wettbewerbliche* Vorteile eines Zusammenschlusses zu berücksichtigen. Vielmehr ist die Verhinderung von Marktmacht ein Aspekt, der für eine Zulassung der Berücksichtigung von wettbewerblichen Vorteilen spricht. Denn wenn durch einen Zusammenschluß insgesamt „ein Weniger" an Marktmacht zu erreichen ist, ist der Zielsetzung des Art. 2 FKVO durch die Durchführung dieses Zusammenschlusses besser gedient als durch sein Verbot. Art. 2 FKVO ist aber ebenso in seinem Gesamtzusammenhang in der Verordnung zu betrachten. Aus der systematischen Stellung als Zentralnorm ergibt sich aber lediglich seine herausragende Stellung zur materiellen Untersuchung von Zusammenschlüssen. Zumindest für die Frage, ob eine wettbewerbliche Abwägung möglich sein kann, ist zunächst das Zusammenspiel mit den Artikeln 6 und 8 FKVO näher zu betrachten. Dies geschieht im Anschluß an die Betrachtung des neu eingefügten Absatz 4.

c) Art. 2 Abs. 4

Zunächst soll auf die Einfügung des Art. 2 Abs. IV FKVO eingegangen werden. Interessant ist hier insbesondere die Bezugnahme auf Art. 81 EG.

Für die Anwendung des Art. 81 EG im Rahmen der Prüfung gemäß Art. 2 FKVO werden beispielhaft zwei Kriterien angegeben, nämlich, ob es auf dem betroffenen oder einem diesem vor- oder nachgelagerten Markt oder benachbarten oder eng verknüpften Markt eine nennenswerte und gleichzeitige Präsenz von zwei oder mehr Gründerunternehmen gibt und ob die unmittelbar aus der mit der Gründung beabsichtigten Koordinierung des Wettbewerbsverhaltens der beteiligten Unternehmen diesen die Möglichkeit eröffnet wird, für einen wesentlichen Teil der betroffenen Waren und Dienstleistungen den Wettbewerb auszuschalten.

---

[518] Vgl. dazu Stockenhuber, S. 288 ff., zur grammatischen Betrachtung oben, Teil 2 A II.

Grundsätzlich finden damit die Beurteilungskriterien des Art. 81 EG in der FKVO Berücksichtigung. Dies ist zum einen die Freigabeklausel der Förderung des wirtschaftlichen und technischen Fortschrittes, die Vorbild für die Formulierung des Art. 2 Abs. 1 b) war und in deren Licht die Kommission diese Klausel auslegen wollte[519]. Zum anderen ist dies aber auch der wesentlich strengere Maßstab des Art. 81 EG, nachdem eine Vereinbarung bereits dann mit dem Gemeinsamen Markt unvereinbar ist, wenn sie lediglich geeignet ist, den Handel zwischen den Mitgliedsstaaten zu beeinträchtigen. Die Schwelle zum Verbot ist also wesentlich geringer als bei einer Strukturkontrolle[520]. Eine unmittelbare Geltung der Kriterien des Art. 81 innerhalb der Absätze 1 bis Art. 2 Abs. 1 kann daraus aber nicht gefolgert werden. Andererseits kann Art. 81 auch nicht unberücksichtigt bleiben[521]. Auch wenn die FKVO unter anderem auf Art. 308 EG gestützt ist, so kann mit einer u.a. zur Durchführung des Art. 81 EG erlassenen Verordnung dieser nicht ausgeschaltet werden[522]. Daß Art. 81 grundsätzlich auf Zusammenschlüsse Anwendung finden kann, kann man kritisieren[523], steht aber seit der Entscheidung „Philip Morris“[524] fest[525]. Etwas anderes ergibt sich materiell auch nicht aus Art. 22 FKVO. Danach findet die Verordnung Nr. 17/62[526] keine Anwendung, sofern ein Zusammenschlußtatbestand iSd Art. 3 FKVO vorliegt, Art. 22 Abs. 1 FKVO. Qua legem ist also eine strikte Trennung vorzunehmen, eine „Doppelkontrolle ist nicht möglich“[527]. Dennoch muß im folgenden auch der Kontext zu Art. 81 EG untersucht werden, gerade im Hinblick auf eine mögliche Vorbildfunktion des Art. 81 für Art. 2 FKVO, also nicht hinsichtlich einer Doppelkontrolle, sondern hinsichtlich eines Einflusses auf die Auslegung der Kriterien.

Grundsätzlich ist aber die alte Trennung zwischen konzentrativen und kooperativen Gemeinschaftsunternehmen weiter virulent. Denn kooperative Unternehmensverbindungen unterliegen der Kontrolle nach Art. 2 Abs. 4 FKVO, während konzentrative Zusammenschlüsse der Kontrolle nach Art. 2 Abs. 1 bis 3 FKVO unterfallen[528].

---

519 Erklärung der Kommission zur Auslegung der FKVO, abgedruckt in: WuW 1990, S. 240 (241).
520 Vgl. dazu Kindler, EWS 1995, 321, 322.
521 Vgl. auch die Praxis der Kommission, etwa BT/AT&T, IV/JV.15, Kurzfassung abgedruckt in WuW 1999, 482 f.
522 Riesenkampff, S. 491 (505).
523 Vgl. Kindler, EWS 1995, 321, 322.
524 EuGH, Rs. 142 u. 156/84, „Philip Morris“, Slg. 1987, 4487 (4566 ff.).
525 Vgl. grundsätzlich zum Verhältnis Fusionskontrolle – Kartellverbot: Benisch, S. 17 ff.
526 Verordnung Nr. 17 des Rates: EGKS Durchführungsverordnung zu den Art. 85 und 86 des Vertrages (VO Nr. 17/62) vom 6. Februar 1962, ABl. Nr. 13/204.
527 Benisch, S. 17 (28).
528 Vgl. dazu und zu einem Überblick über die erste Praxis Kemp, Competition Policy Newspaper 1999, No. 1 40 ff. (42 f.).

2.) Aufbau des Verfahrens nach der FKVO

Art. 6 FKVO sichert die materielle Prüfung nach Art. 2 im Zusammenspiel mit Art. 8 verfahrensrechtlich ab. Im folgenden soll untersucht werden, inwieweit allgemeinpolitische Einflußnahmen im Verfahren möglich sind.

a) Aufgreifkriterien

Das Verfahren wird nach Art. 1 FKVO durch die Anmeldung der am Zusammenschluß beteiligten Unternehmen eingeleitet. Dabei fallen nach der Neufassung der FKVO nunmehr solche Zusammenschlüsse in den Anwendungsbereich der FKVO, an denen Unternehmen beteiligt sind, die einen weltweiten Gesamtumsatz von mehr als 2,5 Milliarden ECU und in mindestens drei Mitgliedsstaaten einen Umsatz von über 100 Millionen ECU tätigen. Zusätzlich muß in jedem der drei Mitgliedsstaaten, die von der Gesamtumsatzregel von 100 Millionen ECU betroffen sind, mindestens zwei der beteiligten Unternehmen mehr als 25 Millionen ECU umsetzen, außerdem müssen mindestens zwei beteiligte Unternehmen in der Gemeinschaft allein über 100 Millionen ECU umsetzen[529]. Ansonsten bleibt es bei dem Erfordernis des Art. 1 Abs. 2, nachdem die Unternehmen mehr als 5 Milliarden ECU weltweit zusammen umsetzen und mindestens zwei der beteiligten Unternehmen in der Gemeinschaft mehr als 250 Millionen ECU umsetzen[530].

Es bleibt demnach im wesentlichen bei hohen Aufgreifkriterien. Die Kommission hat nur Jurisdiktion über Zusammenschlüsse, die in diesem Sinne eine gemeinschaftsweite Bedeutung haben.

Der Kompromiß zur Wahrung der Zuständigkeiten der Mitgliedsstaaten, die für alle Zusammenschlüsse zuständig bleiben, die diese Kriterien nicht erreichen, war und ist umstritten[531]. Es bleibt aber bei dem sogenannten One-stop-shop Prinzip, nachdem entweder die Kommission oder die Mitgliedsstaaten

---

[529] Vgl. zu den neuen Aufgreifkriterien Immenga in IM Nachtrag zur FKVO, Art. 1 RdNr. 2 ff., allgemein zur Neufassung Schultz/Wagemann, 14. Aufl., S. 4ff.

[530] Vgl. zu den übrigen Begriffen wie die beteiligten Unternehmen und damit auch zu der Frage eines konzentrativen oder kooperativen Zusammenschlusses, eine Unterscheidung, die nunmehr zwar an Schärfe verloren hat, für die Beurteilung, ob Art. 85 EG-Vertrag oder Art. 2 FKVO auf einen Zusammenschluß Anwendung findet, aber immer noch entscheidende Bedeutung hat, und zu den Aufgreifschwellen Löffler in Langen/Bunte Art. 1 FKVO RdNr. 17 ff.; Immenga in IM zu Art. 1 FKVO RdNr. 4 ff.; auch Zäch, S. 372 ff.

[531] Vgl. nur Pohlmann EuZW 1996, 263 ff.; Baron WuW 1997, 579 ff., Stellungnahme des WSA, WuW 1996, 305 ff.

allein für die Fusionskontrolle zuständig sind. Gestärkt wurde darüber hinaus die Möglichkeit des Rückverweises an einen besonders betroffenen Mitgliedsstaat durch die Kommission, Art. 9, die sogenannte „deutsche Klausel". Auch durch Art. 9 FKVO wird deutlich, daß in Deutschland Angst vor einer möglicherweise zu „laschen" europäischen Fusionskontrolle, die nach industriepolitischen Kriterien urteilen könnte, herrschte. Gewissermaßen bestätigt wird diese Befürchtung allerdings durch die Einschätzung der europäischen Industrie, die vehement für eine größere Kompetenz der Kommission gestritten hat, sich aber letztlich nur sehr beschränkt durchsetzte[532]. Ein Grund für dieses Bemühen war das Gefühl, in Europa mehr Verständnis für große Unternehmenseinheiten zu erlangen.

b) Anmeldung

Die Anmeldung erfolgt grundsätzlich ex ante nach dem von der Kommission herausgegebenen Formblatt CO[533]. Anmeldepflichtig sind alle Unternehmen, die die genannten Umsatzschwellen erreichen, gleich ob aus der Gemeinschaft oder von außerhalb, Art. 4 FKVO. In der Praxis hat sich eingebürgert, daß die Parteien eines Zusammenschlusses die mögliche Beurteilung ihres Vorhabens durch die Kommission in informellen Gesprächen vor einer endgültigen Anmeldung eruieren. Diese Praxis entwertet auch größtenteils die geringe Zahl von Verbotsentscheidungen im Rahmen der Tätigkeit der Kommission als Argument für eine zu konzentrationsfreundliche Haltung der Kommission. Im Rahmen dieser Gespräche reichen die Parteien in der Regel einen Entwurf des Formblattes CO ein, mit dem die Merger Task Force[534] (MTF) bereits vor der Anmeldung in der Lage ist, Fragebögen für die Wettbewerber und Kunden zu entwerfen, mit deren Hilfe die Markteinschätzung vorgenommen wird[535].

Recht häufig werden problematische Zusammenschlüsse bereits in dieser Phase so abgeändert, daß wettbewerbliche Bedenken ausgeräumt werden können. Es kann aber auch passieren, daß letztlich Abstand von einem Vorhaben genommen wird, wenn sich herauskristallisiert, daß das Vorhaben wahrscheinlich nicht genehmigungsfähig ist. Daneben ist es den Parteien auch möglich, die Anmeldung im Rahmen des Verfahrens jederzeit zurückzunehmen. So wurde beispielsweise die Anmeldung des Zusammenschlußvor-

[532] Vgl. dazu Möschel, EWS 1995, 249, 252.
[533] Vgl. zum Formblatt CO Immenga in IM zum Verfahren nach der FKVO RdNr. 11.
[534] Eine speziell zur Wahrnehmung der Kompetenzen aus der FKVO eingerichtete Unterabteilung der Generaldirektion 4, Wettbewerb.
[535] Vgl. zu den informellen Kontakten auch Blanco, S. 64 f.

habens Holzmann/Hochtief/Deutsche Bank zurückgenommen, nachdem sich abzeichnete, daß die Kommission aus Rücksichtnahme auf das Bundeskartellamt das Verfahren an Deutschland zurückverweisen würde[536].

Somit besteht auch bei dieser „einvernehmlichen Klärung" wettbewerbsrechtlich bedenklicher Zusammenschlüsse, die in einer Genehmigung mit Auflagen münden kann, ein Ansatzpunkt für die Berücksichtigung außerwettbewerblicher Faktoren in der FKVO[537].

Grundlage dieser Vorgespräche ist Erwägungsgrund 8, nach dem die Kommission mit den Parteien Gespräche führen soll[538]. Des weiteren besteht die Möglichkeit, informelle Fristen für das Nachreichen von Informationen zu vereinbaren[539]. Auch können die Parteien in der Regel nützliche Einsichten hinsichtlich Umfanges der benötigten Informationen gewinnen.

Die Anmeldung hat grundsätzlich innerhalb einer Woche nach dem Vertragsabschluß, der Veröffentlichung des Kauf- oder Tauschangebotes oder des Erwerbs der die Kontrolle begründenden Beteiligung bei der Kommission zu erfolgen[540]. Die Frist beginnt mit jeder der genannten Handlungen zu laufen, Art. 4 Abs. 1.

Während des Verfahrens besteht ein Vollzugsverbot für den Zusammenschluß, Art. 7 FKVO, das allerdings auf Antrag aufgehoben werden kann, andererseits auch über die in Art. 7 Absatz 1 vorgesehenen drei Wochen hinaus verlängert werden kann, Art. 7 Abs. 4.

Die Anmeldung muß die im Formblatt CO verlangten Angaben vollständig und richtig enthalten, Art. 3 Abs. 1 VerfO, es sei denn, es wurde eine Befreiung für bestimmte Angaben erteilt, Art. 3 Abs. 2 VerfO. Nichtbeachtung der Anforderungen hinsichtlich der Richtigkeit der Angaben kann nach Art. 14 Abs. 1 lit a bzw. b mit Geldbuße geahndet werden. Bei Nichtvollständigkeit beginnen die Fristen der Fusionskontrolle erst mit dem Tag des Eintreffens der vollständigen Unterlagen.

---

536 Der Verfasser war Mitglied dieses Case Teams, es soll exemplarisch für eine Vielzahl von Rücknahmen stehen, die in den Wettbewerbsberichten der Kommission behandelt werden.

537 Ähnlich Uhlig, S. 310; Griffin/Sharp schließen aus der Praxis, daß die Kommission Parteien eines Zusammenschlusses, der allgemeine Vorteile mit sich bringen würde, rät, Modifikationen zu finden, die wettbewerbliche Bedenken geringer erscheinen ließen, Anti Trust Law Journal 1996, 649 (668).

538 Immenga in IM zu dem Verfahren nach der FKVO RdNr. 5; nunmehr auch offiziell festgehalten in der Mitteilung der Kommission vom 29. Juli 2000 über das vereinfachte Verfahren (ABl. C 217 vom 9.7.2000, S. 32).

539 Drauz/Schröder S. 198.

540 Immenga in IM zum Verfahren nach der FKVO RdNr. 8.

c) Vorverfahren

Unmittelbar nach Erhalt der Anmeldung beginnt die Kommission mit der Prüfung des Vorhabens, da sie innerhalb eines Monats eine Entscheidung über die Notwendigkeit, eine vertiefte Untersuchung einleiten zu müssen, treffen muß, Art. 10 Abs. 1 FKVO. Dafür wird in der MTF ein Case Team gebildet, das mit der Betreuung dieses Falles beauftragt wird.

Das Team prüft die schon in den Vorgesprächen aufgeworfenen Punkte und verschickt die vorbereiteten Fragebögen an Wettbewerber, Kunden und Lieferanten der Parteien. Die Parteien müssen die für sie jeweils wichtigsten aus diesen Kategorien angeben. Mit Hilfe der Angaben überprüft das Case Team die Angaben der Parteien in der Anmeldung hinsichtlich ihrer Marktmacht[541].

Zunächst wird aber überprüft, ob ein Zusammenschluß im Sinne des Art. 3 FKVO vorliegt und die Umsatzschwellen des Art. 1 Abs. 3 FKVO erreicht sind[542].

Ein Zusammenschluß liegt vor, wenn zwei vorher unabhängige Unternehmen fusionieren oder ein Kontrollerwerb vorliegt. Des weiteren stellt die Gründung eines Gemeinschaftsunternehmens, das auf Dauer alle Funktionen einer wirtschaftlich selbstständigen Einheit erfüllt, einen Zusammenschluß dar, Art. 3 Abs. 2 FKVO[543].

Eine Fusion liegt, neben der Verschmelzung durch Neugründung oder durch Aufnahme, auch dann vor, wenn zwei vorher unabhängige Unternehmen nunmehr eine wirtschaftliche Einheit bilden, auch wenn sie rechtlich selbständig bleiben[544].

Maßgebliches Element des Kontrollerwerbs, der durch natürliche und juristische Personen erfolgen kann, ist die Möglichkeit eines bestimmenden Einflusses auf die Tätigkeit des Zielunternehmens[545]. Die Kontrolle kann durch ein oder mehrere Unternehmen gemeinsam erworben werden, dabei kann auch eine Minderheitsbeteiligung genügen, wenn sie zu einem bestimmenden Einfluß berechtigt[546].

---

541 Vgl. allgemein zu den Möglichkeiten der Kommission, Informationen zu erheben, Blanco, S. 97 ff.

542 Vgl. dazu die Übersicht über die Kommissionspraxis bei Stockmann/Schultz, 13. Aufl. S. 258.

543 S. auch Übersicht bei Zäch, S. 389 ff.

544 Vgl. Entscheidung vom 7.12.1995 RTZ/CRA, dazu Bos/Stuyck/Wytinck, S. 140, Immenga in IM zu Art. 3 FKVO, RdNr. 18 f.

545 Immenga in IM zu Art. 3 FKVO RdNr. 29; Löffler in Langen/Bunte zu Art. 3 FKVO RdNr. 5; vgl. ausführlich Stockenhuber, S. 83 ff.

546 Vgl. Übersicht bei Löffler in Langen/Bunte zu Art. 3 FKVO RdNr. 10.

Durch die Streichungen in Art. 3 FKVO, die durch die FKVO-Novelle erfolgt sind[547], verzichtet die FKVO nunmehr auf die Unterscheidung zwischen konzentrativen und kooperativen Gemeinschaftsunternehmen. Dies gilt allerdings nur, soweit es den Anwendungsbereich der FKVO angeht. Die Unterscheidung bleibt notwendig, um den materiellen Prüfungsmaßstab in Art. 2 FKVO zu eruieren. So ist für konzentrative Gemeinschaftsunternehmen weiterhin die Frage nach der Entstehung oder Verstärkung einer marktbeherrschenden Stellung entscheidend, während für kooperative GU's die Kriterien des Art. 81 EG gemäß Art. 2 Abs. 4 FKVO Anwendung finden[548].

Vorteilhaft ist diese Regelung vor allem für die betroffenen Case Teams, die nun nicht mehr innerhalb des ersten Monats nach der Anmeldung die unter Umständen sehr komplizierte Struktur des Gemeinschaftsunternehmens durchleuchten müssen. Ihnen bleibt nunmehr die gesamte Zeitspanne einschließlich des Hauptverfahrens von insgesamt drei Monaten, wenn sich Schwierigkeiten ergeben, um zu einer Einschätzung zu gelangen. Zudem ergibt sich für die betroffenen Unternehmen die angenehme Möglichkeit, nunmehr mit Hilfe der Verfahrensordnung der FKVO innerhalb einer überschaubaren Zeitspanne eine Entscheidung über die Anmeldung zu erlangen. Auf der anderen Seite ist diese Regelung für Unternehmen mißlich, die nicht unter die Aufgreifschwellen der FKVO fallen und damit der u.U. wesentlich längeren Beurteilung durch die Wettbewerbsbehörden der Mitgliedsstaaten unterliegen[549]. Dies ist aber eine logische Folge der Kompetenzteilung zwischen Kommission und den Behörden der Mitgliedsstaaten und kann durch eine Absprache der betroffenen Behörden leicht gelöst werden. Zusätzlich bleibt zu hoffen, daß, soweit es sich um Koordinationen mit spürbaren Auswirkungen auf den zwischenstaatlichen Handel handelt, die Kommission sich den neuen Fristen anpaßt und die zuvor stellenweisen sehr langen Prüfungen im Direktorat IV 1 A abbaut. Klar ist, daß nunmehr alle Gemeinschaftsunternehmen gemäß der FKVO behandelt werden.

Auf die verfahrensrechtlichen Probleme im Zusammenspiel mit der VO 17/62 und einer möglichen Beschränkung des Art. 81 EG, die in den ersten Entwürfen angedacht war[550], muß hier nicht weiter eingegangen werden[551].

---

547 Dazu Stockmann/Schultz 13. Aufl. S. 262 ff., 300 f.

548 Vgl. dazu Baron, WuW 1997, 579 (586); zur vorherigen Rechtslage auch umfassend Kindler, EWS 1995 321, 323.

549 Vgl. Immenga in IM Nachtrag zur FKVO zu Art. 2 FKVO RdNr. 11 f.

550 Vgl. Baron, WuW 1997, 579, 586, die aber aufgrund des Vorrangs des Primärrechts nicht zulässig gewesen wäre.

551 Vgl. zur Thematik Immenga in IM Nachtrag zur FKVO zu Art. 2 FKVO RdNr. 10.

d) Entscheidung nach Art. 6 Abs. 1 FKVO

aa) Art. 6 Abs. 1 a) FKVO

Am Ende des Vorverfahrens steht eine Entscheidung nach Art. 6 FKVO. Die Kommission hat drei Entscheidungsmöglichkeiten, die sie allerdings ohne eingeräumtes Ermessen auszuüben hat, wenn die jeweiligen Voraussetzungen vorliegen. Nach Art. 6 Abs. 1 a) FKVO erklärt sich die Kommission für nicht zuständig, wenn der angemeldete Zusammenschluß keine europäische Dimension hat und damit der Kompetenz der Mitgliedsstaaten unterfällt oder es sich weder um einen Zusammenschluß noch um ein Vollfunktionsunternehmen iSd Art. 3 FKVO handelt. Weggefallen ist nunmehr die Möglichkeit, daß es sich bei dem Gemeinschaftsunternehmen um ein kooperatives GU handelt, das nicht der FKVO unterfallen wäre.

bb) Art. 6 Abs. 1 b) FKVO

Gemäß Art. 6 Abs. 1 b) kann die Kommission einen Zusammenschluß freigeben, wenn nach der Eingangsprüfung im Vorverfahren keine ernsthaften Bedenken hinsichtlich der Vereinbarkeit des Zusammenschlusses mit dem Gemeinsamen Markt zu erwarten sind. Dies wird sie in der Regel dann tun, wenn auch nach der engsten möglichen Marktabgrenzung keine Anzeichen für einen vom Wettbewerb nicht mehr kontrollierten Verhaltensspielraum der beteiligten Unternehmen erkennbar sind. Dabei berücksichtigt sie die Ergebnisse der Befragungen von Wettbewerbern, Kunden und Lieferanten.

Die Marktabgrenzung ist generell der wichtigste Schritt, den die Kommission vorzunehmen hat[552]. Mit der zur Grundlage der Ermittlung der Marktanteile gemachten Marktgröße steht und fällt die Marktposition eines Unternehmens und damit die Einschätzung des Zusammenschlusses durch die Kommission. Ist Grundlage der Betrachtung geographisch ein regionaler Markt, wie ihn die Kommission aufgrund der Sprachbarrieren etwa in MSG Media Service[553] angenommen hat, kann ein Unternehmen über beachtliche Marktanteile verfügen. Wird jedoch statt dessen ein gemeinschaftsweiter Markt angenommen, kann das Unternehmen u.U. nur einen sehr unbedeutenden Marktanteil halten. Die Marktabgrenzung kann also für die Frage einer Freigabe oder einer Untersagung das entscheidende Element darstellen.

---

[552] Vgl. zur Praxis Stockmann/Schultz 13. Aufl. S. 270 ff.; auch Zäch, 375 ff.
[553] Entscheidung vom 9.11.1994, IV/M.469, ABl. 1994 L 364/1 ff.

Ebenso ist regelmäßig ein Streitpunkt, inwieweit in den Quotienten, bestehend aus dem Gesamtvolumen auf dem betroffenen Markt oder Märkten, noch austauschbare, verwandte Produkte oder Dienstleistungen mit aufgenommen werden müssen. Grundsätzliche Frage ist dabei, ob die Käufer auf ein anderes Produkt ausweichen können[554]. So war etwa im Fall Coca-Cola/Carlsberg[555] die Frage, ob colahaltige Getränke, Bier und andere Erfrischungsgetränke einen Gesamtmarkt bilden, dann hätte der Zusammenschluß zweifellos nach dem Vorverfahren genehmigt werden können, oder ob der Markt für Cola-Getränke isoliert zu betrachten ist. Da letzteres angenommen wurde, kam es zu einem Hauptverfahren, in dessen Verlauf weitgehende Zusagen von den Parteien gemacht werden mußten. Ebenso wurde in Nestlé/Perrier[556] ein eigener Markt für abgefüllte Brunnenwasser angenommen, also eine Austauschbarkeit mit anderen Getränken verneint.

Ähnliches gilt für Aérospatiale – de Havilland[557]. Die Untersagungsverfügung hing davon ab, ob ein separater Markt für Turboprobflugzeuge mit einer Kapazität zwischen 20 und 70 Sitzen bestand. Nur wenn ein solcher Markt existierte, waren die Marktanteile der Parteien hoch genug, um ein Verbot zu rechtfertigen. Innerhalb eines Gesamtmarktes für Turboprobflugzeuge wäre eine Untersagung nicht zu rechtfertigen gewesen. Diese Einschätzung wurde heftigst angefeindet, so war etwa auch der beratende Ausschuß geteilter Meinung[558].

Ebenso wichtig ist aber auch die Einschätzung der Maturität des betroffenen Marktes. Auf jungen Märkten ist ein hoher Marktanteil eher hinzunehmen als auf ausgereiften Märkten[559]. Entscheidend für eine Freigabe kann aber auch die Annahme sein, daß ein noch nationaler Markt sich in Zukunft auflösen wird hin zu einer europäischen Dimension[560].

Insoweit liegt hier eine Möglichkeit der Kommission, in der Praxis durch entsprechend großzügige Zugrundelegung des betroffenen Marktes genehme Zusammenschlüsse schnell durch das Verfahren zu schleusen. Ebenso kann sie durch Zugrundelegung einer Auflösung nationaler Märkte regional hohe Marktanteile rechtfertigen.

---

554 Nicolaysen, S. 262.
555 Entscheidung vom 11.9.1997, IV/M.833, ABl. 1998 L 145/41 ff.
556 Entscheidung vom 25.3.1992, IV/M.190, ABl. 1992 L 356/1 ff.
557 ABl. 1991 L 334/61.
558 Stellungnahme veröffentlicht in WuW 1992, 187 f.
559 Vgl. dazu nur Ebenroth/Lange EWS 1995, 1 (6).
560 Vgl. etwa Marsh & McLennan/Sedgwick, IV/M.1307, Kurzfassung abgedruckt in WuW 1999, 36 f.

Diese Möglichkeit ist aber, wie oben dargelegt, nicht in der FKVO angelegt, in jedem Falle müssen zunächst die wettbewerblichen Auswirkungen eines Zusammenschlusses ermittelt werden, bevor u.U. industriepolitische Erwägungen angestellt bzw. wettbewerbliche Vorteile ermittelt werden können.

Aus den aufgezeigten Möglichkeiten ergibt sich aber, daß eine Sicherheit vor industriepolitischen Einflüssen auch bei einer Bewertung von Art. 2 FKVO als rein wettbewerblich ausgerichtet nicht besteht. Vielmehr muß angenommen werden, daß solche Erwägungen stillschweigend mit einfließen[561]. Dennoch wäre dies eine rechtswidrige Praxis, wenn eine Möglichkeit der Berücksichtigung allgemeiner Erwägungen in Art. 2 FKVO ausgeschlossen wäre. Es sind daraus also keine Rückschlüsse auf die rechtlichen Vorgaben des Art. 2 FKVO entnehmbar.

Ansatzpunkt der vorliegenden Untersuchung kann also nur die FKVO selber sein, eine u.U. mißbräuchliche Anwendung der Kommission darf dabei keine ausschlaggebenden Anhaltspunkte liefern.

Festzuhalten ist aber, daß hier einmal mehr deutlich wird, daß Art. 2 FKVO die Möglichkeit zu einer „heimlichen Berücksichtigung“ allgemeinpolitischer Aspekte bietet. Um so dringlicher ist die Einführung eines Verfahrens im Lichte der Öffentlichkeit zu beurteilen, wenn denn solche Punkte berücksichtigbar sind.

Nach der Neufassung der FKVO ist nunmehr die Möglichkeit, Auflagen und Modifikationen des ursprünglichen Vorhabens bereits im Rahmen des Vorverfahrens verbindlich nach Art. 6 Abs. 1 b) festzulegen, gegeben, Art. 6 Abs. 2. Dies korrespondiert mit einer Fristverlängerung nach Art. 10 Abs. 1 Unterabsatz 2, wonach in solchen Fällen die Frist für eine Entscheidung, deren ergebnisloses Verstreichen eine Genehmigungsfiktion nach sich zieht, um zwei Wochen verlängert werden kann.

Die Kommission gewinnt dadurch eine Möglichkeit, das langwierige 2.-Phase-Verfahren zu vermeiden, ohne eine bedingungslose Freigabe zu riskieren.

Mit diesen Auflagen ergibt sich ein Verhaltenselement in der FKVO, denn die Kommission kann die bedingte Freigabe widerrufen, wenn die Auflagen nicht

561 Ebenso gehen Van den Bergh/Camesasca, WuW 1998, 1147 (1157) davon aus, daß genügend Anhaltspunkte aus der bisherigen Praxis der Kommission vorliegen, um von einer Berücksichtigung auszugehen. Hier zudem noch auf die nunmehr bestehende Möglichkeit hinzuweisen, einen Zusammenschluß unter Art. 6 Abs. 1 b) im neu eingeführten vereinfachten Verfahren ohne eingehende Prüfung, also wohl ohne Marktbefragung, zu genehmigen (vgl. die Mitteilung der Kommission, ABl. C 217 vom 29.7.2000, S. 32).

eingehalten werden, Art. 6 Abs. 3[562]. Innerhalb der FKVO gibt es also durchaus Verhaltensaspekte, die eine Berücksichtigung finden.

cc) Art. 6 Abs. 1 c) FKVO

Als letzte Möglichkeit kann die Kommission, wenn die beteiligten Unternehmen im Vorverfahren nicht bereit sind, die von der Kommission ausgemachten ernsthaften Bedenken auszuräumen, das Hauptverfahren einleiten und gewinnt dadurch drei Monate für die Untersuchung der Anmeldung.

Interessant für die vorliegende Untersuchung ist dabei die Einschränkung der „ernsthaften Bedenken", die vorliegen müssen, damit die Kommission das Hauptverfahren einleiten kann. Zugrunde liegt dieser Formulierung die Befürchtung des Rates während des Rechtsetzungsverfahrens, die Kommission könnte in wesentlich mehr Fällen das Verfahren einleiten, wenn die Formulierung bei bloßen „Bedenken" geblieben wäre[563].

Hier findet sich also auch ein weiterer Anwendungsfall der Frage nach einer erheblichen Behinderung. Schon die Einleitung eines Hauptverfahrens bedarf einer besonderen Intensität der Wettbewerbsbehinderung. Damit verfestigt sich der Eindruck, daß die Erheblichkeit auch im Rahmen der Absätze 2 und 3 des Art. 2 FKVO eine besondere Rolle spielen muß und nicht einfach negiert werden kann. Es handelt sich vielmehr um ein zusätzliches, eigenständiges Erfordernis bei der Prüfung von Zusammenschlüssen nach der FKVO.

Es bestehen dabei Bedenken, ob nicht durch diese Anforderung die Möglichkeit besteht, politische Erwägungen mit ins Spiel zu bringen und damit möglichst viele Zusammenschlüsse in der ersten Phase „durchzuwinken"[564], wenn auch hier keinesfalls ein sachlich unrichtiges Vorgehen der Kommission unterstellt werden soll. Folge ist aber, daß innerhalb der Monatsfrist nicht unbedingt hinreichend sauber gearbeitet werden kann und möglicherweise bestehende Probleme eines Zusammenschlusses, auf die in der Regel von den Parteien nicht mit besonderer Deutlichkeit hingewiesen wird, nicht entdeckt werden. So ist es nicht immer völlig verläßlich, auf Angaben von Wettbewerbern

---

562 Vgl. grundsätzlich zu den Möglichkeiten der Kommission, eine Genehmigung zu widerrufen, Fuchs, EuZW 1996, 263 ff.; Uhlig, S. 1 ff.

563 Vgl. dazu Löffler in Langen/Bunte zu Art. 6 FKVO RdNr. 15.

564 Löffler in Langen/Bunte zu Art. 6 FKVO RdNr. 15; auch Van Bael/Bellis sehen die Gefahr, daß die Kommission verschleiert unter Berufung auf wettbewerbliche Kriterien, insbesondere aufgrund potentiellen Wettbewerbs außereuropäischer Unternehmen, Industriepolitik betreiben könnte und etwa europäische Champignons zur Stärkung der Wettbewerbsfähigkeit europäischer Unternehmen auf dem Weltmarkt heranzüchten könnte, S. 471, Hawk/Huser, S. 213 nehmen dies in der Praxis als gegeben an.

zu vertrauen. Der Verfasser hat es selber erlebt[565], daß ein Abnehmer sich trotz großer Bedrängnis, die sich für ihn aus der Verengung der Anbieterseite durch den Zusammenschluß ergeben würde, nicht inhaltlich zu dem Vorhaben äußerte, da er dies für zwecklos hielt. Im Ergebnis konnte mit einer Verpflichtung zugunsten dieses Abnehmers Abhilfe geschaffen werden, doch ohne gezieltes Nachfragen wäre dieser Aspekt untergegangen.

In der Sache wird für die Annahme von Bedenken in der Regel auf die Marktanteile der Parteien abgestellt, wobei nur bei Marktanteilen von über 80 % die Annahme von Bedenken regelmäßig geboten ist. Zwischen 25 und 80 % Marktanteil müssen weitere Marktmachtindikatoren, wie insbesondere der Abstand zu den Wettbewerbern im Marktanteil ausgedrückt, gegeben sein[566]. Angesichts der deutschen Vermutungskriterien in § 19 GWB, die der FKVO fremd sind, erscheint die Praxis, Zusammenschlüsse mit einem Marktanteil zwischen 40 und 69 % nicht per se als bedenklich einzustufen[567], erstaunlich.

Damit ist in dem systematischen Zusammenhang mit Art. 6 FKVO und der bestätigenden bestehen Praxis ein weiterer Hinweis auf eine Konzentrationsfreundlichkeit der FKVO gegeben.

dd) Verweisung an einen Mitgliedsstaat

Nach der Einfügung des Subsidiaritätsprinzips in Art. 5 Abs. 2 EG ist in der Reformdiskussion auch die verstärkte Anwendung der sogenannten „Deutschen Klausel" in Art. 9 FKVO wieder in den Blickwinkel gerückt[568]. Nach Art. 9 FKVO kann die Kommission neben den geschilderten Entscheidungsmöglichkeiten außerdem einen Zusammenschluß auf Antrag eines Mitgliedsstaates unter den Voraussetzungen, daß in diesem Mitgliedsstaat eine beherrschende Stellung durch den Zusammenschluß begründet oder verstärkt zu werden droht oder den Wettbewerb auf einem lokalen Markt in dem Mitgliedsstaat beschränkt zu werden droht, an die nationalen Behörden ver-

---

565 Im Fall ADM/Acatos – Soya Mainz, IV/M.941, Entscheidung vom 11.8.1997, nicht veröffentlicht.

566 Vgl. dazu Übersicht bei Immenga in IM zu Art. 6 FKVO, RdNr. 17; Kerber, S. 62.

567 Vgl. nur Mercedes-Benz/Kässbohrer, Fall IV/M.477 ABl. 1995 L 211/1 ff., Marktanteil von 57 %; Siemens/Italtel, Entscheidung vom 17.2.1995, Fall IV/M.468, ABl. L 161/27 ff., Marktanteil zwischen 45 und 60 %, vgl. dazu Canenbley/Hölzler/Wiedemann, Fall 257; Aérospatiale/MBB, Entscheidung vom 25.2.1991, Fall IV/M.017, Canenbley/Hölzler/Wiedemann, Fall No. 17, Marktanteil von 50 %; Enso/Stora, IV/M.1225, Kurzfassung abgedruckt in WuW 1999, 38 f., Marktanteile von 60 %; Skanska/Scancem, IV/M.1157, Kurzfassung abgedruckt in WuW 1999, 39 f., Marktanteile von bis zu 60 %, Anteile an einem Unternehmen, daß bis 90 % Marktanteil hatte, mußten veräußert werden; Nestlé/Dalgety, IV/M.1127, Kurzfassung in WuW 1998, 574, Marktanteile von 70 %; Übersicht bei Stockenhuber, S. 250 ff.

568 vgl. dazu Möschel, EWS 1995, S. 249, 251 f.

weisen, Art. 9 Abs. 2 FKVO. Im letzteren Fall ist keine Kompetenz der Kommission begründet[569]. Diese Deutsche Klausel bestärkt systematisch und historisch den Kompromißcharakter der FKVO, denn in ihr kommt das deutsche Mißtrauen zum Ausdruck, die Kommission könnte auf der Grundlage des erzielten Kompromisses eben doch nicht nur rein wettbewerbliche Erwägungen anstellen, deshalb soll eine möglichst weitgehende nationale Kontrolle gewahrt bleiben, soweit der nationale Wettbewerb betroffen ist.

Nach der Einführung des Subsidiaritätsprinzips ist eine verstärkte Anwendung des Art. 9 FKVO geboten, siehe dazu auch Erwägungsgründe 10 und 11 der Verordnung 1310/97. Hinzuweisen ist in diesem Zusammenhang auf eine verfehlte Entscheidung des EuGH „Kellinghusen“[570]. In dieser Entscheidung erklärt der Gerichtshof in Rz. 35 das Subsidiaritätsprinzip für eine Verordnung nicht anwendbar, bei deren Erlaß Art. 5 Abs. 2 EG noch nicht in Kraft war. Neben der Verkennung der Normenpyramide des EGV durch den EuGH, nach der Art. 5 Abs. 2 EG als höherrangiges Recht selbstverständlich Wirkungen auf europäisches Sekundärrecht entfaltet, gleich wann das Sekundärrecht erlassen wurde, gilt dies für die Neufassung der FKVO auch aus einem formalen Grund nicht: Die Neufassung 1997 erfolgte nach dem Maastrichter Vertrag. Die FKVO in ihrer heutigen Form unterfiele also selbst nach dem verfehlten Statement des EuGH dem Subsidiaritätsprinzip.

e) Hauptverfahren

Hat das Case Team nach der oben beschriebenen Marktanteilsanalyse „erhebliche Bedenken“, wird gemäß Art. 6 Abs. 1 c) das Hauptverfahren eingeleitet. In dem Hauptverfahren werden vertieft die Wettbewerber, Abnehmer und Lieferanten befragt und es besteht die Möglichkeit von Anhörungen, auch informeller Art. So hatte beispielsweise in der Frage der Prüfung der Anmeldung Holzmann/Hochtief/Deutsche Bank[571] ein Verband mittelständischer Bauunternehmen Gelegenheit, dem Case Team seine Bedenken vorzutragen. Den Abschluß des Verfahrens bildet eine Entscheidung des Kollegialorgans Kommission nach Art. 8 FKVO[572]. Anzumerken ist aber auch, daß, wie schon im ersten Verfahren, Konsultationen mit DG III, der für die Industriepolitik zuständigen Generaldirektion, durchgeführt werden. Diese bleiben nicht immer ohne Auswirkungen, so besteht schon in diesem frühen Stadium, vor der

---

[569] Immenga in IM Nachtrag zu Art. 9 FKVO RdNr. 1 f.

[570] Verbundene Rechtssachen C-36/97 und C-37/97, Urteil vom 22.Oktober 1998, noch unveröffentlicht.

[571] Anmeldung wurde zurückgezogen, nachdem ein Rückverweis an das BKartA drohte.

[572] Vgl. Übersicht über die Entscheidungspraxis bei Löffler in Langen/Bunte zu Art. 8 FKVO RdNr. 2.

letztlich politischen Entscheidung der Kommission als Kollegialorgan, ein Einfallstor für industriepolitische Erwägungen[573].

f) Entscheidung nach Art. 8 FKVO

Das Verwaltungsverfahren endet mit der Abschlußentscheidung der Kommission nach Art. 8. Eine zweite Stufe, wie in dem deutschen Verfahren mit der Ministerentscheidung vorgesehen, existiert nicht.

Entsprechend den Entscheidungsmöglichkeiten des Art. 2 Abs. 2 und 3 bestehen nur die Entscheidungsmöglichkeiten Genehmigung, Art. 8 Abs. 2, oder Verbot, Art. 8 Abs. 3. Zusätzlich kann eine Freigabe unter Auflagen erfolgen, Art. 8 Abs. 2 2. Unterabsatz. Damit können also nach Durchführung des Hauptverfahrens auf fundierterer sachlicher Grundlage Bedenken gegen einen Zusammenschluß durch Auflagen ausgeräumt werden, zu denen die Parteien zuvor nicht bereit gewesen sein mögen[574].

Eine Freigabe ohne Auflagen setzt voraus, daß innerhalb des Hauptverfahrens die im Rahmen der Eröffnungsentscheidung festgestellten „ernsthaften Bedenken" ausgeräumt werden konnten[575]. Dabei kann es passieren, daß die Kommission als Gesamtorgan den Wettbewerbskommissar überstimmt und eine nicht unbedingt wettbewerblich motivierte Entscheidung trifft[576]. Insgesamt kann dabei davon ausgegangen werden, daß in der Praxis die Wirksamkeit von Zusagen und Bedingungen überaus optimistisch eingeschätzt wird[577].

Weiterhin kann die Kommission bei einer Untersagung bereits vollzogene Teile eines Zusammenschlusses entflechten[578], Art. 8 Abs. 4. Eine solche Entflechtungsentscheidung kann gesondert von der Untersagungsentscheidung ergehen[579].

Dabei hat die Kommission alle Maßnahmen zu ergreifen, die geeignet sind, den wirksamen Wettbewerb wiederherzustellen, Art. 8 Abs. 4 FKVO. Hier

---

573 Vgl. dazu Kögel, S. 270 f.

574 Vgl. dazu insgesamt Bach WuW 1993, 805 ff.; zur Praxis der Kommission vor Einführung der Möglichkeit, innerhalb des Art. 6 Auflagen zu erteilen, Heidenhain, EuZW 1994, 135 ff.

575 Beispiele dafür sind Tetra Pak/Alfa Laval WuW/E EV 1644ff; Mannesmann/Hoesch ABl. 1993 L 114/34 und ebenso die bedenklichen Entscheidungen Daimler Benz/Kässbohrer, ABl. 1995 L 211/1 und Mannesmann/Vallourec/Ilva, ABl. 1994 L 114/34; bedenklich, weil die Begleitumstände darauf schließen lassen, daß hier eine industriepolitische Entscheidung „unter der Hand" getroffen wurde.

576 So allgemein berichtet über die Entscheidung Mannesmann/Vallourec/Ilva, ABl. 1994 L 114/34, vgl. nur Stockmann/Schultz 13. Aufl. S. 247.

577 Vgl. Neven/Nuttal/Seabright, S. 77.

578 Zur Praxis vergleiche Übersicht bei Stockmann/Schultz 13. Aufl. S. 296 ff.

579 Vgl. RTL/Veronika/Endemol ABl L 134/32, Rz 116.

findet sich also innerhalb der FKVO eine Bezugnahme des Wettbewerbskonzepts des EuGH, workable competition, das damit durch die Verordnung selbst als maßgeblich für die Beurteilung von Wettbewerbsbeschränkungen durch Zusammenschlüsse innerhalb des Gemeinsamen Marktes gesetzt wird.

Abschließend ist nochmals auf das Kollegialorgan Kommission hinzuweisen, das die Entscheidung nach Art. 8 einstimmig zu fällen hat, wobei dem Wettbewerbskommissar nur eine einzelne Stimme zusteht[580].

Angesichts dieses praktischen Befundes erscheint es um so dringender, die Frage der industriepolitischen Einflußnahme auf eine Verfahrensgrundlage zu stellen und nicht länger an der Vogel-Strauß-Politik festzuhalten, industriepolitische Einflüsse spielten keine Rolle.

3.) Art. 21 FKVO

Art. 21 FKVO bietet neben Art. 9 FKVO die zweite Möglichkeit, das Prinzip, daß immer nur die Kommission oder die nationalen Behörden allein zuständig sind, zu durchbrechen. Hierbei handelt es sich um das sogenannte One-stop-shop-Prinzip. Mitgliedsstaaten können nach Abs. 3 zum Schutze anderer als der in der Verordnung berücksichtigten Interessen Maßnahmen ergreifen, d. h., die FKVO wird in solchen Fällen nicht auf Zusammenschlüsse angewendet. Diese Generalklausel verweist auf die außerwettbewerblichen Belange der Mitgliedsstaaten[581]. Aufgeführt als außerwettbewerbliche Interessen sind insbesondere die öffentliche Sicherheit, die Medienvielfalt und die Aufsichtsregeln. Aber auch andere öffentliche Interessen können nach Anerkennung durch die Kommission, die das fragliche Interesse und seine Berücksichtigung auf seine Vereinbarkeit mit den allgemeinen Grundsätzen und sonstigen Bestimmungen des Gemeinschaftsrechts prüft, eine Ausnahme von der Anwendung der FKVO begründen. Die Kommission hat dazu in ihrer Protokollerklärung[582] erklärt, daß ein Mitgliedsstaat solche öffentlichen Interessen nicht auf Überlegungen stützen kann, die die Kommission in ihrer Beurteilung nach der FKVO zu berücksichtigen hat. Dazu zählt sie die allgemeinen Ziele des Vertrages nach Art. 2 EG und die Stärkung des wirtschaftlichen und sozialen Zusammenhalts der Gemeinschaft nach Art. 158 EG. Wie oben schon angedeutet, bezieht die Kommission nach ihrer

---

580 So schließen Siragusa/Subiotto, RTD eur. 1992, 51 (88) darauf, daß keine Möglichkeit besteht, politische Einflußnahmen angesichts dieses politischen Kollegialorgans auszuschließen; auch Sedemund, Deringer-FS, S. 391 sieht hier ein Problem.

581 Immenga in IM zu Art. 21 FKVO RdNr. 10; Megret RdNr. 925, Löffler in Langen/Bunte zu Art. 21 FKVO RdNr. 13.

582 abgedruckt in WuW 1990, 240 f.

schon angedeutet, bezieht die Kommission nach ihrer Protokollerklärung, der freilich, wie dargelegt, keine besondere Relevanz zukommt und die bereits durch die Praxis der Kommission als überholt zu gelten hat, bereits wettbewerbsfremde Inhalte in die Kontrolle mit ein. In diesem Zusammenhang ist damit aus Art. 21 FKVO keine Erkenntnis über die vorliegende Frage zu gewinnen. Zwar könnte man argumentieren, daß die Verfasser der FKVO damit sich eine Öffnungsmöglichkeit offengelassen haben, die in der FKVO selbst eben nicht bestehen sollte. Hieraus könnte also ein Argument gegen eine Berücksichtigung solcher Aspekte über Art. 21 hinaus entspringen.

Der Schwerpunkt des Art. 21 FKVO liegt aber auf der Berücksichtigungsmöglichkeit nationaler Sonderinteressen. Aus einem solchen Vorbehalt, bestimmte Konstellationen der europäischen Kontrolle zu entziehen und sie unter nationale Kuratel zu stellen, kann keine allgemeine Aussage über die Berücksichtigungsfähigkeit ähnlicher Belange auf europäischer Ebene gezogen werden. Zudem sind die aufgeführten Belange von denen, auf die sich die vorliegende Untersuchung bezieht, verschieden.

Art. 21 FKVO spricht damit nicht gegen eine Berücksichtigung allgemeinpolitischer Aspekte innerhalb des Art. 2 FKVO. Vielmehr läßt sich Art. 21 FKVO das Bedürfnis der Mitglieder des Rates entnehmen, sich nicht strikt einer wettbewerblich ausgerichteten, gemeinsamen Kontrolle zu unterwerfen. Damit spricht dieser Befund eher dafür, daß auch innerhalb des Art. 2 FKVO solche Aspekte nicht unberücksichtigt bleiben sollten.

Praktisch angewandt wurde diese Möglichkeit von Großbritannien. Zum einen hat im Falle British Aerospace/VSEL[583] und General Electric/VSEL[584] die Kommission anerkannt, daß der militärische Teil eines Zusammenschlusses nicht angemeldet werden muß in Anwendung des Art. 296 Abs. 1 b EG. Dem lag ein Vorrang des Primärrechts zugrunde[585] und die Tatsache, daß der zivile Teil des Vorhabens ohne weiteres vom militärischen Teil getrennt werden konnte. Nur der zivile Teil mußte demnach angemeldet werden. Der bisherige Hauptfall war aber die Anmeldung des „Water Industry Act 1991[586]" unter dem Gesichtspunkt der „anderen öffentlichen Interessen" durch Großbritannien. Nach dem Vorhaben, das durch die Kommission genehmigt wurde, sind allein britische Behörden für Zusammenschlüsse im Bereich des Marktes der Wasserversorgung zuständig, um eine angemessene Versorgung

583 S. Kurzfassung in WuW 1995, 391.
584 Entscheidung vom 17.11.1994, ABl. C 320/6.
585 Immenga in IM zu Art. 21 FKVO RdNr. 14; siehe auch Löffler in Langen/Bunte zu Art. 21 FKVO RdNr. 14.
586 Entscheidung zur Anerkennung durch die Kommission abgedruckt in WuW/E EV 2309 ff. = WuW 1995, 945.

der Bevölkerung mit qualitativ hochwertigem Wasser zu angemessenen Preisen zu gewährleisten[587]. Ebenso wurde die Medienvielfalt geltend gemacht[588] und die Aufsicht über die Versicherungswirtschaft[589].

Daraus kann man hauptsächlich entnehmen, daß hier eine Möglichkeit für die Mitgliedsstaaten besteht, über eine Aufweichung des One-stop-shop Prinzips wettbewerbsfremde Inhalte auf nationaler Ebene zu berücksichtigen[590]. Rückschlüsse für die FKVO lassen sich nur im oben dargelegten Umfang gewinnen.

4.) Zusammenfassung zum Verfahren nach der FKVO

Nach einer intrasystematischen Betrachtung des Textes der FKVO läßt sich festhalten, daß zwar praktische Möglichkeiten einer Aufweichung der wettbewerblichen Grundausrichtung durch Überdehnung der entsprechenden Kriterien bestehen. Doch gerade die besondere Stellung der „Notwendigkeit, im Gemeinsamen Markt wirksamen Wettbewerb aufrechtzuerhalten" innerhalb des Verordnungstextes ist ein starkes Anzeichen dafür, daß bei der Beurteilung eines Zusammenschlusses allein auf die wettbewerblichen Folgen abzustellen ist. Denn sie ist deutlich den lediglich in den Begründungserwägungen festgehaltenen weiteren allgemeinen Zielen des EGV vorangestellt. Dabei ist auch die Klausel des „technischen und wirtschaftlichen Fortschritts" systematisch der allgemeinen Zielvorstellung der Aufrechterhaltung des Wettbewerbs nachgeordnet.

Daraus kann aber noch kein endgültiger Schluß auf die Berücksichtigungsfähigkeit anderer Ziele gezogen werden. Diese anderen Ziele wurden nämlich, wie noch näher darzulegen sein wird, immerhin in die Begründungserwägungen der FKVO mit einbezogen. Klar ist jedoch, daß der Wettbewerbsschutz Vorrang genießt und solche Erwägungen nur ausnahmsweise Beachtung finden können.

Für die These der Möglichkeit einer wettbewerblichen Abwägungsklausel ergibt sich hieraus aber eine massive Stützung. Ein Zusammenschluß, der im Endergebnis zu mehr Wettbewerb führt, entspricht dieser Zielrichtung und muß folglich innerhalb des Artikel 2 FKVO möglich sein. Ein Zusammen-

---

587 Vgl. dazu Immenga in IM zu Art. 21 FKVO RdNr. 18 f.

588 Vgl. dazu Kommission, 14.3.1994, IV/M.423, Newspaper Publishing, abgedruckt in WuW/E EV 2185 ff. (WuW 1995, 81 ff.).

589 Sun Alliance/Royal Insurance WuW 1996, 904, nach dieser Meldung hatten die britischen Behörden trotz Durchführung des Verfahrens durch die Kommission auf eigenen Ermittlungen bestanden.

590 So deutet es Korah, Seite 269, an.

schluß, der letztendlich den Wettbewerb belebt, ist demnach unter Umständen auch unter Hinnahme einer begrenzten marktbeherrschenden Stellung zu genehmigen.

Die Betrachtung des Verfahrens der Fusionskontrolle hat eine Vielzahl von Möglichkeiten für die Kommission ergeben, politisch Einflußnahme auf die wettbewerbliche Beurteilung zu nehmen. Diese Möglichkeiten können in der Praxis auch genutzt werden, um bei vordergründig wettbewerblicher Argumentation allgemeinpolitische Erwägungen zu berücksichtigen. Die wettbewerbliche Ausrichtung der Kontrolle hängt damit im wesentlichen davon ab, daß sich die Kommission an eine wettbewerbliche Ausrichtung hält und nicht von den zahlreichen Möglichkeiten, insgeheim industriepolitische Aspekte zu berücksichtigen, Gebrauch macht.

5.) Begründungserwägungen der FKVO

a) Allgemeines

Die Begründungserwägungen der FKVO sind insbesondere für den Normzweck von Bedeutung. Dennoch können sie an dieser Stelle betrachtet werden. Denn die Abgrenzung von systematischer und teleologischer Auslegung ist nicht immer einfach, insoweit kann auch innerhalb einer systematischen Betrachtung nach dem Sinn und Zweck der Verordnung geforscht werden.

In den Begründungserwägungen kommt der Wille des europäischen Gesetzgebers objektiv zum Ausdruck[591]. Grundlage ist zunächst an exponierter, erster Position, die Begründungserwägung 1). Danach ist die Verordnung ein Mittel zur Verwirklichung der allgemeinen Vertragsziele des EG-Vertrags, indem sie der Schaffung eines „Systems ..., das den Wettbewerb innerhalb des Gemeinsamen Marktes vor Verfälschungen schützt" gemäß Art. 3 Buchstabe f) EG dient. Wesentliches Ziel ist insoweit der wettbewerbliche Bezug hinsichtlich des Gemeinsamen Binnenmarktes.

Zu beachten ist, daß ein europäischer Binnenmarkt auch European Player voraussetzt, Unternehmen also, die nicht auf nationalen Märkten verharren, sondern gemeinschaftsweit tätig werden können. Insoweit setzt dieses Ziel eine gewisse Größe der Unternehmen voraus. Die bereits öfter beschriebene konzentrationsfreundliche Haltung der Kommission ist denn auch aus der

[591] Vgl. CR. Schmidt, S. 104 m. weit. Nachw.

Begründungserwägung 4) erklärbar, nach der eine Entwicklung hin zu Strukturveränderungen durch Zusammenschlüsse zu begrüßen ist. Mehr noch, durch die Zusammenschlüsse wird eine Erhöhung der Wettbewerbsfähigkeit der europäischen Industrie, eine Verbesserung der Wachstumsbedingungen und eine Anhebung des Lebensstandards in der Gemeinschaft erhofft, Begründungserwägung 4).

Die grundsätzlich wettbewerblich ausgerichtete Zielsetzung wird hier also sofort relativiert, denn eine Förderung des Allgemeinwohls durch Zusammenschlüsse impliziert eine Vorstellung, nach der über Zusammenschlüsse für den wirtschaftlichen und technischen Fortschritt eher Vorteile zu erlangen sind, als durch eine möglichst große Anzahl von Unternehmen, die durch möglichst scharfen Wettbewerb besonders effizient arbeiten.

Anders formuliert: Der Weg der europäischen Fusionskontrolle deckt sich nicht mit der deutschen Vorstellung des Mittelstandsschutzes als Träger von Arbeitsplätzen und Innovation, er geht vielmehr den Weg hin zu möglichst großen Einheiten, die auf dem Weltmarkt wettbewerbsfähig sein sollen und die dadurch für allgemeine Wohlfahrt sorgen sollen.

Fusionskontrolle als Mittel zum Zweck der Errichtung eines europäischen Binnenmarktes setzt dann auch eine grundsätzlich wettbewerbsfremde Hauptmotivation für die Kontrolle. Damit ist schon in den Erwägungsgründen der Hauptkonflikt niedergelegt[592]: Zum einen soll die Fusionskontrolle unverfälschten Wettbewerb ermöglichen, zum anderen soll sie den Binnenmarkt schaffen und fördern, und damit auch „die grundlegenden Ziele des Vertrages ... einschließlich des Ziels der Stärkung des wirtschaftlichen und sozialen Zusammenhalts der Gemeinschaft iSd Art. 158 EG" fördern, Erwägungsgrund 13[593].

Diese Überlegung teilt auch der Verordnungsgeber, denn in Begründungserwägung 5) stellt er fest, daß „allerdings ... zu gewährleisten (ist), daß der Umstrukturierungsprozeß nicht eine dauerhafte Schädigung des Wettbewerbs verursacht". Deshalb muß die Fusionskontrolle solchen Auswirkungen des Umstrukturierungsprozesses entgegen wirken. Die Zielsetzung des Binnenmarktes kann also zu Wettbewerbsbeeinträchtigungen führen, und die Fusionskontrollverordnung soll diese Beeinträchtigungen abwehren, allerdings nur, wenn sie zu „erheblichen" Beeinträchtigungen führen. Die Frage der Umstrukturierung hin zu großen Unternehmenseinheiten ist auch sieben Jahre

---

592 Vgl. auch Kögel, S. 36 f.

593 S. dazu auch Stockenhuber, S. 290 f.; insbesondere die Entscheidung des EuG, EuZW 1995, 677 ff. unterstreicht die Bedeutung des Erwägungsgrundes 13.

nach der offiziellen Vollendung des Binnenmarktes nicht abgeschlossen, so daß die Problematik des Konfliktes zwischen politischen Zielvorstellungen und Wettbewerbslehre, die die Verordnungsgeber hier sahen, weiter akut ist. Nach Vorstellung des Verordnungsgebers ist aber ein wettbewerbsfremder Einfluß auf den Wettbewerb zu erwarten und von der Fusionskontrolle bis zu einem gewissen Grad auch hinzunehmen, denn nur erhebliche Beeinträchtigungen gilt es abzuwehren.

Zu beachten ist noch, daß zwar in Begründungserwägung 6 auf die Art. 81 und 82 EG rekurriert wird, diese aber für nicht ausreichend befunden werden. Die Verordnung stützt sich gemäß Begründungserwägung 8 auch auf Art. 308 EG. Dieser gibt der Gemeinschaft die Möglichkeit, über das Prinzip der begrenzten Einzelermächtigung, wie es in Art. 83 EG für den Wettbewerbsbereich Ausdruck gefunden hat, hinaus, sich rechtliche Grundlagen für die Durchsetzung ihrer Ziele zu geben. Hier wird deutlich, daß die Kriterien, die für die Art. 81 und 82 EG entwickelt wurden, nicht ohne weiteres für die FKVO übernommen werden können. Dennoch sind sie als Rechtsgrundlage angegeben. Die FKVO ist demnach eine Verordnung im Sinne des Art. 83 EG zur Umsetzung der Artikel 81 und 82 EG. Demnach mögen die Vorgaben, die sich aus einer Analyse der Systematik und der Praxis zu Art. 81 und 82 ergeben, nicht unkritisch zu übernehmen sein, Vorbild für die FKVO bleiben sie. Es ist damit noch näher zu untersuchen, ob aus dieser Vorgabe folgt, daß etwa Art. 81 Abs. 3 EG innerhalb der FKVO eine Rolle spielen könnte.

In Begründungserwägung 15 wird eine Auslegung angesprochen, nach der bei begrenztem Marktanteil der beteiligten Unternehmen davon auszugehen ist, daß ein Zusammenschluß mit dem Gemeinsamen Markt vereinbar ist. Dies ist jedenfalls dann der Fall, wenn der Marktanteil 25 v.H. der Parteien auf dem Gemeinsamen Markt oder einem wesentlichen Teil desselben nicht übersteigt. Die Kommission hält sich idR an diese Vorgabe.

Eine gewisse Notwendigkeit, daß die von einem Zusammenschluß potentiell ausgehenden Gefahren spürbar sein müssen ist daher in der Verordnung vorgegeben. Damit besteht eine De-minimis-Klausel. Zusammenschlüsse können aufgrund quantitativer Erwägungen der Kontrolle nicht unterfallen[594].

---

[594] Vgl. dazu Bach, WuW 1993, 805 ff. (809 f.).

b) Rückschlüsse auf die Ergebnisse der Wortlautauslegung

Aus den Begründungserwägungen ergibt sich Aufschlußreiches für die Frage, wie die „erhebliche Behinderung des Wettbewerbs" in Art. 2 FKVO zu verstehen ist. Begründungserwägung Nr. 14 spricht davon, daß nur Zusammenschlüsse, die den Wettbewerb in einem erheblichen Ausmaß behindern, für unvereinbar mit dem Gemeinsamen Markt zu erklären seien. Damit wird das Erfordernis einer quantitativen Auswirkung von Zusammenschlüssen, damit ein Verbot ausgesprochen werden kann, unterstrichen. Dieses geht über die Spürbarkeit des Art. 81 EG hinaus[595]. Dadurch wird auch die im Wortlaut gefundene Auslegung, daß über die bloße Behinderung durch eine „normale" beherrschende Stellung noch ein Mehr hinzukommen muß, um einen Zusammenschluß verbieten zu können, gestützt. Wie eben dargelegt, kann ein gewisses Maß an Wettbewerbsbeeinträchtigung um allgemeinpolitischer Ziele willen hinzunehmen sein. Diese allgemeinpolitischen Ziele sind also potentiell geeignet, dieses „Mehr", das für ein Verbot vorliegen muß, mit Leben zu füllen. Ein Zusammenschluß, bei dem allgemeinpolitische Vorteile dazu führen, daß ein gewisses Maß an Wettbewerbsbeschränkung hinzunehmen ist, kann bei Nichtbeachtung dieser Beschränkung insgesamt unter die Erheblichkeitsschwelle fallen. Dann wäre also insgesamt im Ergebnis eine Abwägung möglich.

Aber auch die allgemeinen Ziele des Vertrages, die in Erwägungsgrund 13 genannt werden, sprechen für eine zweistufige Prüfung. Denn sie können nur in eine Prüfung mit einfließen, wenn sich dafür im Wortlaut Anhaltspunkte finden lassen. Dabei kann hier insbesondere die Frage sein, wann eine Wettbewerbsbehinderung als erheblich iSv. Art. 2 Abs. 3 FKVO einzustufen ist. Andere Einfallstore für allgemeinpolitische Erwägungen sind nicht ersichtlich. Andererseits steht systematisch vor der Erwähnung der allgemeinen Ziele des EGV die Notwendigkeit der Vereinbarkeit mit dem Gemeinsamen Markt und der Entwicklung und Aufrechterhaltung wirksamen Wettbewerbs. Damit wird die Zielsetzung, die auch in Art. 2 Abs. 1 a), wie oben bereits dargelegt, Niederschlag gefunden hat, als Grundlage der Fusionskontrolle beschrieben. Nur „bei" dieser Zielsetzung muß die Kommission die allgemeinen Ziele beachten. Auch hier spiegelt sich der in der historischen Betrachtung bereits festgestellte Kompromiß wieder: Zwar ist Grundlage der Fusionskontrolle die Aufrechterhaltung wirksamen Wettbewerbs, doch sollen dabei auch außerwettbewerbliche Erwägungen nicht völlig außer Acht bleiben. Wie

---

[595] Vgl. Bechthold RIW 1990, S. 253 (257).

bereits am Wortlaut dargelegt, existieren in jenem Wortlaut Ansatzpunkte für eine solche Betrachtung, insbesondere, wenn man die erhebliche Beschränkung des Wettbewerbs als zweiten Prüfungsschritt auffaßt.

Darüber hinaus läßt sich festhalten, daß die Begründungserwägungen auch die Möglichkeit der Berücksichtigung wettbewerblicher Vorteile stützen. Die grundsätzliche Ausrichtung der Fusionskontrolle wird von ihrer Zielsetzung bestimmt: Der Entwicklung und Aufrechterhaltung wirksamen Wettbewerbs. Diese Zielsetzung bewirkt, daß eine wettbewerbliche Abwägungsklausel möglich sein muß. Denn ein Zusammenschluß, der eine positive Wettbewerbsbilanz aufweist, trägt insgesamt zur Entwicklung wirksamen Wettbewerbs bei und ist damit sowohl von den Bewegungsgründen als auch von den in Art. 2 Abs. 1 a) normierten Zielsetzungen her zu genehmigen. Das dynamische Erfordernis der Entwicklung wirksamen Wettbewerbs stützt weiterhin die Annahme, daß die Kommission zu Recht potentiellen Wettbewerb in einer dynamischen Entwicklung in die Beurteilung, ob eine beherrschende Stellung vorliegt, einfließen läßt. Andererseits wird damit auch eine Grenze vorgegeben. Diese Berücksichtigung darf die Notwendigkeit, Wettbewerb aufrecht zu erhalten und zu entwickeln, nicht ad absurdum führen. Ein bilan économique, wie er von einigen Autoren im Bereich des aktuellen und potentiellen Wettbewerbs angesiedelt wird, ist damit nicht zu stützen.

Nur vor dem Hintergrund einer Ausrichtung der FKVO allein auf den Schutz wirksamen Wettbewerbs läßt sich erklären, daß der Rat es für notwendig hielt, in den Erwägungsgründen industriepolitische Erwägungen einfließen zu lassen[596].

Andererseits ist das Erfordernis der Entwicklung und Aufrechterhaltung des Wettbewerbs lediglich Mittel zur Erreichung des größeren Zieles, der Vollendung des Gemeinsamen Marktes. Dieser wiederum soll Mittel zur Erreichung allgemeiner Wohlfahrt sein. Fraglich ist damit, ob diese Zweckbindung den Wettbewerbsbezug der FKVO, wie er in deren Wortlaut und auch intrasystematisch deutlich zum Ausdruck kommt, relativieren kann.

Dabei wird mit Begründungserwägung 13 die Möglichkeit eröffnet, innerhalb der Beurteilung eines Zusammenschlusses auch auf den Entwicklungsstand der Region, in der die fusionierenden Unternehmen beheimatet sind, Rücksicht zu nehmen. Daraus könnte gefolgert werden, daß unter Hinnahme einer beherrschenden Stellung auf einem bestimmten Markt in dieser Region eine Fusion als Aufholfusion zur Steigerung der Wettbewerbsfähigkeit dieser Un-

---

[596] So bereits zu recht CH Schmidt, S. 141.

ternehmen und damit zu einer möglichen Sicherung von Arbeitsplätzen in einem ohnehin wirtschaftsschwachen Gebiet zu genehmigen ist[597]. Möglich ist auch, ein solches Ergebnis eines Zusammenschlusses als wettbewerblich vorteilhaft zu betrachten.

Dies setzt aber voraus, daß über eine solche Aufholfusion dieses Ziel auch erreicht werden kann. Die Gemeinschaft kennt das Gebot der Verhältnismäßigkeit[598]. Ein Abweichen von der Notwendigkeit, Wettbewerb zu bewahren und zu entwickeln, kann daher nur gerechtfertigt sein, wenn eine Aufholfusion auch die gewünschten Ergebnisse mit sich bringt. Schon dies ist aber fraglich, wie unten innerhalb der Industriepolitik näher erläutert wird[599].

In jedem Fall ist eine solche Möglichkeit nach den gewonnen Erkenntnissen aus dem Normzusammenhang nur als Ausnahme möglich.

Weitere Erkenntnisse können nur vor dem Hintergrund des EGV, in den die FKVO eingebettet ist, erlangt werden.

c) Begründungserwägungen der Fusionskontrollnovelle (VO Nr. 1310/97)

Die Begründungserwägungen zu der Fusionskontrollnovelle beschäftigen sich ausschließlich mit den vorgenommenen Ergänzungen der FKVO, die, wie bereits beschrieben, grundsätzlich im Bereich des Verfahrens und des Anwendungsbereichs der FKVO liegen. Rückschlüsse auf das vorliegende Thema lassen sie daher nicht zu.

d) Zusammenfassung zu den Begründungserwägungen

Aus den Begründungserwägungen ergibt sich die Notwendigkeit, auch die allgemeinen Zielvorstellungen des EGV zu berücksichtigen. Diese haben zwar nach der Struktur der FKVO grundsätzlich keinen Vorrang, können aber unter Umständen ausnahmsweise zu berücksichtigen sein. Eine völlige Negation des Bezugs auf die allgemeinen Ziele des EGV ist nicht möglich. Die Begründungserwägungen geben den Willen des verordnungsgebenden Rates wieder, allgemeinpolitische Gesichtspunkte innerhalb der FKVO zu berück-

597 Hinsichtlich einer solchen Möglichkeit siehe Ritter, S. 371 f.; Van Bael/Bellis, S. 470; ebenso das EuG, EuZW 1995, 677, 679 f.
598 Vgl. nur Oppermann, RdNr. 407, 1168.
599 Vgl. etwa zu den vielfältigen Voraussetzungen, die gegeben sein müssen, um einen Zusammenschluß als erfolgreich deklamieren zu können Berg/Rott, WuW 1999, 140 ff. anhand des Beispiels DaimlerChrysler.

sichtigen. Die interventionistischen Anteile sind zwar in den Hintergrund gedrängt, dennoch aber deutlich vorhanden geblieben.

Erkenntnisse zu der Möglichkeit einer wettbewerblichen Abwägung lassen sich aus den Begründungserwägungen nur im Zusammenhang mit einer Bekräftigung der grundsätzlichen Zielrichtung der FKVO, wie sie sich schon aus Art. 2 Abs. 1 a) FKVO ergeben hat, ziehen. Damit kann ein Zusammenschluß, wenn er insgesamt wettbewerblich vorteilhaft ist, nicht untersagt werden, da dies der generellen Zielrichtung der Stärkung und Entwicklung des Wettbewerbs widerspräche. Dazu und zu der Frage von Vorbildern für eine Berücksichtigung industriepolitischer Erwägungen in den wettbewerblich relevanten Vorschriften des EG-Vertrages soll im folgenden der Hintergrund der FKVO, die Einbindung in den EGV, betrachtet werden.

II. Die Einbettung der FKVO in den EG-Vertrag

1.) Allgemeine Ziele des Vertrages

Wie dargelegt, bezieht sich die FKVO auf die „allgemeinen Ziele des Vertrages“. Was aber sind die „allgemeinen Ziele des Vertrages“?

Nach Erwägungsgrund 13 handelt es sich dabei um die in Art. 2 EG niedergelegten Ziele und insbesondere die „Stärkung des wirtschaftlichen und sozialen Zusammenhalts der Gemeinschaft iSd Art. 130 a[600] des Vertrages“.

Nach Art. 2 EG ist es Ziel der Gemeinschaft, über das Mittel eines Gemeinsamen Marktes und einer Wirtschafts- und Währungsunion sowie die in den Art. 3 und 4 genannten Politiken, zu einer harmonischen und ausgewogenen Entwicklung eines Wirtschaftslebens mit beständigem, nicht inflationärem und umweltverträglichem Wachstum zu gelangen. Daneben soll ein hohes Beschäftigungsniveau, ein hohes Maß an sozialem Schutz und die Hebung der Lebenshaltung und der Lebensqualität erzielt werden. Durch diese Ziele soll letztlich die Gemeinschaft wirtschaftlich und sozial zusammenhalten und sich solidarisch zeigen.

Hier ist demnach die Grundlage der Gemeinschaft angesprochen. Diese basiert darauf, daß die Wirtschafts- und Währungsunion mitsamt den Wettbewerbsregeln, die als Politik im Sinne von Art. 3 Buchstabe g) zu den in Art. 2 FKVO angesprochenen Mitteln gehören, nur Vehikel zur Erlangung

---

[600] Nunmehr Art. 158 EG, der Verf..

allgemeiner Wohlfahrt in Europa sind[601]. Diese Ziel-, Aufgaben- und Tätigkeitsbestimmung ist oberster Maßstab für die Auslegung des Gemeinschaftsrechts[602]. Schon im Grundgedanken der Union ist damit eine Relativierung des Wettbewerbsschutzes zugunsten allgemeiner Belange angelegt.

Dieses Mittel zum Zweck[603] ist aber hinsichtlich der Wettbewerbsregeln eingeschränkt durch Art. 3 Buchstabe g) EG, nachdem mit dem Gemeinsamen Markt ein System zu errichten ist, „das den Wettbewerb innerhalb des Gemeinsamen Marktes vor Verfälschungen schützt“. Ferner beschränken die vielen Vorschriften des Vertrages, in denen der „Wettbewerb“ genannt wird, eine zu weitgehende Instrumentalisierung des Wettbewerbs. Demnach ist Grundlage des Gemeinsamen Marktes keine zentrale Steuerung, nach der etwa auch innerhalb der Fusionskontrolle dirigistisch eine Gemeinwohlförderung durch staatliche Lenkung zu erfolgen hätte, sondern vielmehr soll in erster Linie der freie Wettbewerb die Entwicklung des Gemeinsamen Marktes steuern[604]. Die Politiken in Art. 3 und 4 EG nehmen ihrerseits in der Rechtsprechung des EuGH den Rang von Programmsätzen an[605], so daß ihnen gesteigertes Gewicht zukommt.

Grundsätzlich legt der EGV die Gemeinschaft nicht auf ein bestimmtes Wirtschaftssystem fest, ähnlich wie das Grundgesetz in Deutschland[606]. Der Gerichtshof hat allerdings in den Art. 81 und 82 eine Konkretisierung der Grundsatznormen in Art. 2 und 3 EG gesehen und fordert immer wieder eine Rückbesinnung auf diese Normen[607]. Dies wird auch durch Art. 4 gestützt, nach dem die Gemeinschaft bei dem Betreiben ihrer Wirtschaftspolitik den Grundsätzen einer offenen Markwirtschaft mit freiem Wettbewerb verpflichtet ist. Diese Aussage ist allerdings vielseitig deutbar. Man wird letztlich darin eine Absage an eine protektionistische Politik und eine grundsätzliche Verpflichtung auf marktwirtschaftliche Prinzipien verstehen können[608].

Grundlage ist jedenfalls ein ausreichender Wettbewerb, um die Ziele des Vertrages zu erreichen. Die Gemeinschaft darf daher Wirtschaftslenkung

---

601 Vgl. auch Megret RdNr. 2; Braakman/Schröter S. 9; A. Schmidt, WuW 1999, 133 (137); Grill in Lenz, Vorbemerkung zu Art. 85-90 RdNr. 6; Möschel, Rittner-FS, S. 409.

602 Vgl. Braakman/Schröter S. 9 m. Nachw. aus der Rechtsspr., Fn 66.

603 Vgl. dazu auch Kerber, S. 185; Furse, ECLR 1996, 250 (255 f.).

604 Vgl. dazu Gleiss/Hirsch Einl. A RdNr. 17, Bunte in Langen/Bunte Einführung zum EG-Kartellrecht RdNr. 9; Megret RdNr. 5.

605 Rs 126/86 „Gimiénez Zaera“, Slg. 1987, 3697, 3715 f., Rz. 10 u. 11; Rs C-399/89, „Alsthom Atlantique“ Slg. 1991 I 107, 123, Rz. 8 ff.; Rs. C-260/89 „ERT“, Slg. 1991 I 2925, 2961 Rz. 27 ff., 2963, Rz. 39.

606 Bunte in Langen/Bunte Einleitung zum EG-Kartellrecht RdNr. 20.

607 Rs 6/72 Continental Can, Urteil vom 21.2.1973 Slg. 1973, 215 (Rz 25); Rs 85/76 Hoffmann/La Roche, Urteil vom 13.2.1979, Slg. 1979, S. 461, 554).

608 Ähnlich Bandilla in Grabitz/Hilf zu Art. 3a RdNr. 7 ff.

betreiben, Grundlage muß aber die Marktwirtschaft mit wirksamen Wettbewerb bleiben[609]. Dennoch spiegelt sich auch in diesen grundlegenden Normen der Gemeinschaft ein Widerstreit zwischen Wirtschaftslenkung und freiem Wettbewerb wider, der letztlich auch Grundlage der Problematik in der Fusionskontrolle ist: Ist diese Instrument der Wirtschaftslenkung und Industriepolitik oder garantiert sie rein anhand von Marktstrukturerwägungen allein wirksamen Wettbewerb?

Näher zu betrachten ist daher das Zusammenspiel zwischen Art. 3 Buchstabe g) iVm. Art. 81 und 82 EG auf der einen Seite und Art. 3 Buchstabe i) und l) iVm 157 und 158 EG auf der anderen Seite. Zu betrachten ist also ein möglicher Widerstreit zwischen der Industriepolitik und der Förderung des sozialen Zusammenhalts der Gemeinschaft und dem Wettbewerb. Sowohl die Industriepolitik als auch die Förderung des sozialen Zusammenhalts sind als Politiken der Gemeinschaft gleichberechtigte Mittel zur Erreichung der Grundsätze des Art. 2 EG[610]. Darüber hinaus wird besonderes Augenmerk auf die Änderungen durch den Amsterdamer Vertrag geworfen werden müssen.

a) Industriepolitik und Wettbewerb im EG-Vertrag

Das Verhältnis zwischen Industrie- und Wettbewerbspolitik ist für die Wirtschaftsordnung des Binnenmarktes von entscheidender Bedeutung. Beide Politiken sind komplementär, was durch die Aufwertung der Industriepolitik im Rahmen des Vertrages von Maastricht noch verschärft wurde[611]. Art. 3 EG verfügt nunmehr über einen litera l), nachdem die Gemeinschaft zur „Stärkung der Wettbewerbsfähigkeit der Industrie der Gemeinschaft verpflichtet ist“. Zumindest formal steht damit die Industriepolitik auf dem gleichen Rang wie die Forderung in Art. 3 Buchstabe g), nachdem der Wettbewerb innerhalb des Binnenmarktes vor Verfälschungen zu schützen ist[612].

aa) Europäische Industriepolitik

Der ursprüngliche EWGV enthielt, im Gegensatz zu dem EAGV und der EGKSV keine Grundlage für eine „Industriepolitik“. Erstmals tauchte dieser

---

[609] Bunte in Langen/Bunte, Einführung zum EG-Kartellrecht RdNr. 20; Oppermann RdNr. 806, Dreher, WuW 1998, 656 ff.

[610] Siehe allgemein zu der Frage widerstreitender Vertragsziele Mestmäcker in IM Einleitung RdNr. 50 ff.

[611] Schröter in GTE Bd II/1 (5. Aufl.), Vorbemerkung zu den Art. 85 bis 94 RdNr. 31; Oberender/Okruch WuW 1994, 506 (516).

[612] Vgl. HEW/Berg/Schmidt, S. 851.

Begriff in den 60er Jahren auf französische Initiative auf[613]. Hintergrund war die Sorge, daß ein Gemeinsamer Markt in erster Linie von ausländischen, namentlich amerikanischen Großkonzernen, genutzt werden könnte. Diese wähnte man aufgrund ihrer Größe, Finanzkraft und technischer Potenz wettbewerblich überlegen. Eine Form von Industriepolitik erhielt mit der Einheitlichen Europäischen Akte (EEA) 1987 eine Rechtsgrundlage. Durch die EEA wurden die Art. 130 litera f bis q[614] in den EGV eingeführt. Dadurch wurde der Kommission die Möglichkeit zu einer Technologiepolitik gegeben und damit ein Handlungsspielraum bei der Implementation von Programmen, die die technische Wettbewerbsfähigkeit der europäischen Industrie verbessern sollen, geschaffen.

Der Vertrag von Maastricht fügte dann den neuen Art. 157 EG ein, der, entgegen ursprünglichen Bestrebungen, nicht allein auf Hochtechnologieförderung beschränkt ist, sondern allgemein eine Industriepolitik der Gemeinschaft ermöglicht. Vorbild war dabei die französische Vorstellung der „planification", die letztlich auf die Zeiten Colberts und dessen Merkantilismus zurückgeht[615]. Eine weitere Ausweitung dieser Kompetenzen erfolgte im Rahmen des Amsterdamer Vertrages[616].

Grundsätzlich ist eine solche Förderung problematisch. Sie erfordert nämlich eine Auswahl förderungswürdiger Technologien und Forschungsansätze unter Benachteiligung von Industriebereichen, in denen keine förderungswürdigen „Schlüsseltechnologien" vermutet werden[617]. Dieses Unterfangen wiederum kann menschliches Ermessen leicht überfordern. Folge ist eine Negierung des Wettbewerbsgedankens. Leicht können nicht wettbewerbsfähige Industrien und Forschungsansätze bevorzugt werden, wodurch die Grundprinzipien des EGV in Frage gestellt würden.

Allerdings enthält der Art. 157 EG in seinem Absatz 3 eine Aussage, die einen möglichen Konflikt mit der Wettbewerbspolitik zu entschärfen scheint: „Dieser Titel bietet keine Grundlage dafür, daß die Gemeinschaft irgendeine Maßnahme einführt, die zu Wettbewerbsverzerrungen führen könnte." Nimmt man diese Aussage wörtlich und ernst, so stünde dieser Absatz allerdings

---

613 HEW-Berg/Schmidt S. 916.
614 Artikel 163 bis 179 neue Fassung.
615 Lecheler in Grabitz/Hilf zu Art. 130 RdNr. 5 ff.; zu den französischen Ursprüngen vgl. HEW-Berg/Schmidt, S. 869 f.
616 Vgl. zu den Änderungen durch den Amsterdamer Vertrag und ihre Auswirkungen unten 2. Teil II. 1.) a) bb) aaa) bbbb).
617 Vgl. HEW-Berg/Schmidt, S. 919.

jeder effektiven, als Bündel staatlicher lenkender Eingriffe verstandenen Industriepolitik im Wege[618].

Daher ist zunächst zu beleuchten, was mit „Industriepolitik“ iSd Art. 157 EG eigentlich gemeint ist. Eine allgemein akzeptierte Definition, was mit „Industriepolitik“ verstanden werden muß, gibt es bisher nicht[619].

Dabei stehen zwei Modelle zur Auswahl: Zum einen gibt es den Ansatz, den die Kommission in jüngster Zeit betont hat: Es soll eine „horizontale Ausrichtung der Industriepolitik“ geben[620]. Vorrangig sollen die Rahmenbedingungen für unternehmerisches Handeln verbessert werden. Dadurch sollen den Unternehmen in der Gemeinschaft günstige Möglichkeiten eröffnet werden, um den Erfordernissen des weltweiten Strukturwandels begegnen zu können. Dies soll zum einen durch Abbau noch vorhandener Handelshemmnisse, insbesondere der Liberalisierung der nationalen Monopolmärkte geschehen. Zum anderen sollen Hilfen für die vorwettbewerbliche Forschung bereitgestellt werden, d. h. für den Grundlagenbereich der Forschung, in dem noch kein Wettbewerbsdruck herrscht. Hier kommt eine neu entwickelte Technik gleichmäßig allen Marktteilnehmern zugute. Letztlich soll eine weitere Vereinheitlichung technischer Normen gefördert werden.

Eine solche angebotsorientierte „supply side economics“ Politik ist zweifellos ordnungskonform, kann aber nur schwerlich als traditionelle Industriepolitik verstanden werden. Diese besteht in aktiver Gestaltung wirtschaftlicher Prozesse durch den Staat. Grundsätzlich greift dabei der Staat in die Wirtschaft ein und versucht, durch Lenkungsmaßnahmen erwünschte Ergebnisse zu erzielen, die man als Ergebnis freien Wettbewerbs für nicht realisierbar hält.

Nimmt man eine solche Bestimmung allerdings an, ist Art. 157 EG nicht in Gefahr, auf irgendeine Weise zu Wettbewerbsverzerrungen führen zu können[621].

Auf der anderen Seite steht ein interventionistisches Modell, daß den französischen Wurzeln eher entspricht[622].

---

618 Lecheler in Grabitz/Hilf zu Art. 130 RdNr. 20.

619 HEW-Berg/Schmidt, S. 853.

620 Nachweise bei HEW-Berg/Schmidt, S. 854, siehe auch Oberender/Okruch, WuW 1994, 506 (517).

621 Andererseits will die Kommission etwa im Rahmen der Wettbewerbspolitik Arbeitsplätze schaffen, vgl. Weißbuch KOM (93) 700, diese Linie ist also nicht stringent.

622 Vgl. zu der Instrumentalisierung gerade der Fusionskontrolle in Frankreich Vogel, RIW 1996, 638 ff.; zu einer Definition als aktive Förderung einzelner Wirtschaftsbereiche auch Meessen, S. 418 f.; zu der plakativen Gegenüberstellung auch Müller-Graff, EuR 1997, 433 (435).

Dabei kann man gestaltende Industriepolitik und verzögernde Industriepolitik unterscheiden[623]. Gestaltende Industriepolitik will die internationale Wettbewerbsfähigkeit der heimischen Volkswirtschaft fördern. Der erfolgreiche Markteintritt soll vor allem dort ermöglicht werden, wo attraktive Wachstumspotentiale in Aussicht stehen. Dabei wird i.d.R. vor allem auf moderne Technologien gesetzt, wobei man sich von deren Förderung spill-over Effekte auf andere Branchen und Zulieferer erhofft. Diese Vorstellung ist die klassische interventionistische Vorstellung von gestaltender Industriepolitik der Kommission.

Verzögernde Industriepolitik hingegen kann innerhalb einer sozialen Marktwirtschaft geradezu eine Verpflichtung sein. Ziel ist es, durch Anpassungshilfen Branchen, in denen eine Strukturkrise droht oder bereits eingetreten ist, Beispiele wären der Schiffbau und die Steinkohleförderung in Deutschland, den erforderlichen Übergang geordnet zu vollziehen, um soziale Härten abzumildern und um Zeit für die Erschließung neuer Märkte zu gewähren. Hierbei handelt es sich folglich zu einem großen Teil um Sozialpolitik, der gerade angesichts der Erfordernisse des Art. 158 EG innerhalb der Union besonderes Gewicht zukommt. Denn der erforderliche strukturelle Wandel muß auch gesellschaftlich akzeptabel sein, um die Grundlagen des Gemeinwesen nicht zu gefährden. Die Folgen mangelnder Rücksichtnahme auf Befindlichkeiten der Bevölkerung kann im Extremfall zu Radikalisierungen führen und damit zu weit größerem Schaden, als kurzfristige, abfedernde Maßnahmen. Auf der anderen Seite sprechen aber die Bemühungen um eine Neustrukturierung des Argrarbereichs mit der Agenda 2000 eine deutliche Sprache. Eine effiziente Ressourcenverteilung ist auf rein planerischer Ebene durch „überlegenes" Wissen der Administration offenbar nicht erreichbar. Der EGV spiegelt insoweit eine Einsicht in die Realitäten wieder[624], wenn er versucht, unvermeidliche Planung zuzulassen und gleichzeitig dem Wettbewerb einen möglichst großen Raum einräumt.

Auf der systematischen Ebene ergibt sich aus dem EGV, daß für eine Industriepolitik, die sich in einer reinen Angebotspolitik, wie sie oben beschrieben wurde, erschöpft, eine Schaffung neuer Kompetenzen der Union für einen Bereich „Industriepolitik" nicht notwendig gewesen wäre. Aus Art. 157 EG ergibt sich vielmehr ein Mißtrauen des europäischen Gesetzgebers gegen eine

---

623 Begrifflichkeit von HEW-Berg/Schmidt, S. 853.

624 So hat auch der Wettbewerbskommissar van Miert festgestellt, daß „Die Wettbewerbspolitik der Kommission ... nicht in einem Vakuum (stattfindet). Sie hat stets auch ihre Auswirkungen in anderen Politikbereichen der Kommission mit in Betracht zu ziehen, wie etwa Industrie-, Regional-, Sozial- und Umweltpolitik.", vgl. WuW 1995, 554.

rein durch Wettbewerb gestaltete Ordnung[625]. Ansatzpunkt der Industriepolitik im Sinne des Art. 157 EG ist damit die dargestellte interventionistische Sektorenpolitik.

Damit besteht grundsätzlich die Möglichkeit eines Konfliktes zwischen Wettbewerb und Gestaltung durch Fusionskontrolle fort. Gestützt wird die Ansicht, interventionistische Maßnahmen seien zulässig, insbesondere durch den Agrarbereich. Dieser ist fast völlig von marktwirtschaftlichen Prinzipien abgekoppelt[626]. Damit wird aber auch die Problematik der Beschränkung des Art. 157 EG durch die Wettbewerbsschutzklausel des Absatzes 3 virulent. Obwohl zahlreiche Stimmen eine Streichung forderten[627], ist Art. 157 im Amsterdamer Vertrag[628] inklusive der Schutzklausel unangetastet geblieben.

bb) Wettbewerbspolitik und Konfliktlösung, Rückschlüsse auf die FKVO

Damit bleibt die Frage, welchem Prinzip im Konfliktfall der Vorrang gebührt. Die gesamte Struktur des EG-Vertrages spricht dabei für einen Vorrang des Wettbewerbs.

Zunächst sind die bisher erzielten Erfolge einer aktiven, aber auch einer verzögernden Industriepolitik nicht überzeugend. Als herausragendes Beispiel mag der Versuch der französischen Regierung stehen, den Computerhersteller Bull zu einem europäischen Herausforderer für IBM heranzuzüchten[629], aber auch die Entwicklung des Transrapid[630] oder die Sanierungsversuche hinsichtlich der Steinkohle[631] in Deutschland sprechen eine deutliche Sprache.

Dennoch ist hier der für die FKVO bedeutsamste Ansatzpunkt für eine industriepolitische Einflußnahme zu sehen. Durch Förderung von Zusammenschlüssen von Großunternehmen kann man versuchen, gegenüber überseeischer amerikanischer und japanischer Konkurrenz wettbewerbsfähige europäische Konglomerate zu schaffen[632].

---

625 So zu Recht HEW-Berg/Schmidt, S. 926; Kilian, RdNr. 383.
626 Vgl. dazu Kilian, RdNr. 212 f.
627 Vgl. Lecheler in Grabitz/Hilf zu Art. 130 RdNr. 21.
628 Vgl. zu den Ergebnissen des Vertrages Hilf/Pache, NJW 1998, 705 ff. und Bergmann/Lenz, Der Amsterdamer Vertrag.
629 Vgl. Fallstudie bei HEW-Berg/Schmidt S. 872 ff.
630 aaO S. 894 ff.
631 aaO S. 887 ff.
632 Dazu Kleinmann, RIW 1992, 345 f. Die möglichen Gegenbeispiele Airbus und das gemeinsame Raumfahrtprogramm Ariane sind unter dem Gesichtspunkt der wirtschaftlichen Effizienz zu vernachlässigen. Sie wären ohne massive staatliche Unterstützung nicht überlebensfähig.

Für eine weitergehende Erkenntnis ist eine genauere Betrachtung der relevanten Vertragsbestimmungen nötig.

aaa) Rang des Wettbewerbsrechts in den allgemeinen Vertragszielbestimmungen

aaaa) Stand nach Maastricht

Der Rang des Wettbewerbs läßt sich aus der Wirtschaftsverfassung der Gemeinschaft und dem Inhalt und der Stellung der Wettbewerbsregeln innerhalb des EG-Vertrags herleiten. Er durchzieht wie ein roter Faden den EG-Vertrag[633].

Neben der bereits erwähnten Grundnorm des Art. 4 EG, sprechen auch Art. 98 und 105 Abs. 1 EG von einer Festlegung der Gemeinschaft auf den „Grundsatz einer offenen Marktwirtschaft mit freiem Wettbewerb". Ebenso findet sich in den Artikeln 154 Abs. 2 und 157 Abs. 1 EG das Bekenntnis zu einem System offener und wettbewerbsorientierter Märkte[634].

Darüber hinaus sind die Grundfreiheiten des Vertrages, die insbesondere Freiheit und Gleichheit der Rechtspersonen in Europa garantieren, ohne das Wetteifernkönnen unter gleichen Bedingungen nicht denkbar[635].

Die Wettbewerbsfreiheit nimmt in dieser marktwirtschaftlichen Ordnung einen zentralen Platz ein. Sie zählt neben der Freiheit des Personen-, Waren-, Dienstleistungs- und Kapitalverkehrs zu den konstituierenden Elementen des Binnenmarktes, Art. 7a Abs. 2 EG, und bildet darüber hinaus eine Grundvoraussetzung für die Erreichung der allgemeinen Vertragsziele. Denn ein Gemeinsamer Markt setzt ein privatautonomes Tauschsystem voraus[636].

Schließlich ergibt sich eine wettbewerblich ausgerichtete Grundordnung auch aus den Grundrechten. Zwar enthält der EG-Vertrag keinen eigenen Grundrechtskatalog, nur einzelne Grundrechtspositionen sind ausdrücklich in die Verträge aufgenommen worden[637], doch sind nach der Rechtsprechung des EuGH die Grundrechte Teil der allgemeinen Rechtsgrundsätze, die der Gerichtshof zu wahren hat. Nunmehr bezieht der Unionsvertrag diese Kompe-

---

633 Braakman/Schröter, S. 10.
634 Vgl. dazu Kilian, RdNr. 205 f.
635 Braakman/Schröter, S. 10.
636 Vgl. Rittner, JZ 1990, 838 (840).
637 Etwa das Diskriminierungsverbot des Art. 7 und die Gleichheitsrechte des Art. 119; vgl. dazu auch Rittner, aaO, 840 f.

tenz des EuGH mit ein[638]. Die EMRK und mit ihr auch das verbürgte Recht auf Eigentum gehörten schon vorher zu den Grundsätzen des Gemeinschaftsrechts, die der EuGH zu wahren hat[639].

Ebenso gehören die Rechte auf freiheitliche wirtschaftliche Betätigung und die Eigentums- und Berufsfreiheit in diesen Bereich. Damit wäre auch ohne eine konkrete Festlegung im EG-Vertrag ein nicht primär wettbewerblich gesteuertes Wirtschaftssystem ausgeschlossen[640], wenn auch die Sozialbindung des Eigentums durchaus auch planwirtschaftliche Elemente zulassen würde.

Damit läßt sich feststellen, daß der EG-Vertrag ein auf wirksamen Wettbewerb basierendes System voraussetzt, um über einen funktionierenden Gemeinsamen Markt zu den Zielen des Art. 2 EG zu gelangen[641]. Gemäß Art. 3 litera g EG hat der Vertrag zum Ziel, auch der Vermachtung von Märkten durch äußeres Wachstum entgegen zu wirken[642]. Dieses marktwirtschaftliche System wird allerdings, wie dargelegt, durch Lenkungsinstrumentarien unterhöhlt. Denn die wirtschaftsverfassungsrechtlichen Maßgaben des Art. 4 EG stehen beispielsweise unter dem Vorbehalt, daß sie nach Maßgabe des Vertrages, der eben ein gerütteltes Maß an industriepolitischen Lenkungsmitteln bereit hält, erfolgen. Die Vorgaben einer sozialen Marktwirtschaft sind im EG-Vertrag nur unvollkommen verwirklicht. Insbesondere ist der Leistungswettbewerb durch die benannten industriepolitischen Maßnahmen, Subventionen (Art. 76 Abs. 2, 87, 154, 155 EG), Beihilfen (Art. 36, 73, 87 EG), Ausgleichszahlungen (Art. 62 EGKSV) oder staatliche Monopole (Art. 31 EG) verfälscht[643].

Marktwirtschaftliche Ausrichtung im EG-Vertrag bedeutet damit eine lediglich grundsätzliche marktwirtschaftliche Ausrichtung, planerische Elemente bleiben erhalten[644]. Oder anders ausgedrückt: Wettbewerb wird nur insoweit geschützt, als es bei dem jeweiligen Stand der Integration möglich erscheint[645].

Im Ergebnis bleibt also nur die Feststellung, daß die FKVO ein grundsätzliches Dilemma zwischen verschiedenen volkswirtschaftlichen Vorstellungen

---

638 Vgl. dazu unten Teil 2, II. 3.).

639 Vgl. nur Rs 44/79 vom 13.12.1979, Slg. 1979, 3727 ff., „Hauer", Rz 15 ff.; Rs. 46/87 u. 227/88, Urteil vom 21.9.1989, Slg. 1989, 2859 ff., „Hoechst", Rz 13 ff.; siehe dazu auch Oppermann, RdNr. 413 ff.

640 Vgl. Dreher, WuW 1998, 656 (659).

641 EuGH Rs 26/76 „Metro", Urteil vom 25.10.1977, S. 1875 ff. Leitsatz 4.

642 EuGH Continental Can, Rs 6/72, Urteil vom 21.2.1973, Slg. 1973, 215 ff., Rz. 25.

643 Vgl. zu der Bedeutung industriepolitischer Zielsetzungen innerhalb der Vertrages auch die Befürchtungen der MoKo, SG 17, S. 77 f.

644 Kilian, RdNr. 204.

645 So pointiert, aber zutreffend Rittner, JZ 1990, 838 (842).

der Mitgliedsstaaten widerspiegelt. Dieser findet sich auch im EGV niedergelegt. Der erzielte Kompromiß zwischen ordoliberalem Wirtschaftsdenken und dem Vertrauen auf gestalterische Fähigkeiten der Administration durchzieht insofern alle Ebenen des Gemeinschaftsrechts[646].

Anerkannt ist denn auch für den Bereich der Wirtschaftspolitik grundsätzlich, daß hinsichtlich der verschiedenen Ziele des EGV ein möglichst umfassender Ausgleich zu erfolgen hat. Auch bei Vorrang des Wettbewerbs dürfen andere Ansätze nicht unberücksichtigt bleiben[647].

Die bisher zu der FKVO gewonnenen Erkenntnisse, nämlich daß ihre Grundlage der Schutz wirksamen Wettbewerbs ist, dennoch industriepolitische Gestaltung durch die Anwendung der FKVO möglich ist, spiegeln sich insofern hier wieder. Klar ist aber, daß der Schutz des Wettbewerbs Vorrang hat und nur besonders legitimierte Ausnahmesituationen zu einer Einschränkung, wenn überhaupt, führen können.

Ein Beispiel für diesen Widerstreit ist die Formulierung des alten Art. 130 EG.

bbbb) Änderungen durch den Amsterdamer Vertrag

aaaaa) Einleitung

Der Amsterdamer Vertrag wurde am 2.10.1997 in Amsterdam unterzeichnet und ist am 1.5.1999 in Kraft getreten. Er ist der Versuch einer Umsetzung der in Maastricht festgelegten Zielsetzung, die politische Union der vorausgeeilten Währungsunion anzugleichen[648]. Er ist das Ergebnis der 1996 einberufenen Regierungskonferenz zur Revision der Verträge, auf denen die Union beruht. Zielsetzung war vor allem, die Union erweiterungstauglich zu machen, das heißt, die anstehende Osterweiterung der Union durch institutionelle Reformen überhaupt erst möglich zu machen. Dazu sollte die Akzeptanz der Union durch eine Bestärkung ihrer Bürgernähe gefördert werden, dies insbesondere durch eine Stärkung der die Unionsbürger angesichts europaweiter hoher Arbeitslosigkeit[649] besonders bewegenden Fragen hinsichtlich Beschäftigung, Sozialpolitik, Umwelt, Gesundheit und Verbraucherschutz.

---

646 Hauschka sieht die Kommission immer stärker in den Bann einer industriepolitischen Einflußnahme gezogen, WuW 1990, 205 (208 ff.).

647 Vgl. dazu Curral/Piepkorn in GTE zu Art. 177 RdNr. 12 mit weiteren Nachw..

648 Vgl. allgemein zur Vorgeschichte Thun-Hohenstein S. 1 ff.; auch Streinz, EuZW 1998, 137 ff.

649 Vgl. dazu Roth in Bergmann/Lenz S. 75 f.

bbbbb) Folgen für den Wettbewerb

Der Amsterdamer Vertrag hat eine Vielzahl von Neuerungen mit sich gebracht, die Kompetenzen der Union hinsichtlich ordnungspolitischer Eingriffe in den Wettbewerb zulassen.

Wichtigste, aber bisher relativ unbeachtete Neuerung ist dabei die Erweiterung des industriepolitischen Mandates der Union durch die Aufnahme der Förderung eines hohen Grades von Wettbewerbsfähigkeit und Konvergenz der Wirtschaftsleistungen in Art. 2 EG, der die grundlegenden Ziele der Gemeinschaft nennt. Damit besteht auf systematischer Ebene die Möglichkeit, die bereits durch den Maastrichter Vertrag neben die Gemeinschaftstätigkeit der Schaffung eines „Systems unverfälschten Wettbewerbs" (Art. 3 g) gestellte „Stärkung der Wettbewerbsfähigkeit der Industrie der Gemeinschaft" (Art. 3 k) nunmehr als vorrangig anzusehen[650]. Denn diese ist als übergeordnetes Gemeinschaftsziel in Art. 2 EG aufgenommen worden. Dadurch könnte der Wettbewerb als Gestaltungselement dem Interventionismus untergeordnet worden sein.

Ebenso ist durch den Amsterdamer Vertrag die beschäftigungspolitische Kompetenz der Union durch den neugeschaffenen Titel VIII, Beschäftigung, gestärkt worden[651].

Nach Art. 127 EG n.F. ist die Frage des Beschäftigungsniveaus bei der Festlegung und Durchführung der Gemeinschaftspolitiken und –maßnahmen zu berücksichtigen. Damit findet eine neue Querschnittsklausel[652] Eingang in den EGV[653]. Diese steht auch unter keinem direkten Vorbehalt einer „Wettbewerbsklausel" wie etwa der Art. 130 EG. Vielmehr ist damit bei allen Maßnahmen der Gemeinschaft Rücksicht auf die Auswirkungen für die Beschäftigung zu nehmen. Dies gilt insbesondere auch bei Maßnahmen zum Schutze des Wettbewerbs.

Insgesamt ist nach dem Amsterdamer Vertrag also davon auszugehen, daß im Rahmen der Beurteilung von Zusammenschlüssen die Argumentationslage für eine Nichtberücksichtigung solcher Aspekte dünner geworden ist.

---

[650] Vgl. dazu André Schmidt, WuW 1999, S. 133, 134 f.
[651] Vgl. zu der Vorgeschichte, der Notwendigkeit und den Einzelfragen Roth in Bergmann/Lenz, S. 73 ff. und Thun-Hohenstein, S. 81 ff.
[652] Vgl. zum Begriff Scheuing, EuR 1989, S. 152 (176 f).
[653] André Schmidt, WuW 1999, 133, 135.

Entgegen Befürchtungen, dies könnte konkret auf der Grundlage beschäftigungspolitischer Erwägungen[654] zu der Genehmigung von Fusionen führen, die eine marktbeherrschende Stellung herbeiführen, muß dies keineswegs der Fall sein. Vielmehr kann sich hieraus auch ein Gebot des Verbots von Zusammenschlüssen ergeben, wenn dadurch aufgrund erwarteter „Synergieeffekte" des Zusammenschlusses ein Arbeitsplatzabbau zu befürchten ist[655]. Zudem ist darauf hinzuweisen, daß die Beschäftigungspolitik auch vor dem Amsterdamer Vertrag einen Schwerpunkt der Gemeinschaftstätigkeit dargestellt hat[656]. Die Auswirkungen der Änderungen müssen also nicht zwangsweise als dramatisch eingeschätzt werden.

Daneben ist allerdings auch der Bereich Sozialpolitik neu gefaßt worden. Der neue Art. 136 (ex Art. 117 EG-Vertrag) sieht nunmehr die Förderung der Beschäftigung und Entwicklung des Arbeitskräftepotentials und der Verbesserung der Lebens- und Arbeitsbedingungen als Programmsatz vor. Dabei ist nicht auszuschließen, das dieser Artikel materielle Bedeutung erlangen könnte[657]. Der Verbraucherschutz (Titel XIV neu) ist neu eingefügt worden. Dieser Gesichtspunkt ist in die Form einer Querschnittsklausel gegossen worden[658]. Eine Querschnittsklausel ist bei allen Maßnahmen der Gemeinschaft zu berücksichtigen. Damit ist der Verbraucherschutz dem Umweltschutz, der schon zuvor über eine Querschnittsklausel zu beachten[659] war, gleichgestellt. Diese Klausel kann nunmehr Fusionen entgegen wirken, die zu marktbeherrschenden Stellungen mit nachteiligen Wirkungen für den Verbraucher im Preisniveau[660] führen. Sie stärkt zudem die „Wettbewerbsklausel" in Art. 2 Abs. 1 b) FKVO für die Berücksichtigung des „technischen und wirtschaftlichen Fortschritts". Die Belange der Verbraucher sind damit innerhalb der FKVO stärker zu berücksichtigen, und zwar sowohl im Zusammenhang mit der Berücksichtigung wirtschaftlichen und technischen Fortschritts als auch im Zusammenhang mit positiven Effekten einer Fusion für die Verbraucher. Hier ist also eine weitere Stärkung nicht wettbewerblicher Gesichtspunkte erfolgt. Letztlich hat auch der Umweltschutz eine enorme Stärkung erfahren, er ist nunmehr in Art. 2 EG aufgenommen und zählt damit zu den Zielen der

---

654 So André Schmidt, WuW 1999, 133, 135.

655 Vgl. nur die Welt vom 31.5.1999: „Fusionen drehen das Personal-Karussel", in diesem Artikel wird darauf hingewiesen, daß auch leitende Angestellte, neudeutsch „Manager", nicht mehr darauf hoffen können, nicht Synergieeffekten geopfert zu werden.

656 Borchardt in Dauses D II RdNr. 15.

657 Vgl. dazu Langer in Bergmann/Lenz S. 95.

658 Vgl. Kienle in Bergmann/Lenz S. 160.

659 Auch dieser ist bei wettbewerblichen Erwägungen zu beachten und spielt eine Rolle als Vertragsziel, vgl. zur Stärkung des Umweltschutzes im Vertrag Müller-Brandeck-Bocquet, Integration 1997, 292 (299 ff.).

660 Generell betrachtet die Kommission den Preiswettbewerb als entscheidende Größe, siehe etwa Kodak/Imation, IV/M.1298, Kurzfassung abgedruckt in WuW 1999, 36.

Gemeinschaft. Er kann damit innerhalb der FKVO gemäß Begründungserwägung 13 Berücksichtigung finden zumal er eng mit dem Gesundheitsschutz verzahnt ist[661]. Er kann bei der Betrachtung der Auswirkungen eines Zusammenschlusses nunmehr für und gegen die Genehmigungsfähigkeit eines Zusammenschlusses berücksichtigt werden.

Die Position des Wettbewerbs innerhalb des Gemeinsamen Marktes ist damit insgesamt geschwächt worden.

Nach wie vor gilt allerdings, daß dort, wo verschiedene Ziele des EGV miteinander in Einklang zu bringen sind, der Wettbewerb nicht völlig ausgeschaltet werden darf[662].

Auch wenn gerade nach den vorgestellten Neuerungen[663], damit nicht mehr von einer wirksamen Funktionsgarantie zugunsten des Wettbewerbs ausgegangen werden kann, kommt dem Wettbewerbsprinzip immer noch eine herausragende, wenn auch instrumentalisierte Stellung zu. Denn insbesondere gilt immer noch die grundlegende Erkenntnis des EuGH aus dem Urteil Continental Can, daß der Vertrag nicht die Möglichkeit eröffnen kann, den Wettbewerb auf dem Gemeinsamen Markt gänzlich auszuschalten, da sonst zahlreiche Bestimmungen des Vertrages, insbesondere die Artikel 81 ff., gegenstandslos wären. Für die Möglichkeit, allgemeine Ziele des Vertrages mit dem Wettbewerb aufzuwiegen und dadurch unvermeidlicherweise Wettbewerbsbeschränkungen hinzunehmen, bestehen damit weiterhin absolute Grenzen, die nicht überschritten werden dürfen[664]. Denn weiterhin gilt auch, daß keine Wettbewerbsbehörde in der Lage ist, die Folgen einer Wettbewerbsbeschränkung präzise einzuschätzen[665]. Da der Wettbewerb letztlich der Intervention überlegen ist, gibt es absolute Grenzen für die Einmischung.

ccccc) Bedeutung für die FKVO

Die Neuerungen bedeuten im Ergebnis, daß die allgemeinen Ziele des EGV nunmehr noch stärker für eine Berücksichtigung außerwettbewerblicher Ziele innerhalb der FKVO sprechen.

---

[661] Kienle in Bergmann/Lenz S. 124.

[662] Eine Schwächung des Wettbewerbs darf den Zielvorstellungen der Gemeinschaft nicht entgegen laufen, EuGH Rs. 6/72, Continental Can, Slg. 1973, 215 (245).

[663] André Schmidt, WuW 1999, 135 (137); schon für die Änderungen durch Maastricht gehen HEW-Schmidt/Binder, S. 1301 von einer Gleichstellung der Industriepolitik mit der Wettbewerbspolitik aus.

[664] Siehe EuGH Rs. 6/72 Continental Can, Urteil vom 21. Februar 1973, Slg. 1973, 215 ff., dazu oben Teil 1); I. 3.) b).

[665] Hansen, WuW 1999, 468 (471) unter Berufung auf v. Hayek.

Dem steht insbesondere auch nicht ein mißverständliches Urteil des EuGH aus jüngster Zeit entgegen[666]. Dort hat der EuGH für die Bestimmungen über das Subsidiaritätsprinzip erklärt, dieses sei bei Erlaß der strittigen Verordnung noch nicht in Kraft gewesen, ihm komme auch keine Rückwirkung zu[667].

Wäre dieser Ansatzpunkt in allgemeiner Form richtig, wären Verordnungen des Rates jeweils an dem Stand des Primärrechts als vorrangigem Recht zu messen, das zum Zeitpunkt des jeweiligen Erlasses dieser Verordnung gegolten hat. Dann wären die Neuerungen für die Prüfung nach Art. 2 FKVO unbeachtlich. Schon aus dem Vorrang des Primärrechts heraus kann dieser Ansatz aber nicht richtig sein und es ist daher nicht anzunehmen, daß der EuGH die Normenhierarchie des europäischen Gemeinschaftsrechts in einem lapidaren Satz auf den Kopf stellen wollte.

Zu dem Zeitpunkt, als die strittige Verordnung (EWG) 1765/92 und die anderen betroffenen Verordnungen durch das Land Schleswig-Holstein angewendet wurden, galt das Subsidiaritätsprinzip als höherrangiges Recht. Es entfaltetet damit bei der Rechtsanwendung Wirkung, auch wenn es bei Erlaß der Verordnung noch nicht in den Vertrag aufgenommen war. Es war daher zu beachten. Ebenso sind auch die Neuerungen der Verträge von Amsterdam und Maastricht bei der Anwendung der FKVO zu berücksichtigen. Für den Maastrichter Vertrag ergibt sich dies auch unmittelbar aus der erfolgten FKVO-Novelle 1997. Diese ist erst nach Ratifizierung des Maastrichter Vertrages erfolgt. Damit wäre die FKVO auch nach dieser verfehlten Rechtsprechung den Neuerungen des Maastrichter Vertrages unterworfen, denn die Novelle bedeutet auch eine Neubestätigung der unverändert gebliebenen Teile.

Die FKVO ist somit den wirtschaftslenkenden Eingriffsmöglichkeiten der Gemeinschaft nach den Verträgen von Maastricht und Amsterdam unterworfen.

Insgesamt kann damit festgestellt werden, daß der Schutz des Wettbewerbs als Ziel der FKVO relativiert worden ist. Nach den gewonnenen Erkenntnissen zum grundsätzlichen Vorrang des Wettbewerbs bleibt aber der Ausnahmecharakter für Eingriffe durch gestaltende Fusionskontrolle festzuhalten. Weitere Erkenntnisse sind nur im Zusammenhang mit einer näheren Betrachtung der Einzelvorschriften des EGV möglich.

---

[666] EuGH Rs. 36 und 37/97, „Kellinghusen"; Urteil vom 22.10.1998, noch nicht veröffentlicht.
[667] aaO Rz. 35.

bbb) Rückschlüsse aus den Einzelbestimmungen des EG-Vertrages

Diese Einzelbestimmungen, wie das Beihilfenverbot in Art. 87 EG, das Kartellverbot in Art. 81 EG oder das Verbot des Mißbrauchs einer marktbeherrschenden Stellung in Art. 82 EG sind die konkreten Vorschriften, an denen in der Praxis interventionistisch orientierte Vorhaben scheitern.

Die zunächst nur kurze Untersuchung dieser Einzelbestimmungen zeigt ein übergeordnetes Prinzip: Allen gemeinsam ist, daß grundsätzlich Wettbewerbsbeschränkungen verboten sind, es sei denn, unter genau definierten Voraussetzungen greifen übergeordnete Ziele, die ausnahmsweise eine Wettbewerbsbeschränkung zulassen.

So sind wettbewerbsverfälschende staatliche Beihilfen grundsätzlich verboten, sofern sie zur Beeinträchtigung des Handels zwischen den Mitgliedsstaaten geeignet sind, Art. 87 Abs. 1 EG. Sie können allerdings gemäß Art. 87 Abs. 2 und 3 genehmigt werden, wenn die Beihilfe im Vergleich zu einem unverfälschten Verlauf des Wettbewerbs geeignet und erforderlich ist, ein im EGV anerkanntes Ziel zu erreichen. Die Beihilfe muß tatsächlich notwendig sein, um den Begünstigten zu einem Verhalten zu bewegen, mit dem die außerwettbewerblichen Ziele erreichbar sind, da die Marktkräfte allein ihn zu diesem Verhalten nicht zu bestimmen vermögen[668], und sie darf über das unerläßliche Maß nicht hinausgehen[669].

Nur wenn alle diese Voraussetzungen gegeben sind, kann eine Beihilfe, die den Wettbewerb zu verfälschen droht oder bereits verfälscht, genehmigt werden. Eine Ausschaltung des Wettbewerbs ist damit in jedem Falle unverhältnismäßig, da hier eine einseitige Lösung des Zielkonfliktes[670] vorläge, die den Vorrang des Wettbewerbs nicht berücksichtigte.

In Art. 87 Abs. 3 EG ist dabei die Regionalbeihilfe zur Förderung unterentwickelter Regionen an erster Stelle als Ausnahmerechtfertigung genannt. Da die Begründungserwägung 13 in diese Richtung zielt, besteht insoweit hier ein besonderer innerer Zusammenhang.

Das gleiche System findet sich in den Art. 28 und 30 EG. Nach Art. 28 EG sind Maßnahmen gleicher Wirkung wie eine Einfuhrbeschränkung verboten,

---

[668] v. Wallenberg in Grabitz/Hilf zu Art. 92 RdNr. 43.

[669] aaO RdNr. 44.

[670] Vgl. dazu Wenig in GTE zu Art. 92 RdNr. 41; nicht mehr so eindeutig Mederer in GTE Bd 2/II (5. Aufl.) zu Art. 92 RdNr. 68.

es sei denn, sie können ausnahmsweise durch die in Art. 30 EG genannten wesentlichen Interessen gerechtfertigt werden. Zwar ist hier nur indirekt ein Wettbewerbstatbestand betroffen, doch ist das Regel-Ausnahme-Prinzip auch hier deutlich zu erkennen. Die Möglichkeit einer Berufung auf Art. 30 EG ist darüber hinaus noch durch Art. 30 Satz 2 EG eingeschränkt. Möglich sind nur Ausnahmen, die sich auf Tatbestände nicht wirtschaftlicher Art erstrecken und die die in den Art. 28 und 29 EG niedergelegten Grundsätze nicht in Frage stellen[671].

Ebenso ist in Art. 81 Abs. 1 EG ein Verbot wettbewerbsbeschränkender Vereinbarungen und abgestimmter Verhaltensweisen sowie von Beschlüssen von Unternehmensverbänden ausgesprochen, die den Handel zwischen den Mitgliedsstaaten zu beeinträchtigen geeignet sind und eine Verhinderung, Einschränkung oder Verfälschung des Wettbewerbs innerhalb des Gemeinsamen Marktes bezwecken oder bewirken.

Die Kommission kann allerdings dieses Verbot für nicht anwendbar erklären, wenn folgende Voraussetzungen kumulativ erfüllt sind:

Die Vereinbarung oder die Beschlüsse von Unternehmensverbänden oder die abgestimmten Verhaltensweisen müssen unter angemessener Beteiligung der Verbraucher an dem entstehenden Gewinn zur Verbesserung der Warenerzeugung oder –verteilung beitragen oder den wirtschaftlichen oder technischen Fortschritt fördern. Dabei dürfen sie gleichzeitig den beteiligten Unternehmen nicht mehr als die für die Erreichung dieser erwünschten Ziele unerläßlichen Beschränkungen auferlegen. Außerdem dürfen sie den Unternehmen nicht die Möglichkeit eröffnen, den Wettbewerb für einen wesentlichen Teil des Gemeinsamen Marktes auszuschalten.

Es handelt sich hierbei um das Prinzip des Verbots mit Erlaubnisvorbehalt[672].

Insgesamt läßt sich damit aus dem Primärrecht herleiten, daß eine Abweichung vom freien Spiel der Marktkräfte im Sinne dirigistischer Maßnahmen begründungs- und nachweispflichtig ist. Ein solcher Eingriff muß verhältnismäßig sein in dem Sinne, daß er das zur Erreichung der als positiv erkannten Ziele notwendige Maß nicht überschreiten darf. Ein Rest an Wettbewerb muß dabei immer gegeben sein[673].

---

[671] EuGH Rs. 7/61 Kommission ./. Italien, Slg. 1961 693 (720); vgl. auch Dauses, C. I RdNr. 158.
[672] Vgl. dazu Sauter in IM zu Art. 85 Abs. 3 RdNr. 2.
[673] So zu Recht Schröter in GTE Vorbemerkung zu den Art. 85 bis 94 RdNr. 8; Müller-Graff, EuR 1997, 433, 442, 444.

Dies gilt letztlich sogar für den Bereich der Landwirtschaft, auch wenn die Regeln über die Landwirtschaft als speziellere Normen den allgemeinen Wettbewerbsregeln vorgehen, vgl. Art. 42 Abs. 1 und Art. 39, 40 EG. Nach dem hier vertretenen Ansatz läßt sich allein auf administrativem Wege eine effiziente Ressourcenverteilung auch in der Landwirtschaft nicht erreichen. Insoweit ist eine völlige Ausschaltung des Wettbewerbs auch hier nicht gewollt, wenn auch planwirtschaftliche Elemente überwiegen[674].

Eine Sonderstellung nimmt allerdings Art. 82 EG ein. Der Mißbrauch einer marktbeherrschenden Stellung auf dem Gemeinsamen Markt oder eines wesentlichen Teiles desselben durch Unternehmen, soweit der Handel zwischen den Mitgliedsstaaten beeinträchtigt werden kann, ist schlicht verboten.

Eine Ausnahmemöglichkeit ist nicht vorgesehen. Zwar kann eine Einzelfreistellung auch im Rahmen der Prüfung nach Art. 82 positiv für das betroffene Unternehmen wirken[675], doch dies nur deshalb, weil in diesem Zusammenhang geprüft wurde, ob der Wettbewerb durch die nach Art. 81 beurteilte Sachlage zu einer Ausschaltung des Wettbewerbs führt[676]. Daraus ergibt sich eine Sonderstellung der Marktmacht im EGV, die als so gefährlich anerkannt wird, daß eine Freistellung aus allgemeinen Gründen nicht gestattet wird. Eine Freistellung nach Art. 81 Abs. 3 EG schließt nicht die Kontrolle des Verhaltens eines Unternehmens nach Art. 82 EG aus[677].

Zwar ist diese Konstellation nur bedingt auf die Fusionskontrollverordnung anwendbar, denn Art. 82 EG setzt für die Rechtfertigung eines Verbotes über die beherrschende Stellung hinaus zusätzlich ein mißbräuchliches Ausnutzen voraus, während die FKVO sich schlicht gegen die abstrakte Gefährlichkeit einer beherrschenden Stellung richtet. Es läßt sich aus Art. 82 EG also nicht schließen, daß eine Berücksichtigung allgemeiner Vertragsziele nicht möglich sein soll. Dies ergibt sich schon aus der parallelen Anwendbarkeit von FKVO und Art. 82 EG[678].

Unbestritten ist allerdings, daß die beherrschende Stellung in der FKVO mit der gemäß Art. 82 EG identisch bestimmt wird[679].

---

674 Ebenso Schröter in GTE Vorbemerkung zu den Artikeln 85 bis 94 RdNr. 34.
675 EuG Rs. T-51/89, „Tetra Pak I" Slg. II 1990, 309 (359 Rz. 28).
676 So auch Möschel in IM zu Art. 86 RdNr. 8.
677 EuG, „Tetra Pak I, aaO S. 358, Rz. 25.
678 Vgl. zum Verhältnis Möschel in IM zu Art. 86 RdNr. 250 ff.
679 Kerber, S. 23 mit weit. Nachw..

Damit läßt sich auf eine gesteigerte Notwendigkeit schließen, besondere Anforderungen an eine ausnahmsweise Berücksichtigung allgemeiner Ziele bei der Fusionskontrolle zu stellen.

Fraglich bleibt allerdings noch grundsätzlich, ob wirklich von den Vertragsbestimmungen ausschließlich auf die Anwendung des Sekundärrechts geschlossen werden kann, oder ob nicht umgekehrt die FKVO als Sekundärrecht Anhaltspunkte für die Auslegung des primären Vertragsrechts geben kann[680]. Der EuGH hat in einigen Fällen unbestimmte Vertragsbegriffe durch Rückgriff auf dazu erlassenes Sekundärrecht ausgefüllt[681]. Einer generellen Zulässigkeit einer sekundärrechtskonformen Auslegung kann hingegen nicht zugestimmt werden[682]. Dies hieße, die Normenhierarchie des Vertrages auf den Kopf zu stellen und den EuGH seiner Rolle als Garant der Einhaltung der Verträge zu entmündigen.

Auf Sekundärnormen kann daher zur Auslegung des Primärrechts nur zurückgegriffen werden, wo sich durch Vertragsauslegung bereits Anhaltspunkte für die in dem Sekundärrecht niedergelegten Regeln finden lassen.

Auch wenn die FKVO über Art. 81 und 82 hinausgeht, da sie neben Art. 83 EG auch auf Art. 308 EG gestützt wurde, kann sie daher nicht von den Vorgaben, die sich aus dem EGV ergeben, freigestellt werden. Hauptsächlich dient sie dazu, die Grundsätze der Artikel 81 und 82 umzusetzen. Die gefundenen Grundsätze sind also auch auf die FKVO anzuwenden.

cc) Zusammenfassung zu den allgemeinen Zielen des Vertrages

Die allgemeinen Ziele des Vertrages sind bei der Anwendung von Sekundärrecht grundsätzlich zu berücksichtigen, um so mehr nach den Änderungen, die der Amsterdamer Vertrag mit sich gebracht hat. Demnach kann das gefundene Regel-Ausnahme-Prinzip für wettbewerbsfremde Eingriffe auf die FKVO übertragen werden. Auch wenn die FKVO in sich einen deutlichen Vorrang des Wettbewerbs konstituiert, ist damit den allgemeinen Vertragszielen, die sie auf der anderen Seite ebenso inkorporiert bekommen hat, Rechnung zu tragen.

---

680 Vgl. zur wechselseitigen Beeinflussung höherrangigen Rechts und Ausführungsbestimmungen Pernice in Grabitz/Hilf zu Art. 164 RdNr. 31 f.

681 Vgl. etwa Rs. 48/75 „Royer", Slg. 1976, 497 (509, Rz. 10 ff.); Rs. 36/74 „Walrave", Slg. 1974, 1405 (1418 Rz. 10 ff.), in denen der EuGH unter anderem auf Ausführungsbestimmungen zurückgriff.

682 Ebenso Anweiler S. 197 f.

Es ist damit anhand der vorliegenden Betrachtungen davon auszugehen, daß die Fusionskontrolle nicht gänzlich von übergeordneten Zielsetzungen des EGV freigehalten werden kann[683].

Das gefundene strenge Regel-Ausnahme-Prinzip schränkt dabei den Anwendungsbereich von außerwettbewerblichen Erwägungen innerhalb der Prüfung des Art. 2 FKVO ein. Dies gilt auch für den vorgefundenen Ansatz, solche Interessen über die „Erheblichkeit" der Wettbewerbsbeschränkung zu berücksichtigen[684]. Diese Möglichkeit darf daher nur restriktiv gehandhabt werden.

b) Der soziale Zusammenhalt im EG-Vertrag

Die Begründungserwägung 13 streicht insbesondere den wirtschaftlichen und sozialen Zusammenhalt im Sinne des Art. 158 EG als Zielsetzung der Fusionskontrollverordnung heraus. Im folgenden ist daher die Einbettung der Fusionskontrollverordnung in den Vertrag auch gerade vor diesem Hintergrund zu beleuchten[685].

aa) Art. 158 EG[686]

Die durch die Einheitliche Europäische Akte eingefügte Vorschrift ist in ihrem Absatz 1 eine strukturpolitische Generalklausel[687]. Sie ist dazu bestimmt, in allen Bereichen der Wirtschafts- und Sozialpolitik die innergemeinschaftliche und internationale Wettbewerbsfähigkeit der Wirtschaftszweige und der Regionen zu steigern, um überall in der Gemeinschaft einen möglichst hohen Lebensstandard zu gewährleisten. Die Vorschrift betrifft sowohl die wirtschafts- und sozialpolitische Gesamtkonzeption als auch den Inhalt und die Anwendung von Rechtsnormen[688]. Sie ist also gerade darauf konzipiert, ihr Anliegen in möglichst allen Bereichen der Tätigkeit der Gemeinschaft, was grundsätzlich auch die Fusionskontrolle mit einschließt, umzusetzen. Allerdings ist Art. 158 vor dem Hintergrund von Art. 130b EG zu sehen. Dieser

---

683 Anders noch CR. Schmidt S. 128 f. auf der Grundlage mangelnder Ermächtigungsgrundlagen für eine gemeinschaftliche Industriepolitik, der daraus schließen konnte, daß der Schutz des Wettbewerbs einer Industriepolitik vorgehen müsse. Dieser Ansatz ist durch die Verträge von Maastricht und Amsterdam überholt.

684 Vgl. oben, 2. Teil A III.

685 Vgl. zu dem Stand vor Maastricht auch CR. Schmidt, S. 124 ff.

686 Vgl. ausführlich Glaesner, Der Grundsatz des wirtschaftlichen und sozialen Zusammenhalts im Recht der Europäischen Wirtschaftsgemeinschaft, Baden-Baden 1990.

687 Vgl. zum Hintergrund Borchardt in Dauses, D II RdNr. 42; ausführlich Glaesner, S. 24 ff.

688 Stabenow in Grabitz/Hilf zu Art. 130a RdNr. 3.

bestimmt die Sachgebiete, in denen Art. 158 anzuwenden ist, näher. Demnach ist bei der Errichtung des Binnenmarktes und der Durchführung der Politiken der Gemeinschaft die Zielsetzung des Art. 158 zu berücksichtigen, Art. 159 Abs. 1 EG.

Es erscheint demnach fraglich, ob die Interpretation der Kommission richtig ist, daß bei Zusammenschlüssen lediglich die Wettbewerbsfähigkeit bei solchen Unternehmen zu berücksichtigen ist, „welche in Gebieten mit hohem und insbesondere auf einen Entwicklungsrückstand zurückzuführenden Umstrukturierungsbedarf ansässig sind“[689]. Vielmehr könnte insgesamt bei der Durchführung der Wettbewerbspolitik Art. 158 EG zu beachten sein, also auch bei allen nach FKVO zu prüfenden Zusammenschlüssen. Die letztere Interpretation ist dabei allein in der Lage, der Ausgestaltung des Art. 158 EG als Querschnittsklausel gerecht zu werden.

Die Annäherung der Volkswirtschaften der Mitgliedsstaaten und die Förderung ihrer harmonischen Entwicklung war seit Anbeginn der Gemeinschaft eine ihrer Aufgaben. Die regionalpolitischen Befugnisse der Gemeinschaft knüpfen an die grundlegenden Normen des EGV an, insbesondere Art. 2 EG[690].

Insoweit liegt der Schwerpunkt des Titels XIV eindeutig auf der Regionalpolitik. Damit wird die Annahme der Kommission, hier den Schwerpunkt der Gründe, die für die Einführung der Begründungserwägung 13 erheblich waren, zu sehen, gestützt.

Die Gemeinschaft verfügte bereits Anfang der 80er Jahre über ein weitgefächertes strukturpolitisches Instrumentarium, insbesondere die Strukturfonds (inklusive dem Regionalfonds), aber auch die Bereitstellung von Haushaltsmitteln für besondere Bereiche und Darlehen. Nach der Aufwertung durch einen eigenen Titel im EGV sind nunmehr verschiedene prioritäre Ziele zu verfolgen:

- Die Förderung der strukturellen Anpassung der verschiedenen Regionen mit Entwicklungsrückstand;
- Die Förderung der Umstellung von Regionen, die von rückläufiger industrieller Entwicklung schwer betroffen sind;
- Die Förderung von Regionen mit geringer Bevölkerungsdichte;

---

[689] Erklärung für das Ratsprotokoll vom 9.12.1989, WuW 1990, 240.
[690] Stabenow in Grabitz/Hilf Vorbemerkung zu Titel XIV, RdNr. 5.

- Erleichterung des Strukturwandels;
- Bekämpfung von Arbeitslosigkeit und Anpassung von Agrarstrukturen[691].

Diese Prioritäten sind demnach mit in Betracht zu ziehen, wenn von der besonderen Beachtung des wirtschaftlichen und sozialen Zusammenhalts in der FKVO die Rede ist.

bb) Rückschlüsse auf die FKVO

Einer extensiven Auslegung der Querschnittsklausel auf alle Anwendungen der FKVO steht allerdings die klare Ausgrenzung dieses Aspektes aus dem Text der Verordnung in die Begründungserwägungen im Laufe des Gesetzgebungsverfahrens entgegen[692]. Eine generelle Berücksichtigung des sozialen Zusammenhalts als ausschlaggebenden Gesichtspunkt bei der Beurteilung von Fusionen ist nach dieser Vorgabe nicht möglich.

Wie aber bereits zu den industriepolitischen Zielen dargelegt, steht die Gesamtstruktur des Vertrages einer völligen Nichtbeachtung der allgemeinen Ziele, die zu fördern der Binnenmarkt und damit auch das instrumentalisierte System eines unverfälschten Wettbewerbs gedacht ist, entgegen[693]. Eine völlige Nichtberücksichtigung des sozialen Zusammenhalts ist daher auch ausgeschlossen.

Die oben gemachten Ausführungen gelten somit auch hier. Die unter aa) erläuterten Ziele können somit Berücksichtigung finden, wenn auch nur als besondere Ausnahmetatbestände, insbesondere nach den oben erläuterten Änderungen durch den Amsterdamer Vertrag[694].

2.) Wettbewerbsrelevante Vorschriften des EG-Vertrages

Besonderes Augenmerk muß auf Art. 81 und 82 EG gerichtet werden, denn die FKVO stützt sich insbesondere auf Art. 83 EG und ist demnach eine Verordnung zur Umsetzung der in diesen Artikeln niedergelegten Grundsätze.

Art. 83 EG gibt damit eine materielle Grenze vor, d. h., ein Abweichen von dem materiellen Gehalt der Artikel 81 und 82 EG ist nicht möglich, weshalb

---

691 Vgl. im einzelnen Borchardt in Dauses, D II RdNr. 43 ff.
692 Vgl. dazu 2. Teil I) ff.; zu Recht zustimmend Stockenhuber, S. 291.
693 Vgl. dazu oben, Teil 2 C II., insbesondere Teil 2, C, II. 1.) a).
694 Vgl. dazu oben Teil 2 II. 1. a) bb) aaa) bbbb).

die FKVO auch zusätzlich auf Art. 308 EG gestützt werden mußte[695]. Eine Einschränkung des materiellen Gehalts der Art. 81 und 82 durch die FKVO als Ausführungsbestimmung gemäß Art. 83 EG ist deshalb zumindest sehr fraglich[696].

Etwas anderes ergibt sich auch nicht aus den Ausführungsbestimmungen zu Art. 81 und 82 EG oder den Durchführungsbestimmungen der FKVO.

Es war eines der vorrangigsten Ziele des Rates bei Erlaß der FKVO, eine Doppelkontrolle von Zusammenschlüssen auf europäischer Ebene nach Art. 81 und 82 EG auf der einen Seite sowie nach der FKVO auf der anderen Seite zu vermeiden. Daher heißt es in Art. 22 der Verordnung, daß für Zusammenschlüsse im Sinne des Art. 3 FKVO „allein diese Verordnung" also die FKVO, gelten soll. Ebenso wurde die VO 17 entsprechend geändert[697].

Damit ist in der Folge nicht etwa der Art. 81 EG durch Sekundärrecht in seinem materiellen Anwendungsbereich beschränkt worden, vielmehr ist nur die Anwendung von Ausführungsbestimmungen, die zu Art. 81 EG ergangen sind, beschränkt worden[698]. Die FKVO ist als Sekundärrecht nicht in der Lage ist, Art. 81 EG zu beschränken. Damit ist gerade im Hinblick auf die ersetzende Funktion, die die FKVO für die Anwendung des Art. 81 hat[699], die Praxis zu Art. 81 EG und seine Vorgaben bedeutsam für die Auslegung der FKVO. Denn soweit die FKVO die Ausführungsbestimmungen der VO 17 quasi ersetzt, hat die Anwendung der FKVO die materiellen Vorgaben des Art. 81 zu beachten.

Auch wenn der Gemeinschaftsgesetzgeber in den Begründungserwägungen von einem „neuen Rechtsinstrument" spricht (Begründungserwägung 7) und meint, daher die Verordnung „vor allem" auf Art. 308 stützen zu müssen (Begründungserwägung 8), ist die 6. Begründungserwägung („Die Art. 85 und 86[700] ... reichen nicht aus, um alle Zusammenschlüsse zu erfassen, die sich als unvereinbar mit dem vom Vertrag geforderten System des unverfälschten Wettbewerbs erweisen könnten") systemkonform auf die Bereiche zu beschränken, die von der Rechtsgrundlage des Vertrages in den Art. 81 ff. nicht

695 Pernice in Grabitz/Hilf zu Art. 87 RdNr. 2; vgl. auch die 6. Begründungserwägung.

696 Vgl. zum Meinungsstand Pernice in Grabitz/Hilf zu Art. 87 RdNr. 22, entschieden gegen eine Einschränkung der Wettbewerbsregeln in Art. 85 EG-Vertrag durch den Rat Emmerich in IM zu Art. 85 Abs. I RdNr. 359.

697 Vgl. dazu Emmerich in IM zu Art. 85 Abs. I RdNr. 354.

698 So zu Recht Koch in Grabitz/Hilf nach Art. 86 zur FKVO RdNr. 8.

699 Auch wenn die grundsätzliche Anwendbarkeit trotz des Zigarettenurteils des EuGH (Philip Morris, Slg. 1987, 4487 (4575) Rz 31 und 4577 Rz 37 f.; Rs. 142 und 156/84) umstritten bleibt, Koch in Grabitz/Hilf nach Art. 86 zur FKVO RdNr. 7.

700 Nunmehr Art. 81 und 82 EG.

erfaßt sind[701]. Dies folgt schon aus dem grundlegenden Prinzip der begrenzten Einzelermächtigung, nachdem Art. 308 EWGV eben keine „Kompetenz-Kompetenz" enthält[702], sondern nur Ergänzungen zuläßt[703]. Die FKVO kann damit das System der Artikel 81 ff. EG nicht durchbrechen. Ein Minimum an effektivem Wettbewerb, angesiedelt unterhalb der Marktbeherrschung, muß auch innerhalb der FKVO garantiert sein. Dies gilt auch für die Bereiche, in denen die FKVO ein „neues" Rechtsinstrument darstellt.

Zum anderen kann sie damit auch nicht unbeeinflußt von den nach Art. 81 bestehenden Ausnahmemöglichkeiten geblieben sein.

Damit ist der Regelungsgehalt der Artikel kurz zu untersuchen, soweit er relevant für die FKVO sein kann.

a) Art. 81 EG

aa) Freistellung gemäß Art. 81 Abs. 3 EG

Art. 81 EG ermöglicht insbesondere in seinem Abs. 3, der bei kumulativen Vorliegen bestimmter Bedingungen eine Freistellung wettbewerbsbeschränkender Vereinbarungen ermöglicht, Ausnahmen von dem Prinzip des Vorrangs des Wettbewerbs.

Er lautet:

„Die Bestimmungen des Absatzes 1 (das Verbot wettbewerbsbeschränkender Zusammenschlüsse, der Verf.) können für nicht anwendbar erklärt werden auf Vereinbarungen oder Gruppen von Vereinbarungen zwischen Unternehmen, Beschlüsse oder Gruppen von Beschlüssen von Unternehmensvereinbarungen, aufeinander abgestimmte Verhaltensweisen oder Gruppen von solchen, die unter angemessener Beteiligung der Verbraucher an dem entstehenden Gewinn zur Verbesserung der Warenerzeugung oder –verteilung oder zur Förderung des technischen oder wirtschaftlichen Fortschritts beitragen, ohne daß den beteiligten Unternehmen

a) Beschränkungen auferlegt werden, die für die Verwirklichung dieser Ziele nicht unerläßlich sind, oder

---

[701] So zu Recht auch Schröter in GTE, IA50 RdNr. 258, nunmehr nicht mehr so eindeutig Hacker/Kleemann in GTE Bd 2/II (5. Aufl.), Fusionskontrollverordnung Einleitung, RdNr. 3.

[702] Vgl. BverfGE 89, 155 ff., RdNr. 65 ff., Maastricht-Urteil.

[703] Vgl. allgemein zur Rechtsgrundlage Kronast, Die „Philip Morris-Doktrin" und die europäische Fusionskontrolle.

b) Möglichkeiten eröffnet werden, für einen wesentlichen Teil der betroffenen Waren den Wettbewerb auszuschalten."

Interessant ist dabei vor allem die Formulierung der Berücksichtigung des technischen oder wirtschaftlichen Fortschrittes, die die Kommission zum Anlaß genommen hatte, in einer Protokollerklärung diese Voraussetzungen des Art. 81 Abs. 3 als Auslegungshilfe bei der Anwendung von Art. 2 Abs. 1 b) FKVO anzuwenden[704]. Art. 81 Abs. 3 EG kann insofern eine Bedeutung für Art. 2 FKVO besitzen.

Zunächst soll daher dargestellt werden, wie sich die Freistellung nach Art. 81 Abs. 3 EG darstellt.

aaa) Anwendung des Art. 81 Abs. 3 EG und Rückschlüsse auf die FKVO

Art. 81 Abs. 3 EG stellt im Zusammenhang mit VO 17/62[705], die die praktische Durchführung, insbesondere das Verwaltungsverfahren, bei der Kommission regelt, ein Verbot von wettbewerbsbeschränkenden Vereinbarungen mit Auswirkungen auf den innergemeinschaftlichen Handel mit Erlaubnismöglichkeit auf[706]. Dabei sind grundsätzlich alle denkbaren Absprachen freistellbar[707].

Die formalen Voraussetzungen sind für die vorliegende Untersuchung nicht weiter relevant[708].

Materiell müssen 4 Voraussetzungen kumulativ erfüllt sein: Zwei positive Voraussetzungen, die sich an den allgemeinen Nutzen für die Gemeinschaft orientieren, nämlich der genannte Beitrag zu der Verbesserung der Warenerzeugung oder –verteilung oder zur Förderung des technischen und wirtschaftlichen Fortschritts und die angemessene Beteiligung der Verbraucher an dem entstehenden Gewinn. Negativ dürfen den beteiligten Unternehmen keine zur Erreichung dieses Zieles nicht notwendigen Beschränkungen auferlegt werden und zum anderen darf den beteiligten Unternehmen nicht die Möglichkeit eröffnet werden, den Wettbewerb für die betroffenen Warenmärkte völlig auszuschalten.

---

704 Abgedruckt in WuW 1990, S. 240 (241).

705 vom 6.2.1962, ABl. C 1962 13/204.

706 Vgl. Sauter in IM zu Art. 85 Abs. 3 RdNr. 2; Burckhardt; RdNr. 309; Gleiss/Hirsch RdNr. 1779.

707 Gleiss/Hirsch, RdNr. 1784.

708 Vgl. dazu etwa Sauter in IM zu Art. 85 Abs. 3 B RdNr. 1 ff.; Bunte in Langen/Bunte zu Art. 85 RdNr. 148 ff.

Die aus der Wettbewerbsbeschränkung resultierenden Einschränkungen müssen darüber hinaus in einem angemessenen Verhältnis zu der Ausschaltung des Wettbewerbs stehen[709], und die Vorteile müssen die Nachteile deutlich überwiegen[710].

Diese Voraussetzungen müssen in einer Prognoseentscheidung über die wirtschaftlichen und technischen Folgen der in Frage stehenden Absprache beurteilt werden, wobei die Umstände zum Zeitpunkt der Entscheidung maßgeblich sind[711].

Es sind damit zum einen Zielsetzungen normiert, die eine Ausnahme von dem vorrangigen Schutz des Wettbewerbs nach dem Willen der Vertragsstaaten sinnvoll erscheinen lassen, zum anderen sind Grenzen normiert. Dabei wird unter anderem ein Verhältnismäßigkeitsgrundsatz aufgestellt: Die beteiligten Parteien dürfen nicht, durch die Gemeinschaft sanktioniert, unverhältnismäßig belastet werden, es gilt also eine strenge Zweck-Mittel-Relation. Zum anderen gilt eine absolute Grenze, es muß ein Restwettbewerb möglich bleiben.

Nach den bereits dargelegten Auswirkungen des Primärrechts auf die Anwendung des Sekundärrechts ist damit ein Prinzip aufgestellt, das für die Fusionskontrolle von Bedeutung ist.

Zum einen ist der Verhältnismäßigkeitsgrundsatz interessant. Er spricht dafür, daß ein Zusammenschluß, der dem Zweck der Förderung wirksamen Wettbewerbs insgesamt entspricht, da er auf verschiedenen Teilmärkten zwar unterschiedliche, teilweise negative Folgen aufweist, insgesamt aber positiv zu bewerten ist, nicht verboten werden darf. Andernfalls würde der Zielsetzung der Fusionskontrolle entgegen gehandelt.

Zum anderen ist aber auch die absolute Grenze interessant. Denn das Verbot völliger Ausschaltung des Wettbewerbs für die betroffenen Warenmärkte läßt eine weitere Regel für die Fusionskontrolle erkennen. Demnach darf die beherrschende Stellung auf einem betroffenen Markt, gleich, ob sie durch allgemeine Vorteile oder durch wettbewerbliche Vorteile auf einem anderen Markt aufgewogen werden soll, nicht zur Ausschaltung des Wettbewerbs führen. Es muß in jedem Fall ein Restwettbewerb gesichert sein.

Interessant ist auch, daß aus dem Verbot mit Ausnahmemöglichkeit in Art. 81 EG hervorgeht, daß grundsätzlich davon auszugehen ist, daß die Ziele des Vertrages über den freien Wettbewerb besser zu erreichen sind, als durch

---

[709] Koch in Grabitz/Hilf zu Art. 85 RdNr. 166; Braakman/Schröter S. 63 f.

[710] Gleiss/Hirsch zu Art. 85 Abs. 3 B RdNr. 1864 m. weit. Nachw.

[711] Vgl. Gleiss/Hirsch, RdNr. 1862.

wettbewerbsbeschränkende Abreden. Die Unternehmen müssen sich daher darauf berufen können, daß durch ihre Vereinbarung den allgemeinen Zielen ausnahmsweise besser gedient ist als durch den freien Wettbewerb[712]. Grundsatz der Wettbewerbsregeln ist demnach, dies bleibt auch nach den Amsterdamer Änderungen festzuhalten, ein System freien Wettbewerbs, dessen erweiterte Einschränkungsmöglichkeiten einer Begründung bedürfen und nur ausnahmsweise erfolgen können. Diese Ausnahmen sind allerdings nach dem Vertrag von Amsterdam weiter zu fassen.

Eine Vorgabe für diese Ausnahmemöglichkeiten ist dabei insbesondere Art. 81 Abs. 3 EG. Der gesamtwirtschaftliche Nutzen, der zu einer Freistellung durch Abwägen[713] von Vor- und Nachteilen führen kann, ist dabei nach den Grundsätzen und Zielen des Vertrages zu ermitteln. Absprachen, die in erster Linie darauf abzielen, den Wettbewerb zwischen den Kartellmitgliedern auszuschließen oder abzuschwächen, können daher nicht freigestellt werden[714].

Damit bleibt eine nähere Untersuchung durchzuführen, welche Ziele mit der Förderung des technischen und wirtschaftlichen Fortschrittes als vorteilhaft im Rahmen des Art. 81 EG zu gelten haben. Weiterhin muß geklärt werden, wann eine Begrenzung der Berücksichtigungsfähigkeit in dem Sinne eintritt, daß ein Restwettbewerb nicht mehr vorhanden ist. Insbesondere ist aber auch die Frage der Verhältnismäßigkeit in diesem Zusammenhang zu bestimmen.

Der Frage, ob Art. 81 EG eine „rule of reason" wie im amerikanischen Anti-Trust Recht enthält, die eine Abwägung innerhalb des Verbotstatbestandes ermöglicht, ohne auf Absatz 3 eingehen zu müssen, wird im Anschluß erörtert.

bbb) Ziele, die im Rahmen des Art. 81 Abs. 3 EG zu einer Rechtfertigung wettbewerbsbeschränkender Vereinbarungen führen können

Eine wettbewerbsbeschränkende Vereinbarung kann freigestellt werden, wenn sie zur Verbesserung der Warenerzeugung oder -verteilung oder zur Förderung des wirtschaftlichen oder technischen Fortschritts beiträgt. Dabei müssen die durch die Vereinbarung herbeigeführten Vorteile die Nachteile für

---

[712] Sauter in IM zu Art. 85 Abs. 3 RdNr. 6 und 7; Bunte in Langen/Bunte zu Art. 85 RdNr. 132; Gleiss/Hirsch zu Art. 85 RdNr. 1856 f.; EuGH „Consten-Grundig" Rs. 56 u. 58/64, Urteil vom 13.7.1966, Slg. 1966, 321 ff. Rz 56; Koch in Grabitz/Hilf zu Art. 85 RdNr. 162.

[713] Vgl. dazu grundsätzlich Gleiss/Hirsch zu Art. 85 RdNr. 1864 ff.

[714] Vgl. Sauter in IM zu Art. 85 Abs. 3 RdNr. 8 mit weit. Nachw. aus der Praxis der Kommission; Koch in Grabitz/Hilf zu Art. 85 RdNr. 164, ebenfalls mit Nachweisen.

den Wettbewerb deutlich überwiegen[715]. Diese Wirkungen können auch in einem anderen Gebiet als dem durch die Vereinbarung betroffenen eintreten[716]. Die Verbesserungen müssen, wie die in Art. 81 Abs. 3 genannte Beteiligung der Verbraucher an dem entstehenden Gewinn verlangt, dabei grundsätzlich nicht nur den beteiligten Unternehmen, sondern darüber hinaus der Allgemeinheit zugute kommen. Die Beteiligung der Verbraucher ist insoweit nicht wörtlich zu verstehen, sondern betrifft alle mittelbaren oder unmittelbaren Abnehmer der betreffenden Waren oder Dienstleistungen, wobei „Gewinn" jeden wirtschaftlichen Vorteil, den die Vereinbarung den so verstandenen Verbrauchern bringt, meint. Dabei muß der Nutzen, den die Verbraucher ziehen, ihre Nachteile aus der Vereinbarung deutlich überwiegen[717].

Durch die Freistellung werden die beteiligten Unternehmen begünstigt und die anderen Marktteilnehmer benachteiligt[718], es liegt also eine Maßnahme mit Doppelwirkung vor. Hier findet sich insoweit ein Vorbild für eine Genehmigung marktbeherrschender Zusammenschlüsse, die ebenfalls die anderen Marktteilnehmer belasten würde. Die Frage eines Rechtsschutzes dieser belasteten Dritten als „Ausgleich" für eine Genehmigung ist noch zu erörtern.

Im einzelnen kann dabei eine Förderung des technischen oder wirtschaftlichen Fortschritts insbesondere dann gegeben sein, wenn Unternehmen bei der Forschung und Entwicklung zusammenarbeiten. Dadurch wird deren Wissen gebündelt und die gemeinsamen Anstrengungen führen zu einer Umsetzung in Form erheblich verbesserter und in mehrfacher Hinsicht innovativer Produkte[719]. Ebenso wird durch eine solche Zusammenarbeit die Überschneidung von Anstrengungen auf diesem Gebiet vermieden, es wird also mit geringerem Einsatz dasselbe oder ein besseres Ergebnis erzielt. In der Regel werden solche Kooperationen als nicht wettbewerbsbeschränkend beurteilt, problematisch sind idR aber mit der Kooperation verbundene Wettbewerbsverbote[720].

Auch Vereinbarungen, die zu einem Transfer technischen Wissens führen, können durch eine Streuung der Anstrengungen zu einer Förderung des technischen Fortschritts führen[721].

---

715 EuG Rs. T 19/91„Vichy" Slg. 1992 II- 417 (452 ff.); Schröter in GTE Bd 2/I (5. Aufl.) zu Art. 85 Absatz 3 RdNr. 295 ff.; Bunte in Langen/Bunte zu Art. 85 RdNr. 131.

716 So bezog der EuGH etwa in EuGH Rs. C-360/92 P„ „Publishers Association" Slg. 1995 I, 23 (70 ff.) verschiedene geographische Märkte in seine Betrachtung ein.

717 Vgl. zu diesem Komplex im einzelnen Braakman/Schröter S. 63 mit detaillierten Nachweisen.

718 Koch in Grabitz/Hilf zu Art. 85 RdNr. 155.

719 Vgl. umfassend zur Prüfung des Art. 81 III bei FuE Vorhaben von Großkonzernen, Kommission „Ford/Volkswagen", 23.12.1992, ABl. 1992 L 20, 14 (17 ff.), Rz. 23 ff.; Kommission, IV/33.863, Asahi/St.Gobain ABl. 1994 L 354/87 (92, Rz. 24); Fine, S. 74 f.

720 Vgl. Hansen, WuW 1999, 468 (477); Kerber, S. 212 ff.; Koenigs, Günther-FS, 331 (342).

721 Kommission IV/31.302, Boussois/Interpane ABl. L 1987 L 50/30 (35 f. Rz. 20).

Vorteilhaft iSd Art. 81 Abs. 3 EG kann – bei unveränderten Verkaufspreisen – auch allein die Verbesserung der Warenqualität sein[722].

Die Warenerzeugung wird durch Vereinbarungen, die eine Optimierung des Herstellungsverfahrens beinhalten, verbessert, soweit dadurch Produktionskosten gesenkt und die Rentabilität gesteigert werden[723]. Ferner ist die Verbreiterung des Angebots[724], etwa durch Erhöhung der Anbieterzahl oder Ausweitung der Aktivitäten[725] und die Senkung von Herstellungskosten[726] oder Vertriebskosten[727] ebenso wie die regelmäßige Versorgung der Kundschaft[728], die Erschließung neuer Märkte[729], die Verbesserung der Wettbewerbsstrukturen im Gemeinsamen Markt[730] und die Steigerung der Konkurrenzfähigkeit der Unternehmen[731] im Rahmen des Art. 81 Abs. 3 EG positiv zu berücksichtigen.

Darüber hinaus hat die Kommission angedeutet, im Zuge der größeren Bedeutung, den die Vertragsänderungen für den Umweltschutz mit sich gebracht haben, obwohl Art. 81 EG von den Änderungen in diesem Bereich ausgenommen wurde, diese Aspekte mit berücksichtigen zu wollen. Damit ist zu untersuchen, ob eine Vereinbarung zu der Erreichung wichtiger Umweltziele unerläßlich ist und im Einzelfall unter Berücksichtigung des Verhältnismäßigkeitsgrundsatzes mit der Wettbewerbsbeschränkung abzuwägen[732]. Ebenso erkennt die Kommission die Erhaltung mittelständischer Struktur als erstrebenswertes Ziel an[733], beide Gesichtspunkte könnten daher auch im Bereich der Fusionskontrolle eine Rolle spielen.

---

722 Vgl. Kommission, IV/32.006, „Alcatel/Espace/ANT, ABl. 1990 L 32/19 (24, Rz. 18).

723 Vgl. Vereinbarungen über den Kapazitätsabbau, Kommission IV/30.810 „Kunstfasern, ABl. 1984, L 207/17 (22, Rz 28 ff.); allgemein sind Kosteneinsparungen günstig zu beurteilen, vgl. Bunte in Langen/Bunte zu Art. 85 RdNr. 133 f.

724 Belebung des Achsenmarktes durch neue Produkte, vgl. Kommission IV/30.437, Rockwell/Iveco ABl. 1983 L 224/19 (25, Rz. 8); für Verbesserungen der Warenverteilung, IV/29.420, Grundig, ABl. 1994 L 20/15 (21, Rz. 36) Lufthansa/SAS, IV/35.545, ABl. 1996 L 54/28 (36, Rz. 68).

725 Siehe z. B. Kommissionsentscheidung IV/26.624 „FN/CF" ABl. 1971 L 134/6 (10, Rz. 10).

726 Siehe z. B. Kommission IV/26.825, Prym/Beka, ABl. 1973 L 296/21 (26 Rz. 1); IV/34.252, Philips/Osram, ABl. 1994 L 378/37 (42, Rz. 25 f.).

727 Siehe Kommission, Lufthansa/SAS, IV/35.545, ABl. 1996 L 54/28 (36, Rz. 69 ff.) (Senkung der Vertriebskosten).

728 Vgl. Kommission IV/33.242, Yves Saint Laurent Parfums ABl. 1992 L 12/24 (29, Rz. 5); IV/29.420, Grundig, ABl. 1994 L 20/15 (21).

729 Vgl. etwa Kommission, IV/34.776, Pasteur Mérieux-Merck ABl. 1994 L 309/1 (18, Rz. 88) für neue Impfstoffe.

730 Siehe Kommission IV/30.810 „Kunstfasern, ABl. 1984, L 207/17 (22, Rz 28 ff.).

731 Siehe etwa Lufthansa/SAS, aaO ABl. 1996 54/28 (35 ff.).

732 Kommission, XXIII. Wettbewerbsbericht, S. 104, siehe Seiten 57 und 101, dazu Ehle, WuW 1999, 1196 f.

733 Kommission, XXII. Wettbewerbsbericht, S. 55 f., siehe auch Entschließung des Parlaments, XXII. Wettbewerbsbericht, S. 338.

Zusätzlich können aber auch Gemeinwohlinteressen neben dem Umweltschutz Berücksichtigung finden, insbesondere die Schaffung von Arbeitsplätzen[734], denn dieses ist ein volkswirtschaftlich bedeutender, günstiger Aspekt, der aus der Gesamtwürdigung nicht ausgeklammert werden darf. Dies gilt allerdings nicht unbedingt für die bloße Erhaltung von Arbeitsplätzen[735]. Zudem können Vorteile für die Energieversorgung der Gemeinschaft und die Stärkung der Wettbewerbsfähigkeit gegenüber Drittländern Berücksichtigung finden[736]. Diese Rolle darf zwar nicht überbewertet werden, denn ein Überwiegen allgemeinpolitischer Vorteile über den Wettbewerb wurde nicht angenommen. Dennoch zeigt diese Praxis, daß die Gesichtspunkte nicht außer Acht gelassen werden dürfen.

ccc) Ausschaltung des Wettbewerbs

Die Absprache, die freigestellt werden soll, darf für die beteiligten Unternehmen nicht die Möglichkeit eröffnen, den Wettbewerb für einen wesentlichen Teil ihrer Erzeugnisse auszuschalten. Hieraus ergibt sich eine Freistellungssperre[737], für deren Greifen bereits die bloße Möglichkeit, den Wettbewerb auszuschalten, ausreicht[738]. Sie greift insofern früher als die FKVO, für die eine erhebliche, tatsächliche Behinderung vorliegen muß, damit ein Eingreifen zu rechtfertigen ist.

Für die Feststellung der Möglichkeit der Ausschaltung des Wettbewerbs werden im Einzelfall die betreffenden Marktverhältnisse ermittelt und es wird insbesondere in Betracht gezogen, daß Wettbewerb ein dynamischer Prozeß ist und insofern auch zukünftige Entwicklungen zu beachten sind.

Für die vorliegende Untersuchung und die Möglichkeit einer Deutung des „technischen und wirtschaftlichen Fortschritts" in Art. 2 FKVO als temporäre Öffnungsklausel ist insbesondere interessant, daß die Kommission in einigen Entscheidungen angedeutet hat, daß es trotz der klaren Aussage in Art. 81 Abs. 3, daß keine Möglichkeit eröffnet werden darf, den Wettbewerb für einen Markt ganz auszuschalten, möglich sein kann, auch eine vorübergehende weitgehende Ausschaltung des Wettbewerbs hinzunehmen. Voraussetzung ist, daß die Beschränkung mit hoher Wahrscheinlichkeit den einzigen Weg darstellt, die Struktur des Marktes so zu prägen, daß es zukünftig zu Wettbewerb

---

[734] EuGH Rs. 42/84 „Remia" Slg. 1985, 2545 (2577, Rz. 42).
[735] Gleiss/Hirsch, RdNr. 1893.
[736] Gleiss/Hirsch, RdNr. 1894 und 1896.
[737] Gleiss/Hirsch, RdNr. 1947.
[738] Gleiss/Hirsch, RdNr. 1949.

kommen wird[739]. Aus dieser Aussage läßt sich entnehmen, daß für die Eröffnung von Wettbewerb auch extreme Beschränkungen zulässig sein können. Daraus folgt, daß für die Möglichkeit einer wettbewerblichen Öffnungsklausel daraus ein starkes Argument entsteht. Denn ein Zusammenschluß, der auf einem wichtigen Markt die Möglichkeit zu Wettbewerb erst eröffnet, kann dann nicht verboten sein, wenn selbst absolute Verbote, wie es auch in Art. 2 FKVO mit der Vermeidung der Entstehung einer marktbeherrschenden Stellung besteht, relativierbar sind. Aber auch für die These, daß zugunsten von technischem Fortschritt auch starke Wettbewerbsbehinderungen hinzunehmen sind, bieten diese Entscheidungen Vorbilder. Denn sie sollten die Entwicklung neuer Technologien im Bereich der Kernkraft ermöglichen.

ddd) Zusammenfassung und Rückschlüsse auf die FKVO

Im wesentlichen sind daher solche Effizienzvorteile zu berücksichtigen, die von Parteien eines Zusammenschlusses in der Praxis der Kommission auch vorgebracht wurden, wenn sie gesamtwirtschaftliche Vorteile des Vorhabens zur Geltung bringen wollten[740]. Allerdings hat die Kommission sich, wie dargelegt, bisher um eine ausdrückliche Stellungnahme gedrückt[741]. Die geltend gemachten Vorteile müssen nach der Praxis zu Art. 81 Abs. 3 EG objektiv festzustellen sein, sie müssen deutlich überwiegen und der Allgemeinheit zugute kommen.

Die anerkannten Vorteile, die zu einer Freistellung von Kartellen führen können, stellen insoweit auch eine Richtlinie für die Vorteile dar, die im Rahmen eines Zusammenschlusses geltend gemacht werden könnten. Um eine Eröffnung wirksamen Wettbewerbs zu ermöglichen, sind auch starke Einschränkungen des aktuellen Wettbewerbs durch Vereinbarungen zulässig. Damit sind auch Vorteile für die Wettbewerbsstruktur geeignet, einen Ausgleich zu bieten. Insofern besteht hier auch eine Vorgabe für eine wettbewerbliche Abwägungsbilanz, ohne daß auf die Frage einer „rule of reason" innerhalb des Verbotstatbestandes eingegangen werden müßte. Für die Möglichkeit ungeschriebener wettbewerblicher Abwägungsmöglichkeiten ist diese Frage dennoch interessant und wird noch zu untersuchen sein.

---

[739] Kommission, IV/26.940/a „United Reprocessors", ABl. 1976 L 51/7 (12 f., Rz. 4), wo für „eine Übergangszeit" schwächster Wettbewerb als hinnehmbar angesehen wird; 23.12.1975, ähnlich IV/26.940/b, „KEWA", ABl. 1976 L 51/15 (18 f.); dazu Gleiss/Hirsch RdNr. 1958.

[740] S. oben 1. Teil, B I.

[741] Vgl. wiederum oben, Teil 1, B.

Hervorzuheben ist noch, daß der Gerichtshof im Rahmen des Art. 81 EG auch allgemeinpolitische Vorteile als geeignet ansieht, im Rahmen der Beurteilung von Wettbewerbsbeschränkungen eine Rolle zu spielen. Diese dürfen allerdings nicht wettbewerbliche Aspekte ausschalten. Dazu zählen insbesondere Arbeitsplätze. Für Forschungs- und Entwicklungskooperationen (FuE) gilt dies ebenso. Insbesondere die positive Beurteilung von FuE-Vorhaben läßt Rückschlüsse auf die FKVO zu. Denn es ist nicht einzusehen, warum im Bereich der Fusionskontrolle entgegen dieser grundsätzlich positiven Einschätzung gewertet werden sollte. Dies insbesondere deshalb, da die Klausel zur Berücksichtigung des wirtschaftlichen und technischen Fortschritts dem Vorbild der Formulierung in Art. 81 Abs. 3 EG entstammt[742]

Dieses Vorbild ist eine der Ursachen für die immer wiederkehrende Forderung nach einer Öffnung der Fusionskontrolle in diese Richtung.

bb) Spürbarkeit der Wettbewerbsbeschränkung nach Art. 81 EG

Kartelle im Sinne des Art. 81 EG sind nur dann verboten, wenn sie eine spürbare Einschränkung oder Verstärkung des Wettbewerbs bezwecken oder bewirken und wenn sie außerdem geeignet sind, den Handel zwischen den Mitgliedsstaaten spürbar zu beeinträchtigen[743]. Diese Spürbarkeit ist im Hinblick auf das Erfordernis in Art. 2 Abs. 3 FKVO, daß eine beherrschende Stellung den Wettbewerb erheblich behindern muß, damit der betreffende Zusammenschluß für unvereinbar mit dem Gemeinsamen Markt erklärt werden kann, näher zu betrachten.

Der Gerichtshof geht davon aus, daß Artikel 81 EG dann nicht anwendbar ist, wenn die Wettbewerbsverhältnisse auf dem betroffenen Markt durch die schwache Stellung der beteiligten Unternehmen nur geringfügig beeinträchtigt wird[744]. Eine Geringfügigkeit in diesem Sinne ist jedoch dann abzulehnen, wenn die Marktanteile der beteiligten Unternehmen 5 % überschreiten[745].

Dabei ist jedoch im Einzelfall, abhängig von der Größe der beteiligten Unternehmen, eine Abweichung möglich[746].

---

742 Vgl. Kerber, S. 20 f.; Fine, Anti Trust Law Journal 1993, 699 (702).
743 Vgl. EuGH Béguelin Rs. 22/70 Slg. 1971, 949 (960, Rz. 16/18); Einzelheiten und weitere Rechtsprechung bei Zäch, S. 54 ff. und S. 70 ff.; Korah, S. 67 f.
744 EuGH Cadillon gegen Höss, Rs 1/71 Slg. 1971, 351 (356, Rz. 7/10).
745 EuGH AEG gegen Kommission Rs. 107/82, Slg. 1983, 3151 (3201, Rz. 58).
746 Braakman/Schröter S. 40.

Die Kommission hat in ihrer Bekanntmachung über Vereinbarungen von geringer Bedeutung[747] ausgeführt, daß sie das Verbot des Art. 81 EG grundsätzlich für unanwendbar hält, wenn der Marktanteil der beteiligten Unternehmen auf einem wesentlichen Teil des Gemeinsamen Marktes 5 % nicht überteigt und der Gesamtumsatz höchstens 300 Millionen ECU beträgt. Sie hat damit eine klare Vorgabe geschaffen.

Die Spürbarkeit in Art. 81 EG ist damit also quantitativ zu verstehen, eine Beeinträchtigung ist dann nicht erfaßt, wenn die Auswirkungen lediglich ganz gering sind.

Rückschlüsse auf eine anderweitige Auslegung in Art. 2 FKVO lassen sich daraus also nicht gewinnen, etwa, daß dieses Merkmal quasi als „Allzweckwaffe" für die Berücksichtigung aller Arten von Interessen, die eine marktbeherrschende Stellung aufwiegen könnten, eingesetzt werden könnte.

Andererseits ist daraus nicht zu entnehmen, daß dies unmöglich wäre. Die erhebliche Behinderung ist schon im Wortsinne verschieden von der Spürbarkeit. Letztere ist deutlich quantitativ, geringfügige Beeinträchtigungen lassen sich nicht „spüren", die Forderung nach „Erheblichkeit" hingegen ist nicht so ausschließlich auf das Ausmaß der Störung ausgerichtet, es läßt Raum für andere Erwägungen. Damit ist eine Vorgabe zu erkennen, daß Wettbewerbsbeschränkungen, die mangels Auswirkungen auf den Markt quasi im Versuchsstadium steckenbleiben, nicht zu verbieten sind. Dies ist auch ein Ausdruck eines allgemeinen Verhältnismäßigkeitsmaßstabs.

Es ist hingegen verfehlt, eine „rule of reason" innerhalb des Art. 81 EG an dem Gesichtspunkt der Spürbarkeit festzumachen[748]. Denn die Frage, ob eine Wettbewerbsbeschränkung auch positive Auswirkungen hat, die zu einer positiven Beurteilung des Vorhabens auch ohne Zuhilfenahme des Abs. 3 führen könnten, ist, wie gleich noch näher auszuführen sein wird, verschieden von der Beeinträchtigung des innergemeinschaftlichen Handels.

cc) „rule of reason" innerhalb des Art. 81 EG

Das amerikanische Anti–Trust–Recht sieht im Gegensatz zum europäischen Gemeinschaftsrecht keine Möglichkeit einer Freistellung wettbewerbsbeschränkender Vereinbarungen vor. Dort wird die Frage nach Vorteilen, die die Nachteile einer Wettbewerbsbeschränkung überwiegen, innerhalb des Ver-

---

[747] ABl. 1986 CS. 2; aktualisiert in ABl. 1994 C 368/20.
[748] So aber Koch in Grabitz/Hilf zu Art. 85 RdNr. 104.

botstatbestandes geprüft, so daß eine überwiegend vorteilhafte Beschränkung dem Verbot gar nicht erst unterfällt[749].

Diese Frage ist für die Möglichkeit, innerhalb des Art. 2 FKVO, der seiner Struktur nach ein Verbot ohne Ausnahmemöglichkeit ausspricht, interessant. Denn wenn eine Abwägung innerhalb des Verbotstatbestandes ein Vorbild innerhalb des Vertrages fände, müßte unter Umständen nicht auf die Frage der Erheblichkeit einer Wettbewerbsbehinderung zurückgegriffen werden.

Dieses Modell wird angesichts der Möglichkeit einer Freistellung in Art. 81 Abs. 3 EG insbesondere für Nebenabreden (ancillary restraints) diskutiert. Da eine Freistellung mit Auflagen und Bedingungen versehen werden kann, ist es für die betroffenen Unternehmen sehr interessant, eine unbeschränkte Freigabe zu erhalten. Für Nebenabreden, die eine Vereinbarung erst durchführbar machen, kann eine solche Möglichkeit bestehen[750].

Der Gerichtshof hat diesbezüglich in einigen Entscheidungen Ansätze einer solchen Möglichkeit aufgezeigt[751].

So hat der EuGH die Auferlegung von Wettbewerbsklauseln bei Unternehmenskäufen für unbedenklich erklärt, da sonst der Sinn eines Unternehmenskaufes entfallen würde und damit die Wirtschaft um eine wichtige Transaktion gebracht würde. Somit fielen diese Vereinbarungen, die sich ohne Zweifel grundsätzlich gegen eine freie Betätigung des Wettbewerbs richten, nicht unter das Verbot des Art. 81 Abs. 1 EG. Voraussetzung sei allerdings, daß die Klausel für die Erfüllung des Vertrages unbedingt notwendig ist[752]. Möglich ist ein solches Vorgehen, wenn sich das Verbot einer Lizenzvergabe kontraproduktiv auf die Bereitschaft von Unternehmen das Risiko eines Anbaus und Vertriebs von neuen, fortschrittlichen landwirtschaftlichen Erzeugnissen zu übernehmen, auswirken könnte, wenn ihnen nicht ein gewisser Gebietsschutz zugesichert wird. Dann kann eine ausschließliche Lizenz vom Verbot des Art. 81 Abs. 1 EG ausgenommen sein. Voraussetzung ist, daß die Lizenz offen ist und die Stellung Dritter, wie Parallelimporteure und Lizenznehmer für andere Gebiete, nicht betrifft[753].

---

[749] dazu eine kurze Übersicht bei Burckhardt, RdNr. 309 ff.; Emmerich in IM zu Art. 85 Abs. 1 RdNr. 258; Korah, S. 63 f.

[750] Bejahend insbesondere Korah, S. 66.

[751] Siehe eine Übersicht zu der Entwicklung bei Everling, WuW 1990, 995 (1002 ff.).

[752] EuGH Rs. 42/84 „Remia“ Slg. 1985, 2545 (2571, Rz. 20).

[753] EuGH Rs 258/78 „Nungesser/Kommission“; Sammlung 1982, 2015 ff., (2069, Rz. 57 f.).

Hier ist demnach eine gewisse Berücksichtigung von Vorteilen für den technischen Fortschritt bereits bei der Frage, ob eine Vereinbarung eine Wettbewerbsbeschränkung darstellt, festzustellen.

Franchiseverträge fallen ebenso nicht per se unter das Verbot des Art. 81 Abs. 1 EG, es kommt vielmehr auf die konkreten Vertragsklauseln an. Denn Vertriebsfranchisevereinbarungen machen es, zumindest in der vom EuGH beurteilten Form, Händlern, die nicht über die notwendige Erfahrung verfügen, möglich, unter Einsatz eines fremden Wissensschatzes und ohne den Einsatz eigenen Kapitals wirtschaftlich tätig zu werden. Die zur Durchführung solcher Vereinbarungen notwendigen Beschränkungen der Wettbewerbsfreiheit des Franchisenehmers unterfallen in diesem Zusammenhang nicht dem Verbot des Art. 81 Abs. 1. Dazu zählen insbesondere Bestimmungen zur Vermeidung der Gefahr von Verlust des Know-hows an Konkurrenten sowie nachvertragliche Wettbewerbsverbote, ebenso wie solche zum Schutze der Geschäftsbezeichnung, Vorgaben bezüglich Verkaufsraumgestaltung und Geschäftsmethode und Kontrollen des Warenangebots und Zustimmungserfordernisse bei Vertragsübertragung und Werbearten[754]. Nicht notwendige Beschränkungen sind hingegen lediglich nach Art. 81 Abs. 3 freistellbar[755].

Damit eröffnet der EuGH die Möglichkeit, daß Teile von Vereinbarungen einer Freistellung gemäß Art. 81 Abs. 3 nicht bedürfen, obwohl sie wettbewerbsbeschränkend wirken. Dieses Ergebnis gilt allerdings nur für Nebenbestimmungen, die auch innerhalb der FKVO gemäß Art. 8 Abs. 2 FKVO mit geprüft werden, um sie keiner Doppelkontrolle nach der VO 17 und der FKVO zu unterziehen[756]. Insoweit ist die Verwertbarkeit dieser Erkenntnisse für Zusammenschlüsse nach der FKVO grundsätzlich eingeschränkt, da das Vorhaben als solches davon nicht berührt wird und die Nebenabreden in jedem Falle nach Art. 81 EG beurteilt werden.

Dennoch ist der Ansatz bemerkenswert. Er ist allerdings nicht einseitig in einer Anerkennung einer rule of reason durch den Gerichtshof zu sehen. Denn auf der anderen Seite stehen Urteile, in denen der Gerichtshof eindeutig auf die Möglichkeit einer Freistellung durch die Kommission gemäß Art. 81 Abs. 3 verwiesen hat[757]. Eine Linie des EuGH läßt sich also nur insofern feststellen, als er bei Vereinbarungen komplexen Inhalts die Möglichkeit

---

[754] EuGH Rs 161/84 „Pronuptia de Paris/Schillgalis" Slg. 1986, 375 ff., Rz. 15 ff.; vgl. dazu auch Everling, WuW 1990, 995 (1000 f.).

[755] EuGH „Pronuptia", aaO Rz. 24 ff.

[756] Vgl. dazu Löffler in Langen/Bunte zu Art. 8 FKVO RdNr. 15.

[757] Vgl. etwa EuGH, Rs. 243/83 „Binon (Pressevertrieb)", Urteil vom 3.7.1985, Slg. 1985, 2015 (2046, Rz. 45ff), vgl. dazu auch Kerber, S. 208 f.

sieht, wettbewerbsfördernde Elemente in ihrem wirtschaftlichen Zusammenhang zu berücksichtigen, dies aber ausschließt, wenn die Grundvereinbarung bereits deutlich wettbewerbsbeschränkend ist. Dieses Ergebnis ist nicht mit der amerikanischen Praxis vergleichbar[758], insoweit läßt sich hier nicht von einer eindeutigen Bejahung der Möglichkeit einer rule of reason sprechen.

Über die festgestellten Anwendungsfälle des EuGH besteht in der Literatur ein Streit über die Möglichkeit eines Anwendungsbereiches der „rule of reason" im Rahmen des Art. 81 EG[759]. Befürwortern einer solchen Möglichkeit[760] muß aber entgegengehalten werden, daß die in Art. 81 Abs. 3 EG vorgesehene Freistellungsmöglichkeit dieser Ansicht den Boden entzieht. Eine Eingrenzung des Anwendungsbereiches des Kartellverbotes ist mit dieser Struktur nicht vereinbar. Zwar ist unbestreitbar, daß ein praktischer Bedarf bestehen mag[761], Unsicherheiten und lange Verfahrensdauer bei Kartellabsprachen durch eine Kompetenz der nationalen Gerichte zu vermeiden[762], doch ist Art. 81 EG in Kenntnis des amerikanischen Modells bewußt als Verbot mit Ausnahmemöglichkeit gestaltet worden, so daß dieses Verbot auch im Interesse eines umfassenden Wettbewerbsschutzes möglichst umfassend Geltung zu finden hat. Daneben ist auch eine schleichende Kompetenzerosion von der Kommission hin zu einer Ausweitung der Befugnisse der nationalen Instanzen mit dem Gemeinsamen Markt schwer vereinbar[763]. Darüber hinaus kann entgegengesetzt sogar die Möglichkeit der Anwendung des Art. 81 EG durch nationale Gerichte beschränkt werden, wenn die Parteien, bei denen nach den Zivilprozeßordnungen die Beweislast für die Umstände einer Verletzung des Art. 81 Abs. 1 bei Anwendung einer rule of reason liegen würde, diesen Nachweis angesichts der Komplexität des Sachverhaltes nicht leisten können[764].

Eine Berücksichtigung einer rule of reason innerhalb des Art. 81 Abs. 1 EG ist damit abzulehnen. Rückschlüsse auf eine ungeschriebene Relativierung des Art. 2 FKVO lassen sich aus diesem Gesichtspunkt also nicht gewinnen.

---

758 Vgl. dazu Everling, WuW 1990, 995 (1003).

759 Überblick bei Burckhardt, RdNr. 307 ff.

760 insbesondere Korah, S. 66 f.; Joliet, S. 115 ff.; teilweise wohl auch Forrester/Norrall, C.M.L.Rev. 1984, 11 (14 ff.) und Koch in Grabitz/Hilf zu Art. 85 RdNr. 103 ff.

761 In diesem Sinne Joliet, S. 118; Forrester/Norrall, S. 14 ff.

762 Zu der Abgrenzung siehe auch Stockmann/Schultz 13. Aufl. RdNr. 708 f.

763 In diesem Sinne auch Emmerich in IM zu Art. 85 Abs. 1 A RdNr. 259; gegen eine Anwendung auf den Umweltschutz Pernice, EuZW 1992, 139 (141).

764 Steindorff, C.M.L.Rev. 1984, 638 (642 f.).

dd) Förderung kleiner und mittlerer Unternehmen im Rahmen des Art. 81 EG

Ein weiterer Bereich, in dem das Verbot des Art. 81 Abs. 1 EG großzügig gehandhabt wird, ist die Förderung kleinerer und mittlerer Unternehmen durch die Kommission.

Die Kommission fördert kleine und mittlere Unternehmen durch eine großzügige Anwendung des Art. 81 Abs. 1 EG auf Einkaufs- und Vertriebskooperationen. Auch solche Arbeitsgemeinschaften, die die beteiligen Unternehmen erst in die Lage versetzen, einen Auftrag auszuführen[765], sind als nicht wettbewerblich bedenklich eingestuft, obwohl eine Koordinierung des Wettbewerbsverhaltens eintritt. Denn die Zahl der Bieter um einen Auftrag wird durch die Kooperation kleinerer Unternehmen, die allein nicht in der Lage wären, größere Arbeiten durchzuführen, erhöht.

Der Wettbewerb wird also durch die Kooperation gegenüber marktstärkeren, größeren Unternehmen, die sonst den Markt allein bearbeiten würden[766], erst eröffnet.

Bei der Prüfung der Zulässigkeit solcher Kooperationen ist ein strenger Maßstab anzuwenden. Sie muß sich auf ein konkretes Projekt erstrecken und den beteiligten Unternehmen darf keine über das notwendige Maß hinausgehende Beschränkung auferlegt werden und die Arbeitsgemeinschaft muß objektiv erforderlich sein[767].

Aus dem Ansatz heraus, daß durch die Zusammenarbeit der Wettbewerb erst eröffnet wird, läßt sich für die vorliegende Untersuchung erschließen, daß die Kommission der Eröffnung neuer Wettbewerbsmöglichkeiten positiv gegenüber steht. Daraus läßt sich ableiten, daß ein Zusammenschluß, der neben wettbewerbsbeschränkenden Tendenzen gleichzeitig auch neuen Wettbewerb ermöglicht, etwa auf anderen Märkten als dem, auf dem die Beherrschungseffekte aufzutreten drohen, nicht nur negativ beurteilt werden kann. Vielmehr ergibt sich gerade aus dem Grundsatz der Verhältnismäßigkeit, der weiter unten erörtert wird, eine Pflicht, die positiven Aspekte zu fördern.

Daraus läßt sich hingegen nicht schließen, daß die Kommission größeren Einheiten negativ gegenüber steht. Dies hat sie bereits mehrfach, gerade auch

[765] S. Übersicht bei Braakman/Schröter S. 34 f.; Gleiss/Hirsch, RdNr. 473.
[766] Gleiss/Hirsch, RdNr. 473.
[767] Gleiss/Hirsch, RdNr. 477 f.

unter dem Aspekt der erforderlichen Unternehmensgröße für die Schaffung eines Gemeinsamen Marktes, betont. Die Möglichkeit der Wettbewerbseröffnung unterstreicht die Sonderstellung dieser Fälle.

ee) Zusammenfassung

Zusammenfassend läßt sich feststellen, daß im Rahmen des Art. 81 EG in langer Praxis bestimmte Fallgruppen herausgearbeitet wurden, in deren Bereich bestimmte Vorteile liegen, die in gewissen Grenzen, insbesondere der Vermeidung des Ausschaltens von Restwettbewerb, einen Ausgleich für Wettbewerbsbehinderungen bieten können. Besonders hervorzuheben ist die Fallgruppe der Eröffnung von Wettbewerb, die sowohl im Rahmen der Abwägung bei Art. 81 Abs. 3 eine Rolle spielt als auch eine Grundlage für die Zulassung von Kooperationen kleiner und mittlerer Unternehmen ist.

Es wird also eine Gesamtbilanz aufgemacht, in der Wettbewerbsnachteile und anderweitige Vorteile aufgewogen und innerhalb von absoluten Grenzen zu einem Ausgleich gebracht werden. Dabei gilt insbesondere auch der Grundsatz der Verhältnismäßigkeit für Maßnahmen gegen die beteiligten Unternehmen. Art. 81 EG gibt in diesem Rahmen die Möglichkeit, eine Abwägungsbilanz sowohl auf allgemeinpolitischer Ebene als auch auf wettbewerblicher Ebene auszuführen. Insbesondere in Verbindung mit dem Gebot der Verhältnismäßigkeit kann also davon ausgegangen werden, daß hier ein Grundsatz besteht, daß Wettbewerbsbeschränkungen, die zu anderweitigen Verbesserungen der Wettbewerbsstruktur führen, nicht verboten werden können, solange ein Restwettbewerb gewahrt bleibt und die Vorteile überwiegen. Sonst müßte ein Verbot als unverhältnismäßig in der konkreten Ausprägung einer Zweck-Mittel-Relation gesehen werden.

Eine allgemeine Vorgabe im Sinne eines „bilan économique" findet sich in Art. 81 Abs. 1 EG hingegen nicht. Wenn eine Freistellungsmöglichkeit besteht, geht diese vor, gerade um der damit verbundenen Möglichkeit der Freigabe unter Auflagen und Bedingungen. Dennoch ist die in der Entscheidungspraxis des EuGH erkennbare Tendenz, Abwägungen auch innerhalb des Verbotstatbestandes zuzulassen, da eine Wettbewerbsbeschränkung immer innerhalb ihres konkreten Umfelds zu beurteilen ist[768], ein weiteres Indiz dafür, daß eine Abwägung im europäischen Wettbewerbsrecht nicht ausgeschlossen ist. Ein Ausschluß ist bei ausschließlichen Verboten, die mit vom

[768] Vgl. auch relativierend schon EuGH Rs 56/65, „Société La Technique Minière/Maschinenbau Ulm, Slg. 1966, 281 (303); dazu Korah, S. 64.

Vertrag anerkannten Zielen kollidieren, auch nicht möglich[769]. Damit ist allerdings keine rule of reason gemeint. Eine Möglichkeit für die FKVO, hier etwa ein Vorbild für die Beurteilung der Erheblichkeit einer Wettbewerbsbeschränkung zu sehen, besteht nicht[770].

Die Förderung kleiner und mittlerer Unternehmen und die positive Einstellung zu FuE-Kooperationen lassen sich auf die FKVO übertragen. Ihnen muß bei der Beurteilung von Zusammenschlüssen eine Rolle eingeräumt werden.

b) Art. 82 EG

Seit dem Urteil „Continental Can“[771] des EuGH steht fest, daß Art. 82 EG Anwendung auf Unternehmenszusammenschlüsse findet, wenn der Zusammenschluß durch Marktmacht herbeigeführt wurde und einen Restwettbewerb auszuschalten droht.

Die FKVO ist demnach als Instrument im Sinne des Art. 308 EG auch dazu geschaffen, Art. 82 EG bereits vor dem Auftreten von Mißbrauchsfällen Geltung zu verschaffen[772]. Insbesondere dieses Zusammenspiel erfordert also eine Betrachtung der Grundsätze zu Art. 82 EG, um Rückschlüsse auf die FKVO zu gewinnen.

aa) Allgemeines

Ziel des Art. 82 EG ist, ebenso wie bei Art. 81 EG, die Aufrechterhaltung eines wirksamen Wettbewerbs im Gemeinsamen Markt. Dabei greift Art. 82 EG nur, wenn ein Unternehmen nicht mehr den normalen Steuerungsfunktionen des Marktes ausgesetzt ist, also über eine beherrschende Stellung verfügt. Dann soll über administrative Eingriffe der Marktbeherrscher gezwungen werden, sich so zu verhalten, als stünde er unter Wettbewerbsdruck[773].

Art. 82 untersagt dabei insbesondere die Ausbeutung von Lieferanten, Abnehmern, Märkten oder Verbrauchern, die Diskriminierung von Handelspartnern, den Kampf gegen Konkurrenten mit unlauteren Mitteln oder Mitteln, die

---

[769] So zu recht Forrester/Norrall, C.M.L.Rev. 1984, 40.
[770] So aber Downes/Ellison, 85 f.
[771] EuGH Rs 6/72 Urteil vom 21. Februar 1972, Slg. 1973, 215 ff., insbesondere Rz. 25, dazu Dirksen in Langen/Bunte zu Art. 86 RdNr. 192.
[772] so in etwa Koch in Grabitz/Hilf nach Art. 86 zur FKVO RdNr. 6.
[773] Braakman/Schröter S. 95.

nicht den Grundsätzen eines Leistungswettbewerbs entsprechen sowie jede weitere Einschränkung des Wettbewerbs, welche die beherrschende Stellung konsolidiert oder verstärkt, also einen Mißbrauch von Marktmacht. Der Mißbrauch von Marktmacht kann durch mehrere Unternehmen ausgeübt werden.

Auch hier soll nicht auf die Frage der Kriterien, wann eine marktbeherrschende Stellung vorliegt, eingegangen werden. Es sei nur darauf hingewiesen, daß dieselbe Problematik, wie sie oben für die FKVO bei der Ermittlung des relevanten Marktes festgestellt wurde[774], nämlich, daß der betroffene Markt als Grundlage der Ermittlung von Marktmacht durch einfache Ausweitung oder Beschränkung manipuliert werden kann und mit ihm das Ergebnis für die Frage einer marktbeherrschenden Stellung, auch hier besteht. Zwar bestehen für die Möglichkeit Grenzen. Die einzubeziehenden Kriterien wurden bereits erörtert. In gewissen Rahmen ist die Möglichkeit, das gewünschte Ergebnis bei einer Untersuchung auf diesem „kalten" Wege mit wettbewerblicher Argumentation zu erreichen, aber gegeben. Da aber auch hier kein praktischer Anhaltspunkt für solche Maßnahmen seitens der Kommission besteht, muß es bei dem Hinweis bleiben[775].

bb) Beherrschende Stellung

Wie bereits dargelegt, ist der Begriff der beherrschenden Stellung innerhalb der FKVO vom EuGH am Maßstab des Art. 82 EG entwickelt worden[776]. Die Kriterien, anhand derer Marktmacht festgestellt wird, sind ebenso weitgehend identisch.

Von diesen Kriterien, die generell zu dieser Feststellung herangezogen werden, sei hier nur auf die „Struktur des relevanten Marktes" eingegangen. Hiermit ist die Wettbewerbssituation auf dem betroffenen Markt gemeint[777].

Damit ist hier eine Parallelität zu Art. 2 FKVO festzustellen, wo ebenso die betroffenen Märkte zu ermitteln sind. Dabei wird für die Feststellung der beherrschenden Stellung der jeweils betroffene Markt betrachte. Es kann damit unterstrichen werden, daß durch das entsprechende Merkmal in Art. 2 FKVO auf alle von dem Zusammenschluß betroffenen Märkte verwiesen wird. Die Möglichkeit eines Aufwiegens von Vor- und Nachteilen auf verschiedenen Märkten wird dadurch unterstützt. Denn die andere Möglichkeit, daß die Ver-

---

774 Siehe oben Teil 2, C I. 2.) d) bb).

775 Eine gelungene Übersicht über die Entscheidungspraxis der Kommission findet sich bei Zäch, S. 236 ff.

776 Vgl. EuGH Hoffmann/La Roche, Rs. 85/76 Urteil vom 13.2.1979, Slg. 1979, 461 ff.

777 Vgl. Dirksen in Langen/Bunte zu Art. 86 RdNr. 38.

hältnisse auf jedem einzelnen Markt zu betrachten sind, und damit jeder betroffene Markt, auf dem eine beherrschende Stellung entsteht, abzutrennen wäre und der Zusammenschluß in Bezug auf diesen Markt zu verbieten wäre, berücksichtigt nicht die komplexe Struktur eines Zusammenschlusses und die Verflechtung der Märkte. Diese können es unmöglich machen, bei einem Zusammenschluß die „guten" von den „schlechten" Märkten zu trennen.

cc) Spürbare Beeinträchtigung des Handels zwischen den Mitgliedsstaaten

aaa) Zwischenstaatlichkeitsklausel

Dieses Merkmal, bei dem die bloße Eignung des Mißbrauchs einer beherrschenden Stellung zur Beeinträchtigung des Handels zwischen den Mitgliedsstaaten ausreicht[778], dient der Kompetenzabgrenzung zwischen dem nationalen und dem Gemeinschaftsrecht[779]. Eine Möglichkeit, Wertungsfragen hinsichtlich des Verbots des Mißbrauchs einer beherrschenden Stellung hineinzulesen, besteht daher nicht.

bbb) Spürbarkeit

Die Auswirkung auf den innergemeinschaftlichen Handel muß weiterhin spürbar[780] sein. Diese Spürbarkeit der Beeinträchtigung des Handels zwischen den Mitgliedsstaaten ist aber, ebenso wie bei Art. 81 EG bereits festgehalten, lediglich quantitativ zu verstehen. Eine Rechtfertigung, Abwägung oder sonstige Möglichkeiten, die Hinweise auf den Gegenstand der vorliegenden Untersuchung gewähren würden, ist damit nicht verbunden.

dd) Mißbrauch

Da die beherrschende Stellung nach Art. 82 EG per se nicht angegriffen wird, sondern nur deren Mißbrauch[781], ist für die Möglichkeit eines Gewähren-

---

[778] Vgl. Nachweise bei Dirksen in Langen/Bunte zu Art. 86 RdNr. 198.

[779] Schröter in GTE Bd 2/I (5. Aufl.) zu Art. 86 RdNr. 233; Dirksen in Langen/Bunte zu Art. 86 RdNr. 199; Zäch S. 337, 54.

[780] Vgl. dazu Schröter in GTE Bd 2/I (5. Aufl.) zu Art. 86 RdNr. 242.

[781] Vgl. Möschel in IM zu Art. 86 RdNr. 122.

lassens einer beherrschenden Stellung allein interessant, in welchen Fällen nach Art. 82 EG dagegen vorgegangen werden kann, wann also ein Mißbrauch vorliegt.

So ist etwa die Stärkung der Wettbewerbsposition durch unternehmensinterne Maßnahmen auch eines marktstarken Unternehmens nicht unbedingt mißbräuchlich[782].

Bei der mißbräuchlichen Ausnutzung wird zwischen der Macht über Marktpartner und der Macht über Wettbewerber unterschieden[783]. Im ersteren Fall nutzt das Unternehmen die Abhängigkeit der Marktpartner aus, um seinen Wirtschaftserfolg unmittelbar zu verbessern, basierend auf der fehlenden Wahlmöglichkeit der Abnehmer. Im zweiten Fall nutzt das Unternehmen seine Finanzkraft aus, um Wettbewerber am Marktzutritt zu hindern oder aus dem Markt zu drängen. Es beeinflußt also die Marktstrukturen negativ.

Erfaßt wird damit die Verhaltensweise eines Unternehmens in beherrschender Stellung, die die Struktur eines Marktes beeinflußt, auf dem der Wettbewerb gerade wegen der Anwesenheit des fraglichen Unternehmens bereits geschwächt ist. Darüber hinaus greift Art. 82 EG, wenn die Aufrechterhaltung des auf dem Markt noch bestehenden Wettbewerbs oder dessen Entwicklung durch die Verwendung von Mitteln behindert wird, welche von den Mitteln des normalen Produkt- und Dienstleistungswettbewerbs auf der Grundlage der Leistungen der Marktbürger abweichen[784]. Art. 82 zielt damit nicht auf die Wahrung der beherrschenden Stellung als Besitzstand, sondern auf deren Relativierung und Abbau[785].

Dabei kann angesichts der vorliegenden Untersuchung nur interessieren, ob es Fälle gibt, in denen ausnahmsweise Umstände angenommen werden können, bei denen eine Einschränkung des Verbots vorstellbar ist. Insbesondere bei Koppelungsgeschäften ist dies denkbar. Ein Koppelungsgeschäft liegt vor, wenn die Lieferung einer Ware oder die Erbringung einer Dienstleistung (koppelndes Gut) mit einer anderen Ware oder Dienstleistung (gekoppeltes Gut) verknüpft wird. Für marktbeherrschende Unternehmen ist generell leichter möglich, solche Zusatzgeschäfte zu tätigen[786]. Dabei muß die gekoppelte Leistung von der koppelnden Leistung hinreichend abgrenzbar sein[787] und damit nicht in einem notwendigen Sachzusammenhang stehen. Dies ist nur

[782] Megret, S. 278.
[783] Vgl. dazu Koch in Grabitz/Hilf zu Art. 86 RdNr. 42; Möschel in IM zu Art. 86 RdNr. 130 f.
[784] Vgl. EuGH „Hoffmann-La Roche Urteil vom 13.2.1979, Slg. 1979, 461 (541) Rz. 91.
[785] Möschel in IM zu Art. 86 RdNr. 122.
[786] Möschel in IM zu Art. 86 RdNr. 198.
[787] Schröter in GTE Bd 2/I (5. Aufl.) zu Art. 86 RdNr. 195; Möschel in IM zu Art. 86 RdNr. 203.

dann der Fall, wenn die Bindung im Interesse eines erfolgreichen Absatzes der Produkte des Marktbeherrschers wirklich unumgänglich ist[788]. Ist sie unumgänglich, kann also eine Ausnahme vom eigentlich absoluten Verbot der Koppelung bestehen. Neben einer solchen sachlichen Rechtfertigung kann auch ein Handelsbrauch bestehen, der nicht vom marktbeherrschenden Unternehmen begründet worden sein darf[789]. Damit können tatsächliche Gegebenheiten auf einem Markt einer Abwägung anhand der Prinzipien des Art. 82 unterzogen werden und auf ihre rechtliche Zulässigkeit überprüft werden.

Darüber hinaus ist fraglich, ob allgemeine Rechtfertigungsgründe vorstellbar sind, wie etwa Verbraucherschutz, sanitäre Gründe, Vermeidung von Haftungsfällen und Anwendungssicherheit[790].

Die Frage ist, soweit ersichtlich, nicht weiter erörtert worden. Sie ist aber auch nicht relevant. Denn es besteht innerhalb des Verbots der Koppelung bereits der Ansatz einer normativen Betrachtung, nämlich die Berücksichtigung von Handelsbräuchen. Die Koppelung eines Produkts mit Zusatzgeräten, die den Gebrauch erst sicher machen, kann nicht angegriffen werden. Es ist insoweit fraglich, ob Grundprodukt und Zusatz dann überhaupt in dem für Art. 82 EG erforderlichen Sinne trennbar sind. Es ist daher mit Möschel[791] davon auszugehen, daß allgemeine Rechtfertigungsgründe nur in engen Grenzen zulässig sind. Sie sind nur insoweit anwendbar, als sie sich durch die Frage der Trennbarkeit, des Handelsbrauches oder sonstigen sachlichen Gründen rechtfertigen lassen.

Soweit ersichtlich sind Koppelungsgeschäfte der einzige Bereich, in dem die Frage von Rechtfertigungen angesprochen wurde. Für die anderen Fallgruppen des Art. 82 ist auch von den gleichen Voraussetzungen wie für Koppelungsgeschäfte auszugehen, etwa kann es auch akzeptable Gründe für eine Lieferverweigerung geben, die dann aber eben nicht mißbräuchlich ist.

Damit ist im Ergebnis das Verbot des Mißbrauchs einer beherrschenden Stellung mit den gezeigten Ausnahmen absolut. Wie oben bereits festgestellt, ist ein absolutes Verbot im Falle einer Kollision mit anderen Zielen der Gemeinschaft aber bedenklich[792]. Es ist hier aber gerechtfertigt, weil eine Kollision im Bereich des Art. 82 EG schwer vorstellbar ist. Man müßte die Phantasie schon sehr strapazieren, um sich etwa vorzustellen, daß die Lieferverweigerung eines Monopolisten etwa aus Gründen der Stärkung der Industrie der

---

[788] Möschel in IM zu Art. 86 RdNr. 205.

[789] Dirksen in Langen/Bunte zu Art. 86 RdNr. 158.

[790] In dieser Richtung Möschel in IM zu Art. 86 RdNr. 207.

[791] aaO.

[792] Vgl. oben Teil 2, C, II. 1.).

Gemeinschaft notwendig sein sollte. Das europäische Wettbewerbsrecht schützt nicht nur den Wettbewerb, sondern auch die Wettbewerber[793]. Allerdings ist die Gefahr einer Kollision auch deshalb gering, weil über die Beurteilung eines Verhaltens als mißbräuchlich eine Möglichkeit besteht, Konflikte zu vermeiden. Wenn ein bestimmtes Verhalten eines marktmächtigen Unternehmens für ein bestimmtes, vom Vertrag anerkanntes Ziel unbedingt erforderlich ist, kann auch im Rahmen des Art. 82 EG von der Möglichkeit ausgegangen werden, es dann nicht als mißbräuchlich zu klassifizieren. Dafür sind die oben angeführten Handelsbräuche und sonstige sachliche Erwägungen ein Indiz.

ee) Ergebnis zu Artikel 82 EG

Das Vorbild des Art. 82 EG spricht zunächst gegen die Zulassung einer Abwägung innerhalb der FKVO. Mißbräuchliche Verhaltensweisen lassen sich nicht aufwiegen. Dieses Vorbild ist allerdings nur eingeschränkt aussagekräftig: Die Frage des Entstehens oder des Verstärkens einer beherrschenden Stellung ist deren Mißbrauch vorgelagert. Allerdings kann ein Zusammenschluß in sich einen Mißbrauch von Marktmacht darstellen und dann dem Verbot des Art. 82 unterliegen[794], wobei die FKVO als Sekundärrecht auch insoweit Art. 82 EG nicht einzuschränken vermag[795]. Allgemein ist eine beherrschende Stellung aber als neutral anzusehen. Diese an sich wertneutrale Stellung unterliegt nach ihrem Entstehen der strengen Überwachung gemäß Art. 82 EG. Somit besteht kein Anlaß, die strengen Regeln des Art. 82 uneingeschränkt auf die FKVO zu übertragen. Eine Abwägung innerhalb der FKVO bleibt daher möglich. Innerhalb des Art. 82 EG ist sie allerdings auch nicht nötig, da der notwendige Mißbrauch innerhalb des Art. 82 EG nur eindeutig wettbewerbsfeindliche Zielrichtungen erfaßt, die nicht rechtzufertigen sind. In der Stufe darunter können relativierende Vorteile auf der Stufe des nicht mißbräuchlichen Verhaltens erfaßt werden. Dies ist in der FKVO nicht möglich. Um so mehr besteht das Bedürfnis, die starre Regelung des Art. 2 FKVO zu umgehen.

Eine Abstufung zwischen Art. 82 EG und der FKVO hinsichtlich der Beurteilung der Gefährlichkeit der jeweils zu untersagenden Tatbestände läßt sich auch in der Praxis des EuGH wiederfinden. Unter Art. 82 EG nimmt der

---

[793] Korah, S. 108 f.

[794] Nach der „Continental Can"-Doktrin, EuGH aaO, siehe dazu auch Möschel in IM zu Art. 86 RdNr. 253; Dirksen in Langen/Bunte zu Art. 86 RdNr. 191 ff.

[795] Ebenso Dirksen in Langen/Bunte zu Art. 86 RdNr. 191; einschränkend, aber im Ergebnis ebenso Schröter in GTE zu Art. 86 RdNr. 221; Möschel in IM zu Art. 86 RdNr. 251.

EuGH bei einem Marktanteil von 50 %, wenn nicht besondere Umstände vorliegen, die eine andre Beurteilung zulassen, Marktbeherrschung an[796]. In verschiedenen Fusionsfällen wurden auf der anderen Seite wesentlich höhere Marktanteile als zulässig betrachtet[797]. Diese Linie gibt folglich die unterschiedliche Gewichtung von präventiver Kontrolle und Überwachung von Mißbräuchen wieder.

Art. 82 EG gibt für die vorliegende Untersuchung also Anlaß, zum einen den Vorrang des Wettbewerbs auch in der FKVO durchzusetzen. Es besteht also auch nach dem Vorbild des Art. 82 EG eine deutliche Grenze bezüglich des Ausmaßes an Restwettbewerb, der nach Zusammenschlüssen in jedem Fall gewahrt bleiben muß. Zum anderen ist Art. 82 EG nicht so absolut zu verstehen, daß die Tatsache, daß Art. 82 eine Rechtsgrundlage der FKVO darstellt, industriepolitische Erwägungen oder Verhältnismäßigkeitsüberlegungen innerhalb des Art. 2 FKVO ausschließen würde.

c) Art. 83 EG

Eine Betrachtung des Art. 83 über ein allgemeines Maß hinaus erscheint für die vorliegende Untersuchung nicht nötig. Die Frage staatlicher Eingriffe zugunsten von Unternehmen ist von der Frage staatlichen Eingreifens zugunsten wirksamen Wettbewerbs zu verschieden. Allerdings ist aus Art. 83 Abs. 2 EG deutlich erkennbar, daß bei Vorliegen von anerkannten Vertragszielen eine Belastung von Wettbewerbern durch staatliche Hilfe zulässig ist. Von daher besteht ein Vorbild, aufgrund von Gemeinwohlerwägungen einzelne Unternehmen zu Lasten von deren Wettbewerbern zu unterstützen, indem staatlicherseits nicht gegen sie vorgegangen wird.

d) Ergebnis zu den wettbewerbsrelevanten Vorschriften des Vertrages

Die wettbewerbsrelevanten Vorschriften des EGV lassen eine Zielabgleichung in Konfliktfällen bis zu einer absoluten Grenze, dem Schutz von Restwettbewerb, zu[798]. Allgemeinpolitische Anliegen des EGV finden insoweit Berücksichtigung, damit ist auch eine Vorgabe für die FKVO gegeben. Art. 82 steht dem nicht entgegen, denn die erfaßten Fälle stimmen nicht mit der Problematik der FKVO überein. Auffällig ist eine Anerkennung von

---

[796] EuGH Rs. 62/86 „AKZO", Slg. 1991, I- 3359 (3453), Rz. 60; vgl. ebenso Van Bael/Bellis, S. 637.
[797] Vgl. Kommission „Mercedes-Benz/Kässbohrer", ABl. 1995 L 211/1; Siemens/Itatel ABl. 1995 L 161/27; dazu Van Bael/Bellis S. 637; Stockmann/Schultz, 11. Aufl. RdNr. 796 f.
[798] Vgl. Teil 2 C, II. 1.) und 2.), a).

common sense Argumenten, selbst innerhalb des Art. 82[799]. Damit kann auch auf eine Anerkennung von offensichtlich vorteilhaften und dem Normziel entsprechenden Maßnahmen innerhalb der FKVO geschlossen werden. Ein Verbot von in der Bilanz positiven Zusammenschlüssen findet von daher keinen Rückhalt, die Annahme einer wettbewerblichen Abwägungsklausel wird gestützt. Es muß eine Möglichkeit der Relativierung der starren Regelung des Art. 2 FKVO bestehen.

3.) Grundrechte im europäischen Gemeinschaftsrecht

Wie bereits angedeutet[800] kann ein wesentliches Argument für eine Abwägung bei wettbewerblichen Vorteilen eines Zusammenschlusses, der zu einer beherrschenden Stellung führt, das Recht der beteiligten Unternehmen sein, nicht unverhältnismäßig in ihrer Gewerbe- bzw. Handlungsfreiheit beschränkt zu werden.

Im folgenden soll daher ein vertiefter Blick auf den Verhältnismäßigkeitsgrundsatz im Gemeinschaftsrecht geworfen werden, um Rückschlüsse auf eine mögliche Genehmigung insgesamt wettbewerblich vorteilhafter Zusammenschlüsse trotz teilweise wettbewerbsbeschränkender Auswirkungen ziehen zu können.

a) Grundrechtsschutz in der Gemeinschaft

Die Gemeinschaftsverträge enthalten keinen Grundrechtskatalog[801], sondern nur punktuelle Verbürgungen, etwa das Diskriminierungsverbot in Art. 12 EG[802]. Dies hat sich auch im Amsterdamer Vertag nicht geändert. Auch er sieht keine Kompetenz der Union zum Beitritt zur EMRK vor[803]. Seit dem Maastrichter Vertrag ist die Union allerdings gemäß Art. 6 Abs. 2 des Vertrages über die Europäische Union (EUV) auf die Achtung der Grundrechte, wie sie sich aus den gemeinsamen Verfassungsüberlieferungen der Mitgliedsstaaten als allgemeine Grundsätze der Mitgliedsstaaten und der EMRK

---

[799] Vgl. oben Teil 2 C, 2.) b) dd).

[800] Vgl. oben Teil 2 C II. 2. a) aa) aaa).

[801] S. auch Lenz, NJW 1997, 3289.

[802] Zur Frage, ob die Grundfreiheiten als „echte“ Grundrechte zu klassifizieren sind, muß hier nicht weiter Stellung genommen werden, in diesem Sinne etwa Nicolaysen, Europarecht I S. 67.

[803] Im Gutachten 2/94 Slg. I 1996, S. 1959 ff. hat der EuGH eine solche Kompetenz abgelehnt. Für einen Beitritt wäre somit eine primärrechtlicher Ermächtigung und eine Vertragschlußkompetenz einer mit Rechtspersönlichkeit ausgestatteten Gemeinschaft notwendig; zu der Entstehungsgeschichte dieser Problematik siehe Lenz, NJW 1997, 3289.

ergeben[804], verpflichtet. Dies gilt, obwohl sich aus der deutschsprachigen Version des Maastrichter Vertrages die Bezugnahme auf die EMRK nicht wörtlich ergibt[805].

Während das in Art. F Abs. 2 EUV (alt) verankerte Gebot der Achtung der Grundrechte nicht der Gerichtsbarkeit des EuGH unterworfen war, gelten gemäß Art. 46 EUV (neu) nunmehr die Bestimmungen des neugefaßten EGV, sowie die der EGKS und EAGV über die Zuständigkeit des EuGH und die Ausübung seiner Zuständigkeit ausdrücklich auch für Art. 6 Abs. 2 EUV neu, soweit Handlungen der Organe der Gemeinschaft betroffen sind und der EuGH im Rahmen der genannten Gründungsverträge und im Rahmen des durch den Amsterdamer Vertrag geänderten EUV eine Zuständigkeit über den betreffenden Akt besitzt[806]. Damit ist primärrechtlich das Prinzip festgeschrieben, daß die in Art. 6 Abs. 2 EUV angeordnete Achtung der Grundrechte der Nachprüfung durch den EuGH unterliegt[807].

Bereits vorher hatte der EuGH, nachdem er anfangs einer Bindung der Gemeinschaftsorgane durch Grundrechte ablehnend gegenüberstand[808], dieses Ergebnis, nachdem er die unmittelbare Geltung des Gemeinschaftsrechts festgestellt hatte[809] und damit die Problematik der Grundrechtsbindung des Gemeinschaftsrechts erst hervorgerufen hatte, dadurch erzielt, daß er die Grundrechte als allgemeine Rechtsgrundsätze anerkannt hat, die er in seiner Judikatur zu wahren hatte[810]. Dabei bezog er sich, nach Beitritt aller Mitgliedsstaaten zur EMRK, auch ausdrücklich auf die EMRK als Ausdruck dieser Grundsätze. Dieses Vorgehen wurde dann auch durch gemeinsame Erklärungen von Kommission und Parlament bestätigt[811]. Der EuGH beachtet die Rechtsprechung des Menschenrechtsgerichtshofs zu den Menschenrechten, so wie dieser die Rechtsprechung des EuGH achtet, soweit dieser die Menschenrechte schützt[812]. Er bezieht sich außerdem auf die Europäische Sozialcharta[813] und

---

804 Vgl. auch Bergmann in Bergmann/Lenz, S. 25; Anweiler, S. 358 f.

805 Vgl. dazu die überzeugenden Ausführungen von Thun-Hohenstein, S. 21 Fn 2.

806 Bergmann in Bergmann/Lenz S. 31.

807 Thun-Hohenstein, S. 22; Bergmann in Bergmann/Lenz, S. 29; damit ist auch die Problematik, die Kischel behandelt, EuGRZ 1997, 1 (10) nicht mehr so relevant.

808 Vgl. Darstellung bei Pollack, S. 26 f.

809 EuGH Van Gent & Loos, Entscheidung vom 5.2.1963, Rs 26/62, Slg. 1963, S. 1 ff. und Costa/E.N.E.L., Entscheidung vom 15.7.1964, Rs. 6/64 Slg. 1964, S. 1251 ff.; Rs 29/69 „Stauder", Slg. 1969, 419 (425).

810 EuGH „Internationale Handelsgesellschaft", Entscheidung vom 17.12.1970, Rs 11/70, Slg. 1970, 1125 (1135, Rz. 3); vergl. auch Bergmann in Bergmann/Lenz, S. 24 f.; Lenz, NJW 1997, 3289; Kischel, EuGRZ 1997, 1 (9).

811 Vgl. Überblick bei Lenz, NJW 1997, 3289.

812 Vgl. dazu Lenz, NJW 1997, 32289 (3290); er ist dazu nach Ansicht des BVerfG auch verpflichtet, damit dieses seinen Grundrechtsschutz nicht ausüben muß, BverfGE 73, 339, 384, „Solange II".

813 Europäische Sozialcharta vom 18.9.1961, BGBl. 1964 II S. 1262.

die Präambel der EEA[814] als Quelle für die Bestimmung der Grundrechte als allgemeine Rechtsgrundsätze[815].

Die genaue Ausgestaltung der gemeinschaftsrechtlichen Grundrechte bleibt auch weiterhin der Rechtsprechung des EuGH überlassen[816]. Weiterhin unterliegen nur Handlungen der Organe der Gemeinschaft dieser Bindung, also insbesondere auch die hier interessierende Kommission als Kontrollbehörde für Unternehmenszusammenschlüsse. Maßnahmen sind nicht rechtens, wenn sie mit den in den Mitgliedsstaaten anerkannten und geschützten Grundrechten unvereinbar sind[817]. Dabei ist insbesondere im Wege praktischer Konkordanz bei der Einzelfallabwägung den Grundrechten einer Person, gegenüber dem von der Gemeinschaft verfolgten Interesse, zu optimaler Geltung zu verhelfen[818].

b) Anerkannte Grundrechte in der Gemeinschaft

Die von der Gemeinschaft zu beachtenden Grundrechte bestehen, neben den neugefaßten sozialen Grundrechten[819] wie dem Recht auf gerechte, sichere und gesunde Arbeitsbedingungen, gerechtes Arbeitsentgelt, Vereinigungsfreiheit und Kollektivverhandlungen, Schutz der Gesundheit, Mutter- und Familienschutz und Freizügigkeit sowie weiteren Rechten[820] aus den bereits angedeuteten primärrechtlichen Diskriminierungsverboten. Diese werden erweitert durch die Gemeinschaftskompetenz zum Erlaß einschlägigen Sekundärrechts nach Art. 13 EG. Ebenso ergeben sich aus der Europäischen Menschenrechtskonvention und den Verfassungsüberlieferungen der Mitgliedsstaaten Hinweise für die Grundrechte in der Gemeinschaft. Dazu gehören insbesondere auch der Eigentumsschutz[821] inklusive des gewerblichen und kommerziellen Eigentums[822]. Ebenso gehört dazu der Verhältnismäßigkeitsgrundsatz[823] und der Gleichheitsgrundsatz[824].

---

814 EuGH Rs. C-415/93 „Bosman", Slg. 1995, I-4921, Rz. 79.
815 EuGH Rs. C-74/95, „Strafverfahren gegen X", Slg. 1996, I-6609 (6637, Rz. 25).
816 Thun-Hohenstein, S. 22; vgl. auch die Kritik von Hilf, Integration 1997, 247 (248 f.); Pollak, S. 31 f.
817 EuGH Rs. 4/73 „Nold", Slg. 1974, 491 (507, Rz. 13).
818 Vgl. Pernice in Grabitz/Hilf zu Art. 164 RdNr. 44.
819 Vgl. dazu auch Hilf, Integration 1997, 247 (251).
820 Vgl. Übersicht bei Bergmann in Bergmann/Lenz S. 36.
821 Vgl. dazu ausführlich für den Bereich der EMRK Fiedler, Integration 1996, 354 ff.
822 EuGH Rs. 44/79, „Hauer", Slg. 1979, 3727 (3745, Rz. 17 ff.); Rs 15/74 „Centrafarm", Slg. 1974, 1147 ff. (1163, Rz. 6 ff.); Schwarze, S. 779 f.
823 Vgl. dazu Schwarze, S. 699 ff.; Zuleeg, ZUM 1997, 778 (780); EuGH Rs. 44/79 „Hauer", Slg. 1979, 3727 (3747, Rz. 23); „Bela-Mühle" Rs. 114/76, Slg. 19771211 (1221 Rz. 7 f.).
824 Vgl. umfassend dazu Kischel, EuGRZ 1997, 1 ff.

Diese Punkte sollen im folgenden unter dem Gesichtspunkt der Anwendbarkeit auf die FKVO untersucht werden.

aa) Eigentumsschutz und Gleichheitsgrundsatz

Der Eigentumsschutz ist materielle Grundlage der Berufsfreiheit und Ausdruck wirtschaftlicher Betätigungsfreiheit allgemein[825]. Er stellt insoweit ein Abwehrrecht der an einer Konzentration Beteiligten gegenüber Eingriffen dar, die nicht durch Erfordernisse der Verwirklichung der Marktfreiheiten und anderer Vertragsziele gerechtfertigt und erforderlich sind[826]. Die Tatsache, daß das Verbot eines Zusammenschlusses in die unternehmerische Freiheit der betroffenen Unternehmen eingreift, muß hier wohl nicht weiter erörtert werden. Fraglich ist damit in erster Linie die Möglichkeit der Rechtfertigung dieses Eingriffes, also die Frage der Verhältnismäßigkeit. Die wirtschaftliche Handlungsfreiheit schützt der EuGH in den Grenzen ihrer sozialen Funktion, also unter Einschränkungen[827]. Diese ergeben sich, wie gleich darzulegen ist, aus den Zielen der Gemeinschaft als öffentlichem Interesse.

Der Gleichheitsgrundsatz kann hingegen nur greifen, wenn anderen Unternehmen in vergleichbarer Weise aus zulässigen Erwägungen eine Konzentration gestattet wurde[828]. Ihm kommt in diesem Zusammenhang also nur eine eingeschränkte Bedeutung zu, da sich die Kommission in ihrer bisherigen Praxis, wie dargelegt, weder auf eine allgemeinpolitische Abwägung, insbesondere nicht hinsichtlich des „technischen und wirtschaftlichen Fortschritts", noch auf eine wettbewerbliche Abwägung explizit inhaltlich eingelassen hat[829]. Kein Unternehmen kann sich also auf eine Verletzung des Gleichheitsgrundsatzes berufen, wenn die Kommission diese Erwägungen nicht berücksichtigt.

Näher zu betrachten ist aber insbesondere der gemeinschaftsrechtliche Grundsatz der Verhältnismäßigkeit bei Eingriffen in Individualrechte[830].

---

825 Vgl. Pernice in Grabitz/Hilf zu Art. 164 RdNr. 53.
826 Vgl. Pernice in Grabitz/Hilf zu Art. 164 RdNr. 53; Anweiler, S. 386 f.
827 EuGH Rs. 4/73 „Nold", Slg. 1974, 507 Rz. 14.
828 Vgl. dazu Übersicht bei Kischel, EuGRZ 1997, 1 (3 ff.).
829 Vgl. oben, Teil 1, B I.
830 Vgl. Übersicht bei Schwarze, S. 609 ff.

bb) Verhältnismäßigkeitsgrundsatz und allgemeine Handlungsfreiheit

Entscheidend für das Bestehen der Möglichkeit einer wettbewerblichen Abwägungsklausel kann hingegen der Verhältnismäßigkeitsgrundsatz sein. Ist nämlich eine Gesamtbetrachtung der Wirkungen eines Zusammenschlusses möglich, kann ein Verbot des Zusammenschlusses, wenn die Folgen grundsätzlich positiv zu bewerten sind, unverhältnismäßig sein.

Der Verhältnismäßigkeitsgrundsatz ist zum einen ein allgemein anerkanntes Auffanggrundrecht der allgemeinen Handlungsfreiheit, in das er einfließt. Daher bedürfen in allen Rechtsordnungen der Gemeinschaft – „Eingriffe der öffentlichen Gewalt in die Sphäre privater Betätigung jeder – natürlichen oder juristischen – Person einer Rechtsgrundlage und müssen aus den gesetzlich vorgeschriebenen Gründen gerechtfertigt sein; diese Rechtsordnungen sehen daher, wenn auch in unterschiedlicher Ausgestaltung, einen Schutz gegen willkürliche und unverhältnismäßige Eingriffe vor“[831]. Positivrechtlich ist er zudem in den Artikeln 30, 39 Abs. 3 und 46 Abs. 1, 82 lit. 1, 82 Abs. 3 und 134 EG begründet und kann als Schlüssel für die Verwirklichung des gemeinschaftsrechtlichen Grundrechtschutzes angesehen werden[832]. Insbesondere ist in diesem Zusammenhang auch auf das Subsidiaritätsprinzip aus Art. 5 Abs. 3 EG zu verweisen. Demnach bedarf das Verbot eines Zusammenschlusses also eines gemeinschaftsrechtlich anerkannten Interesses, damit es gerechtfertigt werden kann.

Als Gemeinschaftsinteresse, das einen Eingriff in Rechtspositionen der Marktbürger rechtfertigen kann, hat der Gerichtshof dabei grundsätzlich sowohl die Erhaltung von Weltmarktpositionen der Gemeinschaftsproduzenten[833] als auch die Durchsetzung der Wettbewerbsregeln der Gemeinschaft[834] anerkannt.

Gegenüber den beteiligten Unternehmen ist also eine Untersagung von den Zielen der Gemeinschaft gedeckt. Andererseits kann auch den durch eine Genehmigung belasteten Dritten ein Ziel der Gemeinschaft zur Begründung ihrer Belastung entgegengehalten werden. Dies ist insbesondere der Erhalt der Weltmarktposition von Gemeinschaftsproduzenten.

---

831 EuGH Rs. 46/87 u. 227/88 „Hoechst“, Slg. 1989, 2859 (2924 RdNr. 19).

832 Vgl. dazu Pernice in Grabitz/Hilf zu Art. 164 RdNr. 101; Übersicht bei Pollak, S. 34 ff., mit Darstellung des Streitstandes, woher der Geltungsgrund des Verhältnismäßigkeitsgrundsatzes genommen werden soll.

833 EuGH Rs. C-92/89, „Süderdithmarschen“, Slg. 1991, S. I-421 (553, Rz. 76).

834 EuGH Rs. 46/87 u. 227/88, „Hoechst“, Slg. 1989, 2859 (2926 RdNr. 19, 25 ff.) für die Einschränkung des Rechts der Unverletzlichkeit der Betriebsräume.

Solche Zielsetzungen müssen allerdings in geeigneter, erforderlicher und angemessener Weise umgesetzt werden, damit der Grundsatz der Verhältnismäßigkeit nicht als verletzt bezeichnet werden muß. Der Gerichtshof wendet den Grundsatz der Verhältnismäßigkeit insofern gemäß dem in Deutschland geläufigen Schema an[835].

Dies folgt insbesondere aus dem Urteil „Stauder"[836], in dem der Gerichtshof ausführte: „ In einem Fall wie dem vorliegenden ist der am wenigsten belastenden Auslegung der Vorzug zu geben, wenn sie genügt, um die Ziele zu erreichen, denen die umstrittene Entscheidung dienen soll[837]", ebenso wie aus dem Urteil „Nold"[838], in dem der Gerichtshof feststellte, daß die Rechte der Marktbürger bestimmten Begrenzungen unterliegen, die durch die dem allgemeinen Wohl dienenden Ziele der Gemeinschaft gerechtfertigt sind, solange die betroffenen Rechte nicht in ihrem Wesen angetastet werden[839]. Schließlich stellt der Gerichtshof auch darauf ab, welchen Zweck die in Frage stehende Verordnung verfolgt und ob zwischen den in der Verordnung vorgesehenen Maßnahmen und dem im vorliegenden Fall von der Kommission angestrebten Ziel ein angemessenes Verhältnis besteht[840].

Damit prüft der EuGH die Verhältnismäßigkeit einer Maßnahme anhand von Erforderlichkeit, Geeignetheit und Angemessenheit der jeweiligen Maßnahme im Vergleich zum verfolgten Zweck. Der Verhältnismäßigkeitsgrundsatz dient darüber hinaus als Auslegungsmaxime[841].

aaa) Verhältnismäßigkeitsprinzip und Wettbewerb

Für die Frage, ob ein Zusammenschluß verboten werden kann, oder ob ein Verbot gegen den Verhältnismäßigkeitsgrundsatz verstößt, ist die Anwendungspraxis des EuGH näher zu konkretisieren.

Der EuGH hat zwar des öfteren darauf hingewiesen, daß eine Maßnahme dem gemeinschaftlichen Verhältnismäßigkeitsgrundsatz nur entspricht, wenn das

---

835 Vgl. Pernice in Grabitz/Hilf zu Art. 164 RdNr. 101; Übersicht über die Rechtsprechung dazu bei Schwarze, S. 699 ff.; ebenso Pollak, S. 122; aus jüngerer Zeit vgl. die ausdrückliche Bezugnahme des EuGH auf Geeignetheit und Erforderlichkeit des eingesetzten Mittels zum angestrebten Ziel Rs. C-233/94 „Deutschland/Parlament und Rat", Slg. 1997, I-2405, Rz. 54 und Rs. C-36 und C-37/97, „Kellinghusen", Urteil vom 22.10.1998, noch nicht veröffentlicht, Rz. 33; auch Anweiler, S. 353 ff.

836 EuGH Rs. 29/69, Slg. 1969, 419 ff. (425, Rz. 4); dazu Pollak, S. 28 f.

837 aaO, S. 425 Rz. 4.

838 EuGH aaO.

839 EuGH Rs. 4/73 „Nold", Slg. 1974, 491 (507, Rz. 14).

840 EuGH Rs. 44/78 „Hauer", Slg. 1979, 3727 (3747 Rz. 23).

841 Pollak, S. 41.

eingesetzte Mittel geeignet ist, um den angestrebten Erfolg zu erreichen[842], doch räumt er dem Gemeinschaftsgesetzgeber einen großen Prognose- und Beurteilungsspielraum ein[843]. Die grundsätzliche Regelung des Verbots von Zusammenschlüssen, die zu einer marktbeherrschenden Stellung führen, ist im Grundsatz fraglos von diesem Prognose- und Beurteilungsspielraum des Gemeinschaftsgesetzgebers gedeckt. Fraglich ist allerdings die konkrete Umsetzung.

Das Prinzip der Erforderlichkeit ist in den Wettbewerbsregeln der Gemeinschaft erwähnt. So kann die Kommission nach Art. 11 VO 17 nur die „erforderlichen" Auskünfte verlangen[844]. Letztlich weist auch, wie bereits dargelegt, die FKVO selbst auf eine vorzunehmende Verhältnismäßigkeitsprüfung hin, indem sie lediglich Zusammenschlüsse unterbinden will, die den Wettbewerb „erheblich" behindern. Ebenso ist in Art. 81 Abs. 3 festgehalten, daß die Gemeinschaft nicht hoheitlich Vereinbarungen durch Freistellung sanktionieren darf, wonach den beteiligten Unternehmen Beschränkungen auferlegt werden, die für die Verwirklichung des Zieles der Verbesserung der Warenerzeugung oder des technischen und wirtschaftlichen Fortschritts nicht unerläßlich sind. Damit fußt insbesondere auch in den Wettbewerbsregeln das Bestreben des EuGH, bei der Vertretbarkeitskontrolle die größtmögliche Verwirklichung des dem Einzelnen durch die Gemeinschaftsverträge eingeräumten wirtschaftlichen Freiraums zu gewährleisten[845].

Entscheidend für die vorliegende Untersuchung ist allerdings, inwieweit im Einzelfall ein „Vorgehen der Hohen Behörde gegen ein unerlaubtes Verhalten der Unternehmen zu dem Ausmaß des letzteren in einem gewissen Verhältnis"[846] steht, also die Verhältnismäßigkeit im engeren Sinne. Der Gerichtshof nahm nach diesem Ausspruch angesichts der in den Wettbewerbsregeln niedergelegten Verhältnismäßigkeitsvorgaben zu Recht eine tatsächliche Abwägung zwischen den öffentlichen Interessen und der jeweils rechtlich geschützten Individualrechtsposition vor, allerdings ohne auf besondere Umstände einzelner Wirtschaftskreise eingehen zu müssen[847].

---

842 Vgl. EuGH Rs 25/70 „Einfuhr- und Vorratsstelle für Getreide und Futtermittel / Köster, Berodt & Co" Slg. 1970, 1161 (177 Rz. 26 ff.); Rs. 808/79 „Fratelli Pardini", Slg. 1980, 2103 (2120 Rz. 17); Rs. 279, 280, 285, 286/84 „Rau Lebensmittelwerke", Slg. 1987, 1069 (1125 Rz. 34).

843 Etwa EuGH Rs. 40/72 „Schröder KG", Slg. 1973, 125 (142 Rz. 14); Rs. 138/78 „Stölting", Slg. 1979, 713 (722 Rz. 7).

844 Vgl. dazu Schwarze, S. 813 f.

845 Dazu Pollak, S. 132.

846 EuGH Rs. 8/55 „Fédéchar", Slg. II (1955-1956), 297 (311).

847 Vgl. dazu EuGH Rs. 26 und 86/79 „Forges de Thy-Marcinelle et Monceau SA / Kommission", Slg. 1980, 1083 (1093, Rz. 6); Rs. 147/81 „Merkur Fleisch", Slg. 1982, 1389 (1397 Rz. 11 f.).

Es darf dabei aber nicht übersehen werden, daß der Gerichtshof in der Regel zu Sachverhalten Stellung genommen hat, in denen eine nationale Maßnahme unverhältnismäßig in gemeinschaftliche Interessen einzugreifen drohte[848]. In solchen Fällen ist der Gerichtshof aufgerufen, neben dem Individualinteresse auch dem Gemeinschaftsrecht zur Durchsetzung zu verhelfen. Daraus kann sich eine größere Bereitschaft ergeben, gegenüber den Mitgliedsstaaten „strenger" als gegenüber Gemeinschaftsorganen zu sein. Dennoch muß konsequenterweise der aufgezeigte Grundsatz generell auf Maßnahmen der Gemeinschaft in Wettbewerbssachen angewandt werden.

bbb) Auswirkungen auf die Fusionskontrolle

Die dargelegte Linie des Gerichtshofes führt dazu, daß bei der Anwendung der Fusionskontrollverordnung konkret in jedem Einzelfall der Grundsatz der Verhältnismäßigkeit zu beachten ist. Auch die bereits dargelegte „Erheblichkeit" der möglichen Wettbewerbsbeeinträchtigung durch eine beherrschende Stellung ist in diesem Zusammenhang zu verstehen. Sie ist allerdings darüber hinaus außerdem als Lockerungsklausel für die Auflösung kollidierender Gemeinschaftsziele angesichts eines starren Verbots in der FKVO zu sehen.

Nur so läßt sich nämlich das oben aufgezeigte Prinzip der möglichst umfassenden Geltung der Gemeinschaftsziele unter prioritärer Berücksichtigung des Wettbewerbs umsetzen.

Der Gerichtshof setzt den Verhältnismäßigkeitsgrundsatz ähnlich wie die deutsche Dogmatik um. Damit ist grundsätzlich zunächst nach der Erforderlichkeit des konkreten Eingreifens bei einem Zusammenschluß zu fragen. Läßt sich also ein Zusammenschluß durch Mediation mit den Parteien in unbedenklicher Weise für den Wettbewerb gestalten, darf die Kommission nicht einschreiten, wie sie es nach ihrer oben dargestellten Praxis auch nicht tut[849]. Die Kommission berücksichtigt insoweit den Grundsatz der Verhältnismäßigkeit strikt. Auch das Gebot aus den Art. 6 und 8 FKVO, den Zusammenschluß gegebenenfalls unter Auflagen und Bedingungen freizugeben, entspricht dieser Linie.

Ist es möglich, wettbewerbsgefährdende Teile eines Zusammenschlusses abzutrennen, kann ein Verbot bzw. eine Auflage nur hinsichtlich des fraglichen Teils des Zusammenschlusses in Frage kommen.

---

848 So die richtige Einschätzung von Pollak, S. 147.
849 Vgl. C I. 2.) c) und d).

Konkret bleibt damit Raum für eine wettbewerbliche Abwägungsklausel innerhalb des Art. 2 FKVO in solchen Fällen, in denen ein Verbot des Zusammenschlusses erforderlich ist, da die Unternehmen nicht in der Lage sind, den Zusammenschluß durch Abtrennen der strittigen Teile oder durch anderweitige Verpflichtungen unter Anstrengung angemessener Mittel so zu gestalten, daß eine Gefährdung des Wettbewerbs ausgeschlossen ist.

In diesen Fällen muß gefragt werden, ob ein Zusammenschluß, der in der Gesamtbetrachtung dem Ziel der Förderung des Wettbewerbs entspricht, verboten werden kann bzw. ob die zur Vermeidung einer im Verhältnis „unbedeutenden" marktbeherrschenden Stellung erforderlichen Auflagen verhältnismäßig in diesem Sinne wären.

Dabei ist zum einen vorstellbar, daß die Produktionsanlagen eines Unternehmens zwei verschiedene Produkte herstellen, von denen eines einen Markt darstellt, auf dem eine beherrschende Stellung eintritt, und eines einen anderen, auf dem nach dem Zusammenschluß bessere Wettbewerbsbedingungen herrschen. Zudem kann keine Möglichkeit bestehen, einen dritten, neutralen Käufer für die Anlagen, die den fraglichen Produktmarkt bedienen, zu finden[850]. In solchen Fällen ist eine Abtrennung eines Produktbereiches aus dem Zusammenschluß objektiv unmöglich. Darüber hinaus sind generell Fälle denkbar, in denen eine Abtrennung unverhältnismäßige Kosten hervorrufen würde, durch die die gesamte Fusion in Frage gestellt werden würde. Dann würde eine Abtrennung dazu führen, daß die wettbewerblichen Gesamtvorteile einer Fusion dem Gemeinsamen Markt verloren gingen, wenn daraufhin die gesamte Fusion scheitert.

Es gibt also Fälle, in denen der Verhältnismäßigkeitsgrundsatz dazu zwingen kann, eine Fusion trotz marktbeherrschender Stellung freizugeben. Die weiteren Voraussetzungen sind im Bereich einer Stellungnahme unten[851] weiter auszuführen.

c) Zusammenfassung zu der Betrachtung der Gemeinschaftsgrundrechte

Als Grundlage für diese Ausführungen sei festgehalten, daß der gemeinschaftliche Grundsatz der Verhältnismäßigkeit einen hohen Rang einnimmt und auf die FKVO Anwendung findet. Jedes Verfahren nach der FKVO hat die Zweck-Mittel-Relation zu beachten und es sind Umstände denkbar, in denen das Verbot eines Zusammenschlusses unverhältnismäßig erschiene. Dies gilt

---

[850] So etwa bei Boeing/McDonnel-Douglas, vgl. oben, 1. Teil, B 1.) i).

[851] Vgl. unten 3. Teil, B., II.

insbesondere, wenn eine Abtrennung wettbewerblich gefährlicher Teilbereiche des Zusammenschlusses objektiv unmöglich ist oder unverhältnismäßig wäre. In solchen Fällen kann den durch eine Genehmigung einer Fusion betroffenen Konkurrenten auf dem gefährdeten Markt ein Gemeinschaftsinteresse entgegen gesetzt werden, nämlich die Entwicklung des Wettbewerbs auf dem Gemeinsamen Markt. Zudem sind nach der Rechtsprechung des EuGH auch industriepolitische Zielsetzungen in gewisser Weise bei der Beurteilung von Wettbewerbsbeschränkungen berücksichtigungsfähig, so daß Konkurrenten diese auch bei Genehmigungen aufgrund außerwettbewerblicher Aspekte gegen sich gelten lassen müssen. Belastungen Dritter durch eine Genehmigung sind also zu rechtfertigen, wenn jeweils der Grundsatz der Verhältnismäßigkeit eingehalten wird, also eine Balance zwischen den Rechten der Betroffenen gefunden werden kann.

4.) Ergebnis zu der Betrachtung der Einbettung der FKVO in den EG-Vertrag

Die Fusionskontrolle findet vor dem Hintergrund der verschiedenen Zielbestimmungen des EG-Vertrages statt. Der Schutz des Wettbewerbs ist lediglich ein Instrument zur Erreichung eines funktionierenden Gemeinsamen Marktes. Dieser ist wiederum ein Mittel zur Erreichung der Steigerung der allgemeinen Wohlfahrt innerhalb der EG[852].

Demnach muß der Wettbewerbsschutz sich einfügen und kann nicht absolute Geltung beanspruchen, dies gilt insbesondere nach den Änderungen durch den Amsterdamer Vertrag[853]. Andererseits nimmt der Schutz des Wettbewerbs unter den Zielbestimmungen des EGV eine herausragende Position ein, eine völlige Ausschaltung ist niemals zulässig. Das Primat des Wettbewerbs als Verteilungsinstrument gegenüber der staatlichen Lenkung zeigt sich an zahlreichen Einzelbestimmungen. Die Grenze, bis zu der noch von „wirksamen Wettbewerb“ gesprochen werden kann, ist allerdings nicht besonders hoch anzusiedeln, denn staatliche Lenkungsmaßnahmen sind sehr weitgehend zulässig[854].

Vor diesem Hintergrund zeigt sich, daß absolute Verbote im Vertrag nicht völlig haltbar sind. Eine gewisse Relativierung ist über das Instrument des Mißbrauchs selbst bei Art. 82 EG möglich. Insoweit ist auch innerhalb der

852 Vgl. oben 2. Teil C II. 1.) a) und b); ebenso 2.) a) und b).
853 Siehe dazu insbesondere oben Teil 2, II. 1.) a) aa) aaa) bbbb).
854 Vgl. oben Teil 2, II. 1.) a) aa) aaa) bbbb) bbbbb).

FKVO ein Festhalten an einer absoluten und einseitigen Betrachtung des Wettbewerbs im Konfliktfalle nicht überzeugend.

Der Grundsatz der Verhältnismäßigkeit zwingt zudem zu einer wertenden Betrachtung des Verhältnisses von Maßnahme und Wirkung, so daß bestimmte, den Zielen der FKVO konforme Zusammenschlüsse, nicht verboten werden dürfen. Eine wettbewerbliche Abwägung, welche die Genehmigung von in der Gesamtbilanz positiven Zusammenschlüssen ermöglicht, ist damit innerhalb des Art. 2 FKVO notwendig und möglich[855].

III.) Zusammenfassung der systematischen Analyse

Die eben dargelegte Öffnung des Wettbewerbsrechts[856] im EUV allgemein trifft auf eine im intrasystematischen Zusammenhang eindeutig eher wettbewerbliche Ausrichtung der FKVO[857]. Lediglich die Begründungserwägungen, die allerdings eine über den Tellerrand der Fusionskontrolle hinausreichende Betrachtung erzwingen, spiegeln, neben dem bereits mehrfach erwähnten „wirtschaftlichen und technischen Fortschritt", den ihr zugrunde liegenden Kompromiß wieder[858].

In der Praxis ist innerhalb des Verfahrens nach der FKVO an vielen Stellen eine Einflußnahme industriepolitischer Erwägungen auf die wettbewerblich ausgerichtete Prüfung möglich[859]. Um so wichtiger ist eine deutliche Unterstreichung der Grenze einer Berücksichtigungsmöglichkeit industriepolitischer Erwägungen innerhalb des Verfahrens der Fusionskontrolle. Solche Aspekte sollten offen berücksichtigt werden und der Kontrolle durch andere Gemeinschaftsorgane und der Mitgliedsstaaten unterliegen. Denn aus der systematischen Betrachtung der FKVO und ihres Umfeldes läßt sich entnehmen, daß Zusammenschlüsse, die zu wettbewerblichen Bedenken führen, grundsätzlich zu verbieten sind, ein absolutes Verbot aber der Entstehungsgeschichte[860] und dem systematischen Umfeld der FKVO widerspricht[861]. Bei Zielkonflikten mit anderen Zielen des EG-Vertrages ist ein flexibler Umgang mit dem geltenden Verbots geboten und läßt sich, wie oben dargelegt[862], auf der Grundlage des Wortlautes auch umsetzen.

---

[855] Vgl. oben, Teil 2, II. 3.).
[856] Siehe die vorausgegangene Zusammenfassung, Teil 2, II. 4.).
[857] Vgl. Teil 2, I.
[858] S. oben, Teil 2, I. 5.).
[859] Vgl. oben, Teil 2, I. 2.).
[860] Vgl. Teil 2 B.
[861] Vgl. Teil 2, II.
[862] Vgl. Teil 2 A.

Angesichts der deutlichen industriepolitischen Einflüsse im EGV ergibt die systematische Betrachtung, daß die intrasystematisch eher wettbewerbliche Ausrichtung der FKVO nicht ausschlaggebend für die Analyse des Art. 2 FKVO sein kann. Maßnahmen zur Lenkung des Marktes über weite bzw. enge Beurteilung von Zusammenschlüssen über die FKVO sind daher nicht ausgeschlossen.

D Zielsetzung der Fusionskontrolle

I. Zielvorgaben aus der FKVO selbst

Es bleibt damit noch eine teleologische Untersuchung des Art. 2 FKVO, um zu einem Ergebnis zu kommen.

Wie bereits dargelegt, ist eine randscharfe Trennung zwischen systematischer und teleologischer Auslegung in der Regel sehr schwierig bis nicht möglich[863]. Daher ist zunächst zu betrachten, welche Zielsetzungen sich aus der systematischen Betrachtung ergeben haben.

Die Zielsetzung der Fusionskontrollverordnung ergibt sich nach dem oben Erörterten primär aus Art. 2 FKVO selbst: Es handelt sich um die Aufrechterhaltung und Entwicklung wirksamen Wettbewerbs. Daß daneben die Spannungen und Aufweichungen, die sich aus der Einbindung der FKVO in den EG-Vertrag und den Erwägungsgründen der FKVO ergeben, eine bedeutsame Rolle spielen, steht nach den obigen Untersuchungen ebenso fest.

Darüber hinaus ist die FKVO ein Mittel zur Erreichung und Vertiefung der mit der Einführung des Gemeinsamen Marktes verbundenen Ziele[864], also der Förderung der allgemeinen Wohlfahrt der Unionsbürger und der Angleichung der Lebensverhältnisse innerhalb des Gemeinsamen Marktes.

Aus der Verordnung als solcher ergeben sich, wie oben für den Zielkatalog der FKVO festgestellt, neben der grundlegenden Aufrechterhaltung und Entwicklung wirksamen Wettbewerbs die Ziele der Förderung der Wahlmöglichkeiten der Lieferanten und Abnehmer, um deren Zugangsmöglichkeiten zu Beschaffungs- und Absatzmärkten zu erhalten und zu fördern, das Offenhalten der Märkte gegenüber Marktzutrittsschranken, Förderung des wissenschaftlichen und technischen Fortschritts, Förderung rückständiger Gebiete

863 Vgl. oben, Teil 2, I. 5.) a).

864 EuGH Rs. C-68/94 und C-30/95, „Frankreich, SCPA und EMC / Kommission", EuZW 1998, 299 (309 f.).

innerhalb des Gemeinsamen Marktes sowie die Berücksichtigung der Interessen der Zwischen- und Endverbraucher[865].

Für die Frage, wie diese Zielvorstellungen umgesetzt werden können, ist noch das Schutzgut der Fusionskontrollverordnung näher zu untersuchen. Dies ist nach der FKVO die Aufrechterhaltung eines wirksamen Wettbewerbs.

II. Wettbewerbsbegriff der FKVO

Mit dem Konzept des „wirksamen Wettbewerbs“ nimmt die FKVO die Vorgabe auf, die der EuGH in seiner Rechtsprechung verwendet: Sie nimmt Bezug auf das Konzept der „workable competition“[866]. Ob darüber hinaus eine Sonderrolle innerhalb der Fusionskontrolle mit der Bezugnahme auf effektiven Wettbewerb verbunden ist, ist fraglich[867]. Es ist zu untersuchen, ob sich aus dem wettbewerbstheoretischen Hintergrund der Zielsetzung der Erreichung wirksamen Wettbewerbs für die vorliegende Untersuchung Möglichkeiten ergeben, wettbewerbsbeschränkende Zusammenschlüsse nicht nur als Hindernisse für den Wettbewerb zu betrachten.

1.) Begriff des Wettbewerbs

Schon der Begriff des Wettbewerbs (Konkurrenz) ist schwer zu fassen und wird in den Wirtschaftswissenschaften häufig verwendet, ohne daß er klar definiert wird. Es ist ein sehr vielschichtiges Phänomen[868], das hier unter Inkaufnahme eines hohen Abstraktionsgrades als das Streben von zwei oder mehr Personen nach einem Ziel verstanden wird, wobei die Zielerreichung des einen zu einer geringeren Zielerreichung des anderen führt[869].

Damit setzt Wettbewerb die Existenz von Märkten mit wenigstens zwei Anbietern oder Nachfragern voraus, die sich antagonistisch bzw. nicht kooperativ verhalten[870].

---

865 Zusammenfassung der Beurteilungskriterien aus Art. 2 FKVO, vgl. dazu die intrasystematische Untersuchung oben, 2. Teil, I., auch Krimphove, S. 301, kommt zu diesen Schlüssen.

866 Der EuGH berief sich schon in Rs 6/72 Slg. 1973, S. 215 „Continental Can“, aber auch später, etwa ausdrücklich in Rs 26/76 „Metro“, Slg. 1977, 1875 (1905, Rz. 20); dazu Everling, WuW 1990, 995 (1008f).

867 Vgl. dazu Bos/Stuyck/Wytinck, RdNr. 4-123, S. 209; Zilles, S. 40 ff.

868 Koch in Grabitz/Hilf vor Art. 85, RdNr. 3; Gleiss/Hirsch zu Art. 85 (1) RdNr. 112 vgl. auch Everling, WuW 1990, 995 (996 f.), der auf die Problematik der Umsetzung wirtschaftstheoretischer Begriffe auf rechtlich anwendbare Grundsätze hinweist.

869 So die überzeugende Definition von Schmidt, Wettbewerb, S. 1.

870 Vgl. auch MK, SG 27, S. 10; s. auch Koch in Grabitz/Hilf vor Art. 85 RdNr. 3.

a) Wirkung des Wettbewerbs

In der wirtschaftswissenschaftlichen Diskussion wird dem Konzept des Wettbewerbs breiter Raum eingeräumt. Der Idealfall des perfekten Wettbewerbs führt zu effizienten Marktergebnissen, das heißt, daß alle produzierten Güter zu den geringst möglichen Kosten hergestellt werden und daß jeder Käufer dem konsumierten Gut für sich genau den Wert beimißt, der dem von ihm zu zahlenden Kaufpreis entspricht[871]. Die gesamtwirtschaftliche Wohlfahrt ist im Zustand des perfekten Wettbewerb damit maximiert.

Die Voraussetzungen für perfekten Wettbewerb sind allerdings diffizil: So müssen alle auf einem Produktmarkt agierenden Firmen ein identisches Produkt verkaufen und sowohl die Käufer als auch die Verkäufer über vollkommene Informationen bezüglich des Marktes verfügen. Darüber hinaus dürfen sie durch ihre eigenen Entscheidungen den Marktpreis nicht beeinflussen können und müssen sich dessen bewußt sein. Es dürfen keine Transaktionskosten zu beobachten sein, d. h. die wirtschaftliche Aktivität muß sich kostenfrei entfalten können. Der Markt muß frei von Externalitäten sein, d. h. jedes Unternehmen muß uneingeschränkt alle mit der Produktion auftretenden Kosten übernehmen. Darüber hinaus müssen Marktzutritt und –austritt problemlos und jederzeit möglich sein[872].

Vergleicht man dieses theoretische Konzept mit der Wirtschaftswirklichkeit, so erkennt man, daß perfekter Wettbewerb praktisch nie anzutreffen ist. Sehr oft sind technische und rechtliche Marktzutrittsschranken zu beobachten oder äußere Umstände verfälschen die genannten Bedingungen. Für diese wirklichkeitsnahen Fälle wurde in den Wirtschaftswissenschaften das Konzept des funktionsfähigen Wettbewerbs oder der „workable competition“ entwickelt.

b) Workable Competition: Theorie des ***Second Best***

Durch das stetige Streben der Marktteilnehmer nach Gewinnmaximierung kommt es zu einem Entwicklungsprozeß, dessen Ergebnis dazu führen kann, daß einzelne Firmen *temporär* technologische Vorsprünge besitzen und im Ergebnis Marktmacht ausüben können[873]. Diese Marktmacht ist jedoch nicht

---

[871] Vgl. hierzu Dennis W. Carlton/Jeffrey M. Perloff: Modern Industrial Organization, 2nd Edition, 1994, S. 86 ff.

[872] Dennis W. Carlton/Jeffrey M. Perloff, aaO., S. 86 ff.

[873] Vgl. hierzu vor allem Franklin M. Fisher; John J. McGowan: Der Anti-Trust-Fall US gegen IBM, 1985.

mit dem Ausnutzen einer dauerhaften Monopolsituation und dem Zusammenbruch des Wettbewerbs gleichzusetzen. Vielmehr muß nach der Theorie der *Contestable Markets*[874] zuerst eine räumliche, zeitliche und funktionale Marktabgrenzung vorgenommen werden. Daran anschließend kann erst festgestellt werden, ob die konkreten Verhältnisse auf diesem Markt dem Ergebnis eines imaginären Wettbewerbsmarktes entsprechen. Augenmerk wird dabei auf die angebotenen Mengen und die dafür verlangten Preise gelegt. Diese nähern sich den Preisen eines Wettbewerbsmarktes an, wenn potentieller Wettbewerb einen ausreichenden Druck auf die sich in einer marktmächtigen Stellung befindenden Unternehmen ausübt[875].

Situationen, in denen nach einer solchen Untersuchung festgestellt wird, daß einzelne Kennzeichen des vollkommenen Wettbewerbs nicht erfüllt sind , kann auf unterschiedliche Weise begegnet werden. So könnte man zum einen durch einen regulatorischen Eingriff das wettbewerbsschädliche Verhalten versuchen zu ändern, um die gesamtgesellschaftliche Wohlfahrt zu steigern. Ebenso könnte man aber ein weiteres Kennzeichen des Wettbewerbs ausschalten, um, ausgehend von den Voraussetzungen für vollkommenen Wettbewerb, durch einen strukturell angelegten Eingriff im Ergebnis zu einer Steigerung der Wohlfahrt zu kommen.

An diesem Punkt setzt die Theorie der workable competition an, wobei mittlerweile ein ganzes Bündel verschiedener Workability-Konzepte existiert[876]. Letztlich ist aber diese „Gegengiftthese“ der Ausgangspunkt[877] nach der ursprünglichen Konzeption von John Maurice Clark[878]. Sie wurde unter dem Gesichtspunkt, daß Unvollkommenheitsfaktoren für den technischen Fort-

---

[874] Vgl. William Baumol, John Panzar und Robert Willig: Contestable markets and the Theory of Industry Structure, 1982.

[875] Für eine erweiterte Ausführung dieses Konzepts vgl. Jean Tirole: The Theory of Industrial Organization, 1988, S. 308 ff.

[876] Burckhardt, RdNr. 27; Emmerich, Kartellrecht, § 1 Nr. 2 e).

[877] Man stelle sich zwei regional getrennte Arbeitsmärkte vor. Betrachtet man eine Situation, in der vollkommene Faktormobilität, also eine freie Beweglichkeit der Arbeitnehmer zwischen beiden Märkten, aber nur unvollkommene Information herrscht, so kann es dazu kommen, daß die Arbeitnehmer zwischen beiden Märkten pendeln und auf keinem der beiden Märkte eine Situation des *Marktgleichgewichts* erreicht wird. Dies bedeutet, daß beispielsweise auf dem einen Markt zu viele Arbeitnehmer nach Arbeit suchen, demnach Arbeitslosigkeit zu beobachten ist, während auf dem zweiten Markt ein Unterangebot an Arbeitnehmern festgestellt werden kann. In einer solchen Situation kann es wohlfahrtsteigernd sein, die Faktormobilität, also die Wanderlust der Arbeitnehmer, durch Regulierungseingriffe einzuschränken, um einen sogenannten *Overshooting-Effekt* zu vermeiden und damit das dargestellte Ungleichgewicht zu nivellieren. Dieses in der veralteten Diskussion als Konzept der Workable Competition titulierte Konzept wurde formalisiert und ist in den modernen Wirtschaftswissenschaften als Second Best Theory bekannt. Vgl. auch die Lehrbuchdarstellung in Richard G. Lipsey, K. Alec Chrystal: An Introduction to Positive Economics, 1995, S. 414 f.

[878] Towards a Concept of workable Competition, in: American Economic Review XXX (1940), 241; Competition as a Dynamic Process, Washington 1961.

schritt unabdingbar sein können weiterentwickelt. Dies erfolgte unter dem Eindruck Schumpeterscher Thesen zur Konkurrenz der neuen Ware, der neuen Technik, der neuen Versorgungsquelle, des neuen Organisationstyps durch die stärker empirisch ausgerichtete Weiterentwicklung der klassischen Preistheorie zu einer Markt- und Wettbewerbstheorie durch die Industrial Organization School[879].

Unter diesem Gesichtspunkt ist der Ansatz, daß nur möglichst vollkommener Wettbewerb technischen Fortschritt hervorbringen kann, nicht gesichert. Es ergeben sich somit durchaus Einsatzbereiche für die Klausel des „technischen und wirtschaftlichen Fortschritts“. Außerwettbewerbliche Interventionsmöglichkeiten, durch die neue Marktunvollkommenheiten hinzugefügt werden, können geeignet sein, ein vollkommeneres Ergebnis zu erzielen als der von staatlichen Interventionen absolut freigehaltene Wettbewerb[880].

2.) Einfluß des Systemwettbewerbs

Dieser Erkenntnisstand wird in heutiger Zeit immer mehr auf ein anderes Feld, dem des Systemwettbewerbs[881], verlagert. Die entscheidende Frage ist danach, ob ein System von immobilen Wirtschaftsfaktoren genügend Attraktivität gegenüber anderen Systemen anbieten kann, um ausreichend mobile Wirtschaftsfaktoren anlocken zu können, um den eigenen Wohlstand zu halten oder zu mehren.

Die Thematik ist Ausgangspunkt der Debatte zwischen Befürwortern und Gegnern industriepolitischer Ansätze in der FKVO. Denn die Befürworter fürchten um die Attraktivität des „Systems Gemeinsamer Markt“ für eben jene mobilen Wirtschaftsfaktoren. Damit diese in Form von wettbewerbsfähigen Großkonzernen innerhalb des Gemeinsamen Marktes ihre Geschäfte abwickeln können, müßte also zugunsten des Systems Europa die Marktstrukturkontrolle durch die FKVO aufgeweicht werden.

Trotz dieser Situation einer immer enger werdenden Verzahnung der europäischen Wirtschaft mit dem Weltmarkt und dem damit einhergehenden Bedürfnis nach Stärkung der Wettbewerbsfähigkeit des europäischen „Systems“ gegenüber dem japanischen oder amerikanischen System hat der Gerichtshof bisher aber grundsätzlich an dem Prinzip des Erfordernisses wirksamen Wettbewerbs festgehalten.

---

879 Schmidt, Wettbewerb, S. 10; Kurzübersicht Willimsky, ECLR 1997, 54 ff.
880 Anders etwa Kerber, S. 22 f.
881 Vgl. dazu MoKo, SG 27.

Dies auch zu Recht. Zwar können die in Amsterdam beschlossenen Änderungen hinsichtlich des Stellenwertes der Förderung der Wettbewerbsfähigkeit der europäischen Industrie ohne Zweifel als Antwort auf die Folgen der Globalisierung verstanden werden. Staatlichem Handeln, zur Abwehr internationaler Herausforderungen, sind jedoch strukturelle Defizite zu eigen[882]. Es ist kurzfristorientiert und unterliegt Beharrungskräften, da sich Interessen um so schwerer artikulieren und durchsetzen lassen, je breiter sie gestreut sind. Es liegt daher nahe, daß staatliches Eingreifen, sowohl in Form von übermäßigen Verboten als auch des laisser faire trotz bestehender Steuerungsmittel wie der FKVO, nicht die von Art. 2 FKVO geforderte allgemeinwohlbezogene Weitergabe an die Endverbraucher fördert. Denn die Gemeinschaft der Endverbraucher ist als größte Gruppe in der Gesellschaft mit unterschiedlichsten Interessenlagen und einem verwaschenen gemeinsamen Nenner am wenigsten in der Lage, durch Einflußnahme ihre Interessen in Handeln staatlicher Organe umzumünzen.

Allerdings muß beachtet werden, daß, je größer der betrachtete Markt ist, die Auswirkungen von Absprachen und mißbräuchlichen Verhaltensweisen um so geringer werden[883].

Mit der Marktgröße steigt aber auch der Innovationsdruck auf die beteiligten Marktakteure, die economies of scale zu steigern, womit eine zunehmende Konzentration auf räumlich großen Märkten auch Kennzeichen intensiven Wettbewerbs sein kann[884]. Demgemäß ist das Eingreifen in die freie Entscheidung von Unternehmen, sich zu verbinden, auf dieser theoretischen Grundlage schwer zu begründen.

Doch auch diese Erkenntnis ist nicht ohne Einschränkungen praktisch umsetzbar. Die Grundlage eines Gemeinwesens ist nicht allein abhängig von langfristig effizienterem Marktverhalten, sondern auch von den Auswirkungen struktureller Umschichtungen durch Wettbewerbsprozesse auf die Mitglieder einer Gemeinschaft. Die Auswirkungen, die eine Konzentration in Form von Erpressungspotential hinsichtlich stützender staatlicher Eingriffe mit sich bringt, darf nicht unterschätzt werden und bildet einen raison d'être für die Kontrolle von Zusammenschlüssen für sich allein genommen[885]. Regelmäßig führen die Synergieeffekte bei einem Zusammenschluß, die einen

---

[882] S. dazu umfassend MoKo, SG 27, S. 12 ff.
[883] MoKo SG 27, S. 26.
[884] Ergebnis von v. Weizsäcker, S. 60.
[885] Vgl. auch v. Weizsäcker, S. 60 f.

solchen erst sinnvoll machen, zum Abbau von Arbeitsplätzen[886]. Auch wenn dadurch nur Strukturwandel beschleunigt wird[887], darf dieser Aspekt nicht völlig negiert werden. Dazu tritt, daß die Erfahrungswerte mit sogenannten Megafusionen, die in jüngster Zeit immer stärker aufkommen, durchaus nicht allein positiv sind. Die Reibungsverluste bei der Vereinigung unterschiedlicher Unternehmenskulturen sind unter anderem ein Faktor, der die vereinigungsbedingten Vorteile, insbesondere Rationalisierungen, relativieren[888].

Insoweit kann also auch eine staatliche Abstinenz, die sich in einer Großzügigkeit gegenüber Großfusionen ausdrückt, nicht der Weisheit letzter Schluß sein.

Der Begriff des wirksamen Wettbewerbs beinhaltet also die Möglichkeit, industriepolitischer Einflußnahme Raum zu gewähren, ohne daß damit die positiven Folgen für die Wohlfahrtsallokation innerhalb des Gemeinsamen Marktes sofort ausgeschlossen wären[889]. Der EuGH folgt seinem pragmatischen Konzept auf der Grundlage der workable competition damit zu Recht. Eine Abwägungsmöglichkeit, zwischen allgemeinpolitischen Belangen und der grundsätzlichen Vorzugswürdigkeit eines freien Spiels der Marktkräfte ist gerade innerhalb der FKVO von Nöten, die kein starres Verbotskonzept verträgt[890].

Das Verständnis des EuGH ist deshalb noch darzustellen.

3.) Bedeutung des Begriffs in der Judikatur des EuGH

Die Theorie des wirksamen Wettbewerbs in der Konzeption des EuGH setzt „das Vorhandensein eines wirksamen Wettbewerbs (workable competition) auf dem Markt voraus; es muß also soviel Wettbewerb vorhanden sein, daß die grundlegenden Forderungen des Vertrages erfüllt und seine Ziele, insbesondere die Bildung eines einzigen Marktes mit binnenmarktähnlichen Verhältnissen, erreicht werden. Diese Forderung läßt es zu, daß Art und Intensität des Wettbewerbs je nach den in Betracht kommenden Waren oder Dienst-

886 Vgl. die Welt vom 31.3.1999, „Fusionen drehen das Personalkarussel"; Hamburger Abendblatt vom 25. März 1999, „Deutsche ABB – 1000 Stellen sollen wegfallen" und vom 17./18. Juli 1999 „Nach 19 Stunden: Die Mega-Fusion steht", wo auf den Wegfall von 11.000 Stellen durch die Kreation von „Aventis" hingewiesen wird.

887 Hansen, AG 1999, R 6.

888 Hansen, aaO; Neven/Nuttal/Seabright sehen sogar Vorteile für die Wettbewerber eines Zusammenschlusses, S. 29.

889 Zilles sieht eine grundsätzliche Offenheit der FKVO gegenüber Fusionen als gegeben an, S. 43.

890 Bos/Stuyck/Wytinck S. 209, RdNr. 4-123.

leistungen und der wirtschaftlichen Struktur des betroffenen Marktes verschieden sein können“[891].

Die Konzeption des EuGH übernimmt also die oben herausgearbeiteten Anforderungen an die FKVO, die sich aus dem Spannungsfeld mit deren Einbettung in den EG-Vertrag ergeben[892].

Dabei ist die Theorie der workable competition letztlich nur eine Grundlage für die Tätigkeit des EuGH. Sein größtes Anliegen ist die Förderung der Integration im Gemeinsamen Markt und insbesondere der Abbau von Handelshemmnissen[893]. Dieses Ziel läßt sich mit den theoretischen Grundlagen, die oben dargestellt wurden[894], schwer vereinbaren. Der EuGH bemüht sich damit um eine pragmatische, an den Realitäten ausgerichtete Betrachtung[895].

Zum einen ist der Schutz des Wettbewerbs, d. h. das Erfordernis seines Vorhandenseins, zielgerichtet, er dient zur Herstellung des Gemeinsamen Marktes und der damit verbundenen Ziele der Gemeinschaft[896]. Zum anderen ist der Ansatz flexibel. Wieviel Wettbewerb auf einem konkreten Markt zu herrschen hat, damit noch von wirksamen Wettbewerb gesprochen werden kann, ist nach der Lage der konkreten Umstände zu beurteilen.

Der EuGH geht damit davon aus, daß der real existierende Wettbewerb unvollkommen ist und daher in erster Linie auf die optimale Leistungsfähigkeit oder Wirtschaftlichkeit der Unternehmen und der Industrie abzustellen ist[897]. Grundlage dieses vor Verfälschungen zu schützenden Wettbewerbs ist die Selbständigkeit unternehmerischer Entscheidungen und die freie Wahlmöglichkeit der Verbraucher zwischen Erzeugnissen und Dienstleistungen[898].

Eine konkretere Festlegung darüber hinaus hat sowohl der EuGH als auch die Kommission bisher vermieden, es lassen sich nur Richtschnüre feststellen[899].

Dazu zählt das Selbständigkeitspostulat, nach dem jedes Unternehmen selbständig bestimmen können soll, welche Politik es auf welchem Markt betreiben und welche Mittel es zur Durchsetzung dieser Politik verwenden will[900].

---

[891] EuGH, Rs. 26/76, „Metro“, Slg. 1877, 1875 ff., Leitsatz 4; dazu Bunte in Langen/Bunte, Einführung zum EG-Kartellrecht, RdNr. 25; vgl. auch Miersch, S. 29 f.

[892] Vgl. Zusammenfassung der systematischen Untersuchung, oben 2. Teil C II. 4.) und 2. Teil C III.

[893] Vgl. dazu überzeugend Everling, WuW 1990, 995 (1008 f.); auch Kerber, S. 228 ff.

[894] Vgl. oben 2. Teil D II. 1.) b).

[895] Everling, aaO.

[896] Das Verständnis des EuGH ist funktionalistisch, vgl. André Schmidt, WuW 1999, 133 ff. (137).

[897] Der sog. „performance test“ vgl. Koch in Grabitz/Hilf, vor Art. 85 RdNr. 4.

[898] GA Mayras Schlußanträge zu Rs. 48/69, „ICI-Teerfarben Kartell, Slg. 1972, 619 (667).

[899] Vgl. Gleiss/Hirsch Art. 85 (1) RdNr. 114.

[900] EuGH Rs. 172/80 „Züchner/Bayerische Vereinsbank“ Slg. 1981, 2021 (2031, Rz. 13), vgl. dazu Koch in Grabitz/Hilf vor Art. 85 RdNr. 5.

Ferner ist der Integrationsgedanke zu beachten, nach dem eines der Hauptziele des EG-Vertrages die gegenseitige Durchdringung der Einzelmärkte der Mitgliedsstaaten ist, um dadurch einen einzigen, freien Binnenmarkt zu schaffen[901]. Weiterhin ist die Verbraucherwohlfahrt eine solche Richtschnur. Sie bestimmt, daß die Wohlfahrt der Verbraucher auf dem Gemeinsamen Markt gesteigert und ihre Wahlmöglichkeiten erweitert werden sollen[902]. Geschützt ist dabei auch der einzelne Unternehmer sowie der Verbraucher ebenso wie das öffentliche Interesse[903].

Der Preiswettbewerb ist dabei nicht die einzig wirksame Form des Wettbewerbs, so daß dieser auch nicht unter allen Umständen absoluten Vorrang hat. Nur seine vollständige Beseitigung ist nach dem EuGH zu verhindern. Insbesondere ist darüber hinaus eine Ausgleichung der verschiedenen Ziele des EGV zu Lasten des Wettbewerbs möglich und u.U. angebracht[904].

Der EuGH setzt damit auf eine zielorientierte, pragmatische Auffassung von Wettbewerb. Einen Wettbewerb im Sinne einer reinen Lehre gibt es nicht, es sind vielmehr jeweils die herrschenden Bedingungen zu berücksichtigen und daraus Rückschlüsse für den Einzelfall zu gewinnen. Er folgt damit zwar nicht in „reiner“ Form dem oben dargelegten Konzept des wirksamen Wettbewerbs, sondern bezieht sich nur mit einem roten Faden darauf, doch bleibt es Grundlage für die Einschätzung, auf welchem Wege das Ziel der Vervollkommnung des Gemeinsamen Marktes zu erreichen ist. Dabei ist von den Gemeinschaftsorganen ein Abgleich der Zielsetzungen der Gemeinschaft in ihrer Politik unter dem Primat des Wettbewerbs zu verlangen[905].

III. Rückschlüsse auf die FKVO

Der durch eine präventive Fusionskontrolle zu schützende Wettbewerb ist demnach im Einklang mit den bisher gefundenen Ergebnissen instrumentalisiert. Er soll die Freiheit der Unternehmer möglichst weitgehend schützen und den Wohlstand der Unionsbürger und ihre Wahlmöglichkeiten fördern. Dabei nimmt die Förderung des wirtschaftlichen und technischen Fortschritts einen herausragenden Platz in der Wettbewerbskonzeption des EuGH ein. Demnach sind die bisher gefundenen Rahmenbedingungen der Fusionskontrolle[906] von

---

901 Gleiss/Hirsch zu Art. 85 (1) RdNr. 116.
902 EuGH Rs. 26/76 „Metro/Saba I“, Slg. 1977, 1875 (1906, Rz. 21).
903 EuGH Rs. 136/79, „National Panasonic, Slg. 1980, 2033 (2057, Rz. 20).
904 EuGH Rs. 26/76 „Metro/Saba I“, Slg. 1977, 1875 ff. (1906 Rz. 22).
905 Vgl. Übersicht bei Dreher, WuW 1998, 656 ff. (662 f.).
906 Vgl. oben, 2. Teil, C.

den Zielsetzungen eines innerhalb des Gemeinsamen Marktes zu schützenden Wettbewerbs gedeckt, auf den sich die FKVO explizit beruft. Der wirksame Wettbewerb, den die FKVO schützen und weiterentwickeln soll, ist kein Wettbewerb, der um seiner selbst willen besteht, sondern dem eine freiheitsschützende und integrierende Wirkung zugunsten der Verbraucher zukommt. Unter diesem Ansatzpunkt, insbesondere der integrativen Wirkung, und der Erkenntnis, daß auch bei zunehmender Konzentration innerhalb eines Systems nicht von nachlassendem Wettbewerb gesprochen werden muß, sondern auch gerade der bestimmte Einzelfall zu betrachten ist, ist die Zielrichtung der FKVO nicht im Sinne eines deutschen Verständnisses des Schutzes einer möglichst mittelständischen Unternehmensstruktur zu verstehen. Dem steht die Förderung kleiner und mittelständischer Unternehmen durch die Kommission im Rahmen des Art. 81 EG nicht entgegen[907]. Die Zielsetzung der FKVO ist, nach der Konzeption des EuGH, eine möglichst umfassende Verwirklichung des Binnenmarktes und damit der Vorteile, die dieser für die Marktbürger bringen soll.

Die Berücksichtigung außerwettbewerblicher Bedürfnisse auf dem Weg zum Gemeinsamen Markt und dessen Zielsetzungen ist daher mit der Zielsetzung der FKVO vereinbar.

E Ergebnisse des 2. Teils

Eine nähere Untersuchung des Art. 2 FKVO hat oberflächlich eine eindeutige Ausrichtung auf rein wettbewerbliche Aspekte bei der Beurteilung von Zusammenschlüssen ergeben. Der Wortlaut, mit Ausnahme des vielzitierten „technischen und wirtschaftlichen Fortschritts", dessen genaue Bedeutung noch auszuführen sein wird, steht einer industriepolitischen Öffnung ebenso entgegen wie der historische Verlauf der Verhandlungen über die FKVO. In deren Verlauf wurde kurz vor Verabschiedung der endgültigen Fassung eine bis dahin in den Entwürfen bestehende Allgemeinwohlklausel zusammen mit einer Klausel, die eine Wettbewerbsbilanz ähnlich der deutschen Wirz-Schaukel beinhaltete, gestrichen[908]. Auch die intrasystematische Untersuchung der FKVO zeigt ein deutliches Bemühen, wettbewerblichen Beurteilungskriterien absoluten Vorrang zu gewähren. Dennoch bleibt ein Rest allgemeinpolitischer Öffnung in Form der Erwägungsgründe und der Fortschrittsklausel, die den Kompromiß, den der Rat eingehen mußte, verdeut-

[907] Vgl. oben, Teil C II. 2.) a) dd)
[908] Vgl. oben, Teil 2, B.

lichen[909]. Diese Momente können nicht negiert werden, denn das Wesen des Kompromisses ist das gegenseitige Nachgeben. Der Wille des Verordnungsgebers kann daher nicht als frei von industriepolitischen Öffnungsmöglichkeiten angesehen werden. Dafür spricht ebenso die Einbettung in den EG-Vertrag, der insbesondere nach Änderungen durch den Vertrag von Amsterdam starke industriepolitische Wirkungsmöglichkeiten der Gemeinschaft vorsieht. Durch diese Änderungen läßt sich das Verhältnis zum Schutz des Wettbewerbs als Ziel des Vertrages nicht mehr ganz so eindeutig beurteilen, wie dies auf der Grundlage der alten Fassung des EG-Vertrages noch möglich war[910].

Auch die Praxis zu den Vorbildern der FKVO, den Artikeln 81 und 82, zu deren Umsetzung sie unter anderem nach Art. 83 verabschiedet wurde, ist keinesfalls frei von Möglichkeiten der Relativierung vom Wortlaut her uneingeschränkt geltender Verbote.

Als Tendenz läßt sich somit der Schluß ziehen, daß eine allgemeinpolitische Öffnung zwar möglich sein muß, aber auf ein Mindestmaß zu beschränken ist.

Für die wettbewerbliche Abwägungsklausel ergeben sich starke Argumente aus dem gemeinschaftsrechtlichen Verhältnismäßigkeitsgrundsatz. Weiterhin ist die Tatsache, daß die Streichung der wettbewerblichen Abwägungsmöglichkeit in der FKVO gegenüber den Vorentwürfen mehr auf ein Bedürfnis der Sicherheit gegenüber jeder Form der Abwägung als auf den konkreten Willen, eine wettbewerbliche Abwägung auszuschließen, zurückzuführen sein dürfte, ein Argument für die Zulassung einer wettbewerblichen Abwägungsmöglichkeit[911].

Ansonsten ergibt sich weder aus dem Wortlaut noch der Systematik ein Argument gegen eine solche Abwägungsmöglichkeit.

Für beide Abwägungsmöglichkeiten lassen sich Ansätze in Art. 2 FKVO finden. Eine Gesamtbetrachtung führt damit zu dem Schluß, daß beide Möglichkeiten grundsätzlich gegeben sein müssen[912].

Wie dies geschehen könnte und eine Begründung für diese Ansicht soll im Dritten Teil geliefert werden.

---

909 Vgl. oben, 2. Teil, C, I.
910 Vgl. oben, 2. Teil, C, II.
911 Vgl. oben, 2. Teil, C, II. 3.)
912 Vgl. die Wortlautbetrachtung oben, 2. Teil, A.

3.Teil:
Stellungnahmen und Lösungsvorschläge

A Industriepolitische Abwägungsklausel

Nach den gewonnenen Ergebnissen ist es als gegeben anzusehen, daß industriepolitische Einflüsse in der europäischen Fusionskontrolle innerhalb einer Gesamtabwägung zulässig sind. In der Praxis spielen sie auch bereits eine Rolle – allerdings unter dem Deckmantel wettbewerblicher Erwägungen. Es ist daher zunächst dieser Befund zu untermauern und darüber hinaus nach Möglichkeiten zu suchen, wie die bisher gefundenen Vorgaben, nämlich die Möglichkeiten zur Öffnung weitestgehendem Primat der wettbewerblichen Beurteilung umgesetzt werden können und wie sich gleichzeitig der „wirtschaftliche und technische Fortschritt" in die Systematik des Art. 2 FKVO einbauen läßt.

Dazu soll zunächst kurz ein Überblick über die bisherigen Ansätze in der Literatur gegeben werden.

I. Stellungnahmen in der Literatur

In der Literatur ist die Frage einer industriepolitischen Öffnung vor allem kurz nach der Verabschiedung der FKVO und im Lichte der Protokollerklärung der Kommission, den „technischen und wirtschaftlichen Fortschritt" im Sinne der Praxis zu Art. 81 EG auszulegen, dann ein weiteres Mal nach der ersten Verbotsentscheidung der Kommission, „Aérospatiale/de Havilland", kontrovers diskutiert worden.

Dabei lassen sich drei Ansätze unterscheiden, nämlich Unterstützung einer Abwägungsmöglichkeit, Ablehnung und vermittelnde Auffassungen.

1.) Bejahung einer Abwägungsmöglichkeit

Zum einen wird vertreten, Art. 2 FKVO ermögliche einen bilan économique im Sinne des französischen Fusionskontrollrechts. Damit wird eine mögliche

Extremposition aufgesucht, nach der der bei der Verabschiedung der Fusionskontrolle erzielte Kompromiß eben doch keinen Kompromiß darstellt, sondern die deutschen Vorstellungen über eine rein wettbewerbliche Ausrichtung keine Beachtung zu finden haben.

Miersch[913] etwa will eine „Abwägungsbilanz“ erstellen. Dabei soll die Entstehung oder Verstärkung einer marktbeherrschenden Stellung als negative Komponente den Vorteilen für die „Entwicklung des technischen und wirtschaftlichen Fortschritts“ und darüber hinaus den „Interessen der Zwischen- und Endverbraucher“ als positive Komponente innerhalb des Art. 2 Abs. 1 b) FKVO, gegenüberzustellen sein. Ebenso sollen „Aufholfusionen“ in strukturschwachen Mitgliedsstaaten, nach seinem Verständnis der Begründungserwägung 13 der FKVO, dem Erfordernis der fehlenden Wettbewerbsbeschränkung, nicht absolut unterliegen. Als tragende Säule dieser Ansicht zieht er das Merkmal der „Erheblichkeit“ in Art. 2 FKVO heran. Ein zwar zu Marktbeherrschung führender, aber nach den genannten Kriterien positiv zu beurteilender Zusammenschluß, sei als nicht erheblich den Wettbewerb behindernd einzustufen. Letztlich entscheidend sei aber in jedem Fall eine Einzelfallanalyse der Umstände des Falles[914].

Grundlage seiner Überlegungen ist, daß die beherrschende Stellung als solche nicht negativ zu beurteilen sei. Sie sei vielmehr grundsätzlich neutral[915]. Insbesondere dürfe der nicht wettbewerbsabhängige Verhaltensspielraum eines Unternehmens bei der Betrachtung der Marktsituation nicht mit berücksichtigt werden[916]. Die Mißbrauchsaufsicht sei Aufgabe der Kommission unter Art. 82 EG. Demnach ist ein Eingriff unter der FKVO in Form eines Verbots nur gerechtfertigt und verhältnismäßig, wenn der Zusammenschluß gemäß einer aufzustellenden Gefahrenprognose nicht beherrschbare Risiken für die Allgemeinheit mit sich bringen wird. Die FKVO stelle dabei kein Schutzinstrument für die Wettbewerber dar[917].

Andere Autoren schenken der Erklärung der Kommission zum Ratsprotokoll[918] besondere Beachtung im Zusammenhang mit dem Merkmal des „technischen und wirtschaftlichen Fortschrittes“. Darin hat die Kommission dieses Merkmal „im Lichte der in Art. 81 Abs. 3 des Vertrages verankerten Grund-

---

913 Kommentar zur EG-VO Nr. 4064/89, 1991; zustimmend HEW-Schmidt/Binder S. 1293, ähnlich auch Maitland-Walker in Maitland-Walker, S. 26; Schmidt, WuW 1995, 971 (979) und Wettbewerbs- und Kartellrecht S. 202; zweifelnd Koppensteiner, § 20 RdNr. 39; auch Bechthold, RIW 1990, 253 ff.
914 Miersch, S. 60 f.
915 aaO S. 50 ff.
916 Miersch, S. 32 f.
917 aaO S. 42 f.
918 Erklärung für das Ratsprotokoll vom 19.12.1989, abgedruckt in WuW 1990, 240, (Punkt 2d).

sätze in ihrer Auslegung durch den GH" verstanden. In dieser Formulierung soll eine Bestätigung gesehen werden können, daß dieser Begriff als „Ausnahmeregel zur Freistellung wettbewerbswidriger Zusammenschlüsse" verwendbar sei[919]. Als Möglichkeit der Abwägung und der Öffnung hin zu außerwettbewerblichen Faktoren wird auch der wirtschaftliche und soziale Zusammenhalt innerhalb der Gemeinschaft angesehen. Der Erwägungsgrund 13 kann demnach eine Rechtfertigung für marktbeherrschende Zusammenschlüsse darstellen[920]. Wichtig ist in diesem Zusammenhang auch, daß eine Zweistufigkeit der Prüfung in Art. 2 FKVO für notwendig angesehen wird[921]. Dies eröffnet einen Spielraum für Abwägungen, spricht aber nicht notwendig für eine völlige Ablehnung einer wettbewerblichen Ausrichtung der FKVO durch diese Autoren.

2.) Ablehnung allgemeinpolitischer Abwägungsklauseln

Auf der anderen Seite steht das andere Extrem, nach dem die französische (und darüber hinaus allgemein „südeuropäische") Haltung und das Begehren nach einer industriepolitischen Abwägungsklausel in dem gefundenen Kompromiß keine Berücksichtigung findet. Diese Ansicht kann, zumindest in der deutschen und englischen Literatur, als herrschend angesehen werden[922]. Danach ist die Erwähnung des technischen und wirtschaftlichen Fortschritts in Art. 2 FKVO ein „Feigenblatt" zur Beruhigung derjenigen Staaten, die eine industriepolitische Abwägungsklausel in der FKVO sehen wollten. Gerade die Forderung des europäischen Parlaments[923] im Anschluß an die Entscheidung Aérospatiale-Alenia/de Havilland nach einer Neufassung der FKVO mit der Berücksichtigungsmöglichkeit der industriellen Stärke Europas und den Auswirkungen auf die sozialen, regionalen und umweltpolitischen Konse-

---

[919] Löffler in Langen/Bunte, zu Art. 2 FKVO, RdNr. 166; ähnlich Block in WSI-Mitteilungen 1992, 24 ff. (30), die aber „rein rechtlich" keine Grundlage zur Durchbrechung des Primats der Wettbewerbspolitik sieht (33); hier sieht auch Meesen, Gaedertz-FS, S. 417 ff. (422 ff.) einen Ansatzpunkt.

[920] In dieser Richtung etwa Van Bael/Bellis, S. 639.

[921] Bechthold, EuZW 1998, 313 (314).

[922] Strikt ablehnend etwa Immenga in IM S. 830 RdNr. 29; Westermann, S. 157; Sedemund, Deringer-FS, S. 391; auch Veelken/Karl/Richter S. 20 f.; insgesamt ablehnend kommentiert auch Kleinmann, RIW 1992, 345 ff.; Ritter/Braun/Rawlinson, S. 365 f., 371; George/Jacquemin, competition policy in Europe, S. 189 (241); Koch in Grabitz/Hilf nach Art. 86 RdNr. 30; Banks, ECLR 1997, 182 (187); Noël, ECLR 1997, 498 ff.; Hawkes, ECLR 1992, 34 ff.; Dechery, RTD eur. 1990, 307 (320 f.); Jones/Gonzáles-Díaz, S. 155 f.; Kontrollpraxis, S. 80; Kerber, S. 20 ff.; Kindler, EWS 1995, 321 (326); Ebenroth/Lange, EWS 1995, 1 (8); Krimphove, S. 315; Vonnemann, DB 1990, 569 (574); Goyder, S. 401; wenn eine beherrschende Stellung erwiesenermaßen hervorgerufen oder verstärkt wird, auch Langeheine, Fordham Corporate Law Institute 1991, 481 (495); Zilles, S. 34; Fine, Anti Trust Law Journal 1993, 699 (701 ff.).

[923] Abgedruckt in EuZW 1991, 707 f.

quenzen zeige, daß Art. 2 FKVO wettbewerblich festgelegt sei und dies auch bleibe[924].

Die Aufnahme des „technischen und wirtschaftlichen Fortschritts“ in Art. 2 FKVO wird durch die strenge Wettbewerbsklausel, die voraussetzt, daß dieser nur berücksichtigt werden kann, wenn er den Wettbewerb nicht behindert und den Verbrauchern zugute kommt, als gegenstandslos angesehen[925]. Vielmehr kann technischer Vorsprung der am Zusammenschluß beteiligten Unternehmen ein gewichtiger Grund zur Annahme einer beherrschenden Stellung darstellen[926].

Angeführt wird außerdem meist die Entstehungsgeschichte der FKVO und die Streichung der Abwägungsklausel in der endgültigen Fassung gegenüber den ersten Entwürfen. Damit sei bewußt von der Möglichkeit industriepolitischer Einflüsse Abstand genommen worden. Darüber hinaus wird auf den systematischen Zusammenhang verwiesen.

Zu dieser Negierung des technischen und wirtschaftlichen Fortschritts in Art. 2 FKVO kommt eine Ablehnung der Zweistufigkeit der Prüfung im Rahmen des Art. 2 FKVO[927]. Insbesondere die Bezugnahme auf die Erheblichkeit der eintretenden Wettbewerbsbeschränkung wird negiert. Die europäische Fusionskontrolle sei somit einstufig[928]. Insbesondere wird dies mit der Tatsache begründet, daß die Definition einer beherrschenden Stellung beinhaltet, daß diese die beteiligten Unternehmen in die Lage versetzt, wirksamen Wettbewerb zu verhindern. Es sei daher schwer vorstellbar, wie bei einer solchen Konstellation noch eine zweite Prüfung möglich sein solle[929]. Dem wirtschaftlichen und sozialen Zusammenhalt aus Erwägungsgrund 13 kommt ebenfalls keine bedeutende Rolle zu, eine Genehmigung aus solchen Gründen ist nicht möglich[930].

3.) Vermittelnde Ansichten

Über die beiden Extrempositionen hinaus bestehen vermittelnde Ansätze, die den Kompromißcharakter der FKVO[931] dadurch zu reflektieren versuchen,

---

924 Stockenhuber, S. 291 ff.
925 Van Bael/Bellis, S. 639 f.; Jones/Gonzáles-Díaz; 155 f.; Janicki, WuW 1990, 195 (198 f.).
926 Fine, Anti-Trust Law Journal 1993, 699 (713); Griffin/Sharp, Anti Trust Law Journal 1996, 649 (671 f.); Jones/Gonzáles-Díaz, S. 142 f.
927 etwa Veelken/Karl/Richter S. 21.
928 Immenga, WuW 1990, 371 (374); ebenso Stockmann/Schulz RdNr. 726.
929 Kerber, S. 24.
930 Ritter/Braun/Rawlinson, S. 371.
931 Vgl. dazu 2. Teil, B.

daß sie eine teilweise Öffnung zulassen wollen. Unter Beibehaltung der Prämisse der wettbewerblichen Orientierung wird versucht, dem Merkmal „technischer und wirtschaftlicher Fortschritt" eine Zweifelsfallregelung[932] zu entnehmen. Ebenso soll dies über die Erheblichkeit der Wettbewerbsbeschränkung möglich sein, in Ausnahmefällen könnten so industriepolitische Einflüsse zuzulassen sein[933]. Dabei soll die Beweislast für das Vorliegen derartiger Umstände, insbesondere eines Beitrages für den technischen und wirtschaftlichen Fortschritt, bei den beteiligten Unternehmen liegen. Gelingt dieser Nachweis, so sei eine Berücksichtigung dieser Aspekte möglich. Die praktische Bedeutung wird aber als gering eingeschätzt[934].

Ausdrücklich wird die Möglichkeit angesprochen, in Zweifelsfällen, wenn eine Sachaufklärung in letzter Konsequenz nur unter enormen Anstrengungen möglich erscheint, die geltend gemachten Vorteile aber eine mögliche Wettbewerbsbehinderung überwiegen würden[935], zu einer Genehmigung zu kommen, anstatt den Sachverhalt auszuermitteln. Ebenso soll in Fällen, wo eine marktbeherrschende Stellung in naher Zukunft durch sich abzeichnende Markteintritte ausgehöhlt werden wird[936] oder eine nicht zu stark ausgeprägte beherrschende Stellung Wettbewerb auf einem Zukunftsmarkt überhaupt erst ermöglicht, eine Abwägung möglich sein[937].

Eine Öffnung wird auch über die „Erheblichkeit" der Wettbewerbsbeschränkung für möglich erachtet. Ein Einfließen allgemeiner Vertragsziele in die Beurteilung eines Zusammenschlusses kann auf dieser Grundlage geschehen[938]. Angesprochen wird auch die Möglichkeit, daß die Kommission bei

---

932 So etwa Bos/Stuyck/Wytinck, S. 228 f.

933 Etwa Kögel, S. 127 ff.; Axster, Quack-FS, S. 582 f. sieht den Kompromiß, geht aber davon aus, daß weder die „Erheblichkeit" der Wettbewerbsbehinderung noch der „technische und wirtschaftliche Fortschritt" in der Praxis eine große Rolle spielen, nimmt aber grundsätzlich eine Öffnungsmöglichkeit an; ebenso zweifeln Stockmann/Schulz, 13. Aufl., an der Endgültigkeit einer wettbewerblichen Ausrichtung der FKVO, RdNr. 726 ff.; für ein „limited opening" auch Siragusa, S. 249; ausdrücklich auch Langeheine, Fordham Corporate Law Institute, 1991, 481 (495); Bos/Stuyck/Wytinck wollen die Zweifelsfallregelung nur bei Vorteilen des Zusammenschlussen für den sozialen Zusammenhalt anwenden, S. 228 f.

934 Axster, Quack-FS, 569 (581 f.).

935 Immenga, WuW 1990, 371 (378) deutet diese Möglichkeit an; ebenso Ehlermann, WuW 1991, 535 (543); dem folgt wohl auch Wagemann in Wiedemann, § 16 RdNr. 66. Wagemann will allerdings keine Aspekte des wirtschaftlichen und sozialen Zusammenhalts gelten lassen, aaO RdNr. 67.

936 Kirchhoff, Beilage 14 zu BB 1990, S. 1 ff. (8), der allerdings die Klausel hinsichtlich des „technischen und wirtschaftlichen Fortschritts" keineswegs für geeignet hält, die Begründung einer beherrschenden Stellung zu legitimieren und insoweit inkonsequent ist.

937 Schröter in GTE zu Art. 87 RdNr. 273; Niederleithinger, EWS 1990, 73 (77)

938 Weitbrecht, EuZW 1990, 18 (20).

einer Anwendung ihres Ermessens im Rahmen des Art. 2 FKVO die allgemeinen Ziele des Vertrages in die Prüfung mit einfließen lassen könnte[939].

Ähnlich ist auch der Ansatz von Meesen[940], der bei dem Schutzobjekt der Fusionskontrolle ansetzt. Danach schützt die Fusionskontrollverordnung „industriepolitisch wirksamen Wettbewerb", es wären also schon bei der Frage, ob der Wettbewerb behindert wird, industriepolitische Vorteile zu berücksichtigen.

Albers sieht die Möglichkeit einer Abwägung mit außerwettbewerblichen Vorteilen hingegen nicht systematisch verankert. Er spricht hier von „Rechtfertigungsgründen", zu deren Anwendung die Kommission nach Art. 2 FKVO, wenn auch „wenig klar" im Vergleich zu den Vorentwürfen zur FKVO, ermächtigt sei[941]. Er bildet Fallgruppen von Einwänden, die einem Verbot aufgrund einer beherrschender Stellung gegenübergestellt werden können[942]. In jedem Falle sei aber der Vorrang des Wettbewerbs zu beachten. Hier könne nur in Ausnahmefällen, die besonderer Rechtfertigung bedürften, eine Ausnahme gemacht werden[943].

II. Eigene Stellungnahme

1.) Zur Möglichkeit, industriepolitische Aspekte in Art. 2 FKVO zu berücksichtigen

Der oben aufgeführte Streit zeigt das Unbehagen, das die Regelung der FKVO hinterlassen hat. Er offenbart ein weiteres Mal die Natur der FKVO als Kompromißlösung[944]. Dabei ist zunächst sowohl Befürwortern als auch Gegnern einer Abwägungsmöglichkeit, soweit sie die jeweils andere Ansicht kategorisch ablehnen, dieser Kompromißcharakter als stärkstes Argument entgegenzuhalten.

---

939 Janicki, WuW 1990, 195 (199); Kirchhoff, Beil. 14 zu BB 1990, S. 8, dazu im Ergebnis zustimmend umfassend CH. Schmidt, S. 147 ff.; unter der Prämisse, daß eine Abwägung nicht möglich sein darf, sondern positive Effekte bei der Beurteilung des Zusammenschlusses selber zu berücksichtigen sind, auch Stockenhuber, S. 288 f.

940 Gaedertz-FS, 417 (427).

941 Vgl. Albers in GTE Bd 2/II (5. Aufl.) Fusionskontrollverordnung, Art. 2, RdNr. 478 ff., hier 488.

942 Der „Fortschrittseinwand" (aaO RdNr. 504 ff.), der „Kohäsionseinwand (aaO RdNr. 537 ff.); die „internationale Wettbewerbsfähigkeit" (einschränkend beurteilt, aaO, RdNr. 537 ff.).

943 AaO, RdNr. 484 ff.

944 So zu Recht auch Meesen, Gaedertz-FS, 417 (423); Immenga in IM zu Art. 2 FKVO RdNr. 168.

Die gefundenen Ergebnisse der Untersuchung des Art. 2 FKVO lassen eine einseitige Betrachtung, wie sie beide Lager anstreben, nicht zu.

Zunächst spricht die Entstehungsgeschichte, das Hauptargument der Gegner einer industriepolitischen Öffnung der Beurteilungskriterien des Art. 2 FKVO, wie dargelegt[945], eben gerade nicht eindeutig für eine rein wettbewerbliche Ausrichtung. Trotz der Streichung der umfassenden Abwägungsklausel, die noch in den letzten Entwürfen enthalten war, spricht sie gerade für eine Berücksichtigung industriepolitischer Gesichtspunkte. Die Streichung der in den letzten Vorschlägen enthaltenen allgemein gehaltenen Abwägungsklausel ging nicht mit einem Konsens über eine rein wettbewerbliche Ausrichtung der Fusionskontrollverordnung einher, sondern die an einer solchen Öffnung interessierten Mitgliedsstaaten setzten die bereits mehrfach zitierte Förderungsklausel durch und versuchten, ihre Vorstellungen zumindest in die Erwägungsgründe zu retten. Insbesondere die Sorge der strukturschwächeren Mitgliedsstaaten, ihre Interessen nicht ausreichend gewürdigt zu sehen, drückt sich in Erwägungsgrund 13 aus.

Da ein solcher Kompromiß, der hier anerkanntermaßen eingegangen wurde, nicht ein völliges Obsiegen der einen Seite beinhalten kann, liegt auf der Hand. Ein gewisses Maß an industriepolitischen Erwägungen muß daher aus der Entstehungsgeschichte heraus Berücksichtigung finden. Allerdings ist das Nachgeben der südlichen Mitgliedsstaaten deutlich widergespiegelt: Industriepolitische Einflüsse sollten so weit wie möglich verbannt werden. Insofern ist das Hauptaugenmerk bei der materiellen Prüfung eines Zusammenschlusses auf den Wettbewerb zu legen.

Dies spiegelt sich insbesondere auch in der intrasystematischen Gestaltung der FKVO wieder. Sowohl der Wortlaut als auch die in Art. 2 Abs. 1 a) in die Beurteilungskriterien mit aufgenommenen Grundsätze sind weit überwiegend wettbewerblich ausgerichtet. Im Gegensatz zu der Berücksichtigung des regionalen Zusammenhalts in der Gemeinschaft, der lediglich in den Erwägungsgründen Aufnahme fand, wurden die Ziele des Art. 2 Abs. 1 a) in die Verordnung selbst aufgenommen. Diese verbreitete Feststellung[946] ist zutreffend. Daraus läßt sich nach den Ergebnissen der Untersuchung aber nicht auf eine völlige Bedeutungslosigkeit industriepolitischer Erwägungen schließen. Denn das Merkmal des technischen und wirtschaftlichen Fortschritts bleibt nicht alleiniger Fremdkörper im Gefüge der FKVO, so daß ein Schluß auf rein wettbewerbliche Strukturmerkmale nicht zulässig ist. Allerdings sind die

[945] Vgl. oben, 2. Teil, B.
[946] Vgl. nur Immenga in IM zu Art. 2 FKVO RdNr. 169.

Ergebnisse der systematischen Analyse so eindeutig, daß eine Genehmigung rein aus diesem Gesichtspunkt heraus ausgeschlossen scheint.

Daraus ergibt sich ein Regel-Ausnahme Verhältnis, welches auch die Vorgaben des durch die Änderungen von Maastricht und Amsterdam wesentlich stärker industriepolitisch ausgerichteten EG-Vertrages[947] berücksichtigt. Grundsätzlich gilt, daß innerhalb des EGV ein absolutes Verbot zugunsten eines der Ziele des Vertrages, mit beschränkter Ausnahme des Art. 82 EG, nicht existiert[948]. Soweit der Schutz des Wettbewerbs mit anderen Vertragszielen in Konflikt tritt, ist ein Ausgleich zu finden, der die Erreichung der kollidierenden Ziele, Wettbewerbsschutz und Verwirklichung allgemeiner Vertragsziele aus den Artikeln 2 und 3 EG, möglichst umfassend ermöglicht[949].

Aber auch aus der durchgeführten Analyse der Rechtsordnungen der Mitgliedsstaaten ergibt sich ein Bedürfnis für eine industriepolitische Öffnung[950]. In allen Fusionskontrollrechten der Mitgliedsstaaten findet sich eine Abwägungsmöglichkeit. Daraus folgt, daß ein solches Bedürfnis auch für die FKVO als alleiniges Rechtsinstrument für Zusammenschlüsse mit europäischer Dimension existiert.

Darüber hinaus ist das Wettbewerbsverständnis des EuGH nicht ausschließlich an einem Schutz des Wettbewerbs um seiner selbst willen orientiert. Zwar ist die These Meesens von einem „industriepolitisch wirksamen Wettbewerb" zu weitgehend. Die Konzeption des EuGH sieht den wirksamen Wettbewerb iSv einem dem vollkommenen Wettbewerb möglichst nahe angenäherten Wettbewerbssystem, unter der Möglichkeit pragmatischer Erwägungen[951]. Industriepolitische Erwägungen sind insoweit nicht innerhalb des Wettbewerbsbegriffs als solchem anzusiedeln. Dennoch erlaubt die Konzeption des wirksamen Wettbewerbs, so verstanden, industriepolitische Einflußnahmen, wenn sie, was durchaus möglich ist, zu einer stärkeren Annäherung an den vollkommenen Wettbewerb führen, als dies ohne Eingriffe der Fall wäre. Insoweit ist also eine Beurteilungsmöglichkeit unter besonderer Berücksichtigung des technischen und wirtschaftlichen Fortschrittes möglich.

Vor dem Hintergrund einer Stärkung der interventionistischen Kompetenzen der Gemeinschaft[952] gewinnen die in der FKVO verbliebenen Reste wettbewerbsfremder Inhalte die Bedeutung, die ihnen nach dem Willen der verord-

---

947 Vgl. oben Teil 2, C, II.
948 Vgl. oben, Teil 2, C.
949 So auch das EuG bestätigend in EuZW 1995, 677 (679 f.).
950 Vgl. oben, 1. Teil, B, IV.
951 Vgl. oben, 2. Teil, D.
952 Vgl. 2. Teil C 2.) a) bb) aaa) bbbb)

nungsgebenden Staats- und Regierungschefs (als Teil des erreichten Kompromisses) zukommen soll.

Neben dem zu berücksichtigenden „technischen und wirtschaftlichen Fortschritt", dessen wettbewerbsfremde Einordnung vor allem durch die „Maulkorbklauseln", Schutz des Wettbewerbs und Berücksichtigung der Interessen der Zwischen- und Endverbraucher, besonders deutlich wird, bezieht sich Art. 2 FKVO auf die wirtschaftliche Macht und die Finanzkraft der beteiligten Unternehmen. Dies ist eine Formulierung, die sich gerade nicht allein auf die Wettbewerbsposition der beteiligten Unternehmen bezieht, sondern auf eine wirtschaftliche Gesamtbetrachtung der betroffenen Märkte[953].

Darüber hinaus ist auch die Berücksichtigung der Interessen der Zwischen- und Endverbraucher ein Element, das bei rein wettbewerblicher Betrachtung überflüssig wäre, denn ein Wettbewerbsdruck auf dem betroffenen Markt, der vollkommenem Wettbewerb möglichst angenähert ist, sorgt am besten für die Interessen auch der Zwischen- und Endverbraucher. Die Einbeziehung dieser Klausel verstärkt also das dirigistische Element innerhalb des Art. 2 FKVO.

Nach alledem steht fest, daß eine rein wettbewerbliche Betrachtung mit der Wirklichkeit des Art. 2 FKVO nicht übereinstimmt[954].

Die untersuchten Entscheidungen der Kommission geben zwar nach außen einer industriepolitischen Betrachtung keinen Raum. Sie erkennen aber das „Ob" der Berücksichtigung des „technischen und wirtschaftlichen Fortschritts" zu Recht an[955]. Eine klarstellende Aussage zu dem „Wie" der Berücksichtigung des technischen und wirtschaftlichen Fortschritts steht aber noch aus. Die Entscheidungen der Kommission berücksichtigen aber auch ohne Bezugnahme auf die Klausel industriepolitische Erwägungen, insbesondere die Wettbewerbsfähigkeit der beteiligten Unternehmen auf dem Weltmarkt[956]. Diese Berücksichtigung ist Folge des Verfahrens der Fusionskontrolle, das viel Raum für eine Berücksichtigung außerwettbewerblicher Interessen bietet. Darüber hinaus ist die Kommission als politisches Kollegium, solange ein europäisches Kartellamt nicht besteht und auch nicht mehrheitsfähig erscheint[957], vielerlei Einflüssen neben den Vorschlägen des Wett-

---

953 Vgl. oben, 2. Teil, C I. 1.) a).

954 Vgl. insbesondere Teil 1, B, I. und die Möglichkeiten industriepolitischer Einflußnahme auf das Verfahren der FKVO, 2. Teil, C, I.

955 Vgl. Beispiele unter 1. Teil, B, I. 1.).

956 Insbesondere Mannesmann/Vallourec/Ilva und Mercedes-Benz/Kässbohrer, s. oben, 1. Teil, B I., sind dafür Beispiele.

957 Vgl. dazu nur Immenga, Fusionskontrolle, S. 35 ff.; umfassend zu der Problematik Bartodziej, Reform der EG-Wettbewerbsaufsicht und Gemeinschaftsrecht; Kerber, S. 152 ff.

bewerbskommissars ausgesetzt[958]. Zudem hat, wie dargelegt, das EuG die Forderung nach einer umfassenden Abwägung im Rahmen des Art. 2 FKVO aufgestellt[959].

Um so mehr sollte diese Praxis des Berücksichtigens „unter der Hand" offen und unter nachvollziehbaren Bedingungen erfolgen, um zu mehr Rechtssicherheit und einer offenen Diskussion über diese Möglichkeiten zu gelangen.

2. Anwendungsvorschläge

Im Folgenden sollen daher Möglichkeiten, eine solche offengelegte Anwendung industriepolitischer Gesichtspunkte bei der europäischen Fusionskontrolle zu praktizieren, erörtert und dabei Wege zur Auflösung der aufgezeigten Konflikte gezeigt werden.

a) Technischer und wirtschaftlicher Fortschritt

Es ist zu bestimmen, welche Stellung dieses Merkmal im Rahmen des Art. 2 FKVO einnimmt, bevor eine praktische Anwendung erörtert werden kann.

Grundsätzlich bestehen drei Möglichkeiten der systematischen Eingliederung des Merkmals. Zum einen kann man das Merkmal als Beurteilungskriterium im Rahmen des Art. 2 FKVO betrachten oder ihm jede Wirkung absprechen. Die letztere, theoretisch denkbare Variante, ist zu verwerfen.

Nach den oben dargelegten Überlegungen[960] verbietet es sich, das Merkmal als gegenstandslos zu betrachten. Eine ausdrückliche Nichtbeachtung des Verordnungstextes sprengte den Rahmen der Wortlautinterpretation und wäre damit unzulässig. Das Zurückziehen auf einen fehlenden Anwendungsspielraum aufgrund der Tatsache, es sei gedanklich unmöglich, wirksamen Wettbewerb nicht zu behindern, wenn eine beherrschende Stellung als Ergebnis des Zusammenschlusses entsteht[961], ist nicht überzeugend. Zu Ende gedacht bedeutete dies, man unterstellt dem verordnungsgebenden Rat, seinen Normen keinen Regelungsgehalt zukommen lassen zu wollen.

---

958 Vgl. dazu die Darstellung 2. Zeile C 2.) f).
959 EuG, EuZW 1995, 677 (679 f.).
960 Vgl. die Wortlautauslegung, 2. Teil, A.
961 So etwa Immenga in IM zu Art. 2 FKVO RdNr. 174 mit weit. Nachw.

Damit bleiben grundsätzlich zwei Einordnungsmöglichkeiten: Als gleichberechtigtes, wettbewerblich orientiertes Kriterium bei der Prüfung von Zusammenschlüssen im Rahmen des Art. 2 FKVO oder als gleichberechtigtes, aber nicht wettbewerbliches Element.

Für eine Auslegung des wirtschaftlichen und technischen Fortschritts als Kriterium zur Ermittlung von Marktmacht scheint unter anderem die Praxis der Kommission zu sprechen. Dort werden gesteigerte Kapazitäten im Forschungs- und Entwicklungsbereich (FuE) eher als Marktmachtindikatoren[962] bzw. als mögliche Marktzutrittsschranken gewertet[963]. Die gleiche Einschätzung betrifft Synergievorteile[964].

Nach den Ergebnissen der Untersuchung kann allerdings nicht angenommen werden, daß sich die Bedeutung des Merkmals in einer rein wettbewerblichen Funktion erschöpft. Zum einen nimmt die Kommission, wie oben[965] dargelegt, selber eine andere Einschätzung vor. Die Kommission mißt dem Merkmal selbst eine wettbewerbsfremde Bedeutung zu, die genannten Beispiele aus der Entscheidungspraxis betreffen nur allgemein die Einschätzung von Ballungen von FuE-Kapazitäten in einer Hand und lassen daher Ausnahmen zu, wenn der Wettbewerb nicht behindert wird und er den Verbrauchern zugute kommt.

Fraglich ist demnach nicht, ob es sich bei dem Merkmal um ein wettbewerbsfremdes Einfließen allgemeiner Vertragsziele in die Prüfung nach Art. 2 FKVO handelt, sondern, wie die Beurteilung zu erfolgen hat. Nur in diesem Sinne kann der Entstehungsgeschichte und dem klaren Wortlaut entsprochen werden.

Die Klausel ist somit ein Kriterium, das in die Beurteilung nach Art. 2 FKVO bei der Prüfung der Entstehung einer beherrschenden Stellung einzufließen hat, aber nicht wettbewerblich orientiert ist, sondern allgemeine Erwägungen zuläßt. Wie dargelegt[966], besteht aber nur eine durch die wettbewerbliche Grundausrichtung begrenzte Anwendungsmöglichkeit. Diese kann sich auch nicht in der Anwendung auf Zweifelsfälle erschöpfen. Die Kommission ist

---

[962] So sieht die Kommission etwa in IV/M.737, Ciba-Geigy/Sandoz „Novartis", ABl. 1997 L 201/1 ff. eine verstärkte FuE-Kapazität als Marktmachtvorteil der Parteien an, der hier jedoch nicht stark genug ins Gewicht fiel, L 201/27 f. und 34 sowie 45 f.; IV/M.469 MSG Media Service, ABl. 1994 L 364/1 (20); IV/M.495 Behringwerke AG/Amour Pharmaceutical Co, Entscheidung vom 3.4.1995, nicht veröffentlicht; auch in Bayer/Chiron Diagnostics, IV/M.1325, Kurzfassung abgedruckt in WuW 1999, 37, spielte dieser Gesichtspunkt eine Rolle; Banks, ECLR 1997, 182 f.

[963] Etwa Fall IV/M.042 Alcatel/Telettra, ABl. 1991 L 122/28 (33), RdNr. 42; IV/M.269 Shell/Montecatini, ABl. 1996 L 294/10 ff.; Fall IV/M.113 Courtaulds/SNIA vom 19.12.1991, nicht veröffentlicht.

[964] Vgl. etwa Fall IV/M.779 Bertelsmann/CLT vom 7.10.1996, nicht veröffentlicht, RdNr. 40 f.

[965] Vgl. Darstellung zu Teil 1, A I. 1.).

[966] Vgl. 2. Teil, A., II., 2.), b).

dem Amtsermittlungsgrundsatz verpflichtet[967]. Deshalb ist es der Kommission verwehrt, sich auf den Standpunkt zurückziehen, sie müsse in einem konkreten Fall nicht weiter ermitteln, da hier die Zweifelsfallregelung des Beitrags für den technischen und wirtschaftlichen Fortschritt greifen würde. Zu Recht hat daher der EuGH die Kommission in einer Reihe von Entscheidungen für verpflichtet gehalten, den Sachverhalt, soweit er rechtlich bedeutsam war, vollständig zu ermitteln[968].

Die Kommission muß aufgrund dieser Verpflichtung zur Amtsermittlung, wenn sie bei einem Zusammenschluß nicht zweifelsfrei darlegen kann, daß eine beherrschende Stellung entstehen oder verstärkt werden würde, diesen freigeben und darf sich nicht auf die Förderung des technischen und wirtschaftlichen Fortschritts berufen. Ein Raum, in Zweifelsfällen den „wirtschaftlichen und technischen Fortschritt“ zu berücksichtigen, besteht also nicht.

Auch als Anhaltspunkt für einen Ermessensspielraum liefert der „technische und wirtschaftliche Fortschritt“ keinen Anhaltspunkt. Denn das Merkmal ist bei der Beurteilung eines Zusammenschlusses wie die anderen Beurteilungskriterien nach dem klaren Wortlaut des Art. 2 FKVO zu berücksichtigen. Es muß also über einen Beurteilungsspielraum hinaus eine Bedeutung haben.

Jede Lösung muß sich dabei an den Vorgaben der „Wettbewerbsschutzklausel“, nämlich der fehlenden Wettbewerbsbehinderung und dem Vorteil für die Zwischen- und Endverbraucher, orientieren. Dabei kann ein Ansatz in der Dauerhaftigkeit der in Frage stehenden beherrschenden Stellung gesehen werden um zu einer Freistellung zu kommen. Insbesondere wurde der potentielle Wettbewerb genutzt, um die Dauerhaftigkeit der beherrschenden Stellung in Frage zu stellen.

Forschungs- und Entwicklungsprojekte sind grundsätzlich positiv zu beurteilen, wie an Art. 81 Abs. 3 EG abzulesen ist. Sie sind allerdings für die beteiligten Parteien regelmäßig mit einem großen Risiko behaftet und erfordern zumindest bei modernen Technologien einen enormen Finanzrahmen, so daß eine gewisse kritische Größe der Unternehmen für die Durchführbarkeit der Erschließung neuer Technologien erforderlich ist[969].

---

967 Schwarze, S. 1195 unter Bezugnahme auf die umfassend dargestellte Rechtsprechung des EuGH; ebenso zu Recht CR. Schmidt, S. 149.

968 EuGH Rs. 6/72, Slg. 1972, 215 ff. (246); ebenso Rs. 56 und 58/64 „Consten/Grundig“, Slg. 1966, 321 (395 f.); überzeugend bestätigt in Kali + Salz, WuW 1998, 513 ff. (WuW/E EU-R 43).

969 Vgl. dazu Hansen, WuW 1999, 468 ff.

Das klassische Argument der Befürworter einer industriepolitisch ausgerichteten Fusionskontrolle, nämlich die Möglichkeit, eine wettbewerbsfähige europäische Industrie aufzubauen, findet hier seinen Anwendungsbereich.
Soweit es also den technischen Fortschritt betrifft, bietet sich hier eine Lösungsmöglichkeit an, die innerhalb der Fusionskontrollregeln vorhandenen industriepolitischen Ansätze unter Beachtung des Gebots des Vorrangs des Wettbewerbs zu berücksichtigen.

Wenn Unternehmen, die ihre Forschung und Entwicklung kooperativ vereinigen, gemäß Art. 81 Abs. 3 freigestellt werden können, erscheint es ob der dargelegten[970] Einbettung der FKVO in den Vertrag nicht nachvollziehbar, daß eine solche Möglichkeit für konzentrative Unternehmungen nicht gegeben sein soll. Diese Tätigkeit wird auch im Rahmen der öffentlichen Beihilfen von der Union gemäß den Regeln des EGV besonders gefördert.

Die Freistellungsmöglichkeiten des Art. 81 Abs. 3 für Kooperationen, die zu einer Förderung des technischen und wirtschaftlichen Fortschritts führen, können daher unter Beachtung der Besonderheiten der FKVO auf die Prüfung nach Art. 2 FKVO übertragen werden.

Diese Betrachtungsweise gibt die Möglichkeit, die Verwandtschaft des „technischen und wirtschaftlichen Fortschritts" mit den Vorgaben aus Art. 81 Abs. 3 EG[971] ausreichend zu würdigen und schränkt gleichzeitig den Anwendungsbereich solcher Ausnahmebereiche weitgehend ein. Denn ein Zusammenschluß, der die beteiligten Unternehmen in die Lage versetzt, ausreichende Kapazitäten für die Fortführung innovativer Forschung zu akkumulieren, muß in diesem Vorhaben auch seinen Hauptzweck haben. Ein Vorhaben, daß lediglich in einem Nebeneffekt zu solchen, u.U. auch nur vagen, Möglichkeiten kommt, ist von vornherein für eine positive Beurteilung nicht tauglich. Ein solcher Ansatz bietet auch Erklärungsmöglichkeiten für die Wettbewerbsschutzklausel. Denn ein Zusammenschluß behindert den Wettbewerb trotz einer beherrschenden Stellung nicht, wenn die dabei geförderte technologische Entwicklung, also die zu befördernden Entwicklungsvorhaben, keine unüberwindbaren Marktzutrittsschranken begründet. Es muß also der bisher unter dem Stichwort des „potentiellen Wettbewerbs" betrachtete Marktzutritt neuer Anbieter möglich sein. Bei Projekten, die zu einem wesentlichen Teil Vorteile für den technischen und wirtschaftlichen Fortschritt mit sich bringen, kann die Zeitspanne, die für die Annahme eines Marktzutritts tolerabel erscheint, dann großzügiger gehandhabt werden, als die Kommission dies

---

[970] Vgl. oben, Teil 2, C, II.
[971] Vgl. dazu oben, 2. Teil, C, II., 2.), a), aa), ddd).

bisher mit etwa 2-3 Jahren bei der allgemeinen Zugutehaltung potentiellen Wettbewerbs praktiziert hat.

Ebenso ist die Weitergabe an die Zwischen- und Endverbraucher so integrierbar. Wenn die Möglichkeit der Weitergabe der erzielten Fortschritte an die Verbraucher in der Natur des Zusammenschlusses liegt, bedarf dies keiner Erörterung. Eine weitere Möglichkeit ist zudem, entsprechende Verpflichtungszusagen der beteiligten Parteien anzunehmen, um Bedenken hinsichtlich der Weitergabe der Vorteile an den Verbraucher auszuräumen. Die Kommissionspraxis nimmt schon heute regelmäßig Verhaltenszusagen in den Katalog möglicher Auflagen im Rahmen des Art. 6 und des Art. 8 FKVO auf[972].

Insoweit ist die Aufnahme von Verpflichtungen, die eine Durchführung der Forschungsvorhaben absichern, ebenso möglich wie die Annahme von Verpflichtungen zur Lizenzvergabe, um Marktabschottungseffekte zu vermeiden[973].

Die Klausel des technischen und wirtschaftlichen Fortschritts ist also als Prüfungskriterium bei der wettbewerblichen Einschätzung des Zusammenschlusses zu berücksichtigen. Sie kann zu einer Genehmigung problematischer Zusammenschlüsse aufgrund des FuE-Potentials des Zusammenschlusses führen. Dabei ist insbesondere eine großzügige Bewertung der mutmaßlichen Dauer der Wettbewerbsbeschränkung ein Instrument zur Umsetzung dieser Vorgaben. Ein Rückgriff auf die Erheblichkeit der Wettbewerbsbehinderung ist insoweit nicht erforderlich, es bleibt bei einer einstufigen Prüfung.

Der wirtschaftliche und technische Fortschritt ist daher bereits bei der Prüfung der Entstehung oder der Verstärkung einer marktbeherrschenden Stellung mit einzubeziehen. Unter diesem Gesichtspunkt können insbesondere auch Rationalisierungsgesichtspunkte berücksichtigt werden, die zu Kosteneinsparungen

---

[972] etwa Kesko/Tuko (Verkaufszusagen) ABl. 1997 L 110/75; Boeing/MDC (Aufrechterhaltung getrennnter Rechtseinheiten, Kundendienstleistungen, Gewährung von Lizenzen, Kündigung von Exklusivverträgen) WuW 1998, 203 ff.;Coca-Cola/Carlsberg (Verkauf, Lizenzeinräumungen), ABl. 1998 L 145/58; Crown Cork & Seal (Veräußerung) ABl. 1996 L 75/57; insbesondere auch Agfa-Gevaert/DuPont, IV/M.986, WuW 1998, 909 (911, 913); IV/M.043 Magneti Marelli/CEAc, ABl. 1991, L 222/38 ff.; Total/Petrofina, IV/M.1464, Kurzfassung in WuW 1999, 479 f: (Verpflichtung zur Weiterbelieferung von Stammkunden bei gleichen Konditionen); vgl. auch die umfassende Untersuchung von Uhlig, Zusagen, Auflagen und Bedingungen im Fusionskontrollverfahren, S. 178 ff.; Westermann, S. 200 ff. bzgl. Zusagen.

[973] In Enso/Stora, Fall IV.M/1225, Kurzfassung abgedruckt in WuW 1999, 38 f., reichte der Kommission bereits eine unverbindliche Erklärung über zukünftiges Verhalten der Parteien des Zusammenschlusses aus, um wettbewerbliche Bedenken auszuschließen; vgl zur Praxis vor Einführung der Möglichkeit, schon im Vorverfahren Auflagen zu erteilen und Verpflichtungen anzunehmen auch Heidenhain, EuZW 1994, 135 ff.

und damit zu Preisvorteilen für den Verbraucher führen. Kosteneinsparungen werden zu Recht auch im Rahmen des Art. 81 Abs. 3 berücksichtigt[974].

Liegt hier eine Öffnungsklausel vor, können im Rahmen der Prüfung des Art. 2 FKVO auch die gemäß Begründungserwägung 13 zu beachtenden regionalpolitischen Aspekte als wirtschaftlicher Fortschritt betrachtet werden. Die Förderung benachteiligter Regionen der Gemeinschaft bedeutet für die Gesamtheit des Gemeinsamen Marktes einen Vorteil.

Hinsichtlich der regionalpolitischen Aspekte muß allerdings auf die oben genannten Ausführungen verwiesen werden. Die Grundanlage der FKVO beachtet den wirtschaftlichen und sozialen Zusammenhalt nur in den Begründungserwägungen. Struktur, Aufbau und Wortlaut der FKVO sprechen gegen eine generelle Berücksichtigung dieses Vertragsziels[975]. Da eine völlige Nichtbeachtung aber ebenso den oben festgestellten[976] Zielsetzungen des EGV widerspräche, bleibt eine ausnahmsweise Berücksichtigung unter besonderen Umständen, wenn die wettbewerbliche Zielsetzung und regionalpolitische Erwägungen unauflösbar aufeinandertreffen, möglich.

Ein solcher Ausnahmetatbestand spricht aber gegen eine generelle Berücksichtigung im Rahmen der allgemeinen Kriterien des Art. 2 FKVO. Damit verbietet sich eine Berücksichtigung des wirtschaftlichen und sozialen Zusammenhalts als reguläres Prüfungskriterium bei jeder Prüfung nach Art. 2 FKVO.

Zu klären ist damit noch die Berücksichtigungsfähigkeit von Synergievorteilen oder Effizienzgewinnen durch einen Zusammenschluß. Auch wenn nach empirischen Untersuchungen die Wettbewerber aufgrund eines regelmäßig auftretenden Schrumpfens der gemeinsamen Marktanteile der sich zusammenschließenden Firmen[977] durch eine Fusion profitieren, Effizienzvorteile also möglicherweise nicht nur den Parteien eines Zusammenschlusses zugute kommen, sondern tatsächlich allen Marktbeteiligten, bleibt dieses Element doch problematisch.

Eine Berücksichtigung kann nur nach den genannten Kriterien erfolgen, nämlich unter Berücksichtigung der Wettbewerbsschutzklausel. Nach den oben zur Wortlautauslegung[978] gefundenen Ergebnissen kann dies nur der Fall sein, wenn wirklich die Vorteile nicht nur den betreffenden Unternehmen zugute

---

974 Vgl. dazu die Nachweise bei Bunte in Langen/Bunte zu Art. 85 RdNr. 134.
975 Vgl. dazu die Untersuchungen im 2. Teil.
976 Vgl. Teil 2, II., 1.) b).
977 Vgl. dazu Neven/Nuttal/Seabright, S. 28 f. mit weit. Nachweisen.
978 Vgl. 2. Teil A.

kommen. Damit bleibt auch hier die Möglichkeit, über Verhaltenszusagen oder –auflagen eine solche Weitergabe sicherzustellen. Der Rahmen für eine solche Berücksichtigung wird allerdings durch das festgestellte Erfordernis, daß die Vorteile auch den Wettbewerbern zugute kommen müssen, beschränkt. Er ist daher deutlich enger als für die Berücksichtigung von FuE-Vorteilen, bei denen nur sichergestellt sein muß, daß die Verbraucher davon profitieren. Nur so ist nämlich gewährleistet, daß der nach dem Vertrag und der intrasystematischen Auslegung zu beachtende Vorrang des Wettbewerbs gewahrt bleibt. Würde man zulassen, daß zwei sich zusammenschließende Unternehmen auf Kosten der Mitbewerber Vorteile erlangen, läge eine interventionistische Förderung dieser Unternehmen durch ein Gewährenlassen des Zusammenschlusses vor.

Die Feststellung, ob eine Weitergabe der Vorteile an den Markt vorliegt, ist also eine empirische Frage, die einer Einzelfallüberprüfung bedarf. Dabei darf aber nicht übersehen werden, daß beide Aspekte sich überlappen können. Die Möglichkeit neuer Produktions- oder Vertriebsverfahren führt zu Synergievorteilen, die neben den generellen Vorteilen für den technischen Fortschritt auch als wirtschaftlicher Fortschritt Berücksichtigung finden können. In beiden Anwendungsbereichen soll aber nicht in Abrede gestellt werden, daß sowohl die höhere Effizienz bei Produktion oder Vertrieb als auch der FuE-Vorsprung der beteiligten Unternehmen zunächst diesen Unternehmen einen Vorsprung gegenüber ihren Wettbewerbern gewähren.

Insoweit ist also eine Janusköpfigkeit des Merkmals festzustellen. Zum einen ermöglicht es grundsätzlich, den beteiligten Unternehmen den Zusammenschluß zu verbieten. Zum anderen ist es aber darüber hinaus bei der Prüfung zugunsten der beteiligten Unternehmen zu berücksichtigen, kann also eine beherrschende Stellung auch legitimieren. Nach dem Ergebnis der Untersuchungen ist beides gerechtfertigt. Die Möglichkeit, den Vorsprung der Parteien auf dem Gebiet der FuE zu berücksichtigen, entspricht der wettbewerblichen Grundausrichtung der FKVO und wird auch in der Praxis der Kommission so gehandhabt. Insoweit ist es ein rein wettbewerbliches Merkmal. Die starken industriepolitischen Aspekte und das Ergebnis der Wortlautbetrachtung zeigen jedoch, daß das Merkmal darüber hinaus als Öffnungsklausel zu verstehen ist. Eine Funktion allein würde den widerstreitenden Ergebnissen der Untersuchung nicht gerecht.

Dieses Ergebnis wird auch von common-sense-Argumenten gestützt. Es wäre unsinnig, die Fortentwicklung von Know-how zu unterbinden, wenn eine langfristige Gefährdung des Wettbewerbs durch eine Abwendung von Abschottungseffekten vermieden werden kann. Dieser Gesichtspunkt bestärkt die

Forderung nach einer Einzelfallabwägung. Allerdings bleibt auch zu beachten, daß ein Anreiz für technischen Fortschritt für die fusionierenden Unternehmen bleiben muß. Es muß sich für sie also auch lohnen, neue Techniken zu entwickeln. Denn wenn wirklich alle Teilnehmer eines Marktes von einer Neuerung profitieren, wird der Druck zu neuen Problemlösungen aufgehoben, der Fortschritt stagniert[979]. Damit ist also ein gewisses Maß an Beschränkung der anderen Marktteilnehmer hinzunehmen. Somit ist die erwähnte Janusköpfigkeit durch die Vornahme von Einzelfallbetrachtungen abmilderbar und damit hinnehmbar.

Dieses Ergebnis hat auch Auswirkungen auf die Handhabung der FKVO durch die Kommission. Unter den dargestellten Voraussetzungen wäre es beispielsweise möglich gewesen, in der Entscheidung MSG Media Service[980] zu einer großzügigeren Betrachtung hinsichtlich der Dauerhaftigkeit der marktbeherrschenden Stellung zu gelangen. Angesichts des FuE-Potentials hätte für die Kommission die Möglichkeit bestanden, die Entwicklungsmöglichkeiten hinsichtlich des potentiellen Wettbewerbsdrucks auf die Parteien optimistischer zu betrachten, so wie sie es in anderen Fällen, wie dargestellt, ebenfalls getan hat. Die Kommission tendierte konkret in diesem Fall dazu, die Erklärungen der Parteien zur Weitergabe des FuE-Potentials an die Wettbewerber und Verbraucher als positiv zu betrachten[981]. Sie verwarf aber die Berücksichtigungsmöglichkeit der Zusagen aufgrund der Tatsache, daß es sich lediglich um allgemeine Absichtserklärungen handelte. Dies, obwohl sie in der Entscheidung Enso/Stora[982] solche Erklärungen für ausreichend gehalten hatte. Nach dem Ergebnis der vorliegenden Untersuchung hätte dieser Zusammenschluß damit nicht untersagt werden dürfen, sondern hätten die abgegebenen Erklärungen der Parteien und das FuE-Potential des Zusammenschlusses zugunsten der Parteien berücksichtigt werden müssen. Soweit eine Weitergabe der FuE-Ergebnisse, die durch den Zusammenschluß bei den Parteien anfallen, an die Konkurrenten und die preislich vorteilhafte Weitergabe der Einführung einer neuen Technik an die Verbraucher gesichert worden wäre, hätte eine Freigabe erfolgen müssen.

Insgesamt vermeidet die konsequente Freigabe des Merkmals des technischen und wirtschaftlichen Fortschritts als Möglichkeit, über die reine Wettbewerbsprüfung eines Zusammenschlusses hinausgehend eine Öffnungsmöglichkeit in der FKVO zu sehen, eine Auflösung des aufgezeigten Wider-

[979] Vgl. dazu Hansen, WuW 1999, 468 (471).
[980] Verbotsentscheidung vom 9.11.1994, IV/M.469, ABl. 1994, L 364/1 ff.
[981] aaO, Rz. 94 ff.
[982] Fall IV.M/1225, Kurzfassung abgedruckt in WuW 1999, 38 f.

spruchs zwischen wettbewerblicher Grundausrichtung und Lenkungsambitionen.

b) Allgemeine Vorteile eines Zusammenschlusses, „Erheblichkeit“ der Behinderung

Damit bleibt noch zu klären, ob die materielle Prüfung innerhalb des Art. 2 FKVO ein- oder zweistufig zu verstehen ist. Dann wären innerhalb einer zweiten Prüfungsstufe über die Beurteilung des Entstehens oder Verstärkens einer beherrschenden Stellung hinaus, innerhalb der, wie gerade dargelegt, bereits die Möglichkeit zur Berücksichtigung des technischen und wirtschaftlichen Fortschritts besteht, noch allgemeine Ziele bzw. insbesondere auch die gleich noch näher zu untersuchenden wettbewerblichen Vorteile eines Zusammenschlusses innerhalb der „Erheblichkeit“ der Wettbewerbsbehinderung zu berücksichtigen.

Neben der Tatsache, daß sich in den Aussagen der Kommission[983] und des EuG[984] Ansätze für eine zweistufige Betrachtung finden lassen, wurde bereits oben[985] zur Wortauslegung festgestellt, daß sich eine rein einstufige Prüfung mit dem Wortlaut nicht vereinbaren läßt. Darüber hinaus unterstützt die in der systematischen Untersuchung festgestellte Konfliktlösung, die im EGV für das Zusammentreffen verschiedener, gleichrangig geschützter Vertragsziele eine Abwägung in gewissen Grenzen gebietet, dieses gefundene Ergebnis. Die FKVO ist von ihrer Zielsetzung und der Einbettung in den EGV, nicht allerdings von ihrer intrasystematischen Ausrichtung her, auf die Berücksichtigung des Allgemeinwohls ausgerichtet, solange die Grenze der erheblichen Behinderung des Wettbewerbs gewahrt bleibt.

In diesem Zusammenhang ist darauf hinzuweisen, daß der von den Gegnern einer Berücksichtigung allgemeinpolitischer Erwägungen in der Fusionskontrolle angeführte Zirkelschluß, daß bei Vorliegen einer beherrschenden Stellung automatisch der Wettbewerb erheblich behindert wäre, nicht greift. Die FKVO richtet sich gegen die Entstehung oder Verstärkung einer beherrschenden Stellung. Sie ist dabei im Zusammenspiel mit Art. 82 EG zu sehen. Art. 82 EG bietet Eingriffsmöglichkeiten bei der mißbräuchlichen Ausnutzung einer marktbeherrschenden Stellung. Die Fusionskontrolle ist daher als

---

983 Vgl. 1. Teil B I.

984 EuG, EuZW 1995, 677 ff.

985 Vgl. 2. Teil, A, III.

präventives Instrument dem Art. 82 EG vorgelagert[986]. Sie will das Entstehen einer marktbeherrschenden Stellung durch externes Wachstum verhindern. Sie kann also nicht auf einer ebenso strengen Linie liegen wie Art. 82 EG. Zum anderen wurde bereits gezeigt[987], daß eine zeitlich begrenzte, durch Verhaltenszusagen absicherbare Marktbeherrschung mit Art. 2 FKVO vereinbar ist. Insofern ist diese zweite Stufe der Prüfung ein Einfallstor für allgemeine Belange, solange die strengen wettbewerblichen Vorgaben gesichert bleiben.

Eine beherrschende Stellung kann also über die Klärung der Frage, ob durch sie der Wettbewerb iSd Art. 2 Abs. 3 FKVO tatsächlich erheblich behindert würde, gerechtfertigt werden. Diese Möglichkeit ist allerdings angesichts des Mißbrauchspotentials zurückhaltend zu gebrauchen.

Dies ist insbesondere dann der Fall, wenn erhebliche Vorteile für die Zielsetzungen des EGV und damit für den Gemeinsamen Markt durch einen Zusammenschluß erreicht werden können, die Möglichkeit des Mißbrauchs dieser Stellung eingeschränkt ist und die Stellung der Unternehmen voraussichtlich in näherer Zukunft erodieren wird. In einem solchen Fall ist der Zusammenschluß konform mit den grundlegenden Zielen der FKVO als Mittel zur Durchsetzung der Gemeinschaftsziele, so daß eine Untersagung auch an Verhältnismäßigkeitsgesichtspunkten scheitern muß.

Damit soll nicht eine globale Abwägungsmöglichkeit propagiert werden. Vielmehr wird dadurch der Berücksichtigung politischer Zwänge ein nachprüfbarer Rahmen eröffnet. Nachprüfbar, da eine solche Ausnahme der Jurisdiktion des EuGH unterläge. Damit läge im Gegensatz zu der momentanen Situation eine stärkere Kontrolle politischer Einflußnahmen zugunsten außerwettbewerblicher Interessen vor.

Zudem wird den nach Amsterdam größeren politischen Kontrollmöglichkeiten des Europaparlamentes auch über die Tätigkeit der Kommission im Bereich der Fusionskontrolle ein Forum eröffnet. Die Tätigkeit der Kommission auf dem Gebiet der Fusionskontrolle wird dadurch weiter legitimiert.

Diese Gegebenheiten lassen einen Mißbrauch durch unkontrollierte Einflußnahme von dritter Seite mit der Folge politisch motivierter, unkontrollierter Entscheidungen der Kommission unwahrscheinlich erscheinen. Der offensichtlich durch eine Berücksichtigung außerwettbewerblicher Interessen befürchtete „Dammbruch" hin zu einer generellen allgemeinpolitischen Abwägungsmöglichkeit, ist daher nicht überzeugend. Unter der Prämisse des

---

[986] Gedanke von Miersch, S. 52 ff.; zu der Konzeption der FKVO zwischen Verhaltens- und Strukturkontrolle Kindler, EWS 195, 321 f.

[987] Vgl. oben unter a).

generellen Vorrangs des Wettbewerbs können diese besonderen Interessen vielmehr einen geordneten Raum für eine Berücksichtigung finden.

Die geäußerte Kritik, der Public Policy Ansatz sei deswegen problematisch, da die Kommission, die als ausführendes Organ die Richtlinien der industrie- und wettbewerbspolitischen Konzeption zu bestimmen hat, keiner effektiven demokratischen Kontrolle ausgesetzt ist und eine gerichtliche Überprüfung durch den EuGH aufgrund einer Einschätzungsprärogative der Kommission nicht vollständig möglich ist[988], ist damit nicht mehr maßgebend. Die Einschätzungsprärogative der Kommission wird gerade durch die Forderung der genauen Darlegung und offenen Abwägung eingeschränkt.

Das letzte, aber sehr schwerwiegende Beispiel dafür ist die Berücksichtigung der „transatlantischen Rücksichtnahme" auf die Interessen der USA im Zusammenschluß Boeing/McDonnel-Douglas[989], die die Kommission unter möglichst weitgehender Abfederung der Folgen für den Wettbewerb und der Verhinderung von Abschottungseffekten mit einbeziehen mußte. Obwohl die Kommission dem Zusammenschluß kritisch gegenüber stand, kam sie letztlich zu einer Freigabe unter ausdrücklicher Berufung auf die Notwendigkeit, amerikanische Interessen berücksichtigen zu müssen.

Darüber hinaus wird die in diesem Verfahren vorgefundene Markstruktur als Folge der Globalisierung häufiger vorzufinden sein. In oligopolistischen Märkten, die weltweit integriert sind, werden häufiger andere Abnehmer als die unmittelbaren Konkurrenten des in Frage stehenden Erwerbers für ein schwächelndes Mitglied des Marktes nur schwer zu finden sein. Dies war in dem Fall Boeing/McDonnel-Douglas der Fall. Für McDonnel-Douglas kamen nur Boeing oder Airbus als Käufer in Frage. Der Kommission war daher die Möglichkeit verwehrt, auf einen anderen Käufer zu verweisen oder wenigstens Teile des Zielunternehmens über Auflagen an Wettbewerber veräußern zu lassen. Airbus war nicht interessiert, so daß der Kommission keine andere Lösungsmöglichkeit verblieb, als dem Zusammenschluß letztlich unter Auflagen zuzustimmen, wollte sie nicht neben harscher Kritik aus den USA ein Ausscheiden McDonnel-Douglas' aus dem Markt und damit ein unkontrolliertes Anwachsen der Marktanteile der verbleibenden Wettbewerber riskieren. Daß McDonnel-Douglas ein für eine selbständige Rettung zu angeschlagenes Unternehmen war, hat die Kommission dabei festgestellt.

Wenn also ein Industriezweig in solchen Fällen, die jederzeit auch in auf Europa begrenzten Zusammenschlußvorhaben auftreten können, nur mit einer

---

988 Vgl. Janicki, WuW 1989, 193 (196).

989 Kommission, Boeing/MCD, abgedruckt in WuW 1998, 203 ff.

zur Marktbeherrschung führenden Fusion für Europa bewahrt werden kann und zudem Chancen für die Schaffung von Rahmenbedingungen für einen gewissen, voraussichtlich in Zukunft stärker werdenden Wettbewerbsdruck bestehen, kann wohl niemand ernsthaft bezweifeln, daß die Vorteile für Arbeitsplätze und Know-how Berücksichtigung finden müssen.

Dies um so mehr, als etwa die Erfahrungen mit der zeitweilig fast absoluten Marktbeherrschung von IBM auf dem PC-Markt zeigen, daß auch eine solche absolute Marktbeherrschung nicht langfristig konserviert werden kann. Solche Erfahrungswerte, bei denen die Ergebnisse der Kommission zu der Berücksichtigung des potentiellen Wettbewerbs Beachtung finden können, zeigen, daß ausnahmsweise außerwettbewerbliche Erwägungen berücksichtigt werden können.

Auf der anderen Seite läßt sich eine solche zweite Stufe aber auch zur Verstärkung der Begründung eines Verbotes bei Annahme einer beherrschenden Stellung verwenden. Denn wenn Unternehmen etwa Synergieeffekte bei einer Fusion geltend machen, die nach Meinung der DG IV ausreichen würden, um zu einer positiven Beurteilung des Zusammenschlusses zu führen, kann der voraussichtliche Verlust an Arbeitsplätzen als Gemeinwohlinteresse gegen die Fusion sprechen. Ebenso kann unter Umständen auf diese Weise mit stärkeren Auflagen gegen einen Zusammenschluß vorgegangen werden, der eine bislang mittelständisch strukturierte Industrie oder ein solches Gewerbe in Richtung eines Oligopols zu konzentrieren droht.

Die notwendige Erheblichkeit der Wettbewerbsbeschränkung eröffnet der Kommission also einen voll nachprüfbaren Raum für die ausnahmsweise Zulässigkeit der Berücksichtigung allgemeiner Auswirkungen eines Zusammenschlusses für und gegen die beteiligten Parteien und erschöpft sich nicht in einer quantitativen Betrachtung der auftretenden Wettbewerbsbehinderung[990]. Damit wird allerdings auch kein Verhaltenselement in die Kontrolle eingefügt, denn die Auflösung einer Kollision sich im Einzelfall widersprechender Vertragsziele ist eine strukturelle Frage. Lediglich die Möglichkeit der „Schadensbegrenzung“ durch Auflagen führt einen Verhaltensaspekt ein. Die Prüfung der Marktstellung der Unternehmen im Vergleich zu anderen dringend

[990] Vgl. umfassend dazu Marko, Die erhebliche Behinderung wirksamen Wettbewerbs durch marktbeherrschende Unternehmen im Sinne des Art. 2 der EG-Fusionskontrollverordnung Nr. 4064/89, der in dem Merkmal einen Verweis auf vorhandenen Restwettbewerb sieht, der langfristig geeignet erscheint, die beherrschende Stellung wieder abzubauen und insofern nicht weit von der hier gefundenen Lösung entfernt liegt, allerdings auf der Grundlage fragwürdiger Annahmen zu Produktmarkt und Wettbewerbsbegriff.

zu berücksichtigenden Zielen der Gemeinschaft, die durch den Zusammenschluß gefördert werden könnten, beinhaltet kein Verhaltenselement[991].

Dabei ist stets die Vorgabe der FKVO, diese Erwägungen nur in besonders zu begründenden Ausnahmefällen zuzulassen und den betroffenen Markt vor Abschottungsmaßnahmen der beherrschenden Entität möglichst weitgehend zu schützen, zu beachten. Dies ist bisher in der Praxis der Kommission auch, wenn auch unausgesprochen, erfolgt[992]. Eine besondere Bedeutung kommt dabei der Berücksichtigung des potentiellen Wettbewerbs zu, der in diesem Zusammenhang auch auf der zweiten Stufe der Prüfung großzügiger ausgelegt werden kann, wenn enorme Vorteile mit einem Zusammenschluß erreichbar sind.

Nur so kann auch der in Teil 1 festgestellten gemeinsamen Rechtsüberzeugung der Mitgliedsstaaten Rechnung getragen werden, daß allgemeinpolitische Vorteile berücksichtigungsfähig sein müssen. Denn fast alle Rechtsordnungen der Mitgliedsstaaten enthalten, wie dargelegt, die Möglichkeit, Gemeinwohlaspekte in der Fusionskontrolle zu berücksichtigen.

d) Art und Weise der Berücksichtigung allgemeinpolitischer Aspekte

Es bleibt festzustellen, daß die geforderte Ausnahmestellung einer solchen Öffnung auf nachprüfbare, besondere Ausnahmefälle zu beschränken ist, um der wettbewerblichen Grundausrichtung der FKVO zu entsprechen.

Eine Abwägung über die Erheblichkeit der Wettbewerbsbehinderung ist also nur möglich, wenn im Primärrecht der Verträge genannte Ziele und Werte unlösbar mit der Genehmigung eines Zusammenschlusses verbunden sind.

---

991 Damit wäre es beispielsweise möglich, Strukturanpassungen der europäischen Wirtschaft abzufedern und letztlich über eine Stärkung europäischer Unternehmen in deren Wettbewerbsposition Beschäftigung zu sichern. Dies setzt aber eine strikte Prüfung voraus, wobei die „Anmaßung von Wissen" durch die Kontrollbehörde nur gerechtfertigt erscheint, wenn entsprechende Erfahrungswerte vorliegen und der Druck und damit die Gefahr für den sozialen Frieden in der Gemeinschaft eine gewisse Intensität erreicht hat.

992 Auch in der bisher letzten Verbotsentscheidung, beta research, Fall IV/M.1027, Entscheidung vom 27.5.1998, ABl. 1999 L 053/31 – 45 hat die Kommission das Hauptaugenmerk auf die nach dem Zusammenschluß entstehende Marktabschottung durch den alleinigen Zugriff der Parteien auf die D-Box Technologie gerichtet. Allerdings wurde in diesem Zusammenhang nicht auf die Notwendigkeit des Zusammenschlusses für die Umsetzung der Technologie eingegangen. Dennoch steht diese Entscheidung dem erzielten Ergebnis nicht entgegen. Denn die Technik des Digitalfernsehens bedurfte nach den Erkenntnissen der Kommission nicht unbedingt dieses Zusammenschlusses zur Umsetzung, zum anderen waren die Parteien offenbar nicht bereit, entsprechende Lizensierungszusagen zu machen und hätten somit den Zukunftsmarkt auf unabsehbare Zeit abgeschottet. Auch unter Berücksichtigung der vorliegenden Erkenntnisse hätte die Entscheidung also nicht anders ausfallen müssen.

Dazu zählen insbesondere die grundlegenden Zielsetzungen der Gemeinschaft, die in Art. 2 und 3 ff. EG niedergelegt sind.

Wann eine solche Untrennbarkeit gegeben ist, kann sich naturgemäß nur auf Erfahrungswerte stützen. Auszuschließen sind daher solche Vorhaben, die, wie etwa das oben besprochene Vorhaben der Entwicklung eines europäischen Konkurrenten zu IBM, Bull[993], erfahrungsgemäß erfolglos sind. Hier bietet sich insbesondere der Rückgriff auf die Stärkung der Wettbewerbsfähigkeit der europäischen Industrie und den wirtschaftlichen und sozialen Zusammenhalt in der Gemeinschaft an. Angelehnt an die Grundsätze zur „failing company defence" muß darlegbar sein, daß die Vorteile für eine strukturschwache Region, den sozialen Frieden oder die Wettbewerbsposition auf stark konzentrierten Weltmärkten nur über die Fusion erreichbar sind. Dies wird in der Regel nicht möglich sein, nimmt man eine Beschränkung auf wirkliche Ausnahmefälle ernst. Die Praxis der Kommission ist insofern wegweisend, als sie bisher Vorteile für den technischen und wirtschaftlichen Fortschritt offiziell nicht berücksichtigt hat.

Von daher kann zweifelnden Stimmen, die bei der Eröffnung einer Abwägungsmöglichkeit einen Dammbruch hin zu einer industriepolitischen Offensive fürchten, entgegengehalten werden, daß die Verstärkung der Kontrolle der Kommissionstätigkeit auf diesem Bereich einer zu starken Ausweitung allgemeinpolitischer Gesichtspunkte entgegensteht. Es kann aber kein Argument sein, das nach dem Ergebnis der Untersuchungen zweifelsfrei vorhandene Bedürfnis für eine solche Möglichkeit zu negieren. Diese Abwägung stünde dann im Lichte der Öffentlichkeit und würde dadurch das Vertrauen in die Tätigkeit der DG IV stärken. Solange die Planungen für ein europäisches Kartellamt[994] und damit auch für ein formell zweistufig ausgebautes Verfahren mit einer politischen Instanz für die Beurteilung von Ausnahmen, angelehnt an die Ministererlaubnis, nicht realisierbar erscheinen, muß dieser Weg beschritten werden.

Die Risiken einer Zulassung werden damit bei weitem von den Vorteilen für Transparenz und Rechtssicherheit überwogen.

3.) Ergebnis

Art. 2 FKVO läßt sowohl auf der Stufe der Feststellung der Begründung oder Verstärkung einer marktbeherrschenden Stellung über das Merkmal des tech-

---

[993] Vgl. oben, Teil 2, C, II.

[994] Vgl. dazu Immenga, Fusionskontrolle, 35 ff.

nischen und wirtschaftlichen Fortschritts als auch auf einer zweiten Stufe, der zukunftsorientierten Einschätzung der Folgen des Zusammenschlusses unter besonderer Berücksichtigung von Marktabschottungseffekten in Form der Einschätzung, ob eine beherrschende Stellung den Wettbewerb erheblich behindert, in besonderen Ausnahmefällen eine Abwägung zu. Die Erheblichkeit der Wettbewerbsbehinderung durch einen Zusammenschluß ist daher ein zu beachtendes eigenständiges Merkmal. Ebenso ist das Merkmal des technischen und wirtschaftlichen Fortschritts neben einem wettbewerblichen Aspekt, nämlich der Berücksichtigung eines hohen FuE-Potentials der Parteien als verstärkendes Element bei der Feststellung einer marktbeherrschenden Stellung, als Öffnungsklausel hin zu einer stärkeren Berücksichtigung von Vorteilen von konzentrativen Gemeinschaftsprojekten im Bereich FuE zu verstehen. Gesichert sein muß dabei die Weitergabe der Ergebnisse an Wettbewerber und Verbraucher. Diese Anforderung ist insbesondere durch eine verstärkte Nutzung des Instruments von Verhaltensauflagen und -zusagen zu sichern. Berücksichtigung finden dabei die grundlegenden Ziele des EGV, die dann zu einer Genehmigung führen können, wenn der Zusammenschluß untrennbar mit diesen Vorteilen verbunden ist. Eine andere Betrachtung ist mit den grundlegenden Zielen des EGV nicht vereinbar.

B Wettbewerbliche Abwägungsklausel

I. Meinungsstand in der Literatur

Die Frage, ob Art. 2 FKVO eine wettbewerbliche Abwägungsklausel enthält, hat die Literatur weit weniger beschäftigt als die politisch wesentlich virulentere Frage der Möglichkeit einer industriepolitischen Öffnung innerhalb des Art. 2 FKVO. Dennoch sind Stellungnahmen abgegeben worden, die im folgenden kurz dargestellt werden sollen.

1.) Bejahung eines „bilan concurrentiel“

In der Literatur hat vor allem Bechthold die These, daß Art. 2 FKVO eine wettbewerbliche Abwägung iSd deutschen Wirz-Schaukel ermöglicht, unterstützt[995]. Er stellt die These auf, daß Verbesserungen der Wettbewerbsbedingungen durch einen Zusammenschluß auch innerhalb der EG-Fusionskontrolle, ähnlich wie im deutschen Kartellrecht, Berücksichtigung

---

[995] abgedruckt in EuZW 1996, 392 ff.

finden müßten. Sie seien geeignet, mit den auftretenden Marktbeherrschungskriterien in eine Abwägung gestellt zu werden.

Auf einer ersten Stufe stehe die Prüfung einer marktbeherrschenden Stellung, auf einer zweiten Stufe der Prüfung müßten die Auswirkungen des Zusammenschlusses auf den Wettbewerb insgesamt abgewogen werden[996], also auch die Auswirkungen auf anderen Märkten als denen, die für die Begründung oder Verstärkung einer beherrschenden Stellung in Frage kommen. Er folgert dies aus dem Merkmal der „Struktur der betroffenen Märkte[997]". Es bewirke, daß von der Kommission nicht nur die unmittelbar betroffenen Märkte zu analysieren und zu berücksichtigen seien, sondern auch alle anderen durch den Zusammenschluß in irgendeiner Weise betroffenen Märkte[998]. Grundlage der Beurteilung müsse dabei die Feststellung einer erheblichen Behinderung auf einem wesentlichen Teil des Gemeinsamen Marktes sein. Dieses Tatbestandsmerkmal sei nach dem klaren Gesetzeswortlaut zu berücksichtigen und dürfe nicht etwa als nicht existent behandelt werden. Wenn eine Gesamtbetrachtung in diesem Sinne, also nicht etwa im Sinne eines bilan économique, sondern im Sinne eines bilan compétitive, auf allen betroffenen Märkten im Ergebnis positiver sei als ohne den Zusammenschluß, dürfe nicht untersagt werden. Dies entspräche auch der Praxis der Kommission, negative Auswirkungen eines Zusammenschlusses auf benachbarten Märkten zu berücksichtigen. Es wäre dann inkonsequent, positive Auswirkungen unberücksichtigt zu lassen[999]. Insbesondere gäbe die Entwicklungsgeschichte der FKVO keinen Anlaß, anzunehmen, daß mit der endgültigen Fassung diese Möglichkeit ausgeschlossen werden sollte[1000]. Die Möglichkeit könne nicht deswegen verneint werden, weil die Kommission davon keinen Gebrauch mache[1001].

Kleemann[1002] greift diese Thesen auf und stimmt dem Grundansatz zu. Es sei mit dem Auftrag der Kommission, den Wettbewerb nicht nur aufrecht zu erhalten, sondern ihn auch auf dem Gemeinsamen Markt zu entwickeln, unvereinbar, eine wettbewerbliche Abwägung nicht zuzulassen. Zudem gebiete dies auch der „common sense", da sonst jede beherrschende Stellung auf einem noch so unbedeutenden Markt zu einer Untersagung trotz großer Vorteile auf anderen Märkten führen müßte. Die Fusionskontrolle sei gemäß den Erwägungsgründen 1, 2, 6 und 7 der FKVO nicht rein auf den Schutz der Abneh-

---

996 a.a.O., S. 391
997 Art. 2 Abs. 1 Buchstabe a) FKVO; zustimmend Immenga in: IM S. 828 RdNr. 27 ff.; ähnlich Miersch, S. 59 und Marko, S. 74.
998 a.a.O., S. 390.
999 so zusammengefaßt Kleinmann, RIW 1992, 345 ff.
1000 s. oben, Teil II, B.
1001 so Immenga in IM S. 830, RdNr. 27.
1002 Festschrift für Lieberknecht, S. 379 ff.

mer bzw. Verbraucher ausgelegt. Darauf würde man sie aber verkürzen, wenn eine Abwägung nicht möglich wäre[1003]. Eine solche Abwägung komme nur in Betracht, wenn der Zusammenschluß Auswirkungen auf verschiedenen Märkten habe. Sei nur ein Markt betroffen, so sei regelmäßig bei Überwiegen der positiven Auswirkungen eine Marktbeherrschung schon gedanklich nicht möglich[1004].

Albers[1005] stützt die Thesen und führt an, daß durch eine wettbewerbliche Abwägung der in Art. 2 Abs. 1 a) vorgeschriebene wettbewerbliche Beurteilungsrahmen nicht verletzt wird.

Andere sehen die Einstufigkeit der Prüfung des Art. 2 FKVO als entscheidendes Hindernis für eine Abwägung iSd Wirz-Schaukel. Wenn eine marktbeherrschende Stellung hervorgerufen würde, sei die Prüfung beendet; aus dem Fehlen einer Ministererlaubnis ähnlich § 37 Abs. 3 GWB und des Verzichts auf eine Ausgestaltung iSd Wirz-Schaukel in Kenntnis des deutschen Rechtes sei gerade der Schluß zu ziehen, daß die FKVO hier keine Abwägung zulasse. Art. 2 FKVO wird deshalb aber nicht restriktiver als § 37 Abs. 1 GWB angesehen, denn die Abwägung, die in § 37 Abs. 1 GWB nach der Feststellung einer marktbeherrschenden Stellung erfolge, fließe bei Art. 2 FKVO schon bei deren Feststellung mit ein. Wenn also wettbewerbliche Vorteile bestünden, die eine marktbeherrschende Stellung ausglichen, sei kein Verbot aussprechbar[1006].

Andere wiederum setzen die „Struktur der betroffenen Märkte" ohne weiteres mit § 37 Abs. 1 GWB gleich[1007], oder gehen wie selbstverständlich davon aus, daß die Kommission eine Wettbewerbsbilanz aufzustellen hat[1008]. Auch der Gesichtspunkt der Erheblichkeit der Wettbewerbsbehinderung im Rahmen des Art. 2 Abs. III wird als Möglichkeit verstanden, wettbewerbliche Vorteile eines Zusammenschlusses zu erfassen[1009].

1003 Kleemann, a.a.O., S. 382 f.

1004 Kleemann, a.a.O., S. 386, ähnlich Kirchhoff, BB 90, Beilage 14 zu Heft 11, S. 7 f.

1005 Albers in GTE Bd. 2/II (5. Aufl.) Fusionskontrollverordnung Art. 2, RdNr. 497 ff.

1006 In dem Sinne sind wohl die Ausführungen von Kirchhof in Beilage 14 zu BB 1990, Heft 11, zu verstehen, siehe Seite 7 f., insbesondere Fußnote 26.

1007 So Langeheine, Fordham Corporate Law Institute 1991, 481 (490).

1008 Auf der Grundlage der französischen Sicht Berlin/Calvet, RDT eur. 1996, 535 (550 ff.).

1009 Weitbrecht, EuZW 1990, 180.

2.) Ablehnung eines „bilan concurrentiel“

Soweit ersichtlich, wurde überwiegend positiv zu dieser Frage Stellung genommen[1010]. Es handelt sich allerdings um eine „deutsche“ Fragestellung, da, wie in Teil 1 dargelegt, neben Deutschland nur noch Österreich eine ausdrückliche wettbewerbliche Abwägungsklausel kennt[1011]. In der sonstigen europäischen Literatur wird das Problem, soweit ersichtlich, nicht diskutiert.

Daneben beurteilt allerdings Bach[1012] die Frage einer wettbewerblichen Abwägung auf europäischer Ebene im Falle einer Entscheidung nach deutschem Recht, die auf eine Verweisung gemäß Art. 9 Abs. 3 FKVO hin erfolgt, negativ. Da das europäische Recht – ohne jede Begründung – eine solche Abwägung nicht zulasse, dürfe dann § 36 Abs. 1 GWB nicht angewendet werden.

II. Eigene Stellungnahme

Nach den Ergebnissen der Untersuchung erscheint es ausgeschlossen, wettbewerbliche Vorteile eines Zusammenschlusses auf dem gleichen oder einem anderen Markt als demjenigen, auf dem es zu einer beherrschenden Stellung kommt, nicht zu berücksichtigen. Nach der dargelegten Entstehungsgeschichte[1013] wurde zwar mit der allgemein gehaltenen generellen Abwägungsklausel innerhalb der Beurteilungsmaßstäbe für eine Fusionskontrolle auch die zunächst enthaltene ausdrückliche wettbewerbliche Abwägungsklausel gestrichen[1014]. Daraus läßt sich allerdings, wie dargelegt, kein ausschlaggebendes Argument gegen eine Berücksichtigung wettbewerblicher Vorteile gewinnen. Denn diese Streichung war, wie dargelegt, hauptsächlich durch eine Ablehnung der industriepolitischen Elemente motiviert. Es lassen sich daraus also keine Aussagen gegen eine Berücksichtigung wettbewerblicher Vorteile entnehmen.

1010 Kirchhoff, Beil. 14 zu BB 1990, 1 (7) äußert ebenso wie Wagemann in Wiedemann, Handbuch des Kartellrechts, § 16 RdNr. 119 ff. Zweifel, ohne konkrete Argumente zu nennen.

1011 Vgl. dazu 1. Teil, B, IV. und V.

1012 Bach, WuW 1992, 571 (577).

1013 Vgl. dazu oben, 2. Teil, B.

1014 Vgl. zu früheren Verordnungsentwürfen unter einem Vergleich mit dem deutschen Recht Kutsukis, S. 234 ff.

1.) Wortauslegung des Art. 2 FKVO

Dagegen läßt sich aus dem Ergebnis der wörtlichen Auslegung[1015] entnehmen, daß sich sehr wohl auch weiterhin Ansatzpunkte für eine solche Berücksichtigung finden lassen. Insbesondere die zu berücksichtigende „Struktur der betroffenen Märkte" läßt bereits auf der Ebene der Feststellung einer beherrschenden Stellung eine solche Betrachtung zu. Damit ist den Thesen Bechtholds[1016] zuzustimmen, daß ein Zusammenschluß, der überwiegend vorteilhaft für die Wettbewerbsstruktur des Gemeinsamen Marktes wirkt, auch ohne Auflagen zu genehmigen ist.

2.) Zielsetzung der Fusionskontrolle

Dieses Resultat wird von den Ergebnissen der Untersuchung zu der Zielsetzung der Fusionskontrolle gestützt. Insbesondere die Auswirkungen des Verhältnismäßigkeitsgrundsatzes in der Gemeinschaft sind ein starkes Argument für eine solche Möglichkeit.

Die Zielsetzung der Fusionskontrolle ist die Aufrechterhaltung und Entwicklung wirksamen Wettbewerbs im Gemeinsamen Markt, wie sie sich aus der Verordnung selber ergibt. Darüber hinaus ist, wie dargelegt, die FKVO daneben auch ein Instrument zur Verwirklichung der allgemeinen Ziele des EGV unter besonderer Berücksichtigung des Wettbewerbs. Wenn ein Zusammenschluß also den Wettbewerb innerhalb des Gemeinsamen Marktes verstärkt, entspricht er dieser Zielsetzung vollkommen. Schon von daher wäre eine Untersagung unverhältnismäßig. Die Untersagung wäre in diesem Fall nicht von einer Zielsetzung gedeckt, die die Beschränkung der beteiligten Unternehmen rechtfertigen würde, und wäre somit unverhältnismäßig[1017]. Darüber hinaus wurde dargelegt, daß die Fusionskontrolle in ihrer Funktion als Instrument zur Abwehr potentieller Gefahren für den Wettbewerb einer besonderen Rechtfertigung für eine Untersagungsentscheidung bedarf, die bei einer grundsätzlich wettbewerbskonformen Gesamtbilanz nicht gegeben wäre.

1015 Vgl. oben, 2. Teil A.

1016 EuZW 1995, 389 ff.

1017 Zur Eignung vgl. EuGH Rs. 116/82 „Qualitätswein", Slg. 1986, 2519 ff., Rz. 21; Rs. 382/87 „Buet", Slg. 1989, 1235 ff., Rz. 11.

Eine Minderheit des beratenden Ausschusses war dann auch in Magneti Marelli/CEAc (29.5.1991)[1018] der Ansicht, daß, wenn lediglich ein Fünftel des Vorhabens von der beherrschenden Stellung betroffen sei, eine Untersagung nicht in Frage komme. Diese Richtschnur ist also auch in der Praxis durchaus bekannt.

3.) Praxis der Kommission

Daher hat die Kommission zu Recht festgestellt, daß ein Zusammenschluß auch positive Auswirkungen haben kann[1019], denn eine Berücksichtigung negativer Auswüchse allein verstieße gegen die festgestellte Notwendigkeit einer Berücksichtigung aller Aspekte eines Zusammenschlusses im Rahmen des Art. 2 FKVO.

Die Kommission hat außerdem in der Entscheidung Aérospatiale/de Havilland die Struktur aller betroffenen Märkte einfließen lassen und festgestellt, daß der Zusammenschluß auch nachteilige Auswirkungen auf benachbarten Märkten[1020], hätte[1021]. Es bestünden Wechselwirkungen in Form von Festkosten, die auf beide Produktmärkte[1022] verteilt würden und damit bei einem Wegfall eines der beiden Produkte den Wettbewerb auf dem benachbarten Markt erschwerten. Sie hat damit implizit eine Abwägung mit positiven Faktoren angenommen. Diese Überlegungen lassen eine Berücksichtigung allgemeiner de-minimis-Betrachtungen im Rahmen der Fusionskontrolle als notwendig erscheinen[1023].

4.) Notwendigkeit einer Gesamtbetrachtung von Zusammenschlüssen

Ein Zusammenschluß mit positiver Wettbewerbsbilanz darf nicht in Einzelmärkte aufgeteilt werden, die so klein geraten können, daß in jedem Falle ein Einzelmarkt zu betrachten ist, auf dem es zu einer marktbeherrschenden Stellung kommen muß. Zwar ist es in den meisten Fällen sicher möglich, den

1018 ABl. Nr. C 209 v. 10.8.1991, S. 11
1019 Vgl. Beispiele unter Teil I, A, 1.
1020 Hier der für Düsenflugzeuge mit 100 Sitzen.
1021 Entscheidung vom 2.10.1991, ABl. Ziff. 71.
1022 Düsenflugzeuge auf der einen und Propellerflugzeuge auf der anderen Seite.
1023 Allgemein können bei Märkten von geringerer Bedeutung Marktbeherrschungseffekte dahinstehen, vgl. Nachweise bei Drauz/Schröder S. 169. Dazu Aérospatiale/MBB, 25.2.1991, Fall IV/M.017, nicht veröffentlicht, Nummer 17 in Canenbley/Hölzer/Wiedemann; (25.2.1991); Degussa/Ciba-Geigy, 5.4.1993, Fall IV/M.317, Nummer 144 in Canenbley/Hölzer/Wiedemann. In dieser letzteren Entscheidung wurde ausdrücklich auf die geringe Bedeutung der betroffenen Märkte Bezug genommen.

wettbewerblich bedenklichen Teil durch Auflagen, etwa dahingehend, diese Produktionssparte zu veräußern, zu „entschärfen". Es ist aber durchaus vorstellbar, daß ein Zusammenschluß Produktmärkte betrifft, die mit nahezu identischen Fabrikationsanlagen bedient werden, so daß eine Abtrennung faktisch ausgeschlossen ist oder daß eine Veräußerung mangels Abnehmern scheitert. Ebenso ist unter der Berücksichtigung der angesprochenen Verhältnismäßigkeitserwägungen zu berücksichtigen, daß den beteiligten Unternehmen, die mit dem Zusammenschluß insgesamt zu einer Intensivierung des Wettbewerbs beitragen, nicht übermäßige Auflagen zugemutet werden dürfen[1024].

Denn ein Zusammenschluß, der insgesamt wettbewerbskonform ist, befindet sich in Übereinstimmung mit der Zielsetzung der Fusionskontrolle. Eine Auflage nach Art. 6 oder Art. 8 FKVO darf aber nur ergehen, um wettbewerbliche Bedenken gegen den Zusammenschluß auszuräumen. Dies ist allerdings immer nur dann möglich und erforderlich, wenn die getrennten Produktmärkte ohne Schwierigkeiten voneinander zu trennen sind und der Markt, auf dem die beherrschende Stellung eintreten würde, nicht völlig unbedeutend erscheint. Handelte es sich hingegen nur um einen von den Umsatzzahlen und der Bedeutung für die Verbraucher her völlig unbedeutenden Markt, so wäre eine Teiluntersagung schon nach den allgemeinen Verhältnismäßigkeitsgrundsätzen unzulässig. Ist der Markt bedeutender, ist abzuwägen.

In ein Verhältnis zu stellen sind die geschützten Interessen der beteiligten Unternehmen und die Ziele der Fusionskontrolle, also das öffentliche Interesse und die Belange der Wettbewerber. Die Belange der Wettbewerber sind, wie noch darzustellen ist, durch eine Klagebefugnis geschützt. Die Kommission ist in dieser Abwägung nicht frei, sondern hat konkret die Vorteile des Zusammenschlusses und die Härten für die beteiligten Unternehmen, die sich aus einer Auflage ergäben, mit diesem Schutz abzuwägen.

Fällt diese Abwägung zugunsten der Unternehmen aus, wäre eine Auflage also nur unter, im Vergleich zu den Belastungen der Wettbewerber, unangemessenen Opfern der beteiligten Parteien zu erreichen, muß die Gesamtbeurteilung positiv sein und der Zusammenschluß freigegeben werden.

5.) Berücksichtigung der Interessen Dritter

In einer eben unter 4.) geschilderten Situation stießen die Interessen der beteiligten Parteien auf die rechtlich geschützten Interessen ihrer Wettbewerber auf dem betroffenen Markt. Auch hier verbietet sich damit eine starre Be-

---

[1024] Vgl. dazu oben, Teil 2, C, 3.) b) bb) bbb).

trachtung. Den von der Genehmigung benachteiligten Unternehmen bleibt allerdings nach den Feststellungen des EuG zur Klagebefugnis Dritter der Weg einer rechtlichen Überprüfung, so daß ihre Interessen nicht ungeschützt verbleiben. Dennoch muß eine Entscheidung, damit sie einer solchen Überprüfung standhält, diese Interessen von Anfang an angemessen berücksichtigen. Auch im europäischen Recht ist eine Form der praktischen Konkordanz, wie sie das BVerfG für den deutschen Grundrechtsschutz anwendet[1025], unerläßlich. Allerdings sind auch im Gemeinschaftsrecht bloße Gewinnaussichten nicht geschützt[1026] und das Anliegen der EG-Wettbewerbsregeln ist nicht allein der Schutz der beteiligten Unternehmen vor Verfälschungen, sondern auch das öffentliche Interesse und der Schutz der Verbraucher[1027]. Die europäische Fusionskontrolle ist insoweit tatsächlich keine „reine Veranstaltung zum Schutz der Wettbewerber“[1028]. Dritte sind also nicht um jeden Preis zu schützen[1029]. Die Rechte Dritter, die von einer zugelassenen beherrschenden Stellung berührt werden, sind zudem über Art. 230 EGV abgesichert.

a) Klagebefugnis Dritter im europäischen Fusionskontrollrecht

Nach dem Wortlaut des Art. 16 FKVO ist zunächst eine Klagebefugnis Dritter nicht gegeben[1030]. Allerdings können interessierte Dritte, und als solche muß man die von einer genehmigten beherrschenden Stellung Betroffenen bezeichnen, im Laufe des Verfahrens gemäß Art. 18 FKVO ihre Einwendungen vorbringen.

Für diese Befugnis reicht nach Art. 18 Abs. 4 FKVO bereits ein hinreichendes Interesse der Betroffenen aus. Dieses hinreichende Interesse ist bereits bei einem wirtschaftlichen Interesse von einiger Intensität gegeben[1031].

Die näheren Details sind in der Verfahrensordnung 33/84[1032] geregelt, insbesondere in den Art. 14 ff. Dabei ist dem Wortlaut des Art. 18 Abs. 4 Satz 2 entsprechend („...so ist ihrem Antrag stattzugeben...“) davon auszugehen, daß

1025 Vgl. zur „Abwägung aller Umstände des Einzelfalls“ bei kollidierenden Grundrechten BverfGE 30, 173 (195 ff.); im Konfliktfall müssen nach Möglichkeit alle Verfassungsgüter zum Ausgleich gebracht werden, nur in solchen Fällen kann nach sorgfältiger Prüfung ein Zurücktreten von einem Recht verlangt werden, BverfGE 59, 231 (261 ff.); 67, 213 (228). Für die Unterschiede, die eine direkte Umsetzung dieses Prinzips auf das Gemeinschaftsrecht verbieten, vgl. Schwarze, S. 837.

1026 Vgl. EuGH Rs. 4/73 „Nold“, Slg. 1974, 491 ff., Rz. 14.

1027 Vgl. EuGH Rs. 136/79 „National Panasonic“ Slg. 1980, 2033 ff., Rz. 4 für die VO 17.

1028 Kleemann, Lieberknecht-FS, S. 379 (383).

1029 Vgl. dazu oben Teil 2, C, II., 3.), b).

1030 Vgl. Zilles, S. 22, auch umfassend zu der Problematik, zum Meinungsstand S. 24 ff.

1031 Immenga in IM zu Art. 19 RdNr. 19

1032 ABl. L 1994 L 377/1 ff.

einem Antrag auf Gewährung rechtlichen Gehörs durch belastete Dritte stattzugeben ist[1033].

Dieses Beteiligungsrecht muß in einer Klagebefugnis münden, denn Art. 21 FKVO setzt die Anfechtbarkeit von Fusionskontrollentscheidungen voraus[1034]. Über Art. 230 EG ist damit eine Klagebefugnis für Wettbewerber gegeben. Wie zur Anhörungsbefugnis erläutert, erfüllen die auf dem von der beherrschenden Stellung betroffenen Markt agierenden Unternehmen das Erfordernis der unmittelbaren Selbstbetroffenheit[1035], sie sind auch in ähnlicher Weise individualisiert wie die beteiligten Parteien des Zusammenschlusses[1036]. Die Konkurrenten von fusionierenden Unternehmen sind wirtschaftlich von Veränderungen der Marktstruktur betroffen und bewegen sich damit in dem von der FKVO geschützten Wettbewerbsbereich, sie sind auch in besonderer Weise berührt[1037]. Damit sind die Wettbewerber der sich zusammenschließenden Unternehmen klagebefugt.

Auszuscheiden sind allerdings Mißbrauchsfälle, bei denen die Kläger ihre Klagebefugnis offensichtlich nicht im eigenen Interesse, sondern um den Parteien des Zusammenschlusses zu schaden, nutzen. In einem solchen Fall dürfte aber schon kein Rechtsschutzbedürfnis vorliegen. Aus der Tatsache, daß eine Genehmigung des Zusammenschlusses nach Ablauf der Prüfungsfrist ohne eine angreifbare Entscheidung der Kommission fingiert wird, ergeben sich für die betroffenen Unternehmen ebenfalls keine unzumutbaren Nachteile. Das Wirtschaftsleben stellt an die Aufmerksamkeit von Unternehmen hohe Anforderungen. Wer also eine Anmeldung nicht registriert und mit den Folgen der Genehmigungsfiktion später leben muß, hat aufgrund dieser Verletzung der Sorgfalt in eigenen Angelegenheiten keinen Schutz verdient.

b) Folgerungen

Die Konkurrenten sind also auch bei Nichtberücksichtigung ihrer Interessen innerhalb des Verfahrens angemessen in der Lage, eine Überprüfung der fraglichen Genehmigung zu erlangen. Aus diesem Gesichtspunkt der Benachteili-

---

1033 Vgl. nunmehr ausdrücklich EuG Rs. T-290/94, WuW/E EU-R 43 ff., Leitsatz 2; Immenga in IM zu Art. 18; RdNr. 17; umfassend zum Verteidigungsrecht im Gemeinschaftsrecht Schwarze, S. 1271 ff.; zustimmend auch Uhlig, 281 ff.; Veelkens/Karl/Richter, 39 ff.

1034 Zustimmend auch Immenga, Fusionskontrolle, S. 38f, a.A. Koch in Grabitz/Hilf nach Art. 86 RdNr. 54.

1035 Vgl. dazu Immenga in IM zur FKVO G RdNr. 23 ff.

1036 Voraussetzung nach der sog. Plaumann-Doktrin, EuGH Rs. 25/62, Slg. 1963, 211 (238); dazu Immenga in IM zur FKVO G RdNr. 28; Zilles S. 94 ff.

1037 Vgl. EuG Air France I Rs. T-3/93, Slg. 1994, II 121 (162 f., Rz. 81 f.); Air France II, Rs. T-2/93, Slg. 1994, II – 323 ff. (430, Rz. 41 ff.); umfassend dazu Zilles, S. 126 ff.; für eine Klagebefugnis auch Uhlig, S. 283 ff.; auch Veelkens/Karl/Richter, 37 ff.

gung von Konkurrenten heraus läßt sich also kein Argument gegen eine Zulassung wettbewerblicher Abwägungen innerhalb des Art. 2 FKVO gewinnen.

6.) Eigenes Ergebnis zur Berücksichtigung wettbewerblicher Vorteile

Soweit also diese Zielsetzung des Schutzes der Verbraucher und der Wettbewerber beachtet wird, kann eine Genehmigung eines Zusammenschlusses, der auf einem betroffenen Markt zu einer beherrschenden Stellung führt, erfolgen, wenn die wettbewerbliche Gesamtbilanz positiv ist und eine Abtrennung dieses Marktes von dem Zusammenschluß nicht möglich oder unverhältnismäßig wäre.

Dafür spricht auch die Grundlage, welche auf der Möglichkeit einer wettbewerblichen Abwägung in den Rechtsordnungen der Mitgliedsstaaten basiert. Die gemeinsamen Rechtsüberzeugungen der Mitgliedsstaaten sind, wie bereits mehrfach dargelegt, für die Auslegung des Gemeinschaftsrechts ein wesentlicher Gesichtspunkt[1038]. Zwar ist das Prinzip nur in Deutschland und Österreich ausdrücklich vorgesehen, doch ist in den anderen Fusionskontrollordnungen der Mitgliedsstaaten sehr oft eine Gesamtbetrachtung zulässig, so daß wettbewerbliche Vorteile Berücksichtigung finden können[1039]. Damit ist eine Berücksichtigung wettbewerblicher Vorteile sowohl über die „Struktur der betroffenen Märkte" als auch innerhalb der Erheblichkeit der Wettbewerbsbehinderung möglich. Art. 2 FKVO enthält insofern auch diesbezüglich eine Abwägungsmöglichkeit. Dies deckt sich auch mit den Begründungserwägungen, denn nach Begründungserwägung 1 und 2, die die Zielsetzung aus Art. 2 Abs. 1 a) vorgeben, ist Ziel der Fusionskontrolle der Schutz vor Verfälschungen des Wettbewerbs. Dieser aber wird gestärkt durch einen in der Wettbewerbsbilanz positiven Zusammenschluß. Aus den Begründungserwägungen 6, 7, 10 und 11[1040] ergibt sich darüber hinaus, daß ein Verbot nur angezeigt ist, wenn der Zusammenschluß Auswirkungen auf die Wettbewerbsstruktur aufweist, die mit diesem Ziel unvereinbar sind.

[1038] S. 1 Teil B IV.).
[1039] Vgl. Übersicht unter Teil 1, II.
[1040] Vgl. dazu Teil 2, C, I., 5.)

III. Umsetzungsmöglichkeiten

1.) Der Markt, auf dem die Vorteile eintreten

Eine wettbewerbliche Abwägung von Vor- und Nachteilen eines Zusammenschlusses auf wettbewerblicher Ebene ist zunächst nur möglich, wenn die wettbewerblichen Vorteile, die ins Feld zu führen wären, nicht in die Betrachtung bei der Beurteilung einer marktbeherrschenden Stellung durch den Zusammenschluß eingeflossen sind; sonst gäbe es nichts abzuwägen.

Wie schon zum deutschen Recht[1041] dargelegt, ist es für die deutsche Fusionskontrolle strittig, ob die Berücksichtigung von wettbewerblichen Vorteilen eines Zusammenschlusses, die auf demselben Markt wie die Nachteile eintreten, zulässig ist. Für das deutsche Recht wurde bereits dargelegt[1042], daß dies möglich ist. Fraglich bleibt aber, ob eine solche Handhabung auch auf europäischer Ebene möglich ist.

Ausgangspunkt ist auch hier, daß die strukturellen Vorteile, die durch den Zusammenschluß auf dem beherrschten Markt eintreten, Wettbewerbsbedingungen sind, die grundsätzlich auch in die Prüfung der beherrschenden Stellung einfließen können. Dann liegt also eine einstufige Prüfung vor, eine explizite Abwägung müßte nicht mehr stattfinden. Für das deutsche Recht wurde dargelegt, daß durch diese Vorgehensweise praktische Erleichterungen für die agierende Behörde auftreten, da die genaue Prüfung der beherrschenden Stellung nicht explizit ausgeführt werden muß, wenn statt dessen auf die u.U. leichter festzustellenden Vorteile durch den Zusammenschluß verwiesen wird. Für das deutsche Recht wurde festgestellt, daß damit den betroffenen Unternehmen die Möglichkeit genommen wird, darauf zu verweisen, daß sie sich nicht in einer beherrschenden Stellung befinden, woran sie ein schützenswertes Interesse haben können.

Für die FKVO gilt diese Argumentation nicht. Zwar wurde dargelegt, daß über die Erheblichkeit der Wettbewerbsbeschränkung in Ausnahmefällen eine zweistufige Prüfung denkbar ist. Grundsätzlich sind solche Erwägungen aber innerhalb der Prüfung des Art. 2 FKVO zu berücksichtigen. Dort findet nämlich eine Betrachtung der Marktstellung und deren mögliche Erosion aufgrund potentiellen Wettbewerbs im Rahmen einer großzügigeren Betrachtung bei

---

1041 Vgl. oben, Teil 1, B, V, 2.), a).

1042 Vgl. Teil 1, B V. 2.) a) cc) aaa).

Vorteilen für den wirtschaftlichen und technischen Fortschritt in einer zweiten Stufe nach Feststellung der beherrschenden Stellung statt.

Das Ergebnis dieser Prüfung ist aber jeweils eine nicht variierbare Feststellung des Vorliegens oder des Fehlens einer Marktbeherrschung, da die FKVO andere Entscheidungsmöglichkeiten nicht vorsieht. Dementsprechend ist eine explizite Aufwägung von Vorteilen, die auf dem beherrschten Markt auftreten, nicht gesondert möglich, sondern diese Vorteile gehen in die Prüfung der Entstehung oder Verstärkung einer beherrschenden Stellung ein. Die FKVO unterscheidet sich damit von der klareren Struktur des § 36 GWB.

Zwar kann nicht verkannt werden, daß die Kommission die Möglichkeit hat, eine entsprechende Struktur und Unterpunkte in ihren Entscheidungen zu verwenden. Sie könnte also zunächst die beherrschende Stellung untersuchen und erst danach die auf dem betroffenen Markt zugleich eintretenden Vorteile ins Auge fassen. Sie ist angesichts der unterschiedlichen Struktur der Prüfung, anders als das BKartA, rechtlich dazu aber nicht gehalten. Auch bei einer entsprechenden Strukturierung der Entscheidungen lägen aber Vor- und Nachteile, anders als in § 36 Abs. 1 aE GWB, auf einer Ebene. Ergebnis wäre immer die Feststellung des Vorliegens oder Nichtvorliegens einer beherrschenden Stellung.

Eine ausdrückliche Abwägung, allerdings innerhalb der Prüfung der Marktbeherrschung, kann also nur bei Vorteilen, die auf anderen als dem beherrschten Markt auftreten, erfolgen.

Eine Berücksichtigung von Sanierungsfusionen scheidet als Abwägungstatbestand aus. Der Tatbestand von Sanierungsfusionen wurde oben für das deutsche Recht dargestellt. Eine Sanierungsfusion liegt vor, wenn etwa durch den Zusammenschluß die Marktanteile des ausscheidenden Wettbewerbers nicht dem Marktführer zufallen, was sie ohne die Fusion getan hätten, oder durch den Zusammenschluß eine größere Anbieterzahl erhalten werden kann. Solche Vorteile sind bereits bei der Entstehung oder Verstärkung der marktbeherrschenden Stellung zu berücksichtigen.

Gleiches gilt für den Fall, daß ein marktfremdes Unternehmen mit Hilfe seiner Ressourcen ein sanierungsbedürftiges Unternehmen wieder wettbewerbsfähig macht und damit den Fall der Verstärkung der finanziellen Ressourcen des übernommenen Unternehmens als negatives Marktstrukturmerkmal wieder ausgleicht.

2.) Struktur der Abwägung

Aber auch, wenn andere Märkte als die betroffenen wettbewerbliche Vorteile durch die Fusion erleben, ist ein Rückgriff auf die Erheblichkeit der Behinderung fraglich. Denn innerhalb der Kriterien des Art. 2 FKVO findet sich mit der „Struktur der betroffenen Märkte" ein Anknüpfungspunkt, der die Berücksichtigung solcher Vorteile, ebenso wie die von Nachteilen auf diesen Märkten, konform mit der bisherigen Praxis der Kommission berücksichtigbar macht. Somit ist die Berücksichtigung wettbewerblicher Vorteile nur innerhalb der Feststellung einer beherrschenden Stellung möglich. Dadurch wird aber eine Abwägung nicht ausgeschlossen, denn die Kommission betrachtet die von dem Zusammenschluß betroffenen Märkte getrennt voneinander, sowohl räumlich als auch sachlich, um dann eine zusammenfassende Gesamtbetrachtung abzugeben[1043], wobei insbesondere die jeweilige Stellungnahme zum technischen und wirtschaftlichen Fortschritt einer abschließenden Gesamtbetrachtung unterzogen wird[1044]. Damit besteht schon innerhalb der Prüfung, ob durch den Zusammenschluß eine beherrschende Stellung begründet oder verstärkt wird, die Möglichkeit einer zweiten Prüfungsebene. Dies geschieht anhand der Frage, ob die starke Marktstellung der sich zusammenschließenden Parteien durch potentiellen Wettbewerb erodieren bzw. ob diese starke Marktposition durch die Betrachtung der Märkte innerhalb und außerhalb der Gemeinschaft ausgeglichen wird. Dies gilt nur für Auswirkungen auf unterschiedlichen Märkten, denn nur in einem solchen Fall kann, wie dargelegt, eine Gesamtabwägung stattfinden.

Eine Abwägung der Wirkungen eines Zusammenschlusses auf unterschiedlichen Märkten innerhalb einer Gesamtbetrachtung ist nach den Kriterien des Art. 2 FKVO damit vorgegeben. Ein Rückgriff auf die Erheblichkeit der Wettbewerbsbehinderung nach Art. 2 Abs. 2 und 3 FKVO sollte nur möglich sein, wenn kein anderer Anhaltspunkt innerhalb des Art. 2 FKVO für eine Berücksichtigung von Zielen des Vertrages zu finden ist, und zwar, um die Ausnahmestellung dieser Möglichkeit nicht zu unterhöhlen.

[1043] Etwa Kommission, IV/M.737 – Ciba-Geigy/Sandoz, ABl. L 201/1 ff.; IV/M.833, Carlsberg/Coca-Cola, ABl. 1998 L 145/41 ff.; IV/M.931 Nestlé/IVO vom 2.6.1998, nicht veröffentlicht; IV/M.779 Bertelsmann/CLT, Entscheidung vom 7.10.1996, nicht veröffentlicht; IV/M.726 Bosch/Allied Signal, Entscheidung vom 9.4.1996, nicht veröffentlicht; Crown Cork & Seal/Cornaud Metalbox, ABl. 1995 L 75/38 ff.; BAT/Rothmans, IV/M.1415, Kurzfassung in WuW 1999, 479.

[1044] MSG Media Service, IV/M.469, ABl. 1994 L 364/1 ff. (19 f.); Aérospatiale-Alenia/de Havilland, IV/M. 053, ABl. 1991, L 334/42 ff. (59 f.).

3.) Konstellationen, in denen eine Berücksichtigung möglich ist

Fraglich bleibt damit noch, welche wettbewerblichen Vorteile Berücksichtigung finden können.

a) Grundlegendes Verfahren

Als Vorbild für eine Berücksichtigung wettbewerblicher Vorteile kann die deutsche Praxis zu § 37 Abs. 1 aE GWB verwendet werden[1045].

Eine Genehmigung unter Berufung auf die hier vertretene Möglichkeit einer wettbewerblichen Abwägung der Vor- und Nachteile eines Zusammenschlusses ist demnach nur möglich, wenn:

- die wettbewerblichen Vorteile die negativen Folgen der Marktbeherrschung eindeutig überwiegen,
- die Entstehung der Marktbeherrschung insgesamt unvermeidbar ist oder nur unter, wie dargelegt, unverhältnismäßigen Auflagen für die beteiligten Unternehmen vermeidbar wäre, um die positiven Auswirkungen herbeiführen zu können, und
- die positiven, strukturellen Auswirkungen auf dem Markt dabei kausal aufgrund der Fusion entstehen.

Damit werden die oben aufgeführten Voraussetzungen umgesetzt und sichergestellt, daß die Berücksichtigung von wettbewerblichen Vorteilen den Anforderungen an die Verhältnismäßigkeit gerecht wird.

Fraglich ist allerdings, ob die Beweislast für die eintretenden Verbesserungen bei den beteiligten Unternehmen liegt[1046].

Die Auferlegung der Beweislast für den Eintritt der Verbesserungen auf die Unternehmen könnte der dargelegten Amtsermittlungspflicht der Kommission widersprechen. Die Geltendmachung wettbewerblicher Vorteile ist zwar ein Ausnahmetatbestand, während sich allgemein die Ermittlungspflicht der Kommission nur auf das Bestehen oder die Verstärkung einer beherrschenden Stellung bezieht. Wie dargelegt, findet die Abwägung allerdings im Rahmen des Merkmals der Betrachtung der Märkte innerhalb und außerhalb der Gemeinschaft statt, also innerhalb der von der Kommission zu ermittelnden

---

[1045] ähnlich Kleemann, Lieberknecht-FS, 379.

[1046] so Kleemann, Lieberknecht-FS, 379 ff. (383).

Umstände. Insofern findet sich keine Grundlage, die Kommission von der Pflicht, wettbewerbliche Vorteile eines Zusammenschlusses auf diesen anderen, von der Fusion betroffenen Märkten zu untersuchen, zu befreien. Die Auferlegung der Beweislast für die eintretenden Verbesserungen auf die beteiligten Unternehmen erscheint insofern nicht glücklich. Im Unterschied zum deutschen Recht, bei dem § 36 Abs. 1 GWB ausdrücklich die Last des Nachweises den beteiligten Unternehmen auferlegt, fehlt eine solche ausdrückliche Regelung in der FKVO. Eine unmodifizierte Übernahme dieses Gedankens in die FKVO ist damit nicht zu vertreten. Das von Kleemann[1047] aufgeführte Argument, resultierend aus dem Vergleich mit dem Fall Kali + Salz, in dem die Kommission gefordert hat, daß die Beweislast für das Fehlen der Kausalität zwischen Übernahme und Wettbewerbsbehinderung die Unternehmen trifft, greift nicht[1048]. Denn die Ausnahme der failing company defense ist ein Argument, das sich aus dem ungeschriebenen Erfordernis der Kausalität zwischen Fusion und wettbewerblichen Auswirkungen ergibt, wohingegen die Struktur der betroffenen Märkte ein im Rahmen der Kriterien für die Untersuchung der Marktbeherrschung genanntes Merkmal ist, das der Amtsermittlungspflicht unterliegt.

Es ist auf der anderen Seite aber nicht ausgeschlossen, von den beteiligten Unternehmen angesichts des für sie günstigen Ausnahmetatbestandes hier eine besondere Bereitschaft zur Mitarbeit zu verlangen. Die europäische Fusionskontrolle legt den Unternehmen keine ausdrückliche Beweislast auf, sondern es obliegt der Kommission, auch in diesem Bereich Nachforschungen anzustellen. Allerdings ist von den beteiligten Unternehmen eine erhöhte Kooperationsbereitschaft zu verlangen. Praktisch werden die Unternehmen also die Voraussetzungen für den Genuß einer wettbewerblichen Abwägung beibringen müssen. Die Kommission ist allerdings verpflichtet, diesen Hinweisen nachzugehen und darf sich nicht auf eine Beweisfälligkeit berufen.

Das nach deutschem Recht erforderliche wesentliche Überwiegen der wettbewerblichen Vorteile des Zusammenschlusses über die Nachteile begründet sich nach den Ergebnissen der Untersuchung auch für die europäische Fusionskontrolle aus der Ausnahmesituation der Möglichkeit einer Freigabe trotz marktbeherrschender Stellung. Das bloße Aufwiegen von negativen und positiven Auswirkungen wäre schon von der Zielsetzung, der Förderung wirksamen Wettbewerbs nicht gedeckt. Denn ein „Nullsummenspiel" wäre keine Förderung. Damit kann auf der Grundlage des bloßen Ausgleichs keine

---

[1047] aaO, S. 385.
[1048] Der EuGH äußert sich in seiner Entscheidung, WuW 1998, 501 ff. zu diesem Aspekt nicht.

beherrschende Stellung mit den sich für die Marktpartner der anmeldenden Parteien ergebenden Unannehmlichkeiten gerechtfertigt werden.

Das Erfordernis struktureller Vorteile ergibt sich wie im deutschen Recht, aus der objektiven Betrachtung der Wettbewerbsstrukturen, die aus den wettbewerblich orientierten Kriterien des Art. 2 FKVO folgt. Ein bloßes Verhalten kann die strukturellen Verschlechterungen auf einem anderen Markt keinesfalls ausgleichen, denn die Wettbewerbsregeln der Gemeinschaft schützen nach dem Ergebnis der Untersuchungen die objektiven Rahmenbedingungen für den Wettbewerb in der Gemeinschaft als Möglichkeit der freien Entfaltung des Wetteiferns der Marktteilnehmer ohne Verfälschungen[1049].

b) Fallgruppen

aa) Verschiedene sachlich relevante Märkte

Zu dieser Thematik zählt zum einen die Fallgruppe, daß die Fusion Auswirkungen auf zwei unterschiedliche Produktmärkte hat, von denen einer, der, auf dem die beherrschende Stellung eintritt, insgesamt deutlich weniger relevant für die Zielsetzungen des Wettbewerbsschutzes ist als derjenige, auf dem durch den Zusammenschluß wettbewerbliche Verbesserungen eintreten. Beispielsweise wäre dies der Fall, wenn zwei Unternehmen fusionieren, die auf dem – kleineren – Markt X zusammen auf einen sehr hohen Marktanteil kämen, aber auf dem – größeren – Markt Y mit nunmehr einem größeren Marktanteil dem bisherigen unangefochtenen Marktführer, der über eine beherrschende Stellung verfügt, besser Konkurrenz machen können.

In solchen Fällen droht zwar wiederum eine industriepolitische Einflußnahme[1050], da die Kommission gezwungen wäre, die Märkte X und Y gegeneinander aufzuwiegen und festzulegen, welcher Markt der bedeutsamere ist. Diese grundsätzliche Möglichkeit ist, wie dargelegt, der FKVO nicht fremd. Dennoch muß aufgrund des Ausnahmecharakters gefordert werden, daß ein erhebliches Überwiegen festgestellt werden kann, daß also der Markt, auf dem wettbewerbliche Vorteile eintreten, von der Größe und Bedeutung her jeden vernünftigen Zweifel an der Zulässigkeit der Berücksichtigung der dort

[1049] Daher hat Immenga in IM S. 830 RdNr. 28 diese Voraussetzungen zu Recht gefordert.
[1050] S. dazu auch die Kritik, die an der Beibehaltung der Abwägungsmöglichkeit durch die GWB-Novelle geübt wurde, vgl. oben, Teil 1 B III. 2.) a) bb).

auftretenden Vorteile gegenüber den Nachteilen auf dem beherrschten Markt ausschließt[1051].

Einen Unterfall dieser Gruppierung stellt die Sanierungsfusion mit Auswirkungen auf zwei verschiedenen Märkten dar. Wenn ein konkursreifes Unternehmen Z durch den Marktführer A auf dem Markt X übernommen wird und sein Wegfall sich grundsätzlich auf dem Markt X positiver auswirkte als die Übernahme durch den Marktführer A[1052], kann der Zusammenschluß dennoch zu genehmigen sein, wenn dieses Unternehmen Z auf einem größeren Markt Y der einzige Wettbewerber des dortigen Marktführers B ist und nach seinem Wegfall auf dem Markt Y nunmehr eine Alleinstellung von B drohte, die bei einer Übernahme von Z durch A vermieden werden kann.

In beiden Fällen ist allerdings zu fordern, daß die erhöhte Wettbewerbsfähigkeit dem bisherigen Marktführer gegenüber auch tatsächlich zur Geltung gebracht wird. Ansonsten würde der Zielsetzung des Wettbewerbsschutzes entgegen gehandelt. Vorteile für den Wettbewerb können nur berücksichtigungsfähig sein, wenn sie konkrete Auswirkungen auf den Gemeinsamen Markt haben. Dieses Erfordernis kann, wie zu der Frage der Berücksichtigung industriepolitischer Vorteile[1053] erörtert, durch Auflagen und Zusagen abgesichert werden.

bb) Verschiedene geographische Märkte

Hier ist eine Rechtfertigung nur schwer vorstellbar, wenn man dem Ansatz folgt, die Kommission sei nicht dazu berufen, die Herausbildung „nationaler Champions" zu fördern, die ihre marktbeherrschende Stellung auf dem Heimatmarkt zur besseren Wettbewerbsfähigkeit auf fremden Märkten nutzen könnten[1054]. Denn genau dieser Effekt träte ein, wenn man auf einem nationalen Markt eine beherrschende Stellung zuließe, weil man ihn gegenüber

---

1051 Hieran wird auch deutlich, daß die These von Marko, Die erhebliche Behinderung wirksamen Wettbewerbs durch marktbeherrschende Unternehmen im Sinne des Art. 2 der EG-Fusionskontrollverordnung Nr. 4064/89, daß die Bestimmung des relevanten Produktmarktes unterbleiben kann (S. 67 ff.) nicht stimmen kann. Darüber hinaus ist der Ansatz, daß die Betrachtung, daß ein unzureichendes Ausweichen der Abnehmer auf andere Produkte bei Preiserhöhungen ausreicht, um einen unkontrollierten Verhaltensspielraum der beteiligten Unternehmen ohne nähere Eingrenzung festzustellen, bereits die Festsetzung eines Produktmarktes voraussetzt, denn für dieses konkret verteuerte Produkt besteht dann offensichtlich kein Substitutionswettbewerb.

1052 Also kein Fall fehlender Kausalität vorliegt, wie es im Fall MDK/Treuhand/Kali + Salz, aaO, erörtert wurde.

1053 Vgl. oben, 3. Teil A II. 2.).

1054 Kleemann, aaO., S. 388, der sich allerdings im Falle von Aufholfusionen in wirtschaftlich benachteiligten Regionen Ausnahmen vorstellen kann.

einem anderen nationalen Markt, auf dem durch den Zusammenschluß bessere Wettbewerbsbedingungen herrschten, als nachrangig einstufte.

Wie bereits dargelegt, ist ein Heranzüchten europäischer oder nationaler Champions durch großzügige Handhabung der Fusionskontrollregeln nicht in jedem Fall verboten. Allerdings verlangt der Ausnahmecharakter dieser Möglichkeit eine restriktive Handhabung. Insoweit ist es also geboten, in Fällen, die grundsätzlich den oben dargestellten ähneln, besondere Anforderungen an das Überwiegen zu stellen.

Hier ist insbesondere das Heimatmarktphänomen zu betrachten. Die jeweiligen Hersteller verfügen auch weiterhin, trotz des Gemeinsamen Marktes, idR über eine relativ starke Basis in dem Mitgliedsstaat, aus dem sie stammen. Wenn von vier bisher auf den Heimatmärkten in Dänemark, Deutschland, England und Frankreich jeweils marktführenden Unternehmen, die in den anderen Ländern jeweils nur geringe Marktanteile hielten, zwei fusionierten, ergäben sich nunmehr auf den jeweiligen Heimatmärkten Marktanteile der beiden Fusionspartner in der Nähe einer beherrschenden Stellung. Dafür wären die Unternehmen auf den beiden anderen Märkten nunmehr mit stärkeren Anteilen besser in der Lage, die dortigen Marktführer unter effektiven Wettbewerbsdruck zu setzen. Wenn es sich bei den hohen Konzentrationen um kleinere Märkte, also etwa Dänemark und Frankreich, bei den verbesserten aber um die Größeren, also etwa Deutschland und England, handelte, könnte man im Endergebnis auch zu einer Verbesserung kommen[1055].

Diese Folgerung ist allerdings fraglich. Denn wenn die Märkte tatsächlich so stark national bzw. bei größeren Mitgliedsstaaten auch regional geprägt sind, besteht ein starkes Indiz für fortbestehende Marktzutrittsschranken auf den nationalen Märkten, etwa durch sprachliche oder kulturelle Barrieren. Hinzu kommt, daß die Marktanteile der Unternehmen im europäischen Ausland oft durch einheimische Tochtergesellschaften erzielt werden[1056]. Es erscheint daher in der Regel nicht hinnehmbar, den betroffenen Heimatmärkten, die als weniger „wichtig" eingestuft wurden, angesichts dieser Marktdurchdringungsschwierigkeiten zuzumuten, mit einer beherrschenden Stellung zu Gunsten der als wichtiger eingestuften Märkte zurückzustehen.

Eine solche Konstellation ist also zwar theoretisch denkbar, erfordert aber eine genaue Analyse der bestehenden Marktzutrittsschranken und wird in der Regel nicht den oben dargestellten Anforderungen genügen. Denn, auch wenn

---

1055 So Bechthold, EuZW 1995, aaO.

1056 So etwa das Ergebnis der Marktanalyse zu Holzmann/Hochtief/Deutsche Bank (Bauvorhaben), eine Anmeldung, die von den Parteien zurückgenommen wurde, als eine Rückverweisung drohte und bei der der Autor mitwirken konnte.

die europäische Fusionskontrolle keine rein auf den Wettbewerber- und Verbraucherschutz beschränkte Kontrolle sein mag, spielen diese Gesichtspunkte dennoch eine wesentliche Rolle.

Möglich erscheint eine solche Abwägung nur dann, wenn andere Schutzgüter als der wirtschaftliche und soziale Zusammenhalt in der Gemeinschaft[1057] zu beachten sind. Dieser Fall berührt allerdings die allgemeinen Ziele der Fusionskontrolle und unterfällt damit den oben dargestellten Fallgruppen und sollte deshalb nicht auf dieser rein wettbewerblichen Abwägungsebene Beachtung finden. Damit die geforderte Transparenz bei Abwägungen wirklich umsetzbar ist, müssen allgemeinpolitische Belange strikt von wettbewerblichen Erwägungen getrennt werden. Daher ist vor allem, trotz des im Verordnungsgebungsverfahren offenbarten Wunsches einiger südlicher Mitgliedsstaaten, teilweise noch bestehende Entwicklungsrückstände einiger Regionen besonders bei der Prüfung nach Art. 2 FKVO zu berücksichtigen, keine Berücksichtigung regionaler Aspekte bei der Abwägung möglich. Eine beherrschende Stellung im Norden ist also aufgrund einer Entwicklung im Süden nicht hinzunehmen[1058]. Eine Berücksichtigung von Entwicklungsrückständen in dieser Weise ist nicht nur praktisch schwer vorstellbar, es ist auch kein Ansatzpunkt dafür ersichtlich. Es wäre eher das Gegenteil anzunehmen, nämlich daß eine beherrschende Stellung in schwach entwickelten Ländern angesichts der Möglichkeit des Aufholens von Entwicklungsrückständen hinzunehmen wäre. Beides unterfällt aber, wie dargelegt, der Berücksichtigung allgemeiner Vertragsziele und damit den oben aufgestellten strengen Anforderungen an eine solche Möglichkeit.

Der Gesichtspunkt von Entwicklungsrückständen in einigen Regionen der Gemeinschaft bietet aber eine Möglichkeit, Kriterien für die Gewichtung von unterschiedlichen Märkten zu gewinnen. Angesichts der Zielsetzung der FKVO kann argumentiert werden, daß eine Verbesserung der Wettbewerbsbedingungen, die in Regionen eintritt, die einen wirtschaftlichen Rückstand aufweisen und in denen durch die Verbesserungen wahrscheinlich eine verstärkte Möglichkeit des technischen und wirtschaftlichen Fortschritts eintreten wird, schwerer zu gewichten ist als Nachteile, die auf einem entwickelten Markt eintreten. Eine solche Argumentation erforderte allerdings eine enorme Prognoseleistung der Kommission. Nach den Erfordernissen an Transparenz und Überprüfbarkeit des Fusionskontrollverfahrens[1059] kann ein solcher Prognosespielraum nicht hingenommen werden. Möglich ist eine Beachtung dieses Gesichtspunktes daher nur bei sachlich getrennten Märkten.

[1057] Vgl. Kleemann, aaO S. 388.

[1058] So aber Albers, CR 1990, 444 (447).

[1059] Vgl. zum jetzigen Stand und den damit einhergehenden Risiken oben, Teil 2, C, I. 2.).

Damit sind wettbewerbliche Vorteile, die auf einem anderen geographischen Markt als dem von der beherrschenden Stellung bedrohten eintreten, in der Regel nicht verwertbar.

IV. Ergebnis

Damit ist festzuhalten, daß eine Möglichkeit innerhalb des Art. 2 FKVO besteht, wettbewerbliche Vorteile eines Zusammenschlusses mit Nachteilen dieses Zusammenschlusses aufzuwiegen. Das trifft insbesondere für die Fallgruppe zu, daß zwei Unternehmen fusionieren, die auf einem kleineren Markt X über eine beherrschende Stellung verfügen, aber durch den Zusammenschluß nunmehr auf dem größeren Markt Y dem bisherigen unangefochtenen Marktführer effektiv Wettbewerb leisten können. In den anderen denkbaren Fällen wird eine solche Betrachtung meist scheitern.

Eine Teiluntersagung, d. h. Auflagen zur Abwehr des wettbewerblich bedenklichen Teiles des Zusammenschlusses ist nur zulässig, wenn diese Abtrennung ohne unverhältnismäßige Belastung der beteiligten Unternehmen möglich ist.

C Abschließende Betrachtung

Die Untersuchung hat ergeben, daß kein Anlaß besteht, eine Zulassung allgemeinpolitischer Erwägungen in der FKVO zu fürchten. Die Möglichkeit, verschiedene, miteinander kollidierende Vertragsziele zu einem Ausgleich zu bringen, durchzieht das System des EGV und hat auch für die FKVO Gültigkeit. Insbesondere nach den Änderungen durch den Amsterdamer Vertrag ist eine Berücksichtigung von allgemeinpolitischen Vorteilen eines Zusammenschlusses in besonderen Ausnahmefällen zuzulassen. Dies geschieht über die Berücksichtigung des technischen und wirtschaftlichen Fortschritts, der eine temporäre Öffnungsklausel darstellt und dazu führen kann, daß Zusammenschlüsse, die eine verstärkte FuE-Tätigkeit der beteiligten Unternehmen ermöglichen, großzügiger hinsichtlich der Möglichkeit potentiellen Wettbewerbs zu behandeln sind als „normale“ Zusammenschlußvorhaben.

Die tatsächliche Realisierung dieser FuE-Vorhaben durch die Parteien ist zudem durch entsprechende Auflagen an die Unternehmen abzusichern.

Darüber hinaus ist die nach Art. 2 Abs. 3 FKVO notwendige Erheblichkeit der durch den Zusammenschluß eintretenden Wettbewerbsbehinderung das in der Verordnung vorgesehene Einfallstor für andere als rein wettbewerbliche Gesichtspunkte. Solche allgemeinpolitischen Gesichtspunkte sind allerdings nur in Ausnahmefällen, wenn Vorteile für grundlegende Ziele des Vertrages anders als durch den Zusammenschluß nicht zu realisieren wären und die zu erwartende Marktbeherrschung durch die Parteien des Zusammenschlusses durch Auflagen in ihren Auswirkungen abgemildert werden kann, zu berücksichtigen. Grundsätzlich darf die wettbewerbliche Ausrichtung der FKVO nicht angetastet werden.

Eine wettbewerbliche Abwägung innerhalb des Art. 2 FKVO ist über die Struktur der betroffenen Märkte möglich. Der Anwendungsbereich ist allerdings auf solche Fälle beschränkt, in denen auf verschiedenen sachlichen Märkten Vor- und Nachteile eines Zusammenschlusses auftreten und die Vorteile für den größeren und wichtigeren Markt die Markbeherrschungseffekte auf dem kleineren Markt deutlich überwiegen. Es muß also eine positive Gesamtbilanz bestehen.

Eine Abspaltung des wettbewerblich bedenklichen Teiles über Auflagen ist in solchen Fällen nur möglich, wenn die Folgen für die beteiligten Unternehmen im Rahmen der Verhältnismäßigkeit bleiben. Ansonsten ist die Marktbeherrschung auf dem kleineren Markt hinzunehmen.

Durch diese Struktur ist eine Rechtfertigung der festgestellten Praxis der Kommission, allgemeinpolitische Erwägungen in die materielle Beurteilung von Konzentrationen einfließen zu lassen, möglich. Durch die Offenlegung dieses Vorgehens innerhalb des Verfahrens, die in der Struktur der Entscheidungen der Kommission erfolgen sollte, ist zudem eine Kontrolle dieser Tätigkeit der Kommission möglich. Dritte sind gegenüber der Berücksichtigung von wettbewerblichen und außerwettbewerblichen Vorteilen in der Fusionskontrolle durch die Anerkennung einer Klagebefugnis ausreichend geschützt. Durch diese Klagemöglichkeit wird konkret die Überwachung der Kommission umgesetzt werden können.

Literaturverzeichnis

Albers, Michael	Fusionskontrolle zwischen Wettbewerbs- und Industriepolitik – Grundzüge der neuen EG-Fusionskontrolle, Computer und Recht 1990, 444 ff.
Anweiler, Jochen	Die Auslegungsmethoden des Gerichtshofes der Europäischen Gemeinschaften, Frankfurt/Berlin/ Bern/New York/Paris/ Wien 1997
Axster, Oliver	Die europäische Fusionskontrolle, in Festschrift für Karlheinz Quack, Berlin/New York 1991, S. 569 ff.
Barfuß, Walter Auer, Günter	Kartellgesetz 1988 und Nahversorgungsgesetz idF der Kartellgesetznovelle 1993 sowie EWR-Wettbewerbs-gesetz, Wien 1994, zitiert: Barfuß/Auer.
Bach, Albert	Der Marktbeherrschungsbegriff in der EG-Fusionskontrolle, auch im Vergleich zum deutschen Kartellrecht, in WuW 1993, 805 ff.
ders.	Materielle Veränderungen der deutschen Fusionskontrolle durch die EWG-Fusionskontrolle, in: WuW 1992, 571 ff.
Banks, David	Non-Competition Factors and their Future Relevance under European Merger Law, in: ECLR 1997, S. 182 ff.
Bahntje, Udo	Wettbewerbsbeschränkung und Wettbewerbsermöglichung, WuW 1993, 825 ff.
Baron, Michael	Die neuen Bestimmungen der europäischen Fusionskontrolle, in: WuW 1997, 579 ff.
Bartodziej, Peter	Reform der EG-Wettbewerbsaufsicht und Gemeinschaftsrecht, Baden-Baden 1994.

Baumol, William
Panzar, John
Willig, Robert — Contestable markets and the Theory of Industry Structure, New York, 1982.

Bechthold, Rainer — Abwägung zwischen wettbewerblichen Vor- und Nachteilen eines Zusammenschlusses in der europäischen Fusionskontrolle, in: EuZW 1996, S. 389 ff.

ders. — Kartellgesetz, Gesetz gegen Wettbewerbsbeschränkungen, Kommentar, 2. Aufl., München 1999

ders. — Das neue Kartellgesetz, in: NJW 1998, 2769 ff.

ders. — Die Grundzüge der neuen EWG-Fusionskontrolle, in: RIW 1990, 253 ff.

Behrens, Peter — EEC Competition Rules in National Courts, Part 1, Baden-Baden 1992, zitiert: Autor in Behrens I, S.

Beck, Bernhard — Das italienische Kartellgesetz – Überblick und erste Erfahrungen, WuW 1991, S. 707 ff.

Benisch, Werner — Verhältnis von Kartellverbot und Fusionskontrolle, in: Festschrift für Fritz Rittner, München 1991, S. 19 ff.

Berlin, Dominique
Calvet, Hugues — Concentrations (1er janvier 1993 – 31 décembre 1994), Revue trimestrielle de droit européen, 1996, 535 ff.

Berg, Hartmut
Schmidt, Frank — Industriepolitik, in: Handbuch Europäische Wirtschaftspolitik, München 1998; zitiert: HEW-Berg/Schmidt, Seite.

Berg, Hartmut
Rott, Armin U. — Daimler-Chrysler: Ein Zusammenschluß neuer Qualität? WuW 1999, 140 ff.

Bergmann, Jan Lenz, Christopher	Der Amsterdamer Vertrag (Eine Kommentierung der Neuerungen des EU- und EG-Vertrages) Köln 1998; zitiert: Autor in Bergmann/Lenz, Seite.
Bishop, Bill	When Two is Enough (Competition in Bidding Markets), in: ECLR 1996, S. 3 ff.
Blanco, Luis Ortiz	European Community Competition Procedure, Oxford 1996.
Blank, Josef	Europäische Fusionskontrolle im Rahmen der Artt 85, 86 des EWG-Vertrages, Baden-Baden 1990
Bleckmann, Albert	Zu den Auslegungsmethoden des europäischen Gerichtshofes, in: NJW 1982, 177 ff.
ders.	Europarecht, 6. Aufl. Köln/Berlin/Bonn/München 1997, zitiert: Bleckmann, Europarecht.
Block, Astrid	Die europäische Fusionskontrolle, WSI-Mitlungen 1/1992, S. 29 ff.
Bos, Pierre Stuyck, Jules Wytinck, Peter	Concentration Control in the European Economic Community, London/Norvell, MA, 1992 zitiert: Bos/Stuyck/Wytinck, Seite
Braakmann/Schröter	siehe Europäische Kommission
Bünting, Karl-Dieter	Deutsches Wörterbuch, Chur 1996.
Burckhardt, Jürgen	Kartellrecht, München 1995.
Burnside, Alec Stuart, Eugene	Irish Competition Law – Moving towards the European Model, in: ECLR 1992, S. 38 ff.
Canenbley, Cornelis Hölzler, Heinrich Wiedemann, Gerhard	EC merger control monitor, 2. Lieferung, Stand 1997, Köln 1995/1997, zitiert: Canenbley/Hölzler/Wiedemann.

Carlton, Dennis W. Perloff, Jeffrey M.	Modern Industrial Organization, 2nd Edition, New York 1994, S. 86 ff.
Cohen-Tanugi, Laurent Encaoua, David Winckler, Antoine Siragusa, Mario Brunet, Francois	La pratique communautaire du contrôle des concentrations, Brüssel 1995, zitiert: Kontrollpraxis, Seite.
Cook, John Kerse, Chris	EEC Merger Control Regulation 4064/89, London 1991
Dauses, Manfred A.	Handbuch des EG-Wirtschaftsrechts, Stand: April 1997, München 1997, zitiert: Bearbeiter, in: Dauses, Abschnitt, Randnummer.
Dechery, Jean-Louis	Le règlement communautaire sur le contrôle des concentrations, Revue trimestrielle de droit europeén, 1990, 307ff.
Downes, T. Antony Ellison, Julian	The legal control of mergers in the European Communities, London 1991; zitiert: Downes/ Ellison, Seite.
Drauz, Götz Schröder, Dirk	Praxis der europäischen Fusionskontrolle, 3. Auflage Köln 1995
Dreher, Meinrad	Der Rang des Wettbewerbs im europäischen Gemeinschaftsrecht, in WuW 1998, 656ff.
ders.	Das deutsche Kartellrecht vor der Europäisierung – Überlegungen zur 6. GWB-Novelle, in: WuW 1995, 881 ff.
Ebel, Hans-Rudolf	Kartellrecht GWB und EG-Vertrag, Kommentar, 34. Lieferung, Neuwied 1999.
Ebenroth, Carstenn Thomas Parche, Ulrich	Der Verordnungsentwurf einer europäischen Fusionskontrolle und seine Auswirkungen auf nationales und internationales Kartellrecht, in: Beilage 18 zu BB 1988.

Ebenroth, Carsten Thomas Lange, Knut | Zukunftsmärkte in der europäischen Fusionskontrolle, in: EWS 1995, 1 ff

Ehle, Dirk | Wettbewerbspolitik und Umweltschutz, in: WuW 1999, 1198f.

Ehlermann, Claus Dieter | Zukünftige Entwicklungen des europäischen Wettbewerbsrechts, in: Monopolkommission, „Wettbewerbspolitik im Wandel“, Baden-Baden 1994,S. 37ff.

ders. | Die europäische Fusionskontrolle – erste Erfahrungen, WuW 1991, 535ff.

Emmerich, Volker | Kartellrecht, 8. Auflage München 1998.

Europäische Kommission | XXII. Bericht über die Wettbewerbspolitik 1992, Luxemburg 1993.

dies. | XXIII. Bericht über die Wettbewerbspolitik 1993, Luxemburg 1994.

dies. | XXIV. Bericht über die Wettbewerbspolitik 1994, Luxemburg 1995.

dies. | Die Anwendung der Art 85 und 86 des EG-Vertrages durch die Gerichte der Mitgliedstaaten; mit einer Einführung von August J. Braakman und Helmuth R.B. Schröter, Brüssel/Luxemburg 1997, zitiert: Braakman/ Schröter, Seite.

dies. | Weißbuch „Wachstum, Wettbewerbsfähigkeit, Beschäftigung – Herausforderungen der Gegenwart und Wege ins XXI. Jahrhundert, KOM (93) 700 vom 5.12.1993.

Everling, Ulrich | Zur Wettbewerbskonzeption in der neueren Rechtsprechung des Gerichtshofs der Europäischen Gemeinschaften, WuW 1990, 995 ff.

Fiedler, Wilfried — Die europäische Menschenrechtskonvention und der Schutz des Eigentums in EuGRZ 1996, 354 ff.

Fine, Frank L. — The substantive test of the EEC Merger Control Regulations: The first two years, Antitrust Law Journal 1993, 699 ff., zitiert: Fine, ALJ.

ders. — Mergers and Joint Ventures in Europe: The Law and Policies of the EEC, London u.a. 1989, zitiert: Fine, Seite.

Fisher, Franklin M.
McGowan, John J. — Der Anti-Trust-Fall US gegen IBM, Tübingen 1985.

Forrester, Ian
Norall, Christopher — The laicization of Community Law: Self-Help and the rule of reason: How Competition is and could be applied, in: Common Market Law Review 1984, 11 ff.

Frankfurter Kommentar — zum Gesetz gegen Wettbewerbsbeschränkungen, Bände 1 und 3, Band 1, 42. Lieferung Stand Oktober 1998, Band 3 §§ 20 – 27 GWB, 3. Aufl. Köln 1993 Köln 1982/1998.

Fuchs, Andreas — Widerruf der Genehmigung und nachträgliche Untersagungsmöglichkeit nach der Fusionskontroll-Verordnung, in: EuZW 1996, 263 ff.

Furse, Mark — The Role of Competition Policy: A Survey, in: ECLR 1996, S. 250 ff.

Geister, Hans-Armin — Wettbewerbs- und Industriepolitik der Europäischen Gemeinschaft, Berlin 1981.

George, Ken
Jacquemin, Alexis — Competition Policy in the European Community, in: Competition Policy in Europe and North America, von WS Connanow, K. George, A Jacquemin, F. Jenny, E. Kantzenbach, JA Ordover, L. Waverman, Seite 189 ff; Chur, London, Paris, Melbourne 1990; zitiert: George/Jacquemin, S.

Glaesner, Adrian — Der Grundsatz des wirtschaftlichen und sozialen Zusammenhalts im Recht der Europäischen Wirtschaftsgemeinschaft: Eine Untersuchung seiner Verbindlichkeit und seiner Bezüge zum deutschen Staats- und Verwaltungsrecht, 1. Aufl. Baden-Baden 1990

Gleiss, Alfred
Hirsch, Martin — Kommentar zum EG-Kartellrecht, Band 1, 4. Aufl. Heidelberg 1993, zitiert: Gleiss/Hirsch, RdNr.

Goyder, D. G. — EC Competition Law, Oxford 1993.

Grabitz, Eberhard
Hilf, Meinhard — Kommentar zur Europäischen Union, Stand Mai 1998, München 1998; zitiert: Autor in Grabitz/Hilf.

Gribbin, Denis — Fusionskontrolle in Großbritannien, in: WuW 1988, S. 100 ff.

Griffin, Joseph P.
Sharp, Leeanne T. — Efficiency Issues In Competition Analyses In Australia, The European Union, And The United States, Antitrust Law Journal 1996, 649 ff.

Groeben, Hans von der
Thiesing, Jochen
Ehlermann, Claus-Dieter — Kommentar zum EWG-Vertrag, Band 2, Artikel 85 –109, 4. Auflage Baden-Baden 1991, zitiert: Autor in GTE.

dies. — Kommentar zum EWG-Vertrag, Band 3, Art 110 – 188, 4. Aufl. Baden-Baden 1991, zitiert: Autor in GTE.

dies. — Kommentar zum EU/EG-Vertrag, Band 2/I, Art. 85 – 87 EGV, 5. Aufl. Baden-Baden1999, zitiert: Autor in GTE, Bd 2/I (5.Aufl.).

dies. — Kommentar zum EU/EG-Vertrag, Band 2/II, Art 88-102 EGV, 5. Aufl. Baden-Baden 1999, zitiert: Autor in GTE Bd. 2/II (5. Aufl.).

Gugenbauer, Norbert	Handbuch der Fusionskontrolle, Kommentar zur Verordnung Nr. 4064/89 des Rates über die Kontrolle von Unternehmenszusammenschlüssen und zu den §§ 41 ff. KartG, Wien 1995.
Gutzler, Helmut Herion, Wolfgang Kaiser, Joseph H.	Wettbewerb im Wandel, Eberhard Günther zum 65. Geburtstag, Baden-Baden 1976, zitiert: Autor in Günther-FS, Seite.
Hansen, Hendrik	Forschungs- und Entwicklungskooperationen zwischen konkurrierenden Unternehmen, in: WuW 1999, 468 ff.
Hansen, Herbert	Die großen Fusionen der letzten Zeit, AG 1999, Report, S. R 4 ff.
Harap's (Robin Sawers, editor)	German Dictionary, English-German, German-English, London, New York 1990
Hauschka, Christoph E.	Zielkonflikte zwischen Unternehmenskontrolle und Wirtschaftsförderung in den wettbewerbspolitischen Programmaussagen der EG-Kommission, in: WuW 1990 205 ff.
Hawk, Barry E. Huser, Henry L.	European Commission Merger Control A Practitioner's Guide, Den Haag/London/Boston 1996, zit.: Hawk/Huser, Seite.
Hawkes, Leonard	The EC Merger Control regulation: Not an Industrial Policy Instrument: the De Haviland Decision, in: ECLR 1992, S. 34 ff.
Heidenhain, Martin	Zusagenpraxis in der EG-Fusionskontrolle, in: EuZW 1994, 135 ff.
HEW	s. Klemmer, Paul
Hilf, Meinhard Pache, Eckhard	Der Vertrag von Amsterdam, in NJW 1998, 705 ff.
Hilf, Meinhard	Die Union und die Bürger: Nicht viel Neues, aber immerhin, in: Integration 1997, 246 ff.

Hirsbrunner, Simon	Die revidierte EG-Fusionskontrollverordnung, in: EuZW 1998, 69 ff.
Hornby, A. S.	Oxford advance learner's dictionary of modern English, London 1974.
Immenga, Ulrich	Die Sicherung unverfälschten Wettbewerbs durch die Europäische Fusionskontrolle, in: WuW 1990, 371 ff.
ders.	Die europäische Fusionskontrolle im wettbewerbspolitischen Kräftefeld, Tübingen 1992; zitiert: Immenga, Fusionskontrolle, Seite.
Immenga, Ulrich Mestmäcker, Ernst-Joachim	EG-Wettbewerbsrecht, Kommentar in 2 Bänden, München 1997, zitiert: Autor in IM.
dieselben	EG-Wettbewerbsrecht, Kommentar, 1. Ergänzung, Stand Juli 1988, München 1998.
Janicki, Thomas	Perspektiven der Fusionskontrolle im gemeinsamen Binnenmarkt, in: WuW 1989, 193 ff.
ders.	EG-Fusionskontrolle auf dem Weg zur praktischen Umsetzung, in: WuW 1990, 195 ff.
Janssen, Helmut	Die Reform des britischen Wettbewerbsrechts, in: WuW 1998, S. 233 ff.
Jenny, Frederic	Merger Control in France; in: Fordham Corporate Law Institute, New York 1991, S. 113 ff.
Joliet, René	The rule of reason in antitrust law, American, German and Common Market Laws in comparative perspective, Liège 1967.
Jones, Christopher Gonzáles-Días, Enrique	The EEC Merger Regulation, London 1992, zitiert: Jones/Gonzáles-Días, Seite
Kaiser, Andreas	Praktische Erfahrungen mit der italienischen Fusionskontrolle von 1990, in: WuW 1993, 1002.

Kantzenbach, Erhard	Unternehmenskonzentration und Wettbewerb, in: WuW 1994, 294 ff.
Kartte, Wolfgang	Chancen und Risiken für den Wettbewerb im EG-Binnenmarkt, in: Festschrift für Fritz Rittner, S. 251 ff, München 1991.
Kemp, John	Recent Developments and Important Decisions (Mergers), in: Competition Policy Newsletter 1999, No. 1, S. 40ff.
Kerber, Wolfgang	Die Europäische Fusionskontrollpraxis und die Wettbewerbskonzeption der EG, Bayreuth 1994.
Kilian, Wolfgang	Europäisches Wirtschaftsrecht, München 1996.
Kindler, Peter	Europäische Fusionskontrolle auf Abwegen, EWS 1995, 321 ff.
Kirchhoff, Wolfgang	Europäische Fusionskontrolle, in: Betriebs-Berater, Beilage 14 zu Heft 11/1990.
Kischel, Uwe	Zur Dogmatik des Gleichheitssatzes in der Europäischen Union, in: EuGRZ 1997, 1 ff.
Klaue, Siegfried	Die Europäischen Gesetze gegen Wettbewerbsbeschränkungen sowie die entsprechenden Vorschriften der außereuropäischen Partnerländer, Loseblattsammlung, Berlin 1969, Stand: 1992.
Kleemann, Dietrich	Enthält Art 2 der Fusionskontrollordnung eine wettbewerbliche Abwägungsklausel? In: Festschrift für Ottfried Lieberknecht zum 70. Geburtstag, S. 379ff, München 1997; zitiert: Kleemann, Seite.
derselbe	Das neue französische Wettbewerbsrecht, in: WuW 1987, 628 ff; zitiert: Kleemann, WuW 1987, Seite.

Kleinmann, Werner	Vorrang des Wettbewerbs in der europäischen Fusionskontrolle oder ein Pyrrhussieg? Die „de Haviland"-Entscheidung der EG-Kommission, in: RIW 1992, S. 346 ff.
Klemmer, Paul (Hrsg.)	Handbuch Europäische Wirtschaftspolitik, München 1998, zitiert: HEW-Autor
Kögel; Rainer	Die Angleichung der deutschen an die europäische Fusionskontrolle, Baden-Baden 1996
Koenigs, Folkmar	Kooperation in Forschung und Entwicklung nach deutschem und EWG-Kartellrecht, in: Wettbewerb im Wandel, Festschrift für Eberhard Günther zum 65. Geburtstag, Baden-Baden, 1976, S. 331 ff.; zitiert: Koenigs, Günther-FS, Seite.
Kontrollpraxis	siehe Cohen-Tanugi u.a.
Koppensteiner, Hans-Georg	Österreichisches und Europäisches Wettbewerbsrecht, 3. Auflage, Wien 1997.
Korah, Valentine	EC competition law and practice, 6. Aufl. Oxford 1997, zitiert: Korah, Seite.
dies.	Cases and Materials on EC Competition law, Oxford 1997, zitiert: Korah Fallsammlung, Seite.
Kort, Michael	Strukturelle Gemeinsamkeiten und Unterschiede im deutschen und spanischen Kartellrecht, in: WuW 1993, 1012ff.
Krimphove, Dieter	Europäische Fusionskontrolle, München 1992.
Kronast, Stephan	Die „Philip-Morris-Doktrin" und die europäische Fusionskontrolle, Baden-Baden 1996.
Kurz, Stefan	Das Verhältnis der EG-Fusionskontrollverordnung zu Artikel 85 und 86 des EWG—Vertrages, Bonn 1993.

Kutsukis, Dimitrios	Der Verordnungsvorschlag für eine europäische Fusionskontrolle im Lichte der Erfahrungen des deutschen Rechtes, Frankfurt 1983.
Langeheine, Bernd	Substantive Review under the Merger Regulation, in: Fordham Corporate Law Institute, New York 1991, S. 481 ff.
Langen/Bunte	Kommentar zum deutschen und europäischen Kartellrecht, Hrsg. von Hermann-Josef Bunte, 8. Auflage Neuwied; Kriftel; Berlin 1998.
Larenz, Karl Canaris, Claus-Wilhelm	Methodenlehre der Rechtswissenschaft, 3. Aufl. Berlin u.a. 1995, zitiert: Larenz/ Canaris, Seite.
Lehmann, Michael	Systeme der Fusionskontrolle: Ein Vergleich der Fusionkontrolle nach französischem und europäischem Recht mit der Fusionskontrolle nach dem Gesetz gegen Wettbewerbsbeschränkungen, München 1979.
Lenz, Carl-Otto	EG Vertrag, Kommentar, Köln 1994, zitiert: Autor in Lenz, Randnummer.
ders.	Ein Grundrechtskatalog für die Europäische Gemeinschaft? in: NJW 1997, 3289 f.
Lipsey, Richard G.: Chrystal, K. Alec	An Introduction to Positive Economics, Oxford 1995.
Maitland-Walker, John (Hrsg.)	Competition laws of Europe, London u.a. 1995; zitiert: Autor in Maitland-Walker.
Marko, Volker	Die erhebliche Behinderung wirksamen Wettbewerbs durch marktbeherrschende Unternehmen im Sinne des Art. 2 der EG-Fusionskontrollverordnung Nr. 4064/89, Regensburg 1992.

Meesen, Karl M.	Industriepolitisch wirksamer Wettbewerb im EWG-Fusionskontrollrecht, in: Festschrift für Alfred-Carl Gaedertz zum 70. Geburtstag, München 1992, S. 417ff.
Megret	Siehe Waelbroeck u.a.
Meier, Gert	GWB-Novelle und europäischer Binnenmarkt, in: WuW 1988, 723 ff.
Mestmäcker, Ernst-Joachim	Wirtschaftsordnung und Staatsverfassung, in: Monopolkommission, „Wettbewerbspolitik im Wandel“, Baden-Baden 1995.
Miersch, Michael	Kommentar zur EG-Verordnung Nr. 4064/89 über die Kontrolle von Unternehmenszusammenschlüssen, Neuwied, Frankfurt/Main 1991
Monopolkommission	Sondergutachten 2, „Wettbewerbliche und strukturelle Aspekte eines Zusammenschlusses von Unternehmen im Energiebereich (VEBA/Gelsenberg), Baden-Baden 1975.
dies.	Sondergutachten 17, „Konzeption einer europäischen Fusionskontrolle“, Baden-Baden 1989.
dies.	Sondergutachten 18, „ Zusammenschlussvorhaben der Daimler-Benz AG mit der Messerschmitt-Bölkow-Blohm GmbH, Baden-Baden 1989.
dies.	Sondergutachten 27, „Systemwettbewerb“, Baden-Baden 1998.
dies.	„Wettbewerbspolitik im Wandel“, Colloquium anläßlich des 20jährigen Bestehens der Monopolkommission am 23. Juni 1994 im Wissenschaftszentrum Bonn, Baden-Baden 1995.
Möschel, Wernhard	Reform des europäischen und des deutschen Kartellrechts, EWS 1995, S. 249 ff.

ders. — Schutzziele eines Wettbewerbsrechts, in: Festschrift für Fritz Rittner, Seite 405ff; München 1991, zitiert: Möschel, Rittner-FS, Seite.

Moussis, Vassilios Constantin — L'influence francaise et allemande dans la conception du Règlement Communautaire sur les Concentrations, in: Revue du Marché Commun et de l'Union Européenne 1995, 396ff.

Müller-Brandeck-Bocquet, Gisela — Flexible Integration – eine Chance für die europäische Umweltpolitik?, in: Integration 1997, 292ff.

Müller-Graff, Peter-Christian — Die wettbewerbsverfaßte Marktwirtschaft als gemeineuropäisches Verfassungsprinzip?, in: EuR 1997, 433 ff.

Nicolaysen, Gert — Europarecht, 1. Auflage, Baden Baden 1996.

Niederleithinger, Ernst — Grundfragen der neuen europäischen Fusionskontrolle, in: EWS 1990, 73 ff.

Niewiarra, Manfred — Die novellierte Europäische Fusionskontrollverordnung, in: EWS 1998, S. 113 ff.

Noël, Pierre-Emanuel — Efficiency Considerations in the Assessment of Horizontal Mergers under European and U.S. Antitrust Law, in: ECLR 1997, 498 ff.

Nuolimaa, Risto — Die finnische Kartellgesetzgebung, in: EuZW 1993, S. 88 ff.

Oberender, Peter; Okruch, Stefan — Gegenwärtige Probleme und zukünftige Perspektiven der europäischen Wettbewerbspolitik, in: WuW 1994, 507ff.

Ormesson, Olivier de; Wachsmann, Anne — Contrôle des concentrations français et communautaire: rivalité ou complémentaire, in: Revue trimestrielle de droit européen 1995, 743 ff.

Pechstein, Matthias	Die Bedeutung von Protokollerklärungen zu Rechtsakten der EG, in: EuR 1990, 249 ff.
Pernice, Ingolf	Rechtlicher Rahmen der europäischen Unternehmenskooperation im Umweltbereich unter besonderer Berücksichtigung von Art. 85 EWGV, EuZW 1992, 139 ff.
Pollack, Christiana	Verhältnismäßigkeitsprinzip und Grundrechtsschutz in der Judikatur des Europäischen Gerichtshofs und des Österreichischen Verfassungsgerichthofs, 1. Aufl. Baden-Baden 1991
Pohlmann, Petra	Die Vorschläge der europäischen Kommission zur Änderung der Fusionskontrollverordnung, in: EWS 1996, 181 ff.
Potacs, Michael	Auslegung des Gemeinschaftsrechts durch den europäischen Gerichtshof, Graz 1996.
Power, Vincent	Lessons from recent Irish Merger Cases, Bericht für ein Wettbewerbsseminar am 10. November 1997, abrufbar unter: http://www.club.ie/competition/ 11.97VincentPowerOnMergers.html
Riesenkampff, Alexander	Perspektiven und Probleme der europäischen Fusionskontrolle, in: Festschrift für Fritz Rittner, München 1991, S. 491 ff.
ders.	Auswirkungen des Urteils des EuGH vom 17.11.1987 („Philip Morris"), in: WuW 1988. S. 465 ff.
Ritter, Lennart Braun, W. David Rawlinson, Francis	EEC Competition Law, a practitioner's guide, Deventer, Boston 1991, zitiert: Ritter, Seite.
Rittner, Fritz	Die wirtschaftsrechtliche Ordnung der EG und das Privatrecht, JZ 1990, 838 ff.
Romani, Franco	The new Italian Antitrust Law in: Barry Hawk, Hrsg., Fordham Corporate Law Institute, New York 1992, S. 479 ff.

Ruppelt, Hans-Jürgen — Der Verordnungsentwurf für eine europäische Fusions-kontrolle im Ministerrat, in: WuW 1989, S. 188 ff.

Scheuing, Dieter H. — Umweltschutz auf der Grundlage der Einheitlichen Europäischen Akte, EuR 1990, 152 ff.

Schintowski, Hans-Peter — Die Abwägungsklausel in der Fusionskontrolle, Göttingen 1983.

Schmidt, André — Die europäische Wettbewerbspolitik nach dem Vertrag von Amsterdam, WuW 1999, 133 ff.

Schmidt, Christian Rudolf — Die Entwicklung des technischen und wirtschaftlichen Fortschritts. Der Konflikt Wettbewerbspolitik – Industriepolitik in der Europäischen Fusionskontrolle, Baden-Baden 1992, zitiert: CR Schmidt, Seite.

Schmidt, Ingo
Binder, Steffen — Wettbewerbspolitik, in: Handbuch Europäische Wirtschaftspolitik, München 1998, zitiert: HEW-Schmidt/Klemmer, Seite

Schmidt, Ingo — Wettbewerbspolitik und Kartellrecht, 5. Aufl. Stuttgart 1996; zitiert: Schmidt, Wettbewerb, Seite.

Schroth, Hans-Jürgen — Sanktionsbewehrte Pflichtenstellung in der geplanten EWG-Fusionsverordnung, in: WuW 1989, S. 103 ff.

Schultz, Klaus-Peter
Wagemann, Markus — Kartellrechtspraxis und Kartellrechtsprechung 1998/99, 14. Aufl. Köln 1999.

Schumpeter, Joseph, A. — Kapitalismus, Sozialismus und Demokratie, 5. Aufl. München 1980.

Schwank, Friedrich — Merger Control in Austria, in: ECLR 1996, S. 63 ff.

Schwarze, Jürgen — Europäisches Verwaltungsrecht, Band II, Baden-Baden 1988.

Sedemund, Joachim	Zwei Jahre europäische Fusionskontrolle: Ausgewählte Zentralfragen und Ausblick, in: Europarecht, Kartellrecht, Wirtschaftsrecht, Festschrift für Arved Deringer, Baden-Baden 1993; zitiert: Sedemund, Deringer-FS, Seite.
Seidl-Hohenveldern, Ignaz	Völkerrecht, 7. Auflage Köln, Berlin, Bonn, München 1992
Siragusa, Mario	Merger and Joint Venture Activities in the EEC, New York 1990
Siragusa, Mario Subiotto, Romano	Le contôle des operations de concentration entre entreprises au niveau européen: une première pratique, in: Revue trimestrielle de droit européen 1992, 51 ff.
Soufleros, Elias	Änderungen des griechischen Kartellrechts, in: GRUR int. 1995, 539 f.
Steindorf, Ernst	Article 85 and the rule of reason, Competition Market Law Review 1984, 639 ff.
Stockenhuber, Peter	Die europäische Fusionskontrolle – Das materielle Recht, Baden-Baden 1995, zugl. Diss. Wien 1995
Stockmann, Kurt Schultz, Klaus-Peter	Kartellrechtspraxis und Kartellrechtsprechung 1996/97, 12. Aufl. Köln 1997.
dies.	Kartellrechtspraxis und Kartellrechtsprechung 1997/98, 13. Aufl. Köln 1998, zur 14. Aufl. s. Schultz/Wagemann.
Streinz, Rudolf	Der Vertrag von Amsterdam, in: EuZW 1998, 137ff.
Tirole, Jean	The Theory of Industrial Organization, Cambridge/MA 1988.
Uhlig, Thorsten	Zusagen, Auflagen und Bedingungen im Fusionskontrollverfahren, Sinzheim 1996.

Van Bael, Ivo
Bellis, Jean-François — Competition Law of the European Community, 3. Aufl. Oxfordshire 1994, zitiert: Van Bael/Bellis, Seite.

Van den Bergh, Roger J.
Camesasca, Peter D. — Die 6. GWB-Novelle unter dem Gesichtspunkt des Subsidiaritätsprinzips: Teilkonvergenz mit dem europäischen Recht, in: WuW 1998, 1147 ff.

van Themaat, Weyer VerLoren — The Dutch Competition Act of May 22, 1997, in: ECLR 1997, S. 344 ff.

Veelken, Winfried
Karl, Matthias
Richter, Stefan — Die Europäische Fusionskontrolle, Tübingen 1992, zitiert: Veelken/Karl/Richter, Seite.

Vogelaar, Floris O.W. — Die neue Fusionskontrolle in den Niederlanden, in: WuW 1997, 964 ff.

Vogel, Louis — Industriepolitik und Wettbewerbsordnung aus französischer Sicht am Beispiel der Fusionskontrolle, RIW 1996, S. 638 ff.

ders. — Merger Control in France: Comments; in: Barry Hawk, Hrsg., Fordham Corporate Law Institute, New York 1991, S. 141 ff.

Volkers, Kerstin — Erlaubnis wettbewerbsbeschränkender Zusammenschlüsse aus nichtwettbewerblichen Gründen, Frankfurt/M. u.a., 1995.

Vonnemann, Wolfgang — Die neue europäische Fusionskontrolle, in Der Betrieb 1990, S. 569 ff.

Waelbroeck, Michel
Frignani, Aldo — Commentaire J. Megret, Le droit de la CE Teil 4, Concurrence, 2. Aufl. Brüssel 1997; zitiert: Megret, RdNr.

v. Weizäcker, Carl-Christian — Weltweiter Wettbewerb und das Problem der Unternehmensgröße, in: Monopolkommission, „Wettbewerb im Wandel“, Baden-Baden 1995.

Westin, Jacob	Merger Control Law in Sweden, in: ECLR 1997, S. 306 ff.
Weitbrecht, Andreas	Zusammenschlußkontrolle im europäischen Binnenmarkt, in: EuZW 1990, 18 ff.
Wiedemann, Gerhard	Handbuch des Kartellrechts, München 1999, zitiert: Autor in Wiedemann, Seite.
Willimsky, Sonya Magaret	The Concept(s) of Competition, in: ECLR 1997, S. 54 ff.
Wirz, Hanns Bernhard	Einige Bemerkungen zur Fusionskontrolle, in: WuW 1973, 250 ff.
Wohlgemuth, Frank K.	Das belgische Kartellrecht, in: WuW 1994, 901 ff.
Zäch, Roger	Wettbewerbsrecht der Europäischen Union, Praxis von Kommission und Gerichtshof, Bern/München 1994.
Zilles, Stephan	Die Anfechtungslegitimation von Dritten im europäischen Fusionskontrollrecht, Heidelberg 1997.
Zschocke, Christian	Zum neuen belgischen Kartellrecht, in: WuW 1993, S. 381 ff.
Zuleeg, Manfred	Die Medienfreiheit und ihre Grenzen in Europa, in ZUM 1997, 778 ff.

Peter Lang · Europäischer Verlag der Wissenschaften

Gerhard Ring (Hrsg.)

Freiberger Symposium zum Gewerblichen Rechtsschutz

Tagungsband des 2. Freiberger Seminars zur Praxis des Gewerblichen Rechtsschutzes

Frankfurt/M., Berlin, Bern, Bruxelles, New York, Oxford, Wien, 2000.
XIII, 106 S., 4 Abb.
Schriften zur Praxis des Gewerblichen Rechtsschutzes.
Herausgegeben von Gerhard Ring. Bd. 1
ISBN 3-631-36440-7 · br. DM 45.–*

In einer Einführung erfolgt zunächst eine praxisorientierte Einführung in die Grundzüge des Gewerblichen Rechtsschutzes. Dabei werden insbesondere die Strukturen des Patent- sowie des Markenrechts aufgezeigt. Dieser theoretische Überblick wird ergänzt durch praktische Beispiele aus der aktuellen Rechtsprechung des Bundespatentgerichts und des Bundesgerichtshofs. Aus der Sicht der Industrie erfolgt eine Darstellung der strategischen Überlegungen und Kriterien, die einer Anmeldung gewerblicher Schutzrechte in der Praxis vorangehen.

Aus dem Inhalt: Erich R. Franke: Kriterien für die Anmeldung von Schutzrechten aus der Sicht der Industrie · Marianne Grabrucker: Aktuelle Entwicklungen in der Rechtsprechung zum Markenrecht · Wilfried Anders: Neue Entwicklungen in der Rechtsprechung zum Patentrecht · Horst Götting: Einführung in die Grundlagen des Patentrechts · Gerhard Ring: Einführung in das Markenrecht

Frankfurt/M · Berlin · Bern · Bruxelles · New York · Oxford · Wien
Auslieferung: Verlag Peter Lang AG
Jupiterstr. 15, CH-3000 Bern 15
Telefax (004131) 9402131
*inklusive Mehrwertsteuer
Preisänderungen vorbehalten

Kolibri 360 GmbH
Ferdinand-Jühlke-Straße 7
99095 Erfurt, Deutschland
produktsicherheit@kolibri360.de

Druck:
CPI Druckdienstleistungen GmbH
im Auftrag der
Kolibri 360 GmbH
Ferdinand-Jühlke-Str. 7
99095 Erfurt